창작에 대하여

論創作

論創作

Copyright ⓒ 2008 by Gao Xing Jian
Korean Translation Copyright ⓒ 2013 Dolbegae Publishers.
This translation is published by arrangement with Gao Xing Jian through
SilkRoad Agency, Seoul, Korea.
All rights reserved.

이 책의 한국어판 저작권은 실크로드 에이전시를 통한
저작권자와의 독점 계약으로 주식회사 돌베개에 있습니다.
저작권법에 의해 한국 내에서 보호를 받는 저작물이므로
무단전재와 복제, 광전자 매체 수록 등을 금합니다.

창작에 대하여
가오싱젠의 미학과 예술론

가오싱젠 지음 | 박주은 옮김

2013년 6월 10일 초판 1쇄 발행
2023년 9월 25일 초판 6쇄 발행

펴낸이 한철희 | 펴낸곳 주식회사 돌베개 | 등록 1979년 8월 25일 제406-2003-000018호
주소 (10881) 경기도 파주시 회동길 77-20 (문발동)
전화 (031) 955-5020 | 팩스 (031) 955-5050
홈페이지 www.dolbegae.co.kr | 전자우편 book@dolbegae.co.kr
블로그 blog.naver.com/imdol79 | 트위터 @Dolbegae79 | 페이스북 /dolbegae

책임편집 소은주
표지디자인 오필민 | 본문디자인 이은정·박정영
마케팅 심찬식·고운성·조원형 | 제작·관리 윤국중·이수민
인쇄·제본 상지사 P&B

ISBN 978-89-7199-542-6 03600
책값은 뒤표지에 있습니다.

이 도서의 국립중앙도서관 출판시도서목록(CIP)은 e-CIP 홈페이지
(http://www.nl.go.kr/cip.php)에서 이용하실 수 있습니다.(CIP제어번호: CIP2013006932)

창작에대하여

가오싱젠의 미학과 예술론

가오싱젠 지음 박주은 옮김

돌베개

〈세계의 끝〉La Fin du Monde, 2006, 240×350cm(위)
〈자연〉La Nature, 2000, 101.5×70.3cm(뒤쪽 그림)

차례

서문—류짜이푸   11

1부 창작에 대하여

문학의 이유—노벨문학상 수상 소감   27
문학의 증언—진실에 대한 추구   44
작가의 위치   60
소설이라는 예술   78
희곡의 가능성   99
예술가의 미학   123
    1. 아름다움은 정의할 수 없다   127
    2. 미감은 개인의 주관적 느낌에서 나온다   129
    3. 심미는 비공리적이다   130
    4. 예술은 도구성과 무관하다   132
    5. 역사주의의 탈피   133
    6. 전복과 창작   135
    7. 예술혁명과의 결별   135
    8. 형상은 언어에 의존하지 않는다   137
    9. 형식주의의 유한성   138
    10. 형상으로 돌아와 자기 자신의 길을 가라   139
    11. 구상과 추상 사이   140
    12. 내면의 시상   141
    13. 제시와 암시   142
    14. 의식과 경지   143
    15. 유한과 무한   144
현대 중국어와 문학창작   146
〈실루엣 혹은 그림자〉에 대하여   162

2부 또 다른 미학

1. 서언 177
2. 예술혁명의 종언 179
3. 현대병이 된 현대성 186
4. 초인 예술가는 죽었다 192
5. 예술가의 미학 197
6. 지금 이 순간의 아름다움 201
7. 진실에 대한 신념 205
8. 이성과 정신 209
9. 관점이 곧 의식이다 215
10. 시간과 공간과 선 220
11. 형식과 형상 226
12. 구상과 추상 230
13. 문학성과 시의 234
14. 다시 회화의 출발점으로 238
15. 동서양이 융합된 수묵 248
16. 자유로움의 경지 253
17. 회화로 돌아온다는 것 256

3부 인터뷰와 대담

마음속 영혼의 산을 찾아 261
『영혼의 산』과 소설창작 281
문학과 언어 291
작가의 내적 여정-황춘밍과의 대담 299
토지, 인민, 유랑-예스타오와의 문학 대담 313
대만 문화에 대하여-천위슈와의 대담 339
문학예술 좌담회 352
한계를 두지 않는 다독-가오싱젠의 독서 경험 357
제3의 혜안 365
파리에서-류자이푸와의 대담 376

    1. 혜능의 힘 376
    2. 동조의 함정 387
    3. 오래된 역할에서 벗어나기 395
    4. 현대 그리스도의 곤경 402

변두리에 대하여-오에 겐자부로와의 대담 409

4부 부록

노벨문학상 수상소감 423
나의 스페인 424
고독의 필요성 427
바진을 추모하며 430
스나이트 미술관 가오싱젠 수묵전시회 서언 433
홍학의 숲에서 435
가오싱젠 연보 438

일러두기

— 이 책은 가오싱젠의 『論創作』을 우리말로 옮긴 것입니다.
— 인명과 지명 등의 고유명사는 국립국어연구원 외래어표기법에 따랐습니다.
— 60쪽을 제외한 본문의 설명 주는 독자의 이해를 돕기 위해 옮긴이가 덧붙인 것입니다.
— 도서와 정기간행물은 『 』, 논문과 에세이, 단편소설은 「 」로, 노래와 연극, 영화는 〈 〉로 표기했습니다.

서문

류짜이푸
홍콩 성시대학香港成市大學 중국문화센터 명예교수

1

2002년 6월 8일, 미국의 국제평생공로아카데미International Academy of Career Achievement에서 주최하는 세계정상회의가 아일랜드 더블린에서 열렸다. 이 자리에서 가오싱젠은 전前 미국 대통령 빌 클린턴Bill Clinton 과 전 국무장관인 헨리 키신저Henry Alfred Kissinger, 전 아일랜드 총리인 버티 어헌Bertie Ahern, 아프가니스탄 임시정부 대통령 하미드 카르자이 Hamid Karzai, 전 파키스탄 대통령 베나지르 부토Benazir Bhutto(1953~2007), 2000년 노벨물리학상 수상자인 헤르베르트 크뢰머Herbert Kroemer 와 함께 황금공로상을 수상했다. 시상식에서 그는 화려한 꽃과 세계 각국 언론의 카메라들 앞에서 '고독의 필요성'을 역설했다. 그 떠들썩한 자리에서 고독의 필요성을 이야기한 것이다. 세계정상회의라는 기조와도 맞지 않는 내용이었다. 그러나 이 연설은 그의 소설 『영혼의 산』靈山에서도 익히 역설한 가치, 바로 대지 위에 홀로 서서 우주와 생을 마주하는 개인의 목소리였다. 그는 전 세계의 지도자들과 세계 각국의 청년 엘리트들에게 말했다. 고독은 차가운 정신으로 세계를 바라보고 자기 자신을 깊이 성찰할 수 있는 거리를 마련하며, 어려움을 극복하고 새로운 일을 개척할 수 있는 힘을 준다고 말이다. "아이는 홀로 있을 때 어른이 되기 시작하고, 개인은 홀로 있을 때 성장한다."(강연사 중에서) 그는 성공에 대해 말하지 않았다. 오히려 어른이 된다는 것, 성장에 대해 말했다. 그것은 다른 말로 하면 조류에 휩쓸리거나 시장·트렌드 등에 영합하기를 거부하는, 영혼의 독립이라는 성공이다. 그의 인생 자세, 창작태도 역시 외로이 떠 있는 섬 같은 고독이었다. 철저히 개인이라는 자각을 옹호하는 그에게는 그 어떤 주의主義도 없고, 세속적이거나 사회적인 '귀속'도 없다. 무당무파無黨無派인 그는 어떤 단체에도 속하지 않을 뿐아니라 정상이라는 위치마저도 거부한다. 그에게는 세계 곳곳에 멀리 흩어져 있는 몇몇 친구들이 있을 뿐이다. 사람이 특정 집단에 귀속되는 순간 개인의 자유는 소멸하고 만다는 사실을 깨닫고 있는 사람은 아마도 그 자리에서 그 자신뿐이었으리라. 그는 황금공로상을 수상한 세계 여러 정상들 가운데 한 사람이 되었지만, 역설적으로 그 어떤 '지도자적 위치'도 거부하고 있다. 20여 년 전 그는 자신의 희곡 『피안』彼岸에서 주인공 '그'라는 인물을 통해 군중의 꼬리가 되거나 만인의 지도자가 되는 것을 모두 거부하는 자신의 입장을 투영한 바 있다. 지도자적 인물, 특히 정치적 지도자라는 자리는 얼마나 많은 사람들이 다투어 선망하는가. 그러나 사상가 혹은 사상적 선구자가 되려는 이는 극히 적다. 『나 혼자만의 성경』—個人的聖經에서도 익히 역설하고 있는 이러한 생각은 가오싱젠의 산문과 강연 원고, 인터뷰 등을 엮은 이 책에서도 예외 없이 드러나고 있다. 이제껏 다른 누구에게서도 볼 수 없었던 그만의 독자적인 언어에는 모두의 성찰을 일깨우는 깊은 사유가 배어 있다. 개인이라는 자각에서 출발하는 고독은 가오싱젠의 존재방식이자 창작태도 그 자체다. 이것은 휴머니즘과 다르다. 그는 결코 인권이나 자유를 혹은 인도주의를 언급하지 않는다. 그런 아름다운 말이 개인에게 실현되지 않는다면 일체의 논의는 공허한 것이다. 휴머니즘을 말하기는 쉽다. 그러나 개인의 자유를 실현하는 것은 진정 어려운 일이다. 개인의 자주독립은 사회로부터 거저 주어지지 않는다. 반드시 자기 자신이 싸워서 얻어내야만 한다. 그러려면 개인은 사회가 줄지도 모르는 명성이나 이익과 같은 유혹을 거부해야만 한다. 명리名利를 택하든 자유를 택하든 결정은 온전히 자신의 몫이다. 개인은 그 자신의 운명을 결정할 역량을 갖추고 있다. 그러나 사람은 결코 초인이 아니다. 작가 역시 세상의 온갖 망념妄念을 내려놓을 수 있으려면 자기 자신에 대해 항상 깨어 있어야 한다. 가오싱젠의 이 논저를 읽기 위해서는 먼저 작가의 이런 태도를 이해하고 있어야 한다.

2

2001년 노벨문학상을 수상한 후 가오싱젠이 처음 방문한 곳은 홍콩이었다. 홍콩 성시대학에서 열린 환영강연회에서 장신강張信剛 총장은 나에게 가오싱젠 문학에 대한 평가와 소개를 맡겼다. 1980년대 초 나는 그의 문학에 담긴 깊은 사유에 매료된 바 있다. 대만대학臺灣大學의 후휘헝胡輝恒 교수는 가오싱젠의 희곡이 철학자의 희곡이라고 말했다. 나 역시 가오싱젠의 희곡은 사상가의 희곡이라고 생각한다. 『버스 정류장』에서 버스를 기다리는 사람들 가운데 '말 없는 사람'만은 아무런 말도 없이 자기 식대로 행동하지만, 종내는 그도 기다림의 대열에 합류한다. 인간 본성의 치명적인 약점이 아닐 수 없다. 『피안』에서 대중추수를 거부하는 인물인 '그' 역시 끝까지 올곧은 소신을 견지하지만, 군중에 대한 의존과 선동이 횡행하는 환경 속에서 그의 의지는 덧없는 메아리로 그치고 만다. 『도망』逃亡에 나오는 '중년 남자'는 정치적 박해에서 벗어나는 동시에 내면의 감옥에서도 도망치고자 한다. 그러나 마음의 감옥에서 벗어나는 것이 지상에서 출옥하는 것보다 더 어렵다는 사실을 발견하고는 망연해진다. 『산해경전』山海經傳에 나오는 후예後羿는 천하 대중을 구하기 위해 태양을 향해 활을 쏘았다가 천제天帝의 노여움을 사서 인간 세계로 쫓겨난다. 그러나 그는 자신이 구해주고자 했던 바로 그 사람들에게 맞아 죽고 만다. 그런가 하면 이 작품에는 왕이 되라는 태후와 황제의 명을 거부하고 궁을 뛰쳐나온 육조 혜능六祖 慧能(중국 선종의 6대 조사祖師)도 있다. 이들은 모두 작가 자신의 내면을 반영하고 있는 인물들로, 사상의 자유를 위해 독립을 택한 국외인 혹은 이방인이다. 가오싱젠의 미학사상, 문예이론은 그의 희곡작품에 등장하는 인물들과 마찬가지로 시대조류와 세속성 너머, 즉 주류의 피안에 존재한다.

   노벨문학상 수상 전 가오싱젠의 논지들은 모두 그의 책 『무-주의』沒有主義(초판은 홍콩 천지도서공사天地圖書公司에서 출간)에 수록되어 있다. 노벨문학상 수상 후 그는 건강상의 위기를 겪었지만 여전한 사상적 활기와 더불어 부단히 심화되어온 미학적 사색을 보여주고 있다. 노벨문학상이라는 영예가 한바탕 쓸고 간 뒤에도 그의 문학적 소신은 변함이 없다. 대중과 정치, 언론과 시장에서 멀리 떨어진 자리에 우뚝 서 있는 그는, 세속사회에서는 국경을 뛰어넘는 세계시민이고 정신세계에서는 문학예술 창작에 깊이 잠겨 있다. 이 책 『창작에 대하여』에 수록된 대만대학에서의 네 차례 강연은 그의 독립적이면서도 독자적인 사유의 정수가 담겨 있는 것으로, 참으로 경탄을 자아냈다. 가오싱젠이 파리에서 이 강연을 영상으로 녹화하고 있을 때 나는 타이중臺中에 있는 동해대학東海大學에서 '가오싱젠 개론' 강의를 하고 있었다. 한번은 가오싱젠이 보내온 강연테이프를 대학원 강의실에서 함께 시청한 적이 있었는데, 나와 학생들 모두 깊은 감명을 받았다. 일체의 교조성은 물론 학자연하는 태도와 일체의 관념적 공리공론을 벗어나 있는 그 강연은 지적 진정성으로 충만해 있었다. 나는 20년 전 그의 『소설창작의 기교』小說創作技巧를 시작으로 그의 문학작품과 논저들을 꾸준히 읽어왔지만, 대만대학에서의 미학 강의는 그의 사상적 역량과 아름다움을 다시 한번 새롭게 마주하는 계기였다. 아울러 나는 그 강의를 계기로 사상사를 철학적 사상가와 문학적 사상가라는 두 부류로 인식하게 되었다. 플라톤, 헤겔, 칸트, 하이데거만이 사상가가 아니다. 인류 문학사의 단테, 셰익스피어, 괴테, 도스토옙스키 역시 사상가이며 근현대의 입센, 카프카, 베케트 역시 사상가다. 중국의 조설근曹雪芹(1715~1763: 『홍루몽』紅樓夢의 저자) 또한 부끄럽지 않은 사상가다. 이 작가들에게는 철학사상이 있다. 철학자들처럼 개념과 논리, 분석, 논증을 통한 사변이 아니라 문학적 서사와 형상화를 통해 우주, 세계, 사회, 인생에 대한 인식을 표현한다. 작품에 깊이 숨어 있는 사상은 작중인물들의 말과 행동을 통해 드러나므로 후대의 사람들은 그 속에 숨은 의미를 밝혀내고 해석해내야만 한다. 가오싱젠은 바로 이런 카프카와 베케트 같은 사상가다. 그의 문학작품들과 떼려야 뗄 수 없는 그의 사상·이론은 그만의 독특한 발견과 해석들로 가득하다.

3

1996년 나는 홍콩 천지도서공사의 위촉으로 『문학중국』文學中國 총서 편집장을 맡으면서 가오싱젠의 『무-주의』를 읽을 기회가 있었다. 원고에 대한 첫 느낌은 '신선'하다는 것이었다. 이어 이 책은 중국 예술가들이 흔히 가지고 있는 의식상의 테두리를 뛰어넘는 시대적 표지라는 느낌이 들었다. 그 테두리란 중국 사회에 유행한 변증법적 유물론과 사회진화론을 가리킨다. 지난 수십 년간 대륙 작가들이 외친 세계관이 바로 이런 유물론이었다. 가오싱젠은 이러한 세계관과 일체의 주의를 내던지고 있었다. 그래서 더욱 특별했던 이 책에서 가오싱젠은 결코 기존의 주의를 포기한 뒤 새로운 주의를 확립하려 들지 않았다. 그는 어떤 선험적 의식도 갖고 있지 않았고, 특정 사상을 창작의 출발점으로 삼지도 않았다. 어떤 선험적 테두리를 수용하게 되면 의식과 사상은 종말을 고하고 문학·예술·창작의 생명력도 죽어버리고 만다는 것이 그의 생각이었다. 『무-주의』의 신선함은 21세기가 된 오늘까지도 그대로다. 아직도 많은 작가들이 의식적 틀의 테두리에서 벗어나지 못하고 있기 때문이다.

　가오싱젠의 문학과 미학사상은 2000년에 노벨문학상을 수상하기 전에도 활발히 전개되었는데, 『무-주의』가 그 대표작이다. 노벨문학상을 수상한 뒤에 출간된 『문학의 이유』文學的理由는 한층 진일보한 입론立論으로 그 내용이 매우 알차다. 이번에 출간되는 『창작에 대하여』는 그보다 더 깊은 사유와 치밀한 논리로 나에게 또 한 번 '신선한' 충격을 주었다. 특히 이 책에서 그는 작가들이 '사회비판'을 창작의 전제로 삼아서는 안 된다고 지적하고 있는데, 오늘날 중국의 주류 문학을 곧바로 가리키는 이런 언급은 어지간한 용기 없이는 할 수 없는 일이다. 지난 100년간 중국에서는 미리 설계해놓은 유토피아가 일체의 시비판단의 근거이자 사회정의의 표준이었고, 문학은 철저히 사회개조의 도구 역할을 수행해 왔다. 이러한 전제를 과감히 부정하는 가오싱젠은 작가가 인민과 사회의 대변자나 정치적 투사, 열사가 되는 것을 단호히 거부한다. 그뿐만 아니라 가오싱젠은 작가가 사회의 관찰자, 역사의 증인, 인격의 화신이 되는 것 또한 창작이라는 이름의 입신처세일 뿐이라고 일갈한다.

　그렇다면 그는 중국 지식인들이 한 세기 이상 받들어온 세계관을 폐기하는 대신 새로운 세계관을 제안하고 있는가? 정확히 단언할 수는 없지만, 그가 선험적 이론에 입각한 사회적 실천이나 세계 해석을 거부하는 것만은 분명하다. 그는 이 세상의 개조라든가 인간 본성의 개조 가능성을 믿지 않는다. 또한 『영혼의 산』에서 『죽음에 대하여』叩問死亡에 이르기까지 자신의 모든 작품을 관통하는 어떤 정신이 있다고도 믿지 않는다. 이 책은 바로 이렇듯 철저한 회의의 산물이다.

4

다양한 내용과 광범위한 주제를 아우르고 있는 이 책의 기본 어조는 한마디로 '20세기의 극복'이다. 1996년에 리쩌허우李澤厚*와 내가 『고별혁명』告別革命**을 발표하고 얼마 지나지 않아 가오싱젠은 『또 다른 미학』另一種美學에서 '예술혁명과의 결별'을 언급했다. 1990년대에도 그는 나에게 '정치적 어둠과 악몽에서 탈출'해야 하며 '도망의 깃발을 높이 들고 정치적 동원을 거부'해야 한다고 끊임없이 말해왔다. 2005년 나는 그와 함께 루브르 궁전을 여러 차례 둘러볼 일이 있었다. 그 후에도 피렌체와 베네치아, 로마, 바티칸 등에서 고대 미술을 관람하고 파리로 돌아와 유럽 미술에 대해 이야기를 나누던 중 그는 나에게 이렇게 말했다. "르네상스와 18~19세기의 계몽주의, 휴머니즘과 비교하면 20세기의 미술은 크게 퇴보했다. 니체에서 포스트모더니즘까지 또 범마르크스주의에 이르기까지 이들 사상의 기본 정신은 사회비판이었고, 앞 세대를 전복하는 것이 이들 사조의 기본 전략이었다." 그러면서 그는 20세기식 사회비판과 1960~1970년대에 일어난 예술전복은 전복 그 자체를 위한 전복이 되어, 새로운 것이면 무조건 좋다는 식이 되어버렸다고 개탄했다. 그 결과 지난 한 세기 동안 예술은 소멸해버렸다, 예술이 하나의 쇼나 가구 설계 혹은 패션에 지나지 않게 되었다, 예술 관념에 대해 끊임없이 새롭

---

* 중국의 미학자·철학자·비판적 사상가로 국내에도 그의 책 『고별혁명』과 『논어금독』 등이 출간되었다.
** 리쩌허우와의 대담을 엮은 책으로 국내에도 2003년에 북로드에서 출간되었다.

게 내리는 정의는 일종의 언어유희가 되었거나 하나의 상품으로 진열되기에 이르렀다. 이것은 현대예술의 편년사를 기록하는 일종의 역사주의에 지나지 않는다고 지적했다.

20세기에 일어난 예술혁명과의 고별을 시작으로 지난 10여 년간 '20세기의 극복'을 모색해온 그의 관심은 비단 예술 영역에만 국한되지 않는다. 동서양의 지식인들에게 보편적으로 받아들여져온 일련의 주류 사조, 즉 지금도 동서양의 강단에서 사회적으로 광범위하게 유포되고 있는 사조들, 이를테면 '혁명예술의 기관차'라거나 '구세계를 철저히 무너뜨려야 한다', '작가는 인민의 혀요, 시대의 거울'이라는 관념, '새로운 인류, 새로운 세계를 건설하자'는 구호, '자본주의는 필멸하고 사회주의가 전 세계에서 승리를 거둘 것'이라는 주장, '전통의 전복', '부단한 혁명', '작가는 죽었다', '예술의 종말', '해체주의', '무예술無藝術'* 등이 모두 그의 관심대상이다. 그가 보기에 이런 이념들은 현대 유토피아의 허언虛言이라기보다 자아의 무한 팽창에 지나지 않는다. 작가는 다시금 본래의 취약한 개인으로 돌아가 냉정한 눈으로 세상을 바라보고, 자기 자신을 깊이 성찰함으로써 20세기에 형성된 의식의 안개를 헤쳐나와야 한다. 작가는 한 개인의 진실한 목소리가 되어 인간 삶의 곤경을 증언하는 증거자로 남아야 한다는 것이 그의 입장이다.

이 책의 논지도 바로 이 '20세기 극복'이라는 사유와 맞물려 있다. 그가 대만대학에서 했던 강연의 첫 번째 주제도 '작가의 역할'에 관한 것이었다. 이 강연에서 그는 지난 시대에 작가에게 요구되었던 역할을 던져버려야 한다는 것과, 정치적 올바름 political correctness을 작가의 신

---

* 반예술은 미술 본연에 대한 선입견과 고정관념을 부정하는 미술 개념으로 다다이즘에서 시작되었으며 마르셀 뒤샹 이후로는 기존 사조에 도전하는 모든 새로운 경향을 의미하는 말로 폭넓게 쓰이고 있다. 무예술은 반예술을 다시 부정한 개념으로 '반예술'이라는 말에 남아 있는 일말의 '예술' 지향까지도 부정하는 것이다.

분과 동일시하거나 그들 자신의 통행증으로 삼아서는 안 된다는 것, 정치적 언어가 문학언어를 대체하여 작가의 정치의식이 심미적 판단을 대체해서는 안 된다는 것을 강조했다. 20세기에는 작가의 정치 개입이나 문학의 정치화가 당연한 것으로 여겨졌다. 그 결과 문학은 정치라는 전차戰車에 끌려 다니는 신세가 되고 말았다. 민주정치를 포함한 어떤 정치도, 권력의 사용과 이익분배 문제가 그 기본이라는 점에서는 다르지 않다. 소위 정치적 견해를 달리한다는 것도 현실에서의 정치적 이익 문제와 무관하지 않다. 문학은 일체의 정치를 뛰어넘어야 한다. 현실적 이익의 견제에서도 벗어나야 하고, 문학에 덧씌워진 모든 종류의 정치적 표식도 떼어내야만 한다. 문학은 어디까지나 개인의 진실한 목소리를 낼 때만 자유를 얻을 수 있다.

20세기의 정치중심주의는 많은 재앙을 낳았다. 작가들에게는 거짓된 신념과 환상을 불어넣어 작가들로 하여금 스스로를 '선지자'나 '사회의 양심', '인민의 대변자'로 착각하도록 만들었다. 심지어 '구세주' 역할을 자임하는 이마저 있었다. 이런 편향은 특히 좌익 작가와 지식인들에게 더 보편적으로 나타났는데, 이런 분위기 속에서도 가오싱젠은 그런 과도한 역할들을 단호히 거부했다. 문학은 어디까지나 한 개인의 창조적인 작업일 뿐이다. 작가는 개인의 자유로운 사상과 독립적 위치를 견지해야 한다. 인류 역사에서도 작가들이 위대한 역할을 자임한 적은 없었다. 그들의 문학적 사명은 어디까지나 한 인간의 진실한 목소리를 내는 데 있었지 정치적 구호를 외치는 데 있지 않았다. 그는 이렇게 말한다.

진실한 사람의 목소리는 어디에서 찾을 수 있는가? 바로 문학 안에서다. 오직 문학만이 정치가 말할 수 없거나 말하지 않는 인간 삶의 본모습을 이야기한다. 19세기 사실주의 작가인 발자크와 도스토옙스키도 그 시대의 구세주가 아니었다. 인민의 대변자도, 정의의 화신도 아니었다. 정의가 어디에 있단 말인가? 이들은 다만 현실을 묘사했을 뿐이다. 미리 정해진 어떤 의식을 도구 삼아 사회를 비판하거나 심판하지 않았고, 이상적인 사회상을 강요하듯 제시하지도 않았다. 이들은 일체의 정치의식을 넘어선 작품으로 인간과 사회현실을 그려냈고, 인간 삶의 어려움과 인간 본성의 복잡성을 있는 그대로 드러냈을 뿐이다. 이들의 작품은 인식 면에서나 심미적 차원에서 모두 기나긴 세월의 시련을 견뎌냈다.

가오싱젠의 『20세기의 극복』走出二十世紀은 무언가를 소리 높여 주장하지 않는다. 새로운 유토피아나 환상을 제시하지도 않는다. 다만 발자크와 도스토옙스키, 호메로스, 단테, 셰익스피어를 돌아보면서 작가 본연의 역할과 문학의 본성에 대해 성찰할 뿐이다. 오늘날의 작가들 가운데 가오싱젠만큼 20세기 문학예술이 처한 시대적 질병에 민감하게 반응하고 그 병의 소재所在를 정확히 짚어내는 작가가 또 있을까.

5

일전에 나는 『홍루몽』에 대해 논하면서 무릇 고전이 된 작품에는 거시적 시야와 미시적 시야가 성공적으로 구현되어 있다고 언급한 적이 있다. 거대 서사에 세부적인 시적 묘사가 훌륭하게 결합되어 있다는 의미에서 그렇다. 가오싱젠의 대표작인 『영혼의 산』과 『나 혼자만의 성경』도 그렇지만, 이 미학 논저에서도 그의 거시적 스케일과 미시적 관점의 섬세함은 하나로 결합되어 있다. 그중에서도 『20세기의 극복』은 그의 거시적 사유가 녹아 있는 대표작이다. 그만의 독자적이며 구체적인 심미체험을 바탕으로 한 창작미학은 특별히 소설, 희곡과 같은 예술작품의 창작을 북돋우기 위한 미美의 산파술이다. 창작의 경험이 일천한 나로서는 그의 예술적 발견과 창작 체험이, 여느 체계적인 이론 못지않은 미학사상이 부럽기만 하다. 특히나 내가 도저히 다다를 수 없는 영역은 그가 이룩한 사유의 경지가 아니라 그만의 섬세하고도 독창적인 미학이다.

나의 졸저 『신들의 추방』放逐諸神과 『고별혁명』은 그의 책 『무-주의』와 통하는 부분이 있다. 그러나 '의식의 흐름'을 '언어의 흐름'으로 대체하는 그의 창작기법과, 회화창작 등을 통해 축적된 그의 심미체험은 내가 다다를 수 없는 영역이다. 『영혼의 산』에 녹아 있는 선불교 사상과 도가 문화, 민속성, 은일隱逸 문화 등은 나도 파악할 수 있지만, 인칭人稱으로 인물人物을 대신하는 수법으로 인간 내면의 풍경과 언어들 사이의 관계를 풍부하게 드러내는 솜씨는 내가 따라할 수 없다. 그의 희곡창작과 무대와 영화 연출, 연기의 삼중성三重性, 중성적 배우 연기법 등은 내가 이해할 수도 없는 영역이다. 이 책에 수록된 글 가운데 「소설이라는 예술」과 「희곡의 가능성」, 「예술가의 미학」은 기존 이론서를 인용하거나 다른 미학자들의 관점을 끌어들인 것이 아니라 어디까지나 그 자신의 심미체험을 바탕으로 꽃피운 사유들이다. 그야말로 도도한 미학의 강에 흘러드는 또 다른 미학의 수원水源이 아닐 수 없다. 「예술가의 미학」에서 그는 이렇게 말한다.

예술가의 미학은 철학자의 미학과 다르다. 예술가의 미학은 직접적으로 예술창작을 북돋우는 미의 산파술이다.
반면 철학자의 미학은 이미 완성된 예술작품에 대한 해석으로, 이미 실현된 미에 해설을 덧붙이는 작업이다. 철학자는 아름다움이 어떻게 생산되는지를 연구하지 않는다. 단지 아름다움에 대해 정의를 내리거나, 심미표준을 찾아내거나, 몇몇 가치표준을 확립할 뿐이다. 그러나 예술가의 미학은 이와 완전히 다르다. 아름다움은 어떻게 발생하며 그 발생조건은 무엇인가, 아름다움을 어떻게 포착하여 작품에 구현할 것인가가 예술가의 연구대상이다. 이것이 바로 철학자의 미학 해석과 구별되는 예술가의 창작미학이다.

6

거시적·미시적 관점을 통한 분석은 나에게는 일개 평론작업일 뿐이지만, 가오싱젠에게는 그의 창작과 뗄 수 없는 그 자체로 온전한 방법론이다. 이 방법론은 기존의 조류에 반하는 사유를 형성케 하고, 그의 창작에는 새로운 창작형식을 낳는 데 기여한다.

    매우 독자적인 사유를 담고 있는 『현대소설 기교의 탐색』은 1980년대에 중국 전역에 소설미학 논쟁을 불러일으킨 바 있다. 당시 그와 나는 서로 사상적으로 마음이 통하는 벗으로서, 사유방식의 변화를 통한 문학연구 방법의 개혁과 문학주체론文學主體論 확립을 서로 격려하기도 했다. 당시 나는 그가 중국과 서양에서 헤겔의 '변증법'을 비판하고 '절대정신'의 폐기를 주장하는 발언을 줄곧 들어왔다. 그는 절대적 이념이란 사상의 종말을 의미할 뿐이라고 말했다. 절대진리를 소유할 수 있는 사람은 어디에도 없으며, 이 세계와 인간 자신에 대한 인식 또한 영원히 끝이 없다고도 덧붙였다. 헤겔이 말한 부정의 부정은 결코 자연의 법칙이 아니며, 변증법이라는 것도 단순한 모식模式에 불과하고 부정이 꼭 창조로만 이어지지도 않는다, 부정의 부정이 늘 한 차원 높은 고양에 이르는 것도 아니라고 말했다. 인식에는 일정한 법칙이 있는 것이 아니라 인식과 재인식이 있을 뿐이라고도 했다. 거듭되는 새로운 인식이야말로 전에 없던 가능성을 새롭게 발견할 수 있는 기제라는 것이다. 인식과 재인식이야말로 가오싱젠의 방법론이다. 거대한 문화전통에 대해서든, 소설·희곡·회화와 같은 예술형식의 탐색에 대해서든, 그는 언제나 기존의 앎을 기초로 하여 새로운 인식을 찾아나갔다. 또한 그 속에서 새로운 계기와 가능성을 발굴하고 새로운 기교와 표현을 탐색했다.

대만대학에서 행한 강연의 주제였던 「소설이라는 예술」과 「희곡의 가능성」도 그의 이런 방법론을 염두에 두고 독해해보면, 그의 개방적인 사유를 한껏 느낄 수 있다. 그는 '문학의 죽음'이라든가 '회화의 죽음' 같은 사이비 명제를 단호히 거부한다. 오히려 그는 문학·희곡·회화와 같은 예술양식의 한계 아래서 다른 새로운 창조의 가능성을 모색한다. 그렇다고 '반소설'反小說이라든가 '반희곡', '반회화' 같은 조류를 추종하는 것도 아니다. 예술혁명이라든가 전통에 대한 전복과 같은 20세기의 주류 사조에 대해서도 그는 정확히 그 반대의 길을 걸었다. 여러 예술양식들이 지닌 가장 기본적인 한계를 긍정하면서도 바로 그 유한성 안에서 무한을 추구했다. 자신이 쓰는 소설과 희곡에서 인물을 인칭으로 대신하고, 의식의 흐름을 언어의 흐름으로 대신하고, 인칭의 전환을 희곡작법에 도입하고, 중성적인 배우 표현법을 확립하고, 구상과 추상 사이에서 조형造型의 새로운 방향과 표현법을 발굴하는 등의 실험들이 그의 창작미학의 기초를 이루고 있다. 이러한 기초는 그 자신의 창작에도 동력으로 작용할 뿐 아니라 다른 많은 작가와 예술가들에게도 영감을 주고 있다. 가오싱젠의 창작미학은 20세기의 주류 의식형태를 뛰어넘어 대단히 흥미로운 길을 제시하고 있다.

2008년 2월 초순, 미국 콜로라도 주에서

1부

창작에 대하여

문학의 이유

노벨문학상 수상 소감

> 창작의 자유는 거저 얻어지지 않으며 돈으로 살 수도 없습니다. 이 창작의 자유는 먼저 작가 자신이 그것을 마음속으로 간절히 필요로 해야만 가질 수 있습니다. 만약 이 자유를 다른 무언가와 바꾸려고 한다면 자유라는 새는 멀리 날아가버리고 말 것입니다. 그것이 자유를 팔려고 한 대가입니다.

정말 운명이 저를 지금 여기까지 이끌었는지는 알 수 없지만, 수많은 기회와 인연들이 만들어낸 이 우연을 운명이라 불러도 좋을 것입니다. 신이 정말 존재하는지는 알 수 없지만, 이 모든 불가지不可知를 헤아리노라면 실로 경외감이 들지 않을 수 없습니다.

사람은 신이 될 수 없고 신을 대신할 수도 없습니다. 그 어떤 초인이 나타나 이 세상을 주재한다 해도 세상은 결국 엉망진창이 되고 말 것입니다. 니체가 죽은 후로 한 세기가 지났습니다. 그 사이에 인간이 만들어낸 재앙은 인류 역사에 깊은 어둠을 드리웠습니다. 수많은 초인들이 인민의 지도자라는 이름으로 혹은 국가의 원수나 민족의 통수자라는 이름으로 등장했습니다. 이들이 폭력이라는 수단을 동원하여 저지른 갖가지 죄악상은 지독한 나르시시즘에 빠진 어느 철학자가 남긴 풍자와는 비교조차 되지 않습니다. 저는 정치나 역사를 말하기 위해 문학을 이용할 생각이 없습니다. 제가 이 자리에서 하는 말들은 어디까지나 한 작가의 지극히 개인적인 목소리일 뿐입니다.

작가도 평범한 개인에 지나지 않습니다. 보통 사람들보다 조금 민감한 개인일 수는 있지만 말입니다. 지나치게 민감한 사람은 대개 나약하기 마련입니다. 작가가 인민의 대변자나 정의의 화신이고자 하지 않는다면 그 사람의 목소리도 미약하기는 마찬가지입니다. 그러나 그 목소리는 진실입니다.

이 자리에서 제가 하고 싶은 말은 문학도 한 개인의 목소리일 뿐이라는 사실입니다. 사실 이제껏 그래왔습니다. 문학이 국가를 찬양하는 민족의 기치이거나 정당의 입 혹은 어떤 집단의 대변자 노릇을 한다면, 한 가지 소리를 온 세상에 퍼뜨리기 위한 수단으로써는 꽤 쓸모가 있을지 모릅니다. 그러나 그것은 문학의 본성本性을 상실한 모습입니다. 그것은 이미 권력의 도구이거나 이익의 대용품일 뿐 문학이 될 수 없습니다.

우리가 지나온 20세기에는 문학에 이런 불행이 너무도 많았습니다. 그전까지의 어떤 시대보다도 정치와 권력의 낙인이 문학에 깊이 찍혔고, 작가가 받아야 했던 핍박도 어느 시대보다 혹독했습니다.

문학이 존재 이유를 지니려면 결코 정치의 도구가 되어선 안 됩니다. 문학은 미약한 개인의 목소리로 돌아와야 합니다. 문학은 어디까지나 개인의 감정과 감수성에서 비롯되기 때문입니다. 이 말은 문학이 반드시 정치에서 벗어나야 한다거나 정치에 일체 간여하지 말아야 한다는 뜻이 아닙니다.

문학의 정치적 경향성과 작가의 정치 성향에 대한 논쟁은 20세기에 문학을 병들게 한 가장 큰 원인입니다. 이런 논쟁은 각각 보수주의와 혁명을 낳았고, 문학계를 진보와 반동의 싸움터로 만들어버렸습니다. 그러나 이 모든 사단은 머릿속 장난일 뿐입니다. 이런 정치성이 권력과 결합하여 현실에서 하나의 세력을 이루면, 문학과 개인 모두 재앙을 맞게 됩니다.

20세기 중국 문학에 닥친 연이은 재난은 문학의 숨통 자체를 틀어막을 지경에 이르렀습니다. 정치가 문학을 지배하기 시작하자 혁명의 바람이 사람과 문학을 모두 사지로 몰아넣었습니다. 혁명은 중국의 전통 문화를 토벌했고 금서禁書와 분서焚書를 양산했습니다. 작가는 살해·감금·추방을 당했고, 멀리 쫓겨나서 떠돌거나 강제노역에 시달려야 했습니다. 중국 역사의 어느 왕조도 지난 100여 년보다 더 무법적이지는 않았습니다. 글만 쓰기도 이렇게 어려웠으니 다른 예술 분야의 창작의 자유는 말할 것도 없었죠.

진정 사상의 자유를 원한다면 작가는 침묵하기보다 도망을 가야 합니다. 언어를 다루는 작가가 너무 오래 말이 없다면 그것은 자살한 것과 마찬가지입니다. 자살과 압제에서 벗어나고 싶다면, 자기 자신의 목소리를 내면서 살고 싶다면, 작가는 반드시 도망을 가야 합니다. 세계의 문학사를 돌이켜보아도 동서양의 사정은 다 마찬가지였습니다. 굴원屈原에서 단테에 이르기까지, 제임스 조이스, 토마스 만, 솔제니친에 이르기까지, 1989년 톈안먼 사태·이후 중국의 지식인들도 모두 이런 도망자 신세가 돼야만 했습니다. 억압사회에서 작가가 자신의 목소리를 지키고자 한다면 불가피하게 처하는 운명이지요.

마오쩌둥은 독재정치를 행하면서도 도망조차 허용하지 않았습니다. 과거 봉건시대에 문인들을 비호해주었던 숲과 사원들까지 깨끗이 소탕해버렸기 때문입니다. 혼자 몰래 글을 써놓을 수도 없었습니다. 그랬다가는 생명의 위협까지도 각오해야 했으니까요. 누군가 자신만의 독립적인 사고를 유지하고자 한다면, 오직 혼잣말을 그것도 아주 은밀하게 해야 했습니다. 문학을 가까이 할 수조차 없었던 시기에야 저는 비로소 이런 사실을 뼈저리게 깨달았습니다. 문학만이 사람의 의식을 붙들어준다는 것을요.

사실 혼잣말이야말로 문학의 시작입니다. 세상과의 소통은 그다음입니다. 사람이 자신의 생각과 느낌을 언어에 담고, 책으로 쓰고, 문자로 표현하면 곧 문학이 됩니다. 그런 것으로 아무 이익도 기대할 수 없다 해도, 그렇게 쓴 글을 언제 발표할 수 있을지 알 수 없다 해도, 그래도 써야만 합니다.

글을 쓰는 과정에서 위로와 즐거움이라는 보상을 얻을 수 있기 때문입니다. 『영혼의 산』도 저 스스로 엄격한 자아검열을 거쳤음에도 기어이 금서조치를 당한 시기에 쓰기 시작한 소설입니다. 오로지 저 자신을 위해, 마음속 적막을 달래기 위해 썼습니다. 언젠가 발표할 수 있으리라는 희망도 없이.

저 자신의 경험을 돌이켜보건대, 문학은 근본적으로 자기 자신의 가치를 확인하는 과정입니다. 그러므로 글을 쓰는 것만으로도 모든 것이 충분합니다. 문학은 어디까지나 자기만족을 구하는 과정에서 탄생합니다. 작품의 사회적 효용은 작품이 완성된 이후의 일이죠. 무엇보다 이 효용은 작가 자신이 바란다고 해서 얻어지는 것도 아닙니다.

문학사에서 불후의 명작이 된 작품 중에는 작가가 생전에 발표하지 않은 작품들이 많습니다. 아마 그들이 작품을 쓰는 동안 자기 자신에 대해 확신할 수 없었다면 작품을 계속 써나갈 수 없었을 것입니다. 중국문학사에서 위대한 소설로 꼽히는 『서유기』西遊記, 『수호전』水湖傳, 『금병매』金甁梅, 『홍루몽』紅樓夢의 경우, 이 저자들의 생애는 셰익스피어처럼 분명하게 파악되지 않고 있습니다. 시내암施耐庵(1296?~1370?: 『수호전』의 작가로 이름은 자안子安)은 따로 자기 자신을 위로하는 글을 남기기도 했는데요. 그런 글이라도 쓰지 않았다면, 그도 필생의 노력을 쏟아부은 역작을 끝까지 완성하지 못했을 것입니다. 현대소설의 문을 연 카프카Franz Kafka(1883~1924: 체코의 소설가)라든가 페소아Fernando Pessoa(1888~1935:

포르투갈의 시인)도 마찬가지입니다. 그들의 뜻은 세상을 개조하는 데 있지 않았습니다. 그들 자신은 무능을 절감했으면서도, 그럼에도 끝까지 말하고자 했다는 데 그들 작품의 매력이 있습니다.

언어는 인류 문명의 최고 결정체입니다. 치밀하면서도 쉽게 파악되지 않고 본질을 꿰뚫는 통찰로 사람의 지각을 날카롭게 파고드는 언어는, 이 세상에 대한 사람들의 인식을 하나로 연결해줍니다. 글로 기록된 문자는 고립되어 있는 개인을 다른 시대의 다른 민족과도 소통할 수 있게 합니다. 참으로 오묘한 힘이 아닐 수 없습니다. 문학창작과 감상의 현재성은 소유하기 힘든 영원한 정신적 가치와 만날 수 있게 합니다.

오늘날 민족 고유의 문화 같은 것을 강조하는 작가가 있다면, 저는 그가 작가라는 사실이 의심스러울 것 같습니다. 물론 저의 출생이라든가 제가 쓰는 언어에는 분명 중국의 문화전통이 배어 있습니다. 문화는 언어와 밀접한 관련이 있어서 감정과 사유를 표현하는 독특한 방법을 결정합니다. 그러나 작가의 창조성은 언어가 사용되는 장소에서 시작되지만, 언어로 충분히 표현되지 않는 영역에서 더 호소력을 갖습니다. 언어예술의 창조자인 작가는 한눈에 알아볼 수 있는 민족적 딱지 같은 것을 굳이 지니고 있을 필요가 없습니다.

문학작품은 국경을 뛰어넘고 번역을 통해 특정 국가의 언어도 넘어섭니다. 문학은 지역적·역사적으로 형성된 사회습속과 인간관계까지도 뛰어넘어 인간의 본성을 꿰뚫고 인류 보편의 진실과 소통합니다. 오늘날 작가들은 자국 문화는 물론 외국 문화에서도 영향을 받고 있습니다. 이런 시대에 작가가 민족문화의 특색을 강조한다는 것은 자국의 여행산업을 홍보하는 것밖에 되지 않습니다.

개개인의 삶은 이런저런 주의에 휘둘리지 않고 어디까지나 삶 자체의 논리에 따라 흘러갑니다. 마찬가지로 문학도 특정 이념에 갇히지 않고 일체의 국경과 민족의식을 뛰어넘습니다. 문학은 인간 삶의 곤경을 넓고 깊게 관조하며 그 어떤 금기에도 매이지 않습니다. 문학에 대해 이렇게 저렇게 한정짓는 태도는 대개 문학 바깥에서 옵니다. 주로 정치·사회·윤리·습속 등이 문학을 특정 테두리에 가두어 문학을 일종의 장식물로 만들어버리곤 하지요.

문학은 권력을 보완하는 소모품도 아니고, 사회적 유행에 풍격風格(스타일)을 더하기 위한 액세서리도 아닙니다. 문학은 그 자체로 가치를 판단해야 할 작품이자 하나의 심미입니다. 사람의 감정과 긴밀하게 연관되어 있는 심미야말로 문학작품을 판단하는 데 없어서는 안 될 유일한 기준입니다. 물론 그 판단은 사람마다 다르겠지요. 저마다 서로 다른 감정에 기반을 두고 작품을 판단할 테니까요. 그러나 이런 주관적인 심미판단에도 보편적인 인식 표준은 자리잡고 있습니다. 문학작품을 통해 배양되는 감상 능력이란 작가가 작품에 불어넣은 시의詩意와 아름다움을, 숭고함과 우스꽝스러움을, 연민과 황당무계함을, 유머와 풍자 등을 새롭게 체험하는 것입니다.

시의는 서정抒情에만 의존하지 않습니다, 작가가 처음 글쓰기를 시작할 때는 무절제한 자기연민을 피할 수 없겠지요. 하지만 서정에는 여러 차원이 있습니다. 그중에서도 가장 높은 경지는 차가운 관조에 가깝습니다. 시의는 바로 이렇게 거리를 둔 관조에서 우러납니다. 또한 이 관조의 시선은 작가 자신에게도 향합니다. 자기 자신을 직시하고 작품 속 인물들을 예리하게 통찰하는 이 시선은, 작가에게는 제3의 눈과도 같습니다. 이 제3의 눈은 최대한 중성적인 시선으로 인류 사회의 비극을 예리하게 주시하고, 그 속의 고통과 혐오를 극명하게 드러냅니다. 그러면서도 깊은 슬픔을 자아내고, 생명에 대한 사랑과 연민, 그리고 그리움의 정서를 불러일으킵니다.

다른 예술장르 혹은 사회풍조와 마찬가지로 문학도 세월 속에서 변화를 거듭하기 마련입니다. 그러나 사람의 감정에 뿌리를 두고 있는 심미는 시류를 타지 않습니다. 문학의 가치에 대한 판단은 유행에 대한 판단과 다릅니다. 유행은 새것일수록 좋죠. 그게 시장이 돌아가는 방식이니까요. 책을 파는 시장도 예외는 아닙니다. 그러나 작가의 심미판단이 시장의 조류를 좇는다면, 그것은 문학의 자살과 다를 바 없습니다. 특히 오늘날과 같은 기호 소비사회일수록 문학은 더욱 차갑고 진지해져야 합니다. 10년 전, 저는 7년에 걸친 『영혼의 산』 집필을 마치면서 저 자신의 문학관을 밝히는 짧은 글을 쓴 적이 있습니다.

문학은 본래 정치와 무관하다. 문학은 순전히 한 개인의 일일 뿐이다. 문학은 진지한 관찰이며, 경험에 대한 회고이며, 솟구쳐 오르는 느낌이며, 주관적인 생각이다. 얼마간은 만족스러운 사고를 담고 있는, 그러나 어디까지나 한 개인의 심정 표출일 뿐이다.
작가는 혼자 말하는 사람이다. 남들은 그의 말을 듣거나 듣지 않을 수 있고, 그의 글을 읽거나 읽지 않을 수 있다. 작가는 백성의 짐을 대신 떠맡는 영웅이 아니며, 숭배할 만한 우상도 아니다. 그렇다고 죄인이나 민중의 적인 것도 아니다. 간혹 작품이 수난을 당할 때가 있는데, 그건 세상 사람들의 필요 때문에 일어나는 일이다. 집권세력이 사람들의 관심을 돌리기 위해 적을 만들 필요가 있을 때, 작가가 종종 그 희생물이 되는 것뿐이다. 그러나 그보다 더 불행한 일은, 자신의 작품이 희생 제물이 되는 것을 작가 스스로 영광으로 여기게끔 만드는 경우다.
작가와 독자는 작품을 통해 정신적으로 교류할 뿐 직접 대면하거나 따로 만남을 가질 필요는 없는 관계다. 읽는 쪽이나 쓰는 쪽 모두 문학이 자신들에게 필요해서 읽거나 쓰는 것이므로, 문학은 대중을 비롯한 그 누구에게도 지켜야 할 의무가 없다.

이렇게 문학 본연의 모습을 회복한 문학을 나는 '차가운 문학'이라고 부르고자 한다. 문학은 물질적인 만족 추구를 넘어서는 순수한 정신활동으로 존재한다. 이런 문학은 우리 시대에 들어서 새롭게 등장한 것이 아니다. 지난날의 문학이 정치세력과 사회관습의 억압을 이겨내야 했다면, 오늘날의 문학은 소비사회의 상품 중심 가치관에서도 벗어나야만 한다. 문학은 살아남기 위해 먼저 고독해질 수 있어야 한다.

작가들은 보통 글쓰기만으로 생계를 이을 수 없다. 그래서 대개 다른 직업을 갖는다. 이런 상황에서 글쓰기는 더더욱 순수한 정신적 만족을 주는 사치가 될 수밖에 없다. 차가운 문학이 출판사를 통해 세상에 알려지기 위해서는 작가 자신의 노력은 물론 벗들의 노력도 있어야 한다. 조설근과 카프카의 작품도 바로 그런 노력을 통해 세상에 알려질 수 있었다. 이들의 작품은 작가 생전에는 출간되지 못했다. 그뿐만 아니라 무슨 무슨 문학운동을 낳거나 세상의 별이 되지도 않았다. 이런 작품을 쓰는 작가들은 대개 세상의 경계에 살면서, 자신의 생전에는 보상받을 수 없는 정신활동을 펼 뿐이었다. 세상의 인정은 구하지 않고, 오로지 자기 자신의 보람을 위해서.

차가운 문학은 일종의 도망이자, 작가 자신이 살아남기 위한 문학이다. 세상의 억압을 떨치고 정신적 자기구원을 추구하는 문학, 민족이라는 이름에 갇히지 않는 비공리적非公利的 문학, 작가 자신에게는 불행이 되고 그 민족에게는 비애가 되는 문학.

과분하게도 저는 살아생전에 스웨덴 한림원에서 수여하는 영예로운 상을 받게 되었습니다. 저의 작품을 위해 번역과 출간과 비평의 노력을 아끼지 않은 세계 각지의 여러 벗들 덕분입니다. 아무래도 명단이 길어질 것 같으니 이 글에서 일일이 이름을 거론하며 감사를 표하지는 않겠습니다.

제가 감사해야 할 또 다른 벗은 저를 맞아준 나라, 프랑스입니다. 문학과 예술을 영예롭게 여기는 이 나라는 저에게 창작의 자유를 선물해주었고, 제 작품의 독자 혹은 관객이 되어주었습니다. 그 덕에 저는 외롭지 않을 수 있었습니다. 비록 창작의 과정은 고독할 수밖에 없다 하더라도 말입니다. 삶은 결코 축제가 아닙니다. 이 세계는 지난 180년간 전쟁을 한 번도 겪지 않은 스웨덴과는 다릅니다. 앞으로 올 21세기 역시 마찬가지입니다. 지난 세기에 충분한 고난을 겪었다고 해서 고난에 내성이 생기지는 않을 것입니다. 기억은 유전되지 않기 때문입니다. 사람은 역사에서 교훈을 얻을 만큼 지능이 뛰어나지 않습니다. 오히려 지능은 악성 발작을 일으켜 인류 자신의 생존까지 위태롭게 하기 십상이죠.

인류는 결코 진보를 향해 나아가지 않으며, 진보를 위해 살아가지도 않습니다. 역사를 말하자니 인류의 문명사를 언급하지 않을 수 없는데, 문명도 결코 서서히 앞으로 나아가지 않습니다. 중세 유럽의 정체停滯, 아시아의 근대를 점철한 패배와 혼란, 20세기에 일어난 두 차례의 세계대전에서 보듯 사람을 죽이기 위한 기술은 나날이 발전해왔지만, 이것이 곧 과학기술의 진보요 인류가 성취한 문명의 결과라고 말할 수는 없습니다.

과학주의로 설명하는 역사도, 허황된 변증법의 토대 위에 세워진 역사관도 인간의 행동을 제대로 설명하진 못합니다. 지난 한 세기 동안 계속된 혁명이며 유토피아에 대한 열정도 한낱 먼지가 되어 땅에 떨어져 내렸을 뿐입니다. 그 속에서 간신히 살아남은 이들도 고통을 모른다고 하지는 않을 것입니다.

부정의 부정으로는 결코 긍정에 이르지 못합니다. 혁명이 곧바로 새로운 건설로 이어지지 않듯이 말입니다. 구세계를 타도해야만 신세계의 유토피아가 도래한다는 식의 사회혁명론이 문학을 잠식해버리면서 창작의 터전은 전쟁터로 변해버렸습니다. 앞 세대를 타도하고 문화전통을 무너뜨리자 완벽한 무無가 펼쳐졌습니다. 새로운 것이 무조건 좋다는 분위기 속에서 문학의 역사도 끊임없는 전복으로 점철되어버렸죠.

　작가는 결코 세상의 창조주가 될 수 없습니다. 지나치게 비대해진 자아로 그리스도가 되려고 해서도 안 됩니다. 그랬다가는 정신착란으로 미치광이가 되거나 현실을 거대한 환각의 장으로 만들어버릴 뿐입니다. 자기 자신과 세상을 연옥으로 만들어버리면 도대체 무엇이 살 수 있겠습니까. 타인이 곧 지옥이라는 망상은 바로 이런 자아상실이 만들어내는 늪일 뿐입니다. 이 늪은 자기 자신마저 미래를 위한 제물로 삼는 동시에 남들까지 자신을 따라 희생하라고 강요합니다.

　지금으로서는 20세기에 대해 무어라 결론을 내릴 수 없습니다. 아직도 특정 이념의 테두리에 갇혀 있다면 20세기의 역사를 제대로 기술할 수 없습니다. 그 공백은 아마도 후대의 사람들이 수정해나가면서 채워갈 것입니다.

　작가는 예언자가 아닙니다. 작가에게도 중요한 것은 당장의 삶을 살아내는 것입니다. 거짓을 해소하고, 망상을 걷어내고, 지금 이 순간을 또렷하게 자각해야 합니다. 동시에 자기 자신을 깊이 들여다볼 수도 있어야 합니다. 자아는 세상에 대한 질문과 자기 자신에 대한 대면이 동시에 이루어지는 혼돈의 장입니다. 재난과 압박은 보통 외부에서 오지만, 자신의 나약함과 산란한 마음이 고통을 가중시켜서 더 큰 불행을 가져오기도 합니다.

　인간의 행동은 말로 쉽게 설명되지 않습니다. 인간의 자기인식 또한 대단히 모호하기만 하죠. 문학은 자기 자신에 대한 관조이자 자기 시대에 대한 인식입니다. 문학은 바로 이런 자기인식에 한 줄기 빛을 가져다

주는 몇몇 실마리입니다.

문학은 결코 타도와 전복을 위해 존재하지 않습니다. 문학은 사람들에게 알려져 있지 않은, 혹은 사람들이 발견하지 못한 어떤 실상을 발견하고 드러내는 데 그 가치가 있습니다. 이런 진실이야말로 어떻게 해도 무너지지 않는 문학의 기본 품격입니다.

새로운 세기는 이미 도래했습니다. 이 세기가 정말 새로운가에 대해서는 논하지 않겠습니다. 다만 혁명의 사조가 지배해온 의식은 확실히 붕괴되어버렸습니다. 지난 세기를 휩쓴 사회 유토피아의 허상도 연기처럼 사라졌습니다. 문학은 이런저런 주의의 속박에서 벗어나 인간 삶의 곤경으로 돌아왔지만, 삶의 곤경은 크게 달라지지 않았습니다. 아마도 이 곤경은 문학의 영원한 주제가 될 것입니다.

예언도 약속도 없는 이 시대가 크게 나쁘지는 않아 보입니다. 문학이 예언자나 심판자 역할을 하던 시절도 끝이 났고, 지난 세기의 허다한 예언들도 모두 사기극으로 귀결되었습니다. 미래에 대해서는 다시금 새로운 미신을 꾸며내기보다, 잠자코 앉아 눈 비비고 기다리는 편이 나을 것 같습니다. 작가도 이젠 목격자의 신분으로 돌아와 시대의 진실을 드러내는 데 매진하면 됩니다.

문학이 꼭 사실 기록에 충실해야 한다는 뜻은 아닙니다. 사실 기록이 드러내는 사실은 그리 많지 않습니다. 때로는 그 사실의 진정한 원인이나 동기를 가려버리기도 하고요. 문학이 진실을 드러내야 한다는 말은, 사람의 내면에서 어떤 사건이 전개되는 과정을 낱낱이 드러내는 것이 바로 문학의 힘이라는 뜻입니다. 작가가 멋대로 편집하거나 사실을 날조하지만 않는다면 말입니다.

진실에 대한 작가의 통찰력이 곧 작품의 품격을 결정합니다. 이것은 문자유희나 창작기교로 다다를 수 없는 영역입니다. 무엇이 진실인가에 대해서는 의견이 분분하고, 진실을 건드리는 방법에 대해서도 저마다 의견이 다르지만, 작가가 삶의 참모습을 드러내는 방식이 가식적인지 진솔한지는 어렵지 않게 판단할 수 있습니다. 자구字句 해석에 몰두하는 사변이나 특정 이념을 기반으로 한 문학비평으로는 결코 진실을 파악할 수 없습니다. 원칙이나 교조 같은 것도 원래 문학창작과는 아무 관련이 없습니다.

작가에게는 진실만이 창작의 방법을 결정하고 또 글쓰기의 태도에도 영향을 미칩니다. 쓴 글이 진실하다는 것은 글을 쓴 사람의 태도가 진실하다는 의미이기도 합니다. 진실성은 문학의 가치를 결정하는 기준일 뿐 아니라 그 안에는 윤리적 의미도 내포되어 있습니다. 작가는 도덕적 교화의 사명을 지니고 있지 않지만, 작가가 작품에서 각양각색의 인물을 드러낸다는 것은 작가 자신의 벌거벗은 몸을, 은밀한 인간 내면을 드러내는 것이기도 합니다. 그래서 작품의 진실이란 작가에게는 윤리와도 같은 것입니다. 진실만이 문학의 지고무상의 윤리입니다.

이러한 윤리는 문학이 허구이기에 가능한 것이기도 합니다. 인간 삶의 진실을 진지한 눈으로 바라보는 문학은 영원한 생명력을 지닙니다. 그리스 비극과 셰익스피어의 희곡이 그러하듯이.

문학은 현실을 그대로 옮기는 작업이 아닙니다. 문학은 현실의 껍데기를 뚫고 밑바닥까지 내려가 그 속에 있는 거짓된 모습을 벗겨내고, 일상의 이미지를 주무르며, 거대한 시야로 사태의 전말을 밝혀냅니다. 문학은 상상을 바탕으로 합니다만 문학의 정신적 여정은 허무맹랑한 잡설과 다르고, 그렇다고 진실된 느낌을 벗어난 상상도 아닙니다. 삶의 경험이라는 뿌리와 단절된 허구는 창백한 무력함만을 드러낼 뿐입니다. 작가 자신조차 납득하지 못하는 작품이 독자에게 울림을 자아낼 수는 없습니다. 문학은 일상 체험만을 제재로 하지 않으며, 작가도 자신이 직접 경험한 것만을 쓰지 않습니다. 직접 보고 들은 것 외에도 앞 세대의 작품에 담긴 내용을 자기만의 새로운 느낌으로 담아낸다면, 그 또한 문학 언어의 매력이 될 수 있습니다. 축복이나 저주처럼 언어에는 사람의 혼을 뒤흔드는 힘이 있습니다. 언어예술이란 기호 나열이나 문자의 축조, 혹은 문법적으로 완결된 단순 구조물이 아닙니다. 자신의 느낌을 타인에게 전달할 수 있다는 데 언어예술의 의미가 있습니다. 표현된 언어 뒤에 있는 살아 있는 사람을 잊는다면, 작품에 대한 자구 해석은 한낱 지적 유희일 뿐입니다.

언어는 단순히 어떤 관념을 담고 있는 껍데기가 아닙니다. 언어는 감각과 직관을 일깨웁니다. 기호나 정보가 살아 있는 사람의 언어를 대신하지 못하는 것도 바로 이 때문입니다. 발설한 단어의 배후에는 말하는 사람의 지향이나 동기가 숨어 있습니다. 그런 것들은 말하는 사람의 어조라든가 정서를 통해 드러나지요. 단어의 뜻에만 의존하는 수사修辭는 생각이 담겨 있지 않은 도구를 기계적으로 나열한 문장일 뿐입니다. 사람은 의미를 전달하기 위해서만이 아니라 자기 내면의 목소리를 스스로 귀 기울여 듣고 확인하기 위해서도 언어를 필요로 합니다.

데카르트의 표현을 빌려 작가라는 존재를 정의한다면, "나는 말한다. 고로 존재한다"고 할 수 있을 것입니다. 여기서 '나'는 작가 자신일 수도 있고, 서술자 혹은 작중인물일 수도 있습니다. 그러나 '나'는 '그'가 될 수도 있고 '너'가 될 수도 있습니다. 하나인 서술자를 셋으로 나눌 수도 있죠. 작가는 서술을 시작할 때 주어의 인칭을 정함으로써 서술방식을 결정합니다. 작가는 자신만의 독특한 서술방식을 찾아낼 때 자신이 표현하고자 하는 바를 실현할 수 있습니다.

저는 소설에서 인칭으로 인물 표현을 대신하기도 합니다. 이를테면 나, 너, 그와 같은 서로 다른 인칭으로 동일한 주인공을 표현하는 방식입니다. 한 사람을 여러 개의 다른 인칭으로 표현하면, 그 인물에 거리감을 부여할 수 있습니다. 또한 이런 방법은 그 인물을 연기하는 배우에게도 마음속에 표현 공간을 넓게 제공하기 때문에, 한 인물을 여러 인칭으로 서술하는 방법을 저는 희곡에도 도입하곤 합니다.

소설이나 희곡에는 진정한 의미의 끝이 없습니다. 그러므로 특정 예술양식의 종말을 선언한다는 것은 하나의 허구에 지나지 않습니다.

언어는 인류 문명과 그 시작을 같이해왔습니다. 언어는 생명력이 길고 신비로우며 무한한 표현력을 지니고 있습니다. 작가는 이런 언어의 잠재력을 새롭게 발견해야 합니다. 작가는 창조주도 터미네이터도 아니지만, 낡고 진부한 세계를 참지 못하는 존재입니다. 작가는 이상적인 세계를 건설할 힘이 없지만, 비인간적이고 비상식적인 세상을 인내하지 못합니다. 이런 세상에서 작가가 할 수 있는 일은 작품을 통해 새로운 표현방식을 내놓는 것입니다. 이를 위해 앞 세대가 이미 했던 말에 무언가를 더 보탤 수도 있고, 이미 다 끝난 말을 다시 하는 방법을 택할 수도 있습니다.

문학을 전복한다는 생각은 문학혁명이 내세우는 공염불에 지나지 않습니다. 문학의 죽음은 있을 수 없고, 작가라는 존재 역시 무너뜨려지지 않습니다. 모든 작가들에게는 그들을 위한 자리가 서가에 마련되어 있습니다. 독자가 원하기만 하면 그들은 다시 살아납니다. 인류의 풍요로운 서고에 훗날 읽을 만한 책 한 권을 남긴다는 것은 작가에게 큰 위로가 됩니다.

그러나 문학은 작가가 쓰고 독자가 읽는 바로 그 순간에 작품의 의미가 실현됩니다. 미래를 위한 글쓰기라는 것은 설령 스스로 의도하지 않았다 해도 일종의 자기기만일 뿐입니다. 문학은 살아 있는 사람을 위한 것이자 지금 이 순간의 삶을 긍정하기 위한 것입니다. 순간의 영원성만

이 한 사람 한 사람에게 살아 있음을 느끼게 합니다. 그것이야말로 문학이 존재하는, 흔들림 없는 이유일 것입니다.

글쓰기가 생계의 수단이 되지 않을 때, 글쓰기 자체의 즐거움을 위해 글을 쓸 때, 다른 누군가를 위해 글을 쓴다는 의식이 없을 때, 비로소 그 시대가 가장 필요로 하는 글이 자연스럽게 나오게 됩니다. 철저히 비공리적이라는 것이야말로 문학의 본질입니다. 문학이 하나의 직업이 된 것은 현대사회의 분업화가 만들어낸 부자연스러운 결과로, 작가에게는 지독한 고통일 뿐입니다.

시장경제가 세상 구석구석을 지배하게 된 이 시대에는 책도 하나의 상품이 되었죠. 경계 없이 광활하고 맹목적인 시장에는 개인으로서의 작가가 존재하기 어렵고, 문학과 관련된 그 어떤 파벌, 결사, 운동도 설 자리가 없습니다. 작가는 시장의 압박에 굴복하지 않기 위해, 즉 시류를 따르는 제품으로서의 문학을 생산하지 않기 위해 문학이 아닌 다른 것으로 생계를 도모해야만 합니다. 문학은 차트에 오르내리는 베스트셀러 상품이 아닙니다. 작가가 시각매체의 추앙을 받는다면 그것은 차라리 광고라고 해야 옳지요. 창작의 자유는 거저 얻어지지 않으며 돈으로 살 수도 없습니다. 이 창작의 자유는 먼저 작가 자신이 그것을 마음속으로 간절히 필요로 해야만 가질 수 있습니다.

마음속의 자유는 당신이 그것을 어떻게 사용하는지를 지켜봅니다. 만약 이 자유를 다른 무언가와 바꾸려고 한다면 자유라는 새는 멀리 날아가버리고 말 것입니다. 그것이 자유를 팔려고 한 대가입니다.

작가가 다른 보상을 생각하지 않고 오로지 글을 쓰기 위해서만 글을 쓴다는 것은 자기 자신에 대한 긍정이지만, 그 사회에 대해서는 도전이 됩니다. 물론 그것은 의도한 도전이 아니므로 작가 스스로 영웅이나 투사가 된 척할 필요가 없습니다. 설령 영웅으로 받아들여지는 일이 있다

해도 그것은 어떤 위대한 과업을 이루어서가 아니라 작품 외적으로 약간의 공훈이 더해졌을 때의 일입니다. 작가가 사회에 도전하는 방식은 어디까지나 언어를 통해서여야 합니다. 그조차도 작품 속 인물이나 배경을 빌려 표현하는 방식이 아니라면 큰 손실을 각오해야 합니다. 문학은 분노의 고함소리가 아니며, 개인적인 성토의 수단도 아닙니다. 작가는 다만 한 사람으로서의 감정을 작품에 녹여내 문학으로 완성시킬 뿐입니다. 그런 작품만이 시간의 풍화작용을 이겨내고 길이 남을 수 있습니다.

작가는 자신의 작품으로 사회에 도전합니다. 세월의 흐름을 견디고 살아남은 작품은 그 작가가 살았던 시대에 대한 유력한 답이 됩니다. 이로써 작가와 작품을 둘러싼 모든 소란은 사라지고, 작품 자체의 목소리만이 남아 독자의 가슴을 울립니다.

물론 이런 도전으로 세상을 바꾸지는 못할 것입니다. 혹 몇몇 개인으로 하여금 그 사회의 한계를 뛰어넘고 도전하고자 하는 자세를 취하게 할 수 있을지는 모르겠습니다. 그러나 이런 자세도 흔히 취할 수 있는 것은 아닙니다. 이 세상을 바꾸겠다는 자세에는 약간의 오만함도 숨어 있고요. 인류의 역사는 우리가 알 수 없는 방향으로 나아갑니다. 그 맹목적인 흐름 속에 개인들의 '다른 목소리'가 수용되지 않는다면, 그보다 더 큰 비극은 없을 것입니다. 그런 의미에서 문학은 역사의 보완이라고도 할 수 있습니다. 거대한 역사의 법칙이 인정사정없이 개인을 다그쳐대지만 않는다면, 개인은 자신만의 목소리를 남길 수 있습니다. 인류에게는 역사만 남는 것이 아니라 문학도 남습니다. 문학은 미약한 인간이 붙잡을 수 있는 한 줄기 믿음이기도 합니다.

문학이라는 것에, 인류의 고난을 회피하지 않은 문학에, 정치적 압력을 회피하지 않고 정치적 목적에 복무하지 않은 문학에 노벨문학상을 주신 것에 감사드립니다. 시장에서 밀려나 관심도 받지 못하는, 그러나 조금은 읽을 가치가 있는 작품에 이 특별한 상을 수여한 데 대해서도 감사드립니다. 세계의 시선이 주목하는 이 강단에 저를 세워준 스웨덴 한림원에도 감사드립니다. 덕분에 이런 기회가 아니면 미디어를 통해서는 전해질 수 없는 개인의 목소리를 전할 수 있게 되었습니다. 어쩌면 그런 기회를 제공하는 것이야말로 노벨문학상의 의의가 아닐까 싶습니다. 이런 기회를 주신 모든 분들께 거듭 감사의 말씀을 드립니다.

2000년 12월 7일, 스웨덴 한림원 강연 원고

문학의 증언
진실에 대한 추구

> 문학은 자유정신의 피난처이자 개인의 존엄을 유지할 수 있는 마지막 방어선입니다. 작가에게 주어지는 천부적 선물이란, 동시대 사람들이 차마 말을 하지 못하는 벙어리 상태가 되었을 때 하늘로부터 하사받는 언어입니다.

오늘의 토론 주제는 문학과 증언입니다. 문학이 인간 삶의 증언이라는 견해에는 대부분 반대하지 않으실 겁니다. 또한 진실성이 증언의 문학에서 가장 중요한 기준이라는 점에 대해서도 동의하시리라 믿고요. 진실 이외에는 그 무엇도 문학을 굴복시킬 수 없습니다. 문학이 자유정신의 터전이라면, 그 자리에서 작가가 받아들일 수 있는 유일한 명령 또한 진실추구입니다. 이익보다 중요한 가치를 위해 기꺼이 고통을 감수하며 글을 써 내려갈 때, 작가에게 가장 중요한 것은 바로 진실 자체입니다.

20세기에 문학에 행해진 정치적 억압은 인류 역사에서도 매우 드문 사건이었습니다. 과거에도 문학에 특정 정치의식을 강요한 예가 없지는 않지만, 그것이 꼭 문학을 정치의 선전물로 삼아 정치투쟁에 복무하도록 하는 방식은 아니었어요. 문학혁명도, 혁명의 문학도, 아름다운 세상을 가져오지 못했습니다. 오히려 문학의 본질을 해치면서까지 언어에 폭력을 가함으로써 자유정신의 터전을 전쟁터로 만들어버렸을 뿐입니다.

특히 정치가들이 문학에 관여하면서 한바탕 폭풍이 일었습니다. 동양도 서양도 마찬가지였습니다. 문학비평은 사실상 문학에 대한 정치적 판단이었고, 그 결과로 작가들에게는 이런저런 딱지가 붙었습니다. 좌파가 아닌 우파라고 해서 무조건 보수주의자는 아닌데도 권위적 통치가 행해지는 곳에서는 과도한 이분법이 기승을 부렸습니다. 애국이 아니면 무조건 매국이었고, 혁명이 아니면 무조건 반혁명이었죠. 중도의 자리는 없었습니다. 정치적 태도가 없는 것도 일종의 정치이고, 침묵으로 대항하는 것도 한 방법입니다. 그런데도 정치적 태도의 불분명을 용납하지 않았고, 어떤 식으로든 정치에서 벗어나는 것 자체를 허용하지 않았습니다. 그것은 패도覇道(강압적 무력)였습니다.

문학은 정치적 간섭을 넘어서서 인간 삶의 곤경을 증언하는 역할로 돌아와야 합니다. 그러기 위해서는 특정 정치의식에 매이지 않아야 합니다. 주의를 버리고 개인으로 돌아와야 합니다. 인민의 대변자 노릇에서 벗어나 작가 개인의 눈으로 세상을 바라보고, 작가 자신의 가장 절실한 감정을 담아낼 수 있어야 합니다. 통치자들은 대개 인민의 대변자라고 떠들면서 자기 말만 하기 좋아하는 법입니다.

정치적 지향이 있는 작가는 종종 사회정의의 화신으로 받아들여지기도 합니다만, 그들이 그토록 부르짖는 사회정의는 사실 추상적이기만 합니다. 그것이 정말 정의인지 어떻게 확인할 수 있을까요? 공허하고 추상적인 외침은 종국에 가서 하나의 허구가 되어버릴 뿐입니다.

작가는 도덕의 화신이 아닙니다. 작가가 성인 반열에 들어서기 전 단계에라도 있습니까? 그들이 갈고닦은 도덕으로 세상을 교화시킬 수 있을까요?

작가는 법관도 아닙니다. 법관은 본래 선망의 대상이 될 수 없는 직업입니다. 물론 이 세상엔 법관이 되고 싶어하는 이들이 차고 넘치지만요.

작가는 특권도 권력도 없는, 한낱 원죄를 안고 있는 보통 사람으로 돌아와야 합니다. 작가도 어디까지나 한 개인이라는 것, 그것이야말로 작가에게 가장 합당한 신분입니다. 그런 신분으로 사람과 세상을 바라볼 때 비로소 작가는 가장 진실된 관찰을 할 수 있습니다.

20세기에는 수많은 엘리트·지식인들이 스스로 광기에 싸여 구세주 노릇을 했습니다. 그들은 낡은 세상을 부수고 새로운 유토피아를 건설하고자 했지만, 미쳐가는 작가들만 늘어날 뿐이었습니다. 지식인들은 지식만 아니었다면 그런 광기에서 벗어날 수 있었을지도 모릅니다. 모든 개인의 심중에는 광기가 내재되어 있고, 자아는 한번 균형을 잃는 순간 너무도 쉽게 광기에 빠져들게 되어 있습니다.

20세기에는 자기연민에서 벗어나기도 쉽지 않았습니다. 자기연민을 다스리기 위해서는 자기 자신에 대한 관찰이 있어야만 합니다. 일정한 지식이나 학문을 갖추었다고 해서 성찰 능력까지 지니고 있다고 장담할 순 없습니다. 폭군이나 광인 중에는 원래 똑똑한 사람이 많습니다. 사람의 불행은 외부의 강압을 통해서만 오지 않습니다. 인간 자신의 나약함이야말로 종종 불행의 근원이 되지요. 무절제하게 부풀어 오른 자아는 세상을 바라보는 눈에 장애를 가져오고 판단에도 오류를 일으킵니다. 나아가 자기 자신을 파멸로 이끌기까지 하죠.

세상은 한낱 자아에서 시작되지 않으며, 일개인에 의해 끝나지도 않습니다. 앞 세대를 무너뜨리고 문화유산을 타도해나가는 식의 살부殺父 혁명은 결코 마음 깊은 데서 우러난 충동이 아닙니다. 그것은 한 세기를 뒤덮었던 전염병이 이 세상에 가한 재앙이었을 뿐입니다.

작가가 드넓은 세상을 관찰하는 동시에 자기 자신을 성찰할 수 있다면, 또 그 성찰을 바탕으로 타인을 바라볼 수 있다면, 사실에 대한 객관적 서술을 뛰어넘는 통찰에 다다를 수 있습니다.

작가가 객관적 서술에서 멈추지 않고 문학으로 호소하고자 하는 이유는, 문학을 통할 때 비로소 인간 세상에 대한 심오한 이해에 이를 수 있기 때문입니다. 이러한 관찰도 작가 개인에게서 나오는 것이므로 한계가 없지 않지만, 주관성은 진실된 감정을 기록하기 위해 반드시 필요합니다.

작가는 타인을 개조하려 들기보다 일개 관찰자의 신분으로 돌아와 냉정한 눈으로 인생사를 바라보고 자기 자신을 성찰하는 편이 낫습니다. 문학도 마찬가지입니다. 문학이 사명씩이나 지닐 필요가 없습니다. 아무런 소명도 짊어지지 않은 문학만이 진실에 가장 가까이 다가갈 수 있고, 일체의 허상을 짓지 않을 수 있습니다.

헛소리를 지어내지 않는 문학이란 기본적으로 자기 자신에게 쓰는 글입니다. 일기가 진솔한 이유도 그 때문이지요. 누군가 훔쳐볼 수도 있다고 생각하는 순간, 일기는 자기 자신도 알아보기 힘든 암호문으로 변해버릴 것입니다. 그런 일기라면 굳이 쓸 필요가 없지요. 작가가 글을 쓰는 이유는 그것으로 생계를 도모하기 위해서가 아닙니다. 토로하지 않고서는 견딜 수 없는 마음속 감정 때문입니다. 그런 글이라면 독자의 기호에 부합하려고 애쓰지 않아도 되죠. 이것이 바로 문학의 첫 모습입니다.

불행하게도 이제는 작가라는 직업도 상품화되었고, 문학작품 역시 시장의 규율에서 벗어나기 힘들어졌습니다. 작가들은 시장에서 이름을 알리기 바쁘고, 사람들도 진실이라는 기준만으로 문학의 가치를 판별해 주지 않습니다.

오늘날의 문학은 정치의식의 간섭을 받고 있는 한편 상품화라는 제약에도 시달리고 있습니다. 이런 억압은 모든 것을 경제적 가치로만 판단하는 사회에서 더욱 심해지고 있어요. 스스로 세상의 변두리로 밀려나기로 선택하지 않는 이상 이런 억압에서 자유롭기란 쉽지 않습니다.

설혹 자기만의 소신을 지킨다 하더라도, 그 작가에게는 궁핍을 인내하며 겨우 버티는 삶만 가능할 뿐입니다. 그나마 자유가 있는 사회라면 궁핍 속에서 생존이라도 할 수 있지만, 정치적 억압이 자행되는 사회에서 살고 있는 작가라면 멀리 도망이라도 쳐야 겨우 목숨을 유지할 수 있습니다.

슬프게도 이것이 바로 오늘날 문학이 처한 현실입니다. 그뿐만 아니라 인간 삶의 곤경을 반영하고 있는 풍경이기도 하지요. 진실을 추구하는 문학이 정치적 목적에 복무할 리도 없지만, 시장에 대항하여 승리하기도 어렵습니다. 진지한 독자들의 수도 이젠 많지 않고요. 아마 이 자리에 앉아 계신 분들 정도만이 진지한 문학에 관심이 있어 상도 수여하시는 것일 텐데요. 뭐, 이것도 나쁘지는 않습니다. 달리 무슨 원망을 하겠습니까.

진지한 문학은 본래 이익이나 효용을 바라지 않습니다. 마찬가지로 그런 문학을 하는 작가들 역시 작품활동을 지속하기 위해 상을 바라지 않고요. 천고에 길이 남을 작품을 쓰겠다며 차가운 책상 앞을 지키지도 않습니다. 작가는 글 쓰는 일 자체에서 만족을 얻지 못하면 글쓰기를 지속할 수 없습니다. 사람은 나면서부터 진실을 갈망합니다. 진실에 대한 추구는 누구도 억압할 수 없는 격정이기 때문입니다. 헛소리하는 법은 살면서 이익을 도모하려다 보니 배우게 되는 것이지요. 진지한 글쓰기를 계속하고 있는 작가는 진실추구 자체에 애착을 갖고 있는 사람들입니다. 그들에게는 진실추구 자체가 만족의 이유이고 자신의 욕망이니까요.

진실에는 여러 겹의 차원이 있습니다. 사실에 대한 단편적인 서술은 작가에게 만족을 주지 못합니다. 인간 삶의 진실을 증언하는 일은 정치적·사회적 금기보다는 대개 사람들 사이의 이해관계와 사회습속에 제약을 받습니다. 진실을 향한 접근은 늘 어느 정도의 한계 내에서 이루어지지요. 서술태도 자체에도 일종의 판단이 내포되어 있습니다. 사건 자체만을 서술하기로 하는 순간, 그 이면의 원인이나 사후에 빚어질 결과는 제외하는 것이 됩니다. 이렇듯 사건에 대한 객관적이기만 한 증언은 언론매체의 요구를 만족시킬 순 있어도 깊은 차원의 진실은 드러내지 못합니다.

문학의 증언은 당사자들의 한정된 진술을 통해서만 이루어지지 않습니다. 진술 자체가 충분하지도 않을뿐더러 그들 자신의 입장이나 나약함 때문에 부지불식간에 포장이 더해지기도 하니까요. 때로는 모든 걸 토로하고 싶어도 심리적 장애 때문에 제대로 토로하지 못하는 경우도 있고, 증언자의 시야에 들어오지 않는 다른 사건이 더 있거나, 말로는 설명할 수 없는 어떤 동기가 작용하고 있을 수도 있습니다. 문학은 이런 모든 정황에 대해 거리낌이 없어야 이런 한계를 넘어설 수 있습니다.

증언의 문학을 택한 작가라면, 실제 존재하는 사람이나 사건에 대해 혹은 자기 자신의 체험을 글로 쓸 때조차 스스로 설정한 한계가 작용한다는 것을 인식하게 됩니다. 그러나 그런 한계를 수용하는 것도 진실에 대한 추구 때문입니다. 작가에게는 진실만이 모든 것을 뛰어넘는 가치판단의 기준이기 때문입니다.

증언의 문학과 역사를 비교해볼까요? 역사에는 권력의 낙인이 찍히기 마련이죠. 그래서 권력이 교체되면 역사도 다시 쓰이기 마련입니다. 반면 문학은 한번 발표되면 다시 쓸 수 없기 때문에 작가의 어깨도 그만큼 무거워집니다. 물론 그 무게는 작가 스스로 택한 것이지만요. 역사의 얼굴이 여러 번 바뀔 수 있는 것은 특정 개인이 책임을 지지 않기 때문입니다. 그러나 작가는 자신이 쓴 책을 대면하고, 종이에 쓰인 글자는 쉽게 지워지지 않습니다.

역사가 얼마나 많은 진실을 은폐하고 있든, 작가는 그 진실을 파고들어 잃어버린 기억을 복원해냅니다. 빛바랜 사료를 뒤적이는 것 못지않게 살아 있는 사람의 체험을 마주하는 것도 작가에게는 매우 중요합니다. 그 체험이 작가 자신이나 가족의 것일 경우 증언은 자서전적 성격을 띠게 되는데요. 이런 글을 쓸 때 가장 좋은 태도는 작가 스스로 그 체험과 거리를 두고 방관자가 되는 것입니다. 특히 시대의 재앙을 증언하는 경우 작가가 피해자의 감정에 빠져버리면, 시작부터 어조가 비참해지는 등 걷잡을 수 없게 됩니다.

물론 이런 관찰에도 작가 개인의 시각이 반영되기 마련이지만, 더 큰 문제는 거대한 재앙의 시대를 대면할 때입니다. 이때는 반드시 충분한 거리를 유지해야만 눈앞에서 태산이 무너지는 충격에도 압사당하지 않을 수 있습니다. 이런 작품은 어떤 면에서 일개인의 증언에 불과하지만, 역사가 외면한 진실을 복원하고 잃어버린 기억을 되살림으로써 역사를 보완하는 역할을 합니다.

이런 증언문학은 대체로 정치와도 떼려야 뗄 수 없는 관계에 있죠. 그렇다고 글의 내용이 정치적 목적에 복무한다는 뜻은 아닙니다. 정치와 관련된 증언이라고 해서 꼭 정치적 구호를 반영한다든가 특정 파벌의 입장에 서 있다는 뜻도 아니고요. 오히려 여러 가지 정치적 견해들에서 멀리 떨어져 있을 수 있습니다. 정치나 사회, 종교, 관습 등 그 어떤 금기의 제재를 취한다 해도, 마지막에 존재하는 것은 어디까지나 하나의 작품으로서의 문학 그리고 작가의 자유정신입니다.

물론 작가도 자기만의 정치적 목적을 가질 수 있습니다. 그 목적을 달성하기 위해 특정 정당이나 계파에 속할 수도 있고요. 그것은 작가 개인의 선택입니다. 다만 그러한 견해를 타인에게 강요하지만 않으면 됩니다. 그러나 일부 독재국가에서는 작가의 정치적 개입이 개인의 선택이 아니라 인민의 뜻을 거스를 수 없어 강제되거나, 작가의 정치적 입장이 사회구성원들에게 강요되면서 민족 전체를 광기로 이끄는 수단이 되곤 합니다. 누구나 정치적으로 개입하거나 개입하지 않을 자유를 갖습니다. 문학에서도 작가 개인의 정치적 입장이 창작활동과 분리된다면 문제될 것이 없습니다. 위고Victor Hugo(1802~1885), 졸라Emile Zola(1840~1902), 카뮈Albert Camus(1913~1960)의 경우에서 이런 예를 흔히 볼 수 있죠. 프랑스 작가들의 이런 전통은 동서양의 다른 작가들에게도 좋은 귀감이 됩니다.

현대문학, 그중에서도 소설창작에서는 작가 자신의 체험을 작품화하는 것을 흔히 볼 수 있습니다. 이러한 체험은 100퍼센트 상상을 통한 허구와 달라서 작품이 더욱 생생하게 다가옵니다. 자기 체험을 작품화하는 작업은 오늘날에야 생겨난 특별한 현상이 아닙니다. 과거의 많은 고전들이 정도의 차이는 있을지언정 어느 정도 작가의 자전적 체험을 반영하고 있습니다. 조설근에서 프루스트Marcel Proust(1871~1922)에 이르기까지, 작가 자신의 인생 체험과 작가의 상상이 어우러져 빚어낸 이야기는 어디까지가 사실이고 어디서부터 허구인지 구별하기 어려울 만큼 교묘하지요. 우리가 그 속에서 포착할 수 있는 것이라고는 진실한 감정, 그것뿐입니다. 작가의 생애에 근거해서 어디까지가 사실이고 어디부터가 허구일 것이라고 가려내는 일도 별 의미가 없습니다. 이러한 문학을 통해 우리가 누릴 수 있는 의미는 작품을 통해 드러나는 인간 본성의 진면목과 삶의 진실, 바로 그것입니다.

진실은 그것에 가까이 다다를 수는 있을 뿐 종착점이라 할 만한 지점은 딱히 없습니다. 오늘날까지도 문학은 인간 존재의 복잡성과 삶의 곤경에 대해 써오고 있지만, 어떤 작품도 생사애욕生死愛慾이란 이런 것이다, 라고 단언하지 못하는 것과 마찬가지입니다. 앞 세대의 죽음을 거듭 선언했던 문학혁명도 사람들을 그들이 처한 곤경에서 구해내지 못했습니다. 오히려 사람들을 광기에 의한 파멸로 이끌었을 뿐이지요. 파멸의 위기에 처했던 것은 사람만이 아닙니다. 삶의 진실을 추구하는 진지한 문학을 향해서도 광기는 자행되었고, 이에 대해 문학은 여전히 해야 할 증언이 많습니다.

　인식의 도구인 언어도 마찬가지입니다. '끝'이라고 할 만한 지점은 사실 없습니다. 그저 사건이나 느낌에 대해 언제까지고 써내려갈 뿐입니다. 순간의 인상이나 찰나의 생각이라 할지라도, 그것은 매번 다른 언어로 표현됩니다. 글의 정확성과 참신성은 글 쓰는 이의 관점이나 서술방식에 따라 달라집니다. 대개 작가는 그 자신만의 독특한 서술방법을 찾아내고자 애씁니다. 자신의 진실한 감정과 통하는 고유한 길을 발견해나가는 거죠.

　소설은 특정한 격식을 따를 필요가 없습니다. 그렇지만 새로운 작법 추구가 감정을 더욱 절실히 담아내기 위한 노력과는 무관하거나, 문학 형식에 대한 탐색이 진실추구라는 열망에서 비롯된 것이 아니라면, 그 어떤 새로운 문학형식도 무의미할 뿐입니다. 증언이나 보도, 전기, 자서전, 회고록, 일기, 메모 등을 토대로 소설을 쓰고자 할 때, 작가는 반드시 진실에 다다를 수 있는 고유한 길을 찾아내야만 합니다.

　문학이 진실에 다다르는 것은 대개 감성적인 체험 안에서 가능합니다. 작가는 경험에 대한 기억을 간직하되, 상상을 통해 그 구체적인 느낌을 다시 살려낼 수 있어야 합니다. 그리고 그 느낌을 좌표로 삼아, 자신이 직접 경험하지 않은 사건 속으로 들어갈 수 있어야 합니다. 그 어떤 허구의 이야기라도 구체적인 감성체험에서 시작되기 마련입니다. 이야기를 전개시키는 동안에도, 중간중간 실제 체험으로 돌아와야만 상상이 멋대로 흐르지 않게 됩니다.

　작가는 자신의 체험에만 의지해서 글을 쓰지 않습니다. 때로는 다른 사람의 체험도 글쓰기의 바탕이 되지요. 그런데 이런 간접 경험도, 작가 자신의 절실한 체험을 자극할 때만 글쓰기로 이어집니다. 그렇지 않다면 타인의 경험은 죽은 재료에 지나지 않습니다. 소위 영감이란 바로 이렇게 직접적인 감정을 건드리는 동기를 가리키는 말입니다. 한순간의 불꽃처럼, 마음이 진실을 감지할 수 있도록 빛을 비추는 거죠. 작가가 고도로 정신을 집중하면 감각이 예민해지면서 시야가 훤히 열리게 되는데, 바로 이때 자신이 직접 경험하지 않은 일이라도 절실히 가슴에 파고들게 됩니다. 이러한 깨달음은 과학상의 발견이 이루어지는 순간과 마찬가지로, 예기치 않은 순간에 불현듯 찾아옵니다.

문학은 개인적 감수성에서 비롯되고, 주관적인 현실 인식을 그 바탕으로 합니다. 이런 특성 때문에 한 사람의 체험이 다른 사람에게는 있는 그대로 전달되기란 쉽지 않습니다. 그 어떤 대단한 체험도 자기만의 고유한 체험과 맞물리지 않으면, 책 속의 남 얘기로 머물 뿐입니다. 인류는 전쟁과 광기로 인해 끊임없는 고통을 겪어왔지만, 그러한 폭력은 좀처럼 종식되지 않고 시기와 원한도 사라지지 않고 있습니다. 거짓이 수없이 되풀이되면서 진실로 둔갑하는 현실도 마찬가지지요. 왜일까요? 아마도 인간 내면의 열악한 본성이 끝내 바뀌지 않아서일 것입니다. 교육은 지식을 전달할 수는 있어도 참된 지혜의 감수성을 일깨우지는 못합니다. 그런 점에서는 문학도 무력하기는 마찬가지죠. 문학이 교화의 수단이 될 수 있다는 생각은 망상일 뿐입니다. 오히려 문학의 힘을 과대평가할수록 문학의 자유만 제한하기 일쑤입니다. 작가가 시대를 증언하는 것 외에 달리 무슨 역할을 할 수 있겠습니까?

완벽한 사람은 어디에도 없습니다. 유토피아가 가정했던 신인류는 혁명이 계속되는 현실에서 최소한의 지적 감수성마저 잃어버린 채 폭군처럼 변했고, 그렇게 터져 나온 인간 내면의 폭력성은 세상을 지옥과도 같은 감옥으로 만들어버렸습니다. 이렇게 드러나는 인간의 악함과 비겁함은, 역설적으로 인간은 신이 아니라는 증거가 됩니다. 작가는 초월적인 신의 자리나 구세주 역할에서 벗어나 한 개인으로 돌아와야 합니다. 미약한 개인으로서 세상을 관조하고 자기 자신을 성찰할 때 비로소 명징한 지혜를 발휘할 수 있습니다.

작가는 세상을 바라보는 동시에 그 세상을 관찰하는 자기 자신도 그리 명철한 존재가 아니라는 사실을 인식해야 합니다. 작가도 편견과 망념에 휩싸일 수 있습니다. 하지만 자기연민의 혼란에 휩싸인 자신을 깊이 관조할수록 또한 냉정해질 수도 있죠. 자기관조를 통해 편견과 망상을 떨쳐내어 더욱 세련된 통찰의 힘을 기르고 자조와 유머를, 연민과 관용을 배울 수 있을 테니까요. 소위 작가적 지혜란 본능의 혼란스러움과 맹목적인 광기 속에서 얻어지는 자각입니다. 지적 감수성 역시 타고난 양심이라기보다는 깨어 있는 시선에 더 가깝죠. 작가 자신의 호오好惡에서 벗어난, 정치적 견해마저 다스릴 수 있는, 아니 오히려 그것들을 관조하면서 획득한, 명징한 깊이라고 할 수 있지요.

작가는 이렇게 깨어 있는 눈으로 세상을 바라볼 때 자기 자신을 넘어설 수 있고 창작을 통해 진실한 작품성을 구현할 수 있습니다. 작가는 판관이 되려 하지 말고 철저히 관찰자적 입장에 있어야 합니다. 그래야만 창작에 필요한 거리두기가 가능해집니다. 관찰의 태도를 유지하면서 심미를 획득할 때 새로운 발견과 깨달음, 즐거움이 가능해집니다. 이러한 열매는 작가가 현실적 공리를 뛰어넘을 때 얻을 수 있는 보상입니다. 그렇지 않고 현실적 이익이나 효과에 얽매이게 되면 작가는 창작에 필요한 열정과 관찰자적 냉정함을 유지하기 어려워집니다.

고대부터 현재에 이르기까지 문학은 단순히 역사나 현실을 제재로 하는 이야기이기에 앞서 인간 삶의 곤경을 증언하는 문학이었습니다.

모든 작가는 자신이 속한 시대를 살아가고, 위대한 문학은 그 시대 사람들이 다다른 진실을 보여줍니다. 그런 의미에서 신화와 서사시도 인간 삶의 진실을 깊은 차원에서 드러내는 문학이지요. 신화시대 이후의 시와 소설도 인간의 절실한 감정을 담아내는 장르고요. 역사가 정치권력의 기록이라면, 문학은 개인의 감수성에 호소하는 글입니다. 고대 그리스의 호메로스가 쓴 서사시에는 인류의 집단무의식이 반영돼 있고, 그 무의식 안에서는 역사와 문학이 구별되지 않습니다. 중국의 명·청대 소설이나 유럽의 19세기 소설에도, 비록 작품 자체는 허구일지언정 당시 사람들의 삶이 작가의 냉정한 관찰을 통해 반영되어 있지요. 20세기 이후 현대문학의 관심은 바깥세상보다 인간 내면에 좀더 치중하고 있지만, 어쨌거나 진실이 문학작품의 기본 가치라는 점만은 변함이 없습니다.

흔히들 타인이 곧 지옥이라고 말하지만, 혼란에 찬 자아도 지옥이기는 마찬가지입니다. 현대성(모더니티)으로 인해 정신분열을 겪고 있는 현대인들은 저마다 자기 자신이 만들어낸 언어의 감옥 안에서 살고 있습니다. 반복적인 중얼거림이 진실을 대체해버린 이런 모습은 의식화로 세상을 개조하려 했던 지난 시대의 광기 못지않게 허망합니다. 진리는 결코 언어로 해석되지 않습니다. 문학을 언어로 분석하기 시작하면 그만큼 진실에서 멀어집니다. 언어학의 관념을 문학이론으로 삼으면 텍스트 분석은 그럴듯하게 할 수 있을지 몰라도 문학창작에는 아무런 기여도 할 수 없습니다.

진실은 형이상학적 사변으로는 다다를 수 없습니다. 진리는 감성으로 체험되는 실재입니다. 그때그때 사람의 감수성을 통해 살아 움직이는 것이며, 주체와 객체의 융합입니다. 반면 과학이 연구대상으로 삼는 것은 주체 바깥에 있는 사물이지요. 다시 말하지만, 문학은 개인의 주관적인 감수성으로 삶의 참모습을 발견해나가는 과정입니다. 과학의 도구성을 문학에 끌어들이면 사람에 대한 인식도 한낱 관념의 구성과 해체에 지나지 않게 됩니다. 일종의 관념유희, 언어유희가 되어버리고 말지요.

과거 관념이 성행하던 시대에는 이념에 질서를 부여하여 이론을 만들었습니다. 그러나 그 이론이 구체적인 논설로 이어지기도 전에 새로운 관념이 낡은 것으로 선포되기 일쑤였죠. 20세기 초 문학이론의 혁신을 이끌었던 모더니즘은 포스트모던 소비사회가 도래하는 순간 일종의 상품소비기제가 되어버렸고, 끝없이 만들어지는 유행은 세상에 아무런 자극도 되지 못했습니다. 새로운 것만이 선호되는 세상에서 모든 유행하는 이론은 공허한 원칙이 되어버렸을 뿐, 새로운 사유를 촉발하지 못했습니다.

오늘날 전면화된 상품경제와 정보폭발 아래에서 우리가 목도하게 되는 것이 무엇입니까? 날로 심각해지는 사유의 빈곤입니다. 20세기의 정치투쟁이 야기한 '이것 아니면 저것'이라는 대립은 사람들의 삶 구석구석에 파고들어 '좌 아니면 우'라는 정치적 선택을 강요했고, 개인의 독립적인 사고는 설 자리가 없어졌습니다. 작가 개인의 목소리가 정치적 획일화에 갇혀버리면 그 목소리는 반드시 무력해지게 되어 있습니다.

그렇다 해도 문학은 자유정신의 피난처이자 개인의 존엄을 유지할 수 있는 마지막 방어선입니다. 작가에게 주어지는 천부적 선물이란, 동시대 사람들이 차마 말을 하지 못하는 벙어리 상태가 되었을 때 하늘로부터 하사받는 언어입니다.

문학이 필요로 하는 언어는 제대로 표현된 적 없는 언어, 직접적으로 진실을 가리키는 언어입니다. 그 언어는 지금 이 순간 살아 움직이는 감수성이자 일체의 주의나 관념이 없는 무엇입니다. 사람이 사람일 수 있는 것은 어떤 정의定義나 관념에 의해서가 아니라 언어를 통한 표현으로 자기 자신을 인식할 때입니다.

사람이 사람인 데는 본래 아무런 주의도 없습니다. 모든 주의는 사람을 특정 규범 안으로 밀어 넣어버리죠. 문학에서의 주의도 마찬가지입니다. 문학을 어떤 이론 틀에 집어넣거나 문학에 정치의식이나 도덕적 교화의 목적을 새겨 넣는다면, 그것은 문학을 순치시키는 것입니다.

사람은 개인의 독립성 안에서 비로소 자신의 사람됨을 인식합니다. 그렇기 때문에 자기 진술로서의 문학이 필요한 것입니다. 주의는 한번 완성되면 다시는 새로운 주의를 발명하려고 하지 않죠.

일체의 주의·관념을 떨쳐내려고 하기보다 진실의 회복으로 돌아가는 편이 낫습니다. 우리는 개인의 진실된 감수성으로, 지금 이 순간으로 돌아와야만 합니다. 내일에 대한 거짓말일랑 집어치워야 합니다.

문학에 덧씌운 강고한 역사주의와도 결별해야 합니다. 일체의 심미를 연대기 서술로 귀속시켜버리고 진보냐 보수냐, 전위냐 구습이냐를 문학비평의 기준으로 삼는 행태는 인간 삶의 진실을 깊이 드러내야 할 문학을 철지난 유행상품으로 만들어버릴 뿐입니다.

언어를 통한 전복과도 결별해야 합니다. 사회혁명의 논리를 문학에 끌어들이는 순간, 문학창작은 피바람 이는 문자유희로 전락하고 문학 고유의 인문성도 소멸해버리기 때문입니다.

우리는 이제 인성人性으로, 사람에 대한 관심으로 돌아와야 합니다. 더불어 이런 관심은 윤리적 시비판단을 뛰어넘는 것이어야만 합니다. 다른 모든 가치를 뛰어넘는 가장 큰 가치가 있다면 그것은 진실뿐입니다.

사람에 대한 관심만이 다른 모든 부질없는 가치판단을 뛰어넘을 수 있습니다. 마치 인간의 생명, 맥박, 심장박동이 그러하듯이 말입니다. 살아 숨 쉬는 인간 존재야말로 다른 모든 것을 뛰어넘어 존귀하며, 생명이 불러일으키는 고뇌와 환희, 욕망과 영혼의 격동은 다른 어떤 척도로도 판단할 수 없습니다.

관찰은 판단에 앞서고 판단보다 위대합니다. 판단에는 기준이 미리 존재하고 그 기준으로 삶을 재단하죠. 타인을 지옥으로 간주하면서도 자기 자신의 나약함은 과소평가합니다. 악은 인간의 나약함과 굴종, 묵인을 통해 제 길을 열어갑니다. 나약과 굴종, 묵인이 걷는 길은 악이 걷는 길과 거의 일치합니다. 우리가 인간 존재의 나약함을 직시할 수만 있다면, 악이 자행하는 횡포는 물론 악의 진행방향과 인간 삶이 곤경에서 벗어나지 못하는 이유도 보다 근본적으로 간파할 수 있을 것입니다.

모든 관찰하는 존재는 깊고 넓고 관대한 내면을 가져야 합니다. 인간 세상과 자기 자신에 대한 성찰 속에서 길어 올리는 새로운 이해와 슬픔과 번민은 일체의 시비판단과 은원恩怨을 넘어섭니다. 희극을 쓰든 비극을 쓰든 작가는 객석에 앉아 관객을 바라보는 사람이어야 합니다. 그렇게 해서 다다르는 정화와 탈피의 효과는 역사의 역할을 훨씬 뛰어넘습니다. 작가는 철저히 인간 내면의 증언자여야 합니다.

진실을 관조할 때는 무엇이 얼마나 가치 있는지를 따지지 않습니다. 관조를 통한 진실추구야말로 작가 고유의 일이며 지고무상의 윤리입니다.

삶의 진실은 분명 우리를 곤혹스럽게 합니다. 작가가 심혈을 기울여 진실을 바라볼 때 그 붓끝에서 빚어지는 문학은 구원을 받습니다. 비록 작가 자신은 구원받지 못한다 하더라도 말이지요.

문학은 어떤 문제에도 답을 주지 못합니다. 인간 존재도 거대한 시비 문제에 답을 내릴 수 없죠. 인간이 과연 전쟁을 포기할 수 있을까요? 인종학살과 정치적 숙청, 종교적 광기와 테러리즘을 종식시킬 수 있을까요? 자연재해보다 천만 배는 끔찍한 인재를, 즉 사람을 통한 재앙을 우리 인간은 끝내지 못합니다. 다만 그러한 역사들을 기록함으로써 사람들의 감수성을 밖으로 끌어낼 뿐이죠. 우리 삶에는 발견과 경탄이, 곤혹스러움과 나약함이, 괴로움과 위로와 고무가, 의혹과 고뇌가, 환상과 망상이 끊임없이 출몰합니다. 그 사이에서 문학은 살아 숨 쉬는 사람과 그렇지 못한 사람 모두를 비추어줍니다.

우리는 어디로 가야 하는지, 어디로 가지 말아야 하는지 알지 못합니다. 안다 하더라도 아는 대로 행하지 못합니다. 그렇다면 그런 게 다 무슨 의미가 있을까요?

우리가 문학 안에서 새로운 느낌과 인식, 감동을 누릴 수 있다면 그걸로 충분합니다. 문학이 어떤 생각을 일깨울 수 있다면 필요하지만, 그럴 수 없다면 문학은 끝난 것입니다. 문학이 우리에게 새로운 생각과 감수성을 일깨울 때, 그 일깨움 안에 문학의 의미는 존재합니다.

바로 이때 독자와 작가도 서로 가까운 거리에 있을 수 있습니다. 같은 층위에서 소통이 이루어지는 것입니다. 개인이라는 고독한 존재는 언제나 타인의 이해를 갈망합니다. 사람과 사람 사이가 최소한의 이해에 도달하지 못하면, 관용이나 연민은커녕 폭력과 투쟁을 피할 수 없을 것입니다. 사람과 사람 사이의 이해가 이토록 어려운 일이라 해도, 문학은 저마다 자신의 경험에만 갇혀 있는 사람들 사이의 소통을 가능케 합니다. 이것이 바로 문학이 사람들에게 줄 수 있는 삶의 증언입니다. 문학의 의의가 조금이라도 존재한다면 바로 이런 모습에서일 것입니다.

2001년 2월, 파리에서
(2001년 스웨덴 한림원에서 열린 노벨문학상 100주년 기념 학술토론회 강연 원고)

작가의 위치

> 작가는 사회에 속해 살아갈 수밖에 없는 인간의 곤경과 자기 자신의 한계를 깨달을 때, 그러면서도 그 자신만의 고유한 독립성을 유지할 때 참된 창작의 자유를 누립니다.

작가의 위치는 그 사회에서의 문학의 위치, 그리고 작가와 사회, 작가와 시대 사이의 관계를 말해줍니다. 어마어마한 주제의 크기에 비해 저의 관점은 말 그대로 일개인의 관점일 뿐입니다. 작가들은 각기 다른 문학관을 가지고 저마다 다른 선택을 합니다. 관점이 다르기 때문에 서로 다른 선택을 하는 것은 근본적으로 시비쟁론의 문제가 아닙니다. 그러나 문학에 대한 정치의 간섭은 자유로운 사상의 장을 전쟁터로 만들어버리죠. 이는 지난 한 세기 동안 서양은 물론 동양에서도, 구미歐美에서 제3세계까지 지구상의 어느 한 곳도 예외 없이 겪은 재앙이었습니다.

20세기에는 많은 작가와 작품들이 이런저런 정치적 수난을 겪었습니다. 지금 우리가 살고 있는 시대에는 직접적이고 광범위한 정치적 억압을 찾아보기 어렵습니다. 그러나 세상을 뒤덮고 있는 미디어를 통한 억압은 여전히 문화 영역을 잠식하고 있습니다. 정치적 간섭은 반드시

■ 「작가의 위치」는 저자가 대만대학의 초청을 받아 이루어진 강연 중 문학, 희곡, 미학에 관한 첫 번째 강연이다. 제2강은 「소설이라는 예술」, 제3강은 「희곡의 가능성」, 제4강은 「예술가의 미학」이다. 당시 저자의 건강문제로 국경 이동이 어려워 강연은 영상녹화 형식으로 이루어졌다. 이 원고는 저자가 다시 수정·정리한 것이다—원서의 편집자 주.

문화기구나 정책을 통한 간섭만을 의미하지 않습니다. 문화활동에서조차 특정 정치적 입장을, 더 정확하게는 당파적 색깔을 요구받는 것도 일종의 억압이지요. 정치적 입장이 곧 그 사람의 사회적 신분증이 된다는 것은 작가의 내면과 의식까지 지배받는다는 뜻입니다. 소위 문학의 경향성, 즉 정치적 경향성이라는 것은 창작과 비판의 입에 재갈을 물리는 것과 같습니다. 문학에 정치가 개입한다는 것은 사실상 정치가 문학을 침입한다는 뜻입니다. 물론 이것은 정치의 침입이라기보다 작가가 정치활동을 한 것일 수도 있고, 작가가 문학을 사회비판의 도구로 삼은 것일 수도 있습니다. 그렇다 해도 결국은 같은 동전을 놓고 앞면이냐 뒷면이냐를 논하는 것과 다르지 않습니다. 정치가 문학을 침입하거나 문학이 정치에 개입하는 현상은 20세기 이전의 문학계에서는 흔히 볼 수 없는 풍경이었습니다.

어떤 작가가 정치나 권력에 관심이 있을 수도 있습니다. 그렇다 해도 작가는 문학창작을 정치의 선전도구로 활용해서는 안 됩니다. 여기에는 어떤 예외도 있을 수 없어요. 문학에서는 흔히 어떤 사람의 사회적 관계를 그 사람의 본질로 보는데, 사람의 사회적 관계가 가장 잘 드러나는 형식이 바로 정치입니다. 사람은 누구나 어느 정도 정치적 관계에 휘말려 있고, 어느 누구도 정치에서 완전히 분리되어 살아갈 수 없습니다. 그러다 보니 문학에 대해서도 그 작품의 정치적 경향이 비판의 제1기준이 되어버리기도 합니다. 마르크스주의의 문예관에서는 문학예술을 사회비판의 도구로만 여긴 나머지 문학이 사회비판만이 아니라 자본주의를 토벌하기를, 자산계급의 모순을 폭로하기를, 무산계급 혁명을 고취하기를 요구합니다. 지금은 베를린 장벽도 무너졌지만, 정치적 의식화의 망령은 여전히 굳게 뿌리내리고 있습니다. 얼마 전 영국에 갔을 때 한 영국인 신문기자를 만났습니다. 제가 문학은 정치로부터 독립해야 하며 정치의 바깥에서 홀로 서야 한다고 이야기하자, 그 기자는 참 새삼스럽다는 표정을 짓더군요. 다른 나라의 지식인들 사이에서는 그런 생각이 보편적으로 자리잡고 있는 모양입니다.

문학은 본래 도구적인 이익과 무관한 것입니다. 대개의 독재정권하에서는 정치가 작가와 문학 위에 군림하고 작가는 정치에 복종하기 마련입니다. 정권의 정치적 목적에 복무하지 않는 작가는 작품을 쓸 수 없고, 심지어 생존을 기약할 수도 없습니다. 그 자리에서 목숨을 잃는 일도 심심치 않게 벌어지고요. 민주제도가 자리잡은 서구사회에서는 그래도 작가들의 처지가 한결 나은 편입니다. 최소한 쓰고 싶은 글을 쓸 수 있고, 원하는 종류의 문학을 추구할 수 있으니까요. 그러나 그들도 문학으로 생계를 도모하려고 하지 않을 때만 문학의 자유를 누릴 수 있기는 마찬가지입니다. 즉, 시장의 압력에 굴복하지 않기 위해 유행도 거부하고 독자들의 기호에 부합하지 않는 글을 계속 쓰다가는 작가 자신의 생존을 기대하기가 어려워지죠. 이제는 세계화의 조류마저 문학창작에 보이지 않는 억압을 가하는 요인 가운데 하나가 되었습니다. 민주화된 국가라 해도 어느 정도 정치적 제약을 받기는 마찬가지입니다. 예를 들어 좌파도 우파도 아닌 작가의 목소리가 자유롭게 미디어의 전파를 탄다는 것은 거의 있을 수 없는 일입니다. 겉으로는 꽤 많은 자유를 누리는 듯 보이지만, 언론의 진정한 정치적 독립성을 찾아보기 어려운 것은 그런 나라도 마찬가지입니다.

공산당 독재국가에서 창작의 자유를 누리고 싶다면, 작가는 멀리 서방세계로 도망을 가거나 해야 합니다. 아니면 당에 동조적인 정치색을 띠고 그 안에서 살아남는 수밖에 없죠. 정치적 억압이 존재하는 곳에서는 홀로 다른 견해를 유지하려 해도, 그 또한 또 다른 좁은 세계에 갇혀버리기 쉽습니다. 억압과 억압에 대한 반대라는 이분법적 틀만이 작동하는 한, 문학에 담긴 풍부한 의미는 모두 정치적 언어 아래 가려지기 때문입니다. 작가 스스로 자각해서 자신의 문학에 덧씌워진 정치적 라벨을 떼어낸다 해도, 곧바로 반대편의 정치적 조류 속으로 말려들기 십상입니다. 그 속에서 잃어버리는 것은 결국 작가 자신의 고유한 문학창작의 의미뿐이죠.

오늘날에는 개개인의 사회생활부터 공공 미디어의 영역에 이르기까지 정치가 개입되어 있지 않은 영역은 어디에도 없습니다. 20세기의 문학에도, 좌파 혹은 우파의 사상에도, 정치의 낙인은 깊이 찍혀 있어요. 격앙된 톤으로 정치선전을 하는 문학은 더 이상 찾아볼 수 없지만, 문학에 대한 정치의 견제가 완전히 사라졌다고 말하기는 어렵습니다. 오늘날 작가들은 정치뿐 아니라 시장에 대해서도 어느 정도 거리를 두어야만 비로소 자기만의 고유한 목소리를 찾을 수 있습니다.

불가능한 일만은 아닙니다. 작가 자신의 개인적 독립성을 지키기 위해서는 먼저 미혹과 환상에서 벗어나야 합니다. 예를 들어 작가가 인민의 대변자가 되어야 한다는 생각도 실은 정치가 주입한 환상이에요. 역대 군왕들이 진부하게 사용해온 '인민'(백성)이라는 단어는 20세기에도 무척 남용되었습니다. 모든 정치권력은 공산당 독재를 하고 싶을 때도, 파시즘을 원할 때도, 인민을 앞세우길 좋아합니다. 인민이라는 실체 없는 존재는 도대체 어디에 있습니까? 현실에는 다만 저마다 다른 요구를 가진 개인들이 있을 뿐입니다. 정치권력은 이 모든 개인들을 인민(혹은 국민)이라는 이름으로 묶어버리고, 인민(국민)을 대표한다는 말로 개개인의 참된 목소리를 지워버립니다. 정치언어 사이에서 길을 잃어버리고 나면, 문학은 문학성을 잃고 정치의 전투기에 올라타 정치선전의 확성기 노릇을 하게 될 뿐입니다.

작가는 선지자가 아닙니다. 사람들에게 약속된 미래를 제시하는 존재도 아닙니다. 작가는 미래에 대한 아름다운 비전이나 참된 의미의 유토피아를 제시해야 할 의무도 없습니다. 어리석은 군중만이 우상의 뒤를 따르며 세상을 바꾸겠다고 싸워댈 뿐이지요. 우리가 갓 지나온 20세기에는 이런 일이 일상처럼 벌어졌습니다.

작가는 구세주가 아닙니다. 작가가 기독교적 사명을 짊어질 필요가 무엇이란 말입니까? 20세기에는 니체식의 초인을 자임하는 이들이 많았습니다. 신은 죽었다고요? 그 결과, 무한히 팽창한 자아가 구세주로 등극하기에 이르렀습니다. 니체의 철학서는 사실 낭만적 정서로 가득 차 있습니다. 그러니 문학작품으로 읽으면 차라리 재미있을 수도 있겠습니다. 자아만 부풀어 있는 초인의 형상은 사실 수난당하는 그리스도의 이미지에서 온 것이니 충분히 독창적인 저작이라 할 수도 없습니다. 이 책은 인간 존재의 진실을 밝히고 있다기보다 한 철학자의 머릿속에 그려진 환영이라고 해야 합니다. 현대사회의 인간은 니체가 선포한 초인보다는 독일의 소설가 카프카가 쓴 소설 속 인물들의 처지에 더 가깝습니다.

카프카의 작품은 작가가 살아 있을 때는 발표되지 않았습니다. 당연히 작품에 대해서는 아무런 반향도 없었죠. 그러나 그의 작품은 20세기 공업사회를 살아가는 인간 존재의 본질을 꿰뚫고 있습니다. 오늘날 유행하는 몇몇 문학사는 니체를 20세기 모더니즘의 시초로 보는데요. 그렇게 보면 현대문학은 마치 니체에서 시작된 것 같습니다만, 사실 니체는 19세기 낭만주의 문학을 매듭지은 작가에 더 가깝습니다. 진정으로 현대문학의 탄생을 알린 작가는 카프카입니다. 카프카는 현대사회를 살아가는 인간 존재의 진실을 정확히, 그리고 치밀하게 묘사했습니다. 사람은, 특히 한 가정에서조차 사람은, 작고 가련한 벌레 한 마리에 지나지 않습니다. 어디 감히 세상을 구하고 타인을 개조씩이나 한단 말입니까? 자신의 운명조차 장악하지 못하는 나약한 존재, 무슨 죄를 지었는지 알 수 없는데도 어느 날 갑자기 심판을 받아야 하는 존재가 바로 인간입니다. 카프카는 깨닫고 있었던 거죠. 소위 유토피아란 그의 소설 속에 나오는 성처럼 결코 그 안으로 들어갈 수 없는 그런 곳이라는 것을.

　20세기 초에 카프카는 현대사회에서 살아가게 될 인간의 처지를 정확하게 예언했습니다. 현대사회의 인간은 갈수록 나약해지고 있고, 자기 삶의 주권을 잃어가고 있으며, 각종 서류와 타인들의 파편화된 기억 속에서 고유의 정체성도 해체되고 있습니다. 사회체제는 방대하고 복잡해졌으며, 시장은 천지사방 영향력을 장악하지 않은 곳이 없습니다. 문화는 상품화된 형태로만 존재하며, 정치적 독립성을 갖춘 미디어는 어딜 가도 찾아보기 어렵습니다. 아무런 정치적 성향을 보이지 않는 개인의 목소리 역시 어디에서도 환영하지 않습니다. 미약하기 그지없는 개인의 목소리는 현실적 이익이나 정치, 유행추수를 벗어난 문학 안에서만 존재할 수 있고, 그 안에서만 목소리의 독립성도 지켜낼 수 있습니다. 개인의 목소리는 지극히 미약하지만, 그것은 다른 누구도 베낄 수 없는 참된 소리이기도 합니다.

　나약한 개인은 자본도 권력도 소유하지 않은, 어떤 정치적 의도에도 복무하지 않는, 무당무파의 존재입니다. 이토록 거대한 사회조직에 속한 개인은 대자연 속의 벌레와도 다르지 않습니다. 그럼에도 사람이 벌레와 다를 수 있다면 생각을 할 수 있다는 점 때문입니다. 그러나 독립적인 사고는 모든 사람이 태어날 때부터 가진 능력이 아닙니다. 후천적으로 벼려야 하는 인위적인 의식이죠. 르네상스 이후의 인문주의는 이성의 빛으로 중세의 어리석음과 종교의 구속을 떨치고, 사람에게 내재된 온전한 자질을 일깨우고자 한 시도였습니다. 그러나 18~19세기의 낭만주의를 거쳐 자연으로 돌아가고자 했던 인간은 공업화된 현대를 맞이하면서, 소위 이상적 인간이란 추상적 이념에 가까운 것이었음을 발견하게 됩니다.

20세기에 외친 천부인권도 혁명적 외침으로 이어지지 않고 공허한 단어가 되어버렸죠. 자유롭고 독립적이어야 할 인간은 사실 정치권력과 시장 앞에서 한없이 약하고 비천한 존재일 뿐입니다. 인권이라든가 인간의 존엄, 사상과 표현의 자유 등이 무료로 주어진 시대는 원래 없었습니다만, 인문주의에서 길어낸 이성의 목소리는 현실에서의 상품거래와 정치적 이익 아래 완전히 묻혀버렸습니다.

그렇다면 개인의 진실한 목소리는 어디서 들을 수 있을까요? 문학을 통해 가능합니다. 문학은 정치가 말하지 않는 인간 삶의 진실을 말할 수 있습니다. 19세기의 사실주의 작가인 발자크와 도스토옙스키는 구세주를 자임하거나 인민의 대변자나 정의의 화신이 되려고 하지 않았습니다. 이들은 다만 그 시대 사람들이 처한 현실을 보여주었을 뿐입니다. 이념을 기준으로 현실을 재단하거나 비판하지 않았고, 사회에 대한 이상적인 청사진을 제시하지도 않았습니다. 이들은 다만 특정 정치의식 너머에 있는 인간 사회의 참모습을, 인간 삶의 곤경을, 인간 본성의 복잡함을 작품 속에 담아냈을 뿐이지요. 그래서 이들의 작품은 장구한 시간의 단련을 이겨내고 살아남았습니다.

20세기 혁명문학의 운명은 그 반대였습니다. 고리키Maksim Gor'kii(1868~1936: 소설가, 극작가, 사회주의 리얼리즘 문학의 창시자)라든가 마야코프스키 Vladimir Vladimirovich Mayakovsky(1893~1930: 러시아 프롤레타리아 작가동맹 출신의 시인)와 같은 많은 재능 있는 작가들이 혁명문학에 투신했지만, 혁명의 패배와 함께 작품의 이름도 바람처럼 사라져버렸죠. 그들도 자신들의 작품이 그런 운명을 맞이하리라고는 예견하지 못했을 것입니다. 칼과 도끼로 개조한 새로운 사회는 정작 타도대상이었던 구사회보다 덜 인도적이고 더 빈곤했습니다. 지금의 중국과 러시아를 보십시오. 배금주의의 열풍은 순식간에 이념을 대체해버렸습니다. 역사는 이렇게 인민을 배반하는 법이지요.

작가는 투사가 되어야 할 이유가 없고, 사회비판을 문학의 종지宗旨로 삼을 필요도 없습니다. 물론 작가도 자신만의 정치적 견해를 가질 수 있지만, 그 견해를 꼭 문학에 담을 필요는 없습니다. 작가 자신도 이 시대에서의 작가의 위치를 분명히 깨닫고 있다면, 차라리 나약한 개인으로 돌아가 자기 내면의 목소리를 내는 편이 낫습니다. 그 목소리가 반드시 세상에 전해진다고 장담할 수는 없지만, 자기 자신만은 그 목소리에 귀를 기울여야 합니다. 이런 내면의 목소리, 살아 있는 사람의 감정에서 나오는 이 소리가 바로 글쓰기의 첫 충동이니까요.

모든 개인은 살면서 이런저런 사회적 제약을 받습니다. 어떤 무리에든 속하면 그 집단 고유의 제약을 받기 마련이지요. 이때 무리의 합창에, 권력의 언어에 매몰되지 않는 방법은 자기 자신의 목소리를 잊지 않는 것입니다. 이것은 누구에게나 큰 도전이 되는 일입니다. 자기 내면의 목소리를 잊지 않는다는 것은 자기 확인의 몸부림이지만, 또한 자신의 생존환경에 대한 도전이기도 합니다. 문학에 필요한 표현은 바로 이런 것이지요. 문학은 비판을 위한 무기가 아닙니다. 문학은 다만 증언을 할 수 있을 뿐이죠. 작가는 그 시대의 증인입니다. 문학의 증언은 국가가 편찬한 역사보다 진실합니다. 모든 정권은 자신의 현실적 필요에 따라 역사를 수정하기 마련이죠. 모든 관방역사가 다 그렇습니다. 그러나 작가가 발표한 문학은 수정되지 않습니다. 작가가 쓴 모습 그대로 남아 후대에 전해지지요. 그런 차원에서도 작가의 문학이 관방역사보다 훨씬 믿을 만합니다.

문학은 권력뿐 아니라 대중의 기호와도 거리를 둘 수 있어야 합니다.

시장이 대중의 기호에 따라 유행을 만들어내는 것은 문학의 원칙이 아니라 소비의 원칙입니다. 반면 엄숙한 문학은 대중을 즐겁게 하기 위해 혹은 시장의 수요를 만족시키기 위해 생산되지 않습니다. 당연히 세상에 널리 퍼지지도 않죠. 출판사 입장에서도 이런 작품은 달갑지 않을 거예요. 너무나 당연한 말이지만, 베스트셀러는 일종의 비즈니스니까요. 물론 대중이 소비하는 문화도 문학작품입니다. 어느 시대든 통속문화와 엄숙한 문학이라는 구분은 있지 않았던가요? 오늘날도 마찬가지입니다. 다만 다른 점이 있다면, 지금은 문화를 둘러싼 비즈니스가 대중화, 국제화되었다는 정도겠지요. 지금은 책도, 영화도 자국의 소비자만을 대상으로 하지 않습니다. 작품은 예사로이 국경을 넘고, 세계 각국의 언어로 공유되고 있습니다. 거대 문화산업이 경영하는 문학도 사정은 다르지 않아요. 독자들의 기호와 시장의 수요에 맞추어 작품이 생산됩니다. 이것은 전혀 비난할 일이 아니며, 분노한다고 달라질 일도 아닙니다.

지난 세기는 작가들이 회사를 만들거나 자금을 모아 자비출판을 할 수도 있었습니다. 손해가 나도 본인이 감당하면 그만이었고, 글쓰기만으로도 어느 정도는 생계를 책임질 수 있었습니다. 그러나 지금은 그렇지 않습니다. 시장의 유통구조를 통하지 않으면, 유행에 부합하지 않으면, 대중의 바람을 작품에 수용하지 않으면, 작가는 생계를 도모할 방법이 없습니다. 이런 시대에 엄숙한 글쓰기를 지속한다는 것은 일종의 사치에 가깝습니다. 그러나 이런 문학의 가치는 거짓을 말하지 않는다는 데 있습니다. 인간이 처한 조건과 당면한 문제를 그대로 드러내면 사람들은 대개 곤혹스러워하지요. 그러나 그런 작품은 사람을 생각하게 만듭니다.

오늘날에도 일부 지식인들은 여전히 유토피아의 재건을 주장하고 있습니다. 그러나 특별한 이상理想이나 유토피아가 없다고 나쁜 것도 아닙니다. 이상의 부재는 오히려 사람들을 깨어나게 하니까요. 우리는 인간으로서의 존엄과 독립성을 깨닫는 데 필요한 고독을 감내하기 쉽지 않습니다. 특히 미디어로 소란스러운 오늘날에는 다른 어느 시대보다도 더 고독감을 느끼기 쉽죠. 이것이 현대를 살고 있는 인간 삶의 진실입니다. 이때 고독한 개인만이 자기 존재를 의식하고, 세상의 혼란 속에서도 자기 내면의 목소리를 들을 수 있습니다. 바로 이 목소리를 지킬 수 있어야 오랫동안 글쓰기를 계속할 수 있습니다.

작가가 함부로 분노를 발설하지 않을 때 차가운 문학이 가능합니다. 작가는 먼저 자기 안에 있는 일시적 충동과 좌절감을 극복해야 합니다. 그래야만 세상을 있는 그대로, 정확히 볼 수 있습니다. 차가운 글쓰기를 위해서는 사람들의 삶을 냉정하게 관조할 수 있는 차가운 눈이 필요합니다.

이런 작가는 당연히 그 시대의 풍운인물이 되기를 바라지 말고, 세상의 주변부에 머물러야 합니다. 주변부에 머무는 것은 차가운 글쓰기를 위해 반드시 필요한 조건입니다. 이 시대의 은자隱者는 세상과 거리를 두고 살며 주변 세계를 뚜렷이 관찰하고, 자기 내면에서 일어나는 망념을 바라볼 정신적 여유를 가질 수 있습니다.

독재권력이 존재하는 사회에서는 이런 선택이 허용되지 않습니다. 세상과 거리를 두고 마음의 여유를 누리려다가는 때로 자신의 목숨마저 대가로 내놓아야 할 수도 있어요. 민주제하에서도 이런 선택은 쉽지 않죠. 좌파도 우파도 아닌 사람에게는 많은 선택권이 주어지지 않으니까요. 그러므로 작가에게는 현실적 이익을 뒤로하고 고독을 견딜 수 있는 능력이 필요합니다. 두 차례에 걸친 세계대전과 전 세계적인 공산주의 혁명이 야기한 혼란과 내전, 파시즘 등 정치의 광풍이 불어닥쳤던 20세기에, 개인은 더더욱 그 폭풍에 휘날리는 작은 모래알갱이에 지나지 않앉습니다. 이런 광풍 속에서도 독립적인 사고를 견지한다는 것은 보통 대단한 시련이 아닐 수 없습니다. 21세기가 되었어도 인류는 여전히 전쟁과 폭력을 종식시키지 못하고 있습니다. 인권이라든가 사회정의와 같은 아름다운 말들이 공허한 낱말일 뿐이기는 지금도 마찬가지입니다. 민주주의는 그 이상의 다른 대안이 없기 때문에 우리에게는 부득이한 선택입니다. 민주제하의 사회적 폐단은 주기적으로 정권이 교체됨으로써 그나마 조금씩 완화되지요. 공정한 사회라는 것도 정당들이 정권을 얻기 위해 앞세우는 구호에 지나지 않기 때문에 그것이 진짜로 실현되는 모습은 보기 어려울 것입니다. 국가도 완수하기 어려운 그런 사명을 작가가 이룩하겠다고 나설 필요는 없습니다. 정당은 이런저런 깃발을 흔들어대며 작가에게 사회의 양심이 되어달라고 요구할 것입니다. 그러나 그 또한 문학에 대한 정치의 압살에 지나지 않습니다.

작가는 무소의 뿔처럼 혼자서 가야 합니다. 냉정한 관찰로 감정의 발설을 제어하고, 시비·선악·도덕의 판단도 내려놓을 필요가 있습니다. 작가는 다만 냉정한 시선으로 세상을 관찰하면 됩니다. 세상은 본래 이러하다는 것, 그 누구의 의도로도 개조되지 않는다는 것을 똑똑히 보아야만 합니다. 작가는 그렇게 차가운 눈으로 외부세계를 관찰하는 동시에 자기 내면을 관조해야 합니다.

사르트르Jean Paul Sartre(1905~1980)는 "타인은 곧 지옥"이라고 말하며 문학이 사회비판에 나서기를 촉구했지만, 문학으로 사회비판을 하기 시작하면 작가는 자기 성찰을 망각하게 됩니다. 그는 인간의 자아 역시 또 다른 지옥일 수 있다는 사실을 깨닫지 못했습니다. 구세계를 뒤집어엎겠다고 하는 혁명가들 역시 자기 자신 앞에서는 개혁의 시도를 멈추기 마련이지요. 자아의 무한 팽창은 현대사회에 유행하고 있는 또 다른 질병입니다. 작가는 사회를 비판하는 동시에 자기 자신도 관조할 수 있어야 합니다. 사회비판, 인간개조가 아니라 있는 그대로 인간의 본성을 이해하는 것만이 문학의 변함없는 본령입니다. 세상에 대한 인식은 다시 인간에 대한 인식으로 돌아와야 합니다.

문학의 영역에서 비판보다 중요한 것은 인식 그 자체입니다. 포스트모더니즘이 횡행하자 언어의 의의는 해체되었고, 전복과 비판은 하나의 제스처로만 남았습니다. 이것은 차라리 한바탕의 쇼였다고 해야 할 것입니다.

세상은 결코 인간의 의지나 계획에 의해 변하지 않습니다. 어느 누가 베를린 장벽의 붕괴를, 소련·동유럽 공산주의의 몰락을 예견할 수 있었단 말입니까? 어느 누가 냉전의 종식을, 그 이후에 닥칠 경제위기를 내다볼 수 있었나요? 이후의 세계화 프로젝트는 원래 서방국가들의 이익을 도모하기 위해 시작되었지만, 제3세계 국가들의 급속한 경제발달을 촉진시켰고 도리어 유럽의 쇠퇴를 가속화했습니다. 서구 언론들은 중국 정치체제의 붕괴를 예언했지만, 정작 실현된 결과는 중국 정치의 민주화가 아니라 중국 경제의 굴기였습니다. 불과 20여 년 사이에 이 세계에서 일어난 변화는 우리 모두의 예상을 빗나간 것이었어요.

세상을 알기 위해 우리는 끊임없이 질문을 던져야만 합니다. 사람에 대해서는 안 그럴까요? 아무리 끝없이 질문을 던져도, 사람을 완벽히 알기는 어렵습니다. 하물며 어떻게 사람의 본성을 사람이 개조할 수 있을까요? 어느 누가 사람을 만든 조물주 이상으로 사람을 다시 만들 수 있겠습니까? 20세기에 시도된 '새로운 인간'이라는 신화는 폭력혁명으로 새로운 세상을 만들 수 있다는 발상만큼이나 위험한 것이었습니다. 자기 자신을 장악하지 못하는 인간이 어떻게 세상을 장악할 수 있단 말입니까? 사람은 다만 끊임없이 변화하는 이 세상에서 자신이 처한 상황을 인식하고 성찰할 수 있을 뿐입니다.

모든 왕권, 정권, 당파는 자신들의 이익을 위해, 즉 자신들의 권력을 확인함으로써 정치적 목적을 달성하기 위해 역사를 기술합니다. 정치권력이 기술한 역사는 정권이 바뀌면 내용도 바뀌지만, 바뀌지 않는 역사가 있습니다. 바로 작가의 문학작품이지요. 문학으로 서술된 역사는 관방역사보다 진실합니다. 비록 그 안에 허구가 가미돼 있긴 하지만, 그 속에 담긴 인간 삶의 진실은 영원히 왜곡되지 않습니다. 시간이 흐르면서 유실되는 작품이 있을 수도 있지만, 시간 속에서 살아남은 작품은 인류문화의 결정체가 됩니다.

문학이 역사와 다른 점은 개인의 역사, 개인 내면의 역사를 쓸 수 있다는 점일 것입니다. 의식이란, 다른 말로 하면 사람과 세상에 대한 뚜렷한 인식입니다. 사람은 자기 자신을 바꿀 수 없습니다. 인간 본성을 개조할 수도 없습니다. 그러나 사람은 자신의 느낌을 인식하고 기록할 수 있습니다. 문학은 바로 이런 글쓰기에서 시작됩니다. 자신의 느낌을 기록하는 것은 작가가 누리는 무한의 자유일 것입니다.

다만 이런 자유도 작가의 서술이라는 한계 속에 있습니다. 만약 작가가 이런 자유를 권력이나 다른 이익을 얻기 위해 내놓는다면, 작가는 정치의 전투기에 올라탈 수밖에 없고 시장과 대중의 의지에 휘둘릴 수밖에 없습니다. 그렇게 작가는 서술의 자유를 잃어버리고 맙니다.

그러나 이익과 권력을 떠나 있는 글쓰기는 아무런 제약을 받지 않고 마음껏 내면의 우주를 비행할 수 있습니다. 작가는 인간 삶의 진실을 놓치지만 않는다면, 어떤 상상이든 발휘할 수 있습니다. 진실만이 문학의 가치를 판단하는 유일한 기준이니까요.

오늘날에는 정치적 판단이 윤리적 판단을 대체해버렸습니다. 소위 정치적 올바름이라는 것도 현실에 존재하는 각종 권력, 세력, 이익 사이의 한시적 균형을 가리킬 뿐입니다. 이 균형이 어떤 식으로든 깨어지고 나면 오늘의 진실도 내일은 거짓이 될 수 있습니다. 이런 정치적 올바름에 순응하는 문학은 시간이 흐르면 그냥 종이 쓰레기가 될 뿐입니다. 문학은 현실의 이해관계 너머에 있어야 합니다. 작가는 삶의 진실을 대면할 뿐 가치관 같은 것을 만들어낼 필요가 없습니다. 철학자들은 이 세상을 관념과 논리의 사상체계 위에 세워 세상을 완벽하게 설명하려고 합니다. 그러나 작가는 그런 관념의 체계가 아니라 진실된 인간 삶으로 돌아와야 합니다. 인간 내면의 절실한 감정을 작품에 담을 수 있어야 합니다. 문학은 정치의 부록이 아니며 철학의 해설서도 아닙니다. 문학은 오히려 각종 주의를 몰아내고 최대한 진실에 접근해야 합니다. 진실만이 문학의 가치를 판단할 수 있는 최고의 기준이니까요. 문학이 해야 할 일은 인간 존재와 이 세상에 대한 참된 인식뿐입니다.

문학이 인간과 세상에 대해 불러일으키는 생각은 작가가 삶에서 겪은 체험에서 나옵니다. 작가는 그 체험을 작품 안에 녹여내는 것이죠. 작품을 통해 세세대대로 전해지는 깨달음이 있으므로 작가는 그가 사는 시대의 사상가이기도 합니다. 작가가 철학자와 다른 점은 작가의 사상은 작품 속 인물을 통해, 구체적인 어떤 조건 아래서 더 생생하게 살아숨 쉬는 감정으로 표현된다는 점일 것입니다. 소크라테스에 대한 아리스토파네스Aristophanes(BC 445?~BC 385?: 고대 그리스의 희극 작가)의 조롱은 지금 보아도 전혀 촌스럽지 않고, 셰익스피어가 그려낸 인간 본성의 심연은 여느 철학자의 철학과도 비교할 수 없습니다.

문학이 샘이 마르지 않는 긴 강과 같다면, 작가는 인간 삶과 인간 내면의 본질을 탐구하며 홀로 걷는 여행자입니다. 그리고 이 길은 끝이 없습니다. 문학으로 진실에 다다르는 여정 역시 끝이 없을 것입니다.

20세기의 문학혁명과 혁명문학은 끊임없이 구세계의 사망을 선포했습니다. 구세계의 문학작품에 대해서도 마찬가지였죠. 문학에 계급의 표식을 붙이고, 진보다 반동이다 하는 모자를 씌웠습니다. 소위 진보다 반동이다 하는 말은 다 유물사관이 역사에 주입한 틀에 불과합니다. 역사라는 긴 강은 결코 진보하기 위해 흘러가지 않습니다. 우리는 우리 시대의 문학이 고대 그리스의 문학보다 더 진보했다고 말할 수 없습니다. 인간 본성이 그때에 비해 한참 나아졌다고 말할 수도 없고요. 그때나 지금이나 인간 세상은 존재하고, 문학은 그 세계를 인식하고자 노력할 뿐입니다.

누구도 문학의 죽음을 함부로 선언할 수는 없습니다. 문학에 대한 포스트모더니즘의 해체는 사상이나 의미 등을 모두 언어분석의 유희로 만들어버릴 뿐이었습니다. 포스트모더니즘이 한 시대를 풍미했던 유행임에는 틀림없으나, 그것이 전복시킨 것은 현실사회가 아니었어요. 그것은 기껏해야 한바탕의 쇼에 지나지 않았고, 오래오래 두고 볼 가치가 있는 작품을 남기지도 못했습니다.

인류 사회가 어떻게 변화하든, 그 변화가 모던에 의한 것이든 포스트모던에 의한 것이든, 사회에 속해 살아가는 인간 존재의 곤경은 조금도 해체되지 않았습니다. 작가는 진보의 여부를 따지지 않고 그저 홀로 걷는 존재일 뿐입니다. 걸어도 걸어도 문학의 길은 이어질 것이고, 세대가 바뀌어도 삶에 대한 물음은 계속될 것입니다. 문학작품의 가치란 바로 그렇게 길고 긴 시간의 강 위로 마침내 떠오르는 무엇이라고 해야 할 것입니다. 문학은 그 시대에 대한 증언이기도 하지만, 시대를 뛰어넘어 인간 삶을 증언하는 거울이기도 합니다.

작가는 자신이 살아가는 시대의 증인인 동시에 창조자이기도 합니다. 작가의 증언은 필터글라스filter glass(거름 유리)와도 같은 심미의 눈을 거쳐 글쓰기로 이어집니다. 문학은 오로지 심미에 호소하여 판단할 뿐입니다. 문학에서는 심미적 판단이 시비·선악·윤리 그리고 정치적 판단을 대체합니다. 심미는 현실에서의 도구적인 이익 너머에 존재하지요. 작가의 자아에 갇히지 않은 제3의 눈을 혜안, 즉 깨어 있는 의식이라고 말할 수 있다면, 당연히 그것은 매우 주관적인 것입니다. 혜안은 주관적인 심미의 필터글라스라고 할 수 있습니다. 심미의 눈으로 무언가를 바라보면, 그 안에 있는 미와 추, 숭고 혹은 시의, 비극 혹은 희극, 골계 혹은 황당, 고상함 혹은 비천함, 가소로움과 가증스러움이 밖으로 드러나고, 우리는 연민이라든가 동정, 감상感傷, 희열, 유머 등의 감정을 느끼게 됩니다. 인간 삶의 조건은 어떤 작가가 보느냐에 따라 각기 다른 모습으로 그려집니다. 발자크에게는 희극이었던 세계도 카프카에게서는 우화로, 베케트에게서는 부조리극으로 표현되지요. 프루스트의 '잃어버린 시간'이나 엘리엇의 황무지로 그려지기도 합니다. 이런 주관적 심미는 작가가 창안하는 고유의 예술형식으로도 나타납니다. 그 형식 또한 작가 고유의 필터글라스를 거친 승화라고 할 수 있을 것입니다.

문학창작은 심미의 과정 속에서 이루어집니다. 그런데 이 심미적 감수성은 사람마다 다릅니다. 작가들만의 독특한 스타일은 그 작가의 출신, 경력, 체험, 소양, 개성, 기질, 창작 당시의 심리상태 등의 영향을 받아 형성되고 작품에 반영되지요.

작가는 바로 이런 주관적인 느낌을 작품으로 만들어내는 사람입니다. 후세의 평론가들은 그 작품을 시대의 거울 혹은 민족문화의 대변이라고 평가할 수도 있으나, 작품의 참된 의미는 그 시대 그 민족만의 특징을 기록하는 데 있지 않습니다. 모든 예술작품이 그러하듯이 문학작품의 생산에도 우연성의 요소가 중요하게 개입하기 마련입니다. 그러므로 어떤 작품을 그 시대와 민족문화의 산물이라고 말하는 것은 온당치 못합니다. 그것은 그냥 그 순간의 우연한 산물이었을 뿐입니다. 어떤 시대, 어떤 국가이기 때문에 그런 작품이 나온 것이 아니에요. 모든 작품은 기본적으로 홀로 걷는 어떤 개인이 그 시대, 그 국가에 남긴 지워지지 않는 흔적이라고 말할 수 있습니다. 장구한 역사 속에서 정치적 권력은 끊임없이 바뀌지만, 작가의 작품은 처음 창작된 그대로 남아 인류에게 지혜의 빛을 비추어줍니다.

인류의 역사는 국가정권을 축으로 하는 역사와 문화·사상의 역사, 이렇게 두 개의 층으로 이루어져 있다고 말할 수 있는데요. 정권의 역사는 끊임없는 전쟁과 정복, 무력, 통치를 업적으로 삼습니다. 진시황의 무덤이나 나폴레옹의 개선문이 바로 이런 업적의 흔적이지요. 그러나 문화와 사상의 역사는 개인에 의해 쓰이는 것입니다. 그것은 당대의 작가와 사상가들이 정권에 밉보였더라도 도망을 가거나 숨어들거나 목숨을 대가로 내놓으면서 써내려간 역사죠. 예나 지금이나 작가의 운명은 크게 달라진 것 같지 않아요. 중국의 굴원에서 유럽의 단테에 이르기까지, 현대의 제임스 조이스나 사무엘 베케트까지, 이들의 조국은 이들의 작품을 받아들일 수 있을 만큼 성숙하지 못했습니다.

작가가 반드시 민족국가를 인정해야 할 의무는 없습니다. 동조라는 것은 대개 정치적 필요 때문에, 예를 들어 정치적 정당이 더 많은 사람을 자기네 당파로 끌어들이기 위해 요구하는 것이죠. 이런 시절에는 특정 정치적 입장에 대한 동조 여부가 곧 그 사람의 사회적 신분증이 되어버립니다. 사람의 지역적·문화적 신분은 타고나지만, 교통수단과 미디어가 발달한 오늘날에는 누구나 널리 다양한 문화의 영향을 받습니다. 그러므로 작가가 특정 국가나 특정 민족의 대변자여야 할 필요는 없습니다. 작가는 다만 세계시민으로서 자기 내면의 목소리로 진실을 말하면 됩니다.

물론 작가의 작품에도 어느 정도 민족문화의 흔적은 있습니다. 그러나 그것은 그냥 그 작가의 독특한 개성일 뿐이에요. 작가는 아무도 말하지 않았던 것을 말하고, 누구도 해보지 않은 생각을 표현할 수 있어야 합니다.

작가의 체험도 시대마다 다르기 마련이지요. 그 체험들은 서로 다른 방식으로 인간 존재에 대한 인식을 풍요롭게 합니다. 고대 그리스의 비극에서 중국의 당시唐詩까지, 세르반테스의『돈키호테』부터 괴테의『파우스트』, 조설근의『홍루몽』에 이르기까지, 어떤 작가의 심미체험도 중복되어 있지 않은 것을 볼 수 있습니다. 이들의 주관적인 정서는 각기 다른 언어로 쓰였지만, 시대와 국경을 뛰어넘어 인류 모두의 정신적 자산이 되었습니다. 인간 본성은 서로 비슷하니까요. 최소한의 교육만 받아도, 사람과 사람은 얼마든지 공감·소통할 수 있습니다. 후대의 독자들은 작가의 심미체험이 녹아 있는 작품을 읽으며 공감을 느끼고 자신의 경험을 보완할 수 있습니다. 나아가 작품을 통해 새로운 생각을 떠올리거나 심화시킬 수도 있고요. 작품은 고독한 개인의 결과물이지만 국경과 언어, 민족문화를 뛰어넘어 후대에까지 전해집니다. 이것은 작가들의 공적功績이라 해야 할 것입니다.

작가는 사회에 속해 살아갈 수밖에 없는 인간의 곤경과 자기 자신의 한계를 깨달을 때, 그러면서도 그 자신만의 고유한 독립성을 유지할 때 참된 창작의 자유를 누립니다. 20세기에 불어닥친 과도한 정치적 광풍에서 빠져나왔다면, 이제 다시는 문학을 이용해서 정치에 복무할 필요가 없습니다. 문학은 다만 인간 자신의 존재 확인을 위해 존재하며, 문학의 가치는 현실적·도구적 이익 추구의 세계 너머에 있습니다. 이제까지 문학은 늘 그래왔습니다.

2007년 7월 30일, 파리에서

소설이라는 예술

> 소설가는 인간을 곤혹스럽게 하는 이 세상을 바꿀 능력이 없습니다. 타고난 인간 본성을 개조할 수도 없습니다. 소설가는 다만 삶에 대한 새로운 인식을 제공하고, 곤경에 처한 삶을 조롱하거나 가지고 놀 수 있을 뿐입니다.

사람들은 흔히 소설에 없어서는 안 될 요소로 스토리와 플롯, 등장인물 등을 꼽습니다. 이것은 전통적인 의미에서 소설의 필요조건이지요. 저는 이 자리에서 전통적인 소설작법의 기교에 대해 말하지 않을 것입니다. 오히려 이 기회에 스토리를 전개하는 것 외에 어떤 방법으로 소설을 쓸 수 있는지에 대해 생각해보고자 합니다.

물론 그전에 소설사를 개괄해본다든지 플롯 구성이나 인물 형상화에 대해 이야기할 수도 있을 것입니다. 『서유기』, 『수호전』에서 『아라비안나이트』까지, 라블레François Rabelais(1483?~1553: 르네상스 시기 프랑스의 풍자작가)의 『가르강튀아와 팡타그뤼엘』 *Gargantua et Pantagruel** 혹은 찰스 디킨스, 고골Nikolai Vasilievich Gogol'(1809~1852), 빅토르 위고의 소설에 이르기까지 이 작품들은 모두 스토리를 전개하는 소설이라는 범주에 속해 있습니다. 간혹 형상화가 덜 된 인물도 등장하지만, 어쨌거나 플롯으로 승리를 거두고 있는 작품들임에는 틀림없습니다. 읽는 사람을 사로

---

* 거인 가르강튀아와 그 아들 팡타그뤼엘의 모험담으로 중세사회의 가치관과 종교관을 신랄하게 비판하는 작품.

잡는 흥미진진한 스토리, 살아 숨 쉬는 듯한 등장인물 모두 중요하지만, 소설에서는 개성이 독특한 인물의 형상화가 좀더 작품의 관건이 됩니다. 아시아에 『홍루몽』이 있다면 유럽에는 발자크에서 시작해서 톨스토이에 이르는, 현실생활 속의 인물을 생생하게 재현하는 작품들이 있습니다. 플롯이 약한 대신 인물들의 생활환경과 주요 장면에 대한 묘사가 주를 이루는 소설들이지요. 이런 사실주의 소설들은 사람들 속에서 살아간다는 것이 어떤 모습인지 정면으로 그려내면서, 개성이 독특한 인물군상을 다양하게 보여줍니다. 예컨대 도스토옙스키의 소설에 나오는 인물들은 어딘가 음울하고 정신분열적이며 성격이 복잡하다는 점에서 플로베르Gustave Flaubert(1821~1880)의 소설 『보바리 부인』을 연상시키는데요. 도스토옙스키는 마치 사람을 프리즘에 투과시킨 듯 인간의 은밀한 내면세계를 여러 각도에서 묘사합니다. 여기서 인물들의 사회적 삶은 그다지 중요하지 않습니다. 플롯을 아예 떠나 있지는 않으나 플롯보다는 인물에 대한 묘사와 형상화가 주를 이룹니다.

20세기에 등장한, 모더니즘으로 분류되는 일련의 소설들이 있습니다. 저는 이 소설들을 광범위한 의미의 현대소설이라고 지칭하고 싶은데요. 이런 소설들은 서술언어에서 중요한 변화가 있었습니다. 과거에는 소설의 화자가 곧 전지전능한 서술자였습니다. 보이지 않는 곳에 숨어 있지만 외부세계와 인간 내면에 대해 모르는 것이 없는 작중 화자는 마치 책 읽어주는 사람처럼 너무 빠르지도 느리지도 않게 독자에게 이야기를 들려주었습니다. 그런데 20세기에 등장한 현대소설 작가들은 '누가 서술하는가'라는 물음을 제기하지요. 서술자의 문제가 제기되자 '그 서술자는 어떤 각도에서 서술하는가?'라는 또 다른 물음이 이어졌습니다. 서술자와 서술 각도의 문제가 제기되었다는 것은 현대소설만의 특징입니다.

소설가가 전지전능한 관점을 포기하고 특정 서술시점을 택한다는 것은 서술자가 작품 속 등장인물 가운데 하나가 되기로 했다는 의미입니다. 화자는 바로 그 인물의 시선으로 이야기를 서술합니다. 전보다 더 보이지 않는 곳으로 숨어든 화자는 이제 전처럼 자신이 전달하는 이야기에 끼어들어 논평할 수 없게 되었습니다. 작가는 이야기에서 완전히 물러나 작중인물 스스로 말하게 했지요. 이것은 대단히 중요한 변화입니다. 프루스트, 조이스, 포크너William Faulkner(1897~1962) 등 다양한 작가들의 작품에 등장하는 이런 서술방법에는 한 가지 공통된 특징이 있습니다. 바로 주관적 서술이라는 점이지요. 작가가 작품 속 인물의 시점에서 모든 이야기를 서술하면 독자는 바로 그 인물이 느끼는 것을 같이 느끼게 됩니다. 스토리와 플롯이 중요해질수록 화자가 어떻게 이야기를 서술할 것인가 하는 문제는 현대소설 창작의 새로운 과제가 됩니다.

소설가는 먼저 누구를 화자로 할지 정해야 합니다. 그런 작품에서 우리가 최종적으로 경험하게 되는 것은 화자의 서술언어가 되고, 이로써 소설작업은 점차 작품에 합당한 서술언어를 찾는 일이 되어갑니다. 통상적인 의미의 스토리와 등장인물은 그다음의 문제입니다. 소설에는 대개 서술자 이외의 인물이 한 명 이상 더 등장하기 마련인데, 바로 이 인물이 어떻게 말하게 할 것인가는 소설창작의 또 다른 관건이 됩니다.

1950년대에 프랑스에서 누보로망nouveau roman(신소설)이 출현하자, 일부 평론가들은 그런 소설을 포스트모더니즘 소설로 분류했는데요. 누보로망의 계승자들은 소설을 일종의 지적 영역으로 만들어버렸습니다. 누보로망은 스토리와 플롯, 등장인물만을 전복시키는 것이 아니라 화자와 서술언어도 해체시킴으로써 소설창작을 일종의 관념적 글쓰기로 바꾸어버렸습니다.

롤랑 바르트Roland Barthes(1915~1980)가 제시한 '작가는 죽었다'는 관념이 유행하자 그가 텍스트를 해석하는 방식이 곧 소설창작의 새로운 나침반으로 받아들여졌습니다. 메타소설metafiction*의 출현은 확실히 소설이라는 장르를 전복시켰습니다. 어떤 텍스트라도 다 소설이라고 부를 수 있다면, 소설이라는 예술은 소설에 관한 관념의 표현이 되어버립니다. 소설이라는 장르의 이런 행보는 소위 모더니즘에 내재된 '정치적 의식화'와 관련이 있습니다. 사회혁명과 역사진화론을 문학에 끌어들인 결과, 문학예술의 영역에서도 끊임없는 혁명과 전복이 이루어지게 된 것입니다. 이것은 새로운 창조가 아니었습니다. 오히려 문학의 죽음, 예술의 퇴화라는 결과를 가져올 뿐이었죠. 그렇게 소설이 지적 유희로 변해버리자 이제 소설은 어떻게 써도 되는 것이 되어버렸습니다. 인간과 세상에 대한 참된 인식이라는 문학의 본령을 잃어버렸고, 두고두고 읽히지도 않을 작품들만 양산되었습니다. 소위 해체를 내세우는 다른 모든 공허한 이론들도 다 마찬가지입니다.

　소설예술에서 혁신의 마지노선은 서술언어입니다. 서술언어를 제거하면, 소설은 살아 움직이는 인간 감정과 창작의 충동, 작품을 읽고 싶도록 만드는 흥미 등을 모두 잃어버린 채 한낱 지적 유희 혹은 관념의 표현에 지나지 않게 됩니다. 이런 핼쑥한 모습이 소설의 말로가 되어서는 곤란합니다.

　소설은 새로운 표현법을 발굴함으로써 변모할 수 있습니다. 그러나 한 가지 무너뜨릴 수 없는 전제가 있습니다. 바로 소설의 서술성입니다. 전통소설에 나오는 전지전능한 화자가 서술자이든 작품 속 특정 인물이 서술자이든, 서술언어에서 중요한 것은 결국 주어가 누구인가 하는 문제입니다. 이것은 소설을 쓰는 한 피할 수 없는 문제예요. 흥미롭게도

---

*　기존의 소설형식에 반(反)하는 반소설의 일종으로 소설창작의 과정을 노출시키는 소설이다. 창작의 실제를 통해 소설이론을 탐구함으로써 소설의 낡은 관습을 파괴하고 새로운 창조적 가능성을 확보하기 위한 시도를 가리킨다.

지구상에 존재하는 어떤 언어든 '나, 너, 그'라는 세 가지 인칭은 기본적으로 존재합니다. 소설가는 바로 이 '나, 너, 그' 가운데 무엇을 주어로 할 것인지 정하는 문제를 피할 수 없습니다. 이 세 가지 인칭은 '우리, 너희, 그들'이라는 복수 형태도 가능한데, 이런 복수인칭은 흔히 대중연설이나 집회에서, 즉 집단 속에 있을 때 사용됩니다. 소설가는 특정 집단이나 정당, 계급, 민족, 국가를 대변하는 사람이 되어야 할 필요가 없어요. 소설가는 일개인의 목소리로 돌아와야 합니다. 그렇다면 범인칭도 무인칭도 소설에서는 쓸 일이 없지요. 예를 들어 '비 내린다'는 문장에서 비는 누가 내립니까? 하늘이 내립니다. 중국어에서는 주어가 생략되는 이런 문장도 영어나 프랑스어에서는 중성적 주어가 설정되는 경우가 많습니다. 또 다른 예로, '사람들 말이 이러이러하다'는 문장도, 많은 사람들이 그렇게 생각하고 있다는 뜻이지요. 그런데 '사람들의 말'과 같은 무인칭을 소설의 주어로 쓸 수는 없어요. 소설에서는 반드시 '나, 너, 그' 가운데 하나를 인칭으로 택해야 합니다. 설령 특정 인물의 시점에서만 서술한다는 한계가 작용한다 하더라도요.

일인칭 '나'로 시작되는 서술은 오늘날의 소설에서 가장 흔히 볼 수 있습니다. 소설은 자서전이 아니지만 오늘날에는 이런 자전체 소설이 성행하고 있습니다. 물론 소설에서의 일인칭이 작가 자신의 자전적 서술을 의미하지는 않죠. 어디까지나 허구 속 인물의 자술自述일 뿐이니까요.

프랑스의 대표적 누보로망 작가인 미셸 뷔토르Michel Butor(1926~)는 1950년에 이인칭 '너'로 소설을 썼습니다. 당시로서는 보기 드물게 실험적인 시도였죠. 이인칭 '너'는 소설의 주인공일 수도 있고, 소설을 읽는 독자가 될 수도 있습니다. 이인칭 서술은 소설 속 인물이 처한 상황 속으로 독자를 밀어 넣는 방법이 되기도 합니다. 독자는 소설 속의 인물이 되어, 그 인물과 같은 입장에 서서 같은 것을 느끼면서 소설을 읽게 되죠. 이인칭 소설의 오묘한 힘이 아닐 수 없습니다.

이인칭 서술은 서술자의 자아를 외부로 투사하는 방법이 될 수도 있습니다. 서술자가 내적 독백을 할 때 그 독백의 상대를 '너'로 지칭하는 방식이 그것인데요. 이인칭 서술은 희곡에서 흔히 보이는 주인공의 내적 독백과 같은 역할을 할 수 있습니다. 희곡의 표현이 소설에 도입되는 것이죠.

삼인칭 주어로 소설을 쓸 수도 있습니다. 이때의 서술 주어인 '그'는 전통적인 소설의 전지전능한 화자와 다릅니다. 오히려 삼인칭 서술로 주인공의 관점을 표현할 수도 있고, 주관적 서술을 객관화하는 방식이 될 수도 있습니다. 이런 미묘한 전환을 위해서는 먼저 좌표 설정을 분명히 해야만 합니다. 주어인 '나'를 소설의 서술자로 삼은 뒤 삼인칭 '그'에 관한 서술로 전환하되, 두 서술이 동일 인물을 지칭하도록 하는 것이죠. 이렇게 하면 소설 속의 '그'는 내가 주목하는 대상이거나 나의 투영投影이 됩니다. 즉, 그와 나는 사실상 동일 인물이면서 대화의 상대도 될 수 있고, 내가 사고하는 대상이 될 수도 있습니다. 소설 속 인물의 자기 성찰을 위해 반드시 전지전능한 화자가 개입할 필요는 없는 거죠.

서술의 시점을 정하고 나면 소설의 서술자를 주인공으로 삼을 수도 있고, '나, 너, 그'라는 여러 주어를 이용해서 같은 이야기를 각기 다른 입장에서 쓸 수도 있습니다. 이때 각각의 서술은 각기 다른 심리적 층위를 드러냅니다. 사람의 인식은 대개 언어를 통해 이루어지는데, 자아에 대한 인식도 마찬가지입니다. 세 개의 인칭을 모두 자아의 주어로 삼으면, 자아의 세 가지 층위를 표현할 수 있습니다.

일인칭 주어가 '나'이고 나를 투사한 상대가 '너'라면, 자아의 투영을 외화外化하면 '그'가 됩니다. 세 개의 인칭으로 동일 인물을 서술하면, 한 사람의 자아를 전방위적으로 인식하는 방법이 될 수 있습니다. 흥미롭게도 이 세 가지 인식의 층위는 인류의 모든 언어에 존재하는데, 이런 현상은 세 가지 인칭이 인종과 어종을 초월하여 인간의 의식 깊은 차원에 존재한다는 암시가 아닐까 싶습니다.

세 개의 인칭으로 동일 인물을 서술하면, 같은 인물의 여러 차원을 드러낼 수 있습니다. '나, 너, 그'를 인칭으로 한 서술이 하나의 소설을 이루는 구조는 통상적인 의미의 플롯을 대체할 수도 있고, 독자를 소설 속 인물의 생각 속으로 직접 끌어들이는 방법이 될 수도 있습니다. 독자는 작품 속 인물과 함께 명상하고 성찰할 뿐 아니라 그의 추억과 꿈과 환상 속으로도 들어갈 수 있습니다. 하나의 소설에 여러 인칭의 서술이 공존하면 문체를 더욱 자유롭게 전환할 수 있고, 작품의 구조는 더 다채로워집니다. 시나 산문을 소설 속에 직접 삽입하고, 이런 방식을 하나의 서술양식으로 삼을 수도 있습니다.

저는 『영혼의 산』에 이런 서술방법을 도입해보았습니다. 일반적인 소설의 격식을 파괴하되 소설의 이야기적 특성은 고수하고, 주인공 한 사람의 관점을 서로 다른 세 개의 인칭으로 분화시켰습니다. 소설에 나오는 여러 여성들은 모두 '그녀'로 지칭했습니다. 여성의 복합적인 이미지를 구조화하고, 여성의 다중적인 속성을 다양하게 변주하기 위해서였죠. 이 소설은 남자 주인공의 관점에서 출발합니다. 남자에게 여성의 내면은 언제나 파악하기 어려운 세계일 수밖에 없죠. 소설에 등장하는 다양한 신분의 '그녀'는 남자의 현실과 상상을 넘나들며 둘을 뒤섞고, 그녀의 존재로 인해 남자의 현실과 몽환의 구분은 더욱 모호해집니다.

외부세계와 타인에 대한 인간의 의식은 언제나 주관적이기 마련입니다. 세상이나 인간사 자체는 본래 아무런 의미가 없지만, 인간 자신이 주관적 의미를 부여하니까요. 소설가의 서술과 철학자의 해석이 다를 수밖에 없는 것도 바로 이 때문입니다. 철학자의 해석은 사유에 직접적으로 호소하지만, 소설가의 인식은 언제나 작중인물의 경험·생각·느낌의 폭에 국한되어 표현됩니다. 소설에 담긴 사상 역시 작중인물의 체험과 깨달음을 통해서만 드러나지요. 그렇게 하지 않으면 소설은 소설이 아니라 설교가 되어버립니다. 흥미로운 것은 작중인물의 체험이나 깨달음이 사상으로 전환될 때, 주인공이 느끼는 감정이 그 사상에 덧입혀진다는 점입니다. 이로써 소설가는 추상적 이념이 아닌, 살아 숨 쉬는 인간의 사고를 작품에 드러낼 수 있게 됩니다.

『영혼의 산』에 나오는 나희儺戱(중국의 민간 가면극)의 가면은 인간의 인성과 야수성이 모두 표현되는 도구입니다. 주술을 통해 신령과 소통하고자 하는 인간의 마음이라든가 이야기를 만들어 타인과 공유하고자 하는 본능, 인간에게 형성된 언어의식 등은 소설에서 흔히 다루는 주제가 아닙니다. 그런데도 이런 주제를 『영혼의 산』에서 다룬 이유는 여러 가지 서술기법을 시도하고 싶었기 때문입니다.

저의 다른 장편 『나 혼자만을 위한 성경』에서는 '나'의 서술과 '너'의 서술이, 주인공의 과거 추억과 지금 이 순간의 풍경이 거듭 교차되도록 구성했습니다. 그러면서도 주어인 '나'는 생략했습니다. 이 소설의 구조가 특이하기 때문만은 아니었어요. 현재의 '너'와 과거의 '그'는 중국에서 문화대혁명이 일어났을 때 독재권력에 의해 자아가 압살당한 존재입니다. 세상을 뒤덮은 홍색 공포 속에서 겨우 살아남은 이들의 대화에서 시간의 순차성은 별 의미가 없어요. 단편적인 기억을 호출했다가 떨쳐내는 것만이 이들이 할 수 있는 전부죠. 저는 바로 이 대목이 아주 생생하게 느껴지도록 썼습니다. 지금의 '너'와 과거의 '그'는 곧장 대화로 진입합니다. 작품 중간중간에는 시로 이루어진 장章과 산문으로 이루어진 장을 교차 삽입했는데, 독자로 하여금 주인공이 처한 질식의 시대에서 빠져나와 잠시나마 숨 쉴 수 있도록 하기 위해서였습니다.

단편 「내 할아버지를 위한 낚싯대」給我老爺買魚竿에서 화자인 일인칭 '나'는 현실에서 기억으로 도피한 채 여러 가지 일들을 떠올립니다. '나'는 꿈인지 현실인지도 구분되지 않는 그 기억의 세계에서 끊임없이 헛소리를 지껄여댑니다. '나'는 나를 나와 너로 나누어 '너'와 대화를 나누는데, 바로 이 대화가 소설의 내용 전반을 이루고 있습니다.

이때 문제가 되는 것은, 인물의 내면에서 순식간에 변하는 감정들을 어떻게 잡아내 표현할 것인가였습니다. 전통적인 소설에서는 전지전능한 화자가 개입해서 인물의 내면심리를 서술하기도 하고, 작품에 끼어들어 논평을 덧붙이기도 하지요. 물론 이 논평은 이야기의 진행에 방해가 됩니다. 스탕달Stendhal(1783~1842)은 심리분석을 소설의 서술에 도입했는데, 그도 전지전능한 화자의 시점을 유지해야 했기 때문에 심리분석이 심도 있게 진행되지는 않습니다. 그랬다가는 자칫 글만 번잡해지고 작품의 분위기가 우울해질 수도 있으니까요. 어떻게 하면 인물의 내면을 따라가면서도 중단 없이 소설을 써나갈 수 있을까요? 작가의 외부세계에 대한 이해와 내면세계에 대한 느낌을 서술언어에 통합시키면, 외부세계를 그려내는 동시에 인간 내면의 주관적인 인식도 소설에 표현할 수 있습니다. 그래서 작가는 언제나 특별한 서술기법을 찾으려고 노력합니다. 현대소설에 종종 등장하는 '의식의 흐름'* 기법도 바로 이런 추구에서 비롯된 것입니다. '의식의 흐름' 기법은 외부세계와 인간의 내면 심리에 대한 인식을 언어의 흐름에 통합시킨 결과라고도 할 수 있습니다.

프루스트, 조이스, 포크너의 소설은 공통적으로 인간 내면의 풍부하고도 미묘한 감정을 포착하고자 시도했습니다. 이 작가들의 소설은 최대한 심리적 진실에 접근할 수 있는 서술언어를 찾아내, 인간 내면의 활

---

* 순차성이나 일관성을 무시하고 마음에 떠오르는 생각이나 감정 등 인간 내면의 유동적인 흐름을 표현하는 실험적 서술기법을 일컫는다.

동이 전개되는 과정을 고스란히 작품에 드러냈지요. 이것은 정확한 수사나 매끄러운 묘사만으로는 불가능합니다. 저는 그전까지 마음속에서 일어나는 변화를 이토록 절실하게 담아낸 표현을 본 적이 없습니다. 이들의 서술언어에는 시각, 청각, 촉각, 후각, 미각, 기억, 상상, 환상, 심지어 헛소리까지, 그야말로 인간의 모든 감각이 녹아 있습니다.

이것은 인간의 의식을 소설에 담아내기 위한 긴 여정이었다고 말해야 할 것 같습니다. 실제로 소설을 쓰다 보면, 언어로는 순간순간의 미묘한 감각을 제대로 포착할 수 없다는 사실을 깨닫게 됩니다. 말하기도 글쓰기도 결국은 선형적 시간의 흐름 속에 있는 과정이죠. 사람의 느낌은 다양한 곳에서 동시다발적으로 발생하고 무질서하게 흐르지만, 언어의 표현은 직선적 시간의 흐름을 따를 수밖에 없습니다. 더 쉽게 말하면, 한 마디가 끝나야 다음 한 마디를 이을 수 있다는 뜻입니다. 모든 언어는 일정한 규칙에 따라 순차적으로 조직됩니다. 소설언어도 마찬가지예요. 시간의 직선적 흐름에서 벗어날 수 없는 언어의 운명은 말하기, 글쓰기, 읽기 모두 마찬가지입니다.

언어가 사람들 사이에서 통할 수 있는 것은 언어가 만들어질 때 함께 형성된 공공성 때문입니다. 뜻이 전달되지 않는 정보는 즉각 버려지죠. 언어규범은 개인이 전하려는 메시지가 사회에서 소통될 수 있도록 형성된 틀이고, 어휘와 문법 역시 한 사회가 공동으로 축적한 문화입니다. 그러나 언어의 예술가인 작가는 익숙하게 굳어진 어법의 틀에서 벗어나 새로운 표현법을 찾으려 노력해야 합니다. 이미 통용되고 있는 어휘를 기초로 하되, 다른 사람들도 이해할 수 있는 새로운 단어를 창조해야 합니다. 물론 이미 형성되어 있는 언어규칙을 작가가 함부로 뒤엎을 수는 없어요. 게다가 아무도 알아듣지 못하는 사어私語를 만들어내는 것은 작가와 독자 모두에게 무익할 뿐이죠. 자기 자신만 알아들을 수 있는 비밀

암호를 만들어내는 작업을 소설창작이라고 할 수는 없습니다.

사람들의 말이 소통될 수 있는 것은 일차적으로 어휘 덕분이라고 해야 할 것입니다. 어휘는 그것이 무슨 뜻을 가리키기로 한 약속인지 사회 구성원들이 반복적으로 확인한 뒤에야 어휘로 굳어진 것입니다. 그런 어휘를 다시 어법에 맞게 구사해야 소통이 될 수 있습니다. 개인의 인식도 바로 이 어법구조에 맞게 표현되어야 세상에서 소통될 수 있습니다. 언어는 반드시 순차적인 시간의 흐름 속에서 어법의 규칙을 준수해야만 합니다. 인간의 무의식을 표현한다는 이유로 어법을 무시한 채 단어들만 무질서하게 늘어놓으면 누구도 알아들을 수 없게 됩니다. 그것은 언어가 아니라 잠꼬대 혹은 헛소리일 뿐이에요. 작가는 무의식의 활동을 생생하게 포착하면서도, 그것을 의식 차원으로 끌어올려서 표현해야 합니다. 아무렇게나 늘어놓는 잠꼬대가 소설이 될 수는 없어요.

의식의 흐름은 이제 널리 알려진 서술기법이 되었습니다. 작가라면 자기만의 서술기법, 즉 자신이 쓰려는 소설에 합당한 서술언어를 찾아야 합니다. 그리고 그것을 직선적인 언어의 흐름 속에서, 세속의 언어규칙을 위배하지 않으면서 구조화할 수 있어야 합니다. 작중인물의 주관적인 무의식도 작가는 명료한 의식상태에서 서술해야 합니다. 꿈이나 환상, 순간적인 감각, 인상 같은 것 역시 순차적인 언어구조 속에서 표현해야 합니다. 무어라 규정할 수 없는 마음의 충동 역시 어법에 맞는 명확한 문장으로 표현해야 합니다. 유동하는 마음의 활동을 시간의 순차성과 언어규칙에 따라 표현하는 이런 서술기법을 언어의 흐름이라 불러도 무방하겠지요.

이런 서술은 사물이나 경험에 대한 통상적인 의미의 진술과 다릅니다. 시간의 흐름을 중단시키지도 않고, 시간의 순서를 함부로 재배치하지도 않고, 한 문장도 의미가 불분명한 채로 진행되지 않도록 하기 때문입니다.

　이런 식으로 마음의 움직임을 따라가며 기술하는 언어의 흐름은 지나치게 규범적인 언어 표현과 다릅니다. 이미 그 내용이 완성되어 있는 고사故事라든가 의미 문맥이 정해져 있는 성어成語 표현은 말할 것도 없죠. 작가는 미묘한 감각을 포착하기 위해 이미 의미가 굳어져 있는 '성어'와 완성된 도식에서 벗어나야 합니다. 더욱 생생하게 살아 있는 어감을, 새로운 서술방법을 찾아내야 합니다. 그러기 위해 작가는 언어가 처음 생겨나 형성되었던 때로 되돌아가 언어의 본심을 다시 들여다볼 필요가 있습니다. 언어의 본질은 사실 문자가 아니라 소리에 있어요. 사람들은 흔히 문자를 언어 자체와 동일시하는데, 그런 생각은 언어에 대한 관념에 지나지 않습니다. 소리는 모든 언어에서 문자에 앞서 존재했습니다. 문자는 소리를 기록하기 위해 만들어졌을 뿐입니다. 언어는 결국 소리예요. 언어의 탄생 자체가 사람의 목소리와 관련이 있습니다. 어떤 뜻을 전달하고자 한 소리에 반복적으로 의미가 부여되자 그 소리가 언어가 된 것이죠. 그래서 문자 같은 언어부호는 소리와의 관계가 단절되면 그 자체의 생명력도 소멸됩니다.

　그러므로 소설의 서술도 소리언어로 되돌아올 필요가 있습니다. 작가는 수사나 문체로는 다다르기 어려운, 소리언어 고유의 힘을 중시해야 합니다. 문체는 더러 고정된 문장도식으로 흐르기 마련입니다. 오래된 고사 따위는 걷어내 버리는 것이 좋습니다. 가끔은 고정된 문장형식을 가져다 쓸 수도 있겠지만, 소설창작에서 중요한 것은 결국 살아 있는 신선한 언어입니다. 그런 의미에서 우리가 일상에서 쓰는 구어가 소설창작에 좋은 기초가 될 수 있습니다. 구어가 곧 문학언어가 될 수는 없지만, 구어는 삶의 체험과 직접적으로 연결되어 있고, 한 사람만의 독특하고 신선한 감정을 표현하는 데 더없이 유용합니다. 이 점은 소설을 쓸 때 참고해두면 좋습니다.

　모든 언어에는 음악성이 있습니다. 언어가 소리여서 그런 것만은 아니에요. 중국어에는 성조와 평측平仄(음운의 높낮이)이 있는데, 어조와 리듬 같은 것도 언어의 음악성을 이루는 중요한 요소입니다. 언어의 음악성은 마음의 느낌과 관련이 있습니다. 서술언어의 예술성도 바로 어조에서 드러납니다. 어조는 듣는 사람이 귀를 기울여 잘 들어야만 이해할 수 있습니다. 어조와 리듬은 특히 말하는 사람의 정서적 변화에 따라 민감하게 변하는 요소입니다. 소설가가 마음을 다해 추구해야 할 살아 있는 언어도 바로 그런 것이죠.

　작가에게는 자기만의 언어가 있어야 하고, 작품에는 고유한 어조와 리듬이 있어야 합니다. 그래야 작품이 들리듯이 읽힐 수 있습니다. 소설가가 소설언어를 찾을 때 중요한 것은 첫째가 깊은 관심, 둘째가 경청입니다. 인물의 행동이나 겉모습 묘사에만 치중하지 말고, 그 인물이 마음 깊은 곳에서 하고 싶은 말이 무엇일지를 귀 기울여 들어야 합니다. 그렇게 하지 않으면, 인물의 내적 심연에 다다르지 못한 채 통상적인 인물 묘사에 머무르게 됩니다.

　작품에 적합한 어조를 찾고 싶다면, 서술대상이 되는 그 인물의 입장에서 그가 느꼈을 법한 모든 것들은 최대한 똑같이 느껴야 합니다. 서술대상을 대하는 태도를 정하고 나면, 작품에서 어떤 어조를 구사해야 하는지도 알 수 있게 됩니다. 작중인물의 어조는 그 인물을 대하는 작가의 태도에서 나옵니다. 작가가 작중인물을 대하는 합당한 태도를 찾지 못하면, 소설은 중언부언하다가 인물의 형상을 망치고 맙니다. 소설가는 작품을 섬세하게 완성하기 위해서라도 작중인물을 어떤 태도로 대할 것인지를 먼저 정해야 합니다. 작중인물에 대한 작가의 태도가 정해져야 동정이라든가 조소, 유머, 비탄, 연민 등의 어조를 작품 안에서 그때그

때 적절히 구사할 수 있습니다.

　작중인물을 대하는 태도는 감정에 의해서만 생겨나지 않습니다. 때로는 심미가, 비극이나 희극이, 골계가, 미추가, 숭고나 시의가 작중인물을 대하는 태도의 이유가 되기도 합니다. 작중인물에 대한 작가의 태도는 작가와 작중인물 사이에 거리를 부여하고, 그 거리는 작가로 하여금 감상이나 감정과잉에 빠지지 않도록 돕습니다. 시는 시인 자신의 주관적 정서를 내밀하게 표현하는 장르지만, 소설이 시가 되어버리면 독자에게 읽히기 어렵습니다. 소설가는 작중인물의 내면을 귀 기울여 들으면서도 소설 속 인물과 거리를 유지해야 합니다. 그래야 소설을 쓰는 과정에서 불필요한 연민이나 나르시시즘에 빠지지 않을 수 있습니다.

　사람은 내면에 귀를 기울일 때 비로소 자아의 정화를 경험합니다. 소설을 쓸 때도 마찬가지예요. 소설을 쓰다가 감정과잉이 되거나 감정적 배설을 해서는 안 됩니다. 현대소설의 일인칭 서술은 작가의 주관성이 표출되기 쉬우므로 작중인물과 거리를 유지하는 게 더욱 중요합니다. 소설가는 자신의 경험에 대해 쓸 때조차 자아와 거리를 둘 수 있어야 합니다. 그래야만 자신이 글로 쓰고 싶은 내적 진실이 무엇인지 들을 수 있어요. 작가 자신의 자아가 정화되어 있어야 명료한 의식을 유지하고 혜안을 발휘할 수 있다는 뜻입니다. 작가가 작중인물의 내면으로 잠입하여 작품에 가장 적합한 어조를 찾아내고, 그 인물의 정서를 명확하게 드러낼 수 있는 것도 바로 그때입니다.

　보거나 듣는 행위 자체에는 보통 아무런 의미가 담겨 있지 않습니다. 그러나 깊게 들여다보고 귀 기울여 들으면, 그렇게 마음을 모아서 보고 듣는 행위가 대상에 의미를 부여하게 됩니다. 작가가 깊은 시선으로 바라보면, 서정적 표현에 의지하지 않아도 작품에 시의가 깃들기 마련입니다. 작품의 심미적 의미는 작가의 깊은 시선에서 우러납니다.

언어는 단순히 의미를 전달하기 위한 도구가 아닙니다. 모든 언어에는 말하는 이의 의도가 담기기 마련이지요. 소설의 서술언어도 마찬가지입니다. 서술기법에 담긴 작가의 의도는 독자가 작품과 공명할 수 있도록 독자를 강렬하게 끌어당기고, 마침내 작중인물의 감정이 그대로 독자에게 전해지도록 합니다.

언어의 진정한 기능은 묘사가 아니라 제시에 있습니다. 언어를 통한 묘사는 거칠고 대략적일 수밖에 없습니다. 묘사가 세밀해질수록 대상은 불분명해지는 역설이 발생하는 것은 언어의 본성 때문입니다. 언어로는 회화처럼 사물의 형상을 세밀하게 재현할 수 없어요. 사실 언어의 특징은 대상의 특성을 한정짓는 데 있습니다. '찻잔'을 예로 들어볼까요? 잔의 형상이며 윤택, 질감 등을 글로 세세히 묘사해봤자 읽기만 번잡해지고 말 뿐이죠. 언어로는 사물이나 인물을 정확히 묘사할 수 없어요. 언어의 기본 단위는 단어이고, 단어란 하나의 개념입니다. 단어 자체가 실물에 대한 추상인 것입니다. '찻잔'이라는 단어 역시 어떤 대상의 역할을 추상화하고, 그 역할을 거듭 한정지은 결과입니다. 언어는 개념을 통해서 인간의 감각과 체험을 환기시킵니다. 선천적인 맹인에게 주홍색과 붉은색의 차이를 설명하기란 불가능한 일이죠. 그러나 후천적으로 실명한 사람에게는 색에 대한 시각적 체험이 있으므로 언어로 그 감각을 환기시킬 수 있습니다.

언어는 단어를 통해 인간의 체험을 다시 불러일으키고, 소설가는 서술을 통해 독자의 감각을 다시 일깨웁니다. 작가가 어떤 대상을 깊이 바라보고 귀 기울여 들을 때 중요한 것은 대상에 대한 회화적 묘사가 아닙니다. 작가는 작품에 가장 잘 어울리는 서술언어를 찾아야 합니다. 그 언어로 독자의 체험을 환기시키고 생각과 감정을 불러일으킬 수 있어야 합니다.

꿈을 예로 들어볼까요? 꿈속 풍경이란 표현하기 어려운 모호한 심상心象입니다. 소위 자동서기(주의를 기울이지 않고도 어떤 문장이나 그림을 자동적으로 쓰거나 그리게 되는 것)로 꿈을 기록해보면, 알 듯 모를 듯한 말만 두서없이 나열돼 있는 것을 볼 수 있습니다. 이런 방법은 심리분석에서 흔히 쓰이는데, 내담자가 진술하는 꿈의 내용을 들어보면 많은 부분이 생략돼 있다는 것을 알게 됩니다. 언어로 꿈을 기록한다는 것은 쉬운 일이 아닙니다. 꿈을 꿀 때는 의식과 무의식이 마구 뒤섞이기 때문에 언어의 규칙을 따르면서 내용을 정리하기 어렵습니다. 꿈을 꾼 사람은 꿈에서 깨어나 의식이 분명해져야 자신의 꿈을 정리할 수 있습니다. 소설가가 작중인물의 꿈을 묘사할 때도 마찬가지입니다. 꿈이라면 꿈처럼 느껴지는 어조를 유지해야 하지만, 문장은 어법에 맞게 써야 합니다. 그런 의미에서 언어의 흐름은 작중인물의 꿈을 서술하기에 가장 좋은 방법입니다. 중요한 것은 묘사가 아니라 서술의 과정입니다. 모호한 내면세계를 언어로 표현해야 할 때는 특히 그렇죠.

기억도 마찬가지입니다. 기억을 표현하기에 적합한 서술언어를 찾기란 쉽지 않습니다. 사람은 지난 일을 기억할 때도 지금 이 순간의 정서에 영향을 받기 때문입니다. 감상이라든지 우울, 초조, 그리움 같은 정서는 기억에 색을 덧칠하고, 기억의 내용을 바꾸어버리기까지 합니다. 소설가는 사실에 대한 서술과 기억에 대한 서술을 구분하고 있어야 합니다. 사실을 서술하는 것과 기억을 서술하는 것은 전혀 다른 차원의 글쓰기이기 때문입니다. 기억에 관한 서술은 주로 심리적 차원에서 이루어집니다. 기억은 대개 정서적으로 윤색되어 있고, 기억 속의 장면도 사실과는 다를 가능성이 크죠. 기억에는 당사자의 바람과 상상도 함께 섞여 있으니까요.

인상에 관한 서술도 마찬가지입니다. 특히 인상에는 심리적 요소가 많이 반영돼 있기 때문에 무엇이 가장 정확한 인상이라고 말할 수도 없습니다. 인상을 서술하기 위해서는 조금씩 색을 입혀가며 이미지를 완성하듯, 여러 문장을 순차적으로 나열해나가는 수밖에 없습니다. 이때의 나열은 통상적인 의미의 묘사와 다릅니다.

무언가를 주의 깊게 바라보는 일은 찰나의 사건이 아니라 하나의 과정에 가깝습니다. 초점도 여러 번 변하고 주의력도 일정치 않죠. 그렇게 주의 깊게 바라본 대상을 글로 옮기기 위해서는 언어를 순차적으로 배열하는 과정이 필요합니다. 작가의 의도는 어디까지나 시간 속에서 순차적 서술을 통해 실현됩니다. 소설의 언어가 과학의 언어와 다른 점도 바로 이것입니다. 과학의 언어는 범주와 개념을 기초로 하고 논리와 추론을 분석, 판단, 해석, 연역의 방법으로 삼습니다. 무엇보다도 과학의 언어는 시간성을 배제합니다. 그러나 소설의 언어는 사람의 감성이나 심리활동과 시시각각 연동하지요. 소설언어에 담긴 작가의 의도는 시간적인 서술과정을 거쳐야 실현됩니다. 소설예술의 핵심이 바로 이런 서술언어에 있습니다. 서술언어에 대한 새로운 인식은 소설창작에 새로운 장을 열어줄 것입니다.

소설에서의 서술은 감성적 체험을 기초로 하지만 사고도 배제하지 않습니다. 이때의 사고는 순수한 이성적 사고만을 의미하지 않습니다. 사상은 어디까지나 소설 속 인물의 삶을 통해 표현됩니다. 소설은 사상을 직접 전달하는 설교가 아닙니다. 소설은 지나친 서정을 경계해야 하지만, 직접적으로 사상을 강의하려고 해서도 안 됩니다. 소설은 이야기를 통해 사람의 마음에 파고드는 예술입니다. 작중인물의 사고가 중요해질수록 그 인물의 내면 독백에 많은 페이지가 할애되겠지만, 소설은 사상서가 아닙니다. 소설가는 작중인물의 사상을 드러낼 때도 그 인물이 처해 있는 상황을 같이 제시해야 합니다. 또한 소설가는 그 인물의 내적 체험을 통해 사상을 표현할 방법을 찾아야 합니다. 인칭의 전환은 인물의 내면 독백을 표현할 때 빛을 발하는 방법이 될 수 있습니다. 이때의 인칭 전환은 단순한 서술기교가 아닙니다.

소설은 희곡과 다릅니다. 희곡에서 인물의 독백은 배우의 연기로 표현되기 때문에 훨씬 생동감 있게 전달되죠. 그러나 소설은 오로지 서술에 의존해야 합니다. 소설에서 내면 독백은 일종의 가상대화처럼 표현할 수 있습니다. 예를 들어 내면의 독백을 일인칭 '나'와 이인칭 '너'의 대화로 처리하면 작중인물의 사고를 더욱 치밀하게 전개시킬 수 있죠. 이렇게 내적 성찰을 대화로 전환시키면 사고과정을 더욱 생생하게 표현할 수 있습니다.

나아가 그 인물의 자아를 이인칭 '너'와 삼인칭 '그'로 분화시키면 '너'와 '그' 사이에 거리가 생기는데, 이 거리감은 인물의 사고를 더욱 명료하게 드러내고 작품에는 심미를 부여하는 역할을 합니다. 소설에 담긴 사상이 철학자의 철학과 다른 점도 바로 이것입니다. 소설에 담긴 사상은 이성적일 뿐 아니라 심미적이기도 하지요.

소설가는 직접적인 아포리즘으로 사상을 표현하지 않습니다. 철학적 사고는 대개 추상적이고, 무인칭으로 표현되며, 누구의 사고인지를 명제에 드러내지 않죠. 그러나 소설가는 누가 언제 어디서 어떤 심정을 느끼면서 그런 사고를 하게 되었는지 상세히 서술합니다. 그 사고활동은 작중인물이 하고 있는 행동이기도 하고요. 소설에서 사상은 감정과 분리되지 않으며, 작중인물의 삶과도 떨어져 있지 않습니다. 감성과 이성은 소설 속 인물의 삶에서 하나로 통합되어 있습니다.

소설의 서술 범위는 감각기관을 통한 감각과 체험, 내면세계의 의식, 무의식을 망라합니다. 작중인물을 통해 사상을 표현할 수 있는 방법을 찾는다면, 소설의 감동을 해치지 않으면서도 사상의 형성과정을 작품에 그려낼 수 있습니다.

『영혼의 산』에는 신화, 전설, 민가의 탄생에 관한 이야기도 나오는데 저는 우화의 해석, 역사적 울분, 소설에 대한 정의, 인칭의 함의, 자아 해석, 인류문화의 심층구조에 대한 여러 생각까지도 이 소설에 담았습니다. 이 모든 주제를 주인공이 처한 삶과 연동시킬 수 있다면, 소설에도 얼마든지 사상을 담을 수 있습니다.

그렇지만 소설은 논문이 아닙니다. 논리와 논증이 필요한 세계가 아니에요. 오히려 소설은 논리와 논증을 배제합니다. 소설가는 다만 어떤 사상이 탄생하는 과정을 소설에서 표현할 만한 적절한 방법을 찾을 뿐입니다. 소설에서 인식에 다다르는 과정은 철학자가 철학적 사고를 전개하는 과정과 많이 다릅니다.

소설은 하나의 예술입니다. 어떤 인식을 제공하기 위해 존재하는 장르가 아니라는 뜻입니다. 그러므로 반드시 심미와 관계를 맺고 있어야 합니다. 작가는 어떤 인물이나 사건을 알게 될 때 생겨나는 심미적 평가를 억누르면 안 됩니다. 작가와 독자는 보통 호불호라는 감정을 통해, 혹은 비탄이나 연민, 혐오, 우스꽝스러움 같은 정서를 통해 심미적 평가를 내리게 됩니다. 이것은 희극인가 비극인가, 숭고한가 황당한가, 해학인가 유머인가? 작가는 자신이 귀 기울여 듣고자 하는 인물에 대해 심미적 평가를 내려야 합니다. 그래야 소설 속에서도 그 인물을 적절히 그려낼 수 있습니다. 소설은 심미와 인식의 통합입니다.

소설의 심미도 인식의 차원에서 정신의 영역으로 나아갈 수 있고, 소설도 시적 경지에 다다를 수 있습니다. 『영혼의 산』에서 설원에 나타난 청개구리 이미지는 선불교적 깨달음의 경지를 은유합니다. 느낌에서 깨달음으로의 전화轉化, 사상에서 영성으로의 승화, 반드시 종교적 신앙을 동반하지는 않는 자기 성찰 등은 모두 작품을 심미로 이끕니다.

작가가 적절한 표현기법을 찾기만 하면 잠재의식에서 의식까지, 사상에서 정신까지, 비언어적 정보에서 언어를 초월한 깨달음까지 모두 소설 속에 담아낼 수 있습니다. 소설이라고 하는 이 언어예술은 소설가의 노력과 탐색에 따라 그 영역이 무궁무진하게 넓어질 수 있습니다. 아마도 이것이 소설의 큰 매력이 아닐까 싶습니다.

소설가는 인간을 곤혹스럽게 하는 이 세상을 바꿀 능력이 없습니다. 타고난 인간 본성을 개조할 수도 없습니다. 소설가는 다만 삶에 대한 새로운 인식을 제공하고, 삶을 조롱하거나 가지고 놀 수 있으며, 세상과 인간사에 대해 심미적 평가를 내릴 수 있을 뿐입니다. 소설가는 이 과정에서 희열을 느끼거나 잠시나마 정신적 해탈을 경험하기도 하지요. 물론 독자들에게 읽는 즐거움을 줄 수도 있고요.

소설가는 개인적이고 내면적인 어떤 인식을 독특한 언어에 담아 세상에 내놓을 수 있습니다. 이 언어는 소설가가 고통스러운 창작과정 끝에 얻은 결실입니다. 소설가는 언어로 표현된 풍요로운 세계 하나를 이 세상에 내놓습니다. 역사주의 비평가들은 흔히 한 시대의 정치사회적 여건이 특정 작가를 낳는다고 말하지만, 소설가는 시대적 필연으로 이 세상에 나타나는 존재가 아닙니다. 모든 작가에게는 그만의 독특한 체험과 독특한 자질과 독특한 세계관이 있습니다. 작가가 언어를 다루는 방식은 작가가 세상을 바라보면서 생긴 독특한 감응과 관련이 있습니다. 작가는 바로 그 언어로 자신만의 심미적 감성을 작품에 담아냅니다. 소설은 어디까지나 소설가 개인의 창조물입니다. 많은 사람들에게 동조와 인정을 받아야만 소설의 의의가 존재하는 것이 아니라는 뜻입니다. 소설은 민족이나 문화, 정치가 인정해주어야 하는 무엇이 아닙니다. 소설의 의의는 어디까지나 작품 자체의 독특성 안에 존재합니다. 모든 훌륭한 작가는 독특한 존재일 수밖에 없기에, 소설가의 창작도 매번 그 이

전과는 다른 독특한 작업이 되지요. 소설가는 매번 그 작품에 합당한 독특한 서술기법을 찾고자 노력합니다. 바로 그것이 소설가가 추구하는 노력입니다. 문학의 역사, 소설의 역사는 바로 이런 추구의 역사입니다.

소설가들은 진보냐 반동이냐와는 상관없이 저마다 자신의 발자국을 역사에 남깁니다. 문학에 대한 역사주의적 평가는 아무런 의미가 없습니다. 포스트모더니즘은 모더니즘보다 선진적인가요? 혁명이 반드시 진보를 가져왔습니까? 19세기의 사실주의는 19세기의 낭만주의보다 우월한가요? 소설가에 대한 역사주의적 평가는 대개 정치의식과 관련이 있습니다. 소설가는 이 모든 외적 압박을 떨쳐내고 소설이라는 하나의 예술로 돌아와 삶에 대한 자신만의 독특한 인식을 표현할 언어를 찾아야 합니다. 새로운 언어를 발견하기 위한 소설가의 노력은 과학적 방법론과 아무 관련이 없습니다. 오히려 심미적 취미에 가깝다고 할 수 있지요.

2007년 8월 30일, 파리에서

희곡의 가능성

> 극작가는 그 시대의 철학자에 비해서는 조금 더 교활하거나 훨씬 편한 자리에 있는지도 모르겠습니다. 극작가는 자신이 사는 시대와 사회, 그리고 인생에 대한 생각을 극중인물을 통해 정치와 도덕의 굴레에 갇히지 않고 표현할 수 있으니까요.

오늘날 연극에서는 연출자 지위가 극작가보다 높지요. 연출이라는 형식은 19세기 말에 처음 생겼는데, 20세기를 지나오면서 연출가는 작가의 자리를 대신하며 현대 연극창작의 주역이 되었습니다. 그 이전에 유럽에서는 작가가 극본을 쓰고 배우가 연기를 하는 구조가 일반적이었습니다. 그중에서도 더 중요한 역할을 하는 사람은 작가였고요. 새로운 주제, 새로운 사상, 신선한 극본형식 등이 모두 작가에 의해 시도되었으니까요. 아시아의 전통극은 배우 중심이었습니다. 다들 배우의 동작과 표현을 보기 위해 극을 보았고, 작가는 단지 극에서 표현할 내용을 정리해놓는 사람에 지나지 않았습니다. 혁신씩이나 시도할 입장이 되지 못했지요. 서구의 연극시스템이 중국에 도입되었을 때 처음 관심을 모은 것도 바로 연기였습니다. 일종의 기능직이었던 연기는 이후 점차 심오한 예술로 인정받기 시작했습니다.

    2차 세계대전 이후에는 부조리극이 등장하면서 많은 실험극이 창작되었습니다. 그러다가 1960년대가 되면서 연출가의 지위가 높아지고 극

작가의 역할은 미미해졌습니다. 연기에 대한 새로운 인식과 극장에 관한 고민, 대본 해석 등을 모두 연출가가 담당했기 때문입니다. 무대설치와 음향·조명 기술의 발달도 연출가의 작업을 도왔습니다. 연출가는 고전극과 현대극을 막론하고 무대에 올릴 작품 하나를 택해서 자신만의 방식으로 표현해냅니다. 연출가가 어떤 방식으로 극을 연출할 것인가 하는 문제는 극본에 구애받지 않습니다. 극본을 어떻게 해석해서 어떤 모습으로 무대에 올릴 것인가 하는 결정은 전적으로 연출가의 손에 달려 있습니다. 작가가 연극예술에 관한 새로운 관점이나 새로운 표현형식을 제시하지 못한다면, 희곡작가도 지금의 영화 시나리오 작가처럼 글로 된 작품소재를 내놓는 사람에 지나지 않을 것입니다.

지금 이 시대에 극작가가 연극창작 영역에서 새로운 활력을 얻으려면, 연극이라는 이 오래된 예술을 새롭게 인식함으로써 극예술 자체에 내재된 새로운 가능성을 찾아야 할 것입니다. 이것이 오늘 이 자리에서 제가 말씀드리고 싶은 내용입니다.

부조리극은 기존 연극에 대한 전복, 즉 반연극을 표방했습니다. 이런 연극은 기존 연극에서 중요시했던 극적 스토리를 버리고 등장인물의 개성을 없애 하나의 상징 정도로 만들었으며, 여러 명의 인물이 만들어냈던 극적 갈등구조도 없애고 대사만 남겨놓음으로써 연극공연을 일종의 언설로 만들어버렸습니다. 기존 연극에서는 없어서는 안 될 요소로 여겨졌던 '사건'을 없애자 극본은 공연을 위한 대본이라기보다는 하나의 텍스트가 되어버렸고, 이 텍스트는 어떻게 써도 상관없는 것이 되었습니다. 어차피 연출가의 역량으로 다시 해석되어 무대에 오를 테니까요. 전위연극은 이렇게 해서 발전하게 되었습니다. 연극 고유의 요소가 아니었던 것들을 끊임없이 연극공연에 도입하고, 극장의 형식을 바꾸고, 새로운 연극 개념을 제시하고, 나아가 연극 자체를 다시 정의하기에 이르렀습니다. 그러나 이 자리에서 20세기 후반 실험연극의 역사를 전부 읊지는 않겠습니다.

연극예술에 대한 저의 모색은 조금 다른 배경에서 시작되었습니다. 연극의 전통을 부정하기보다 오히려 기존 연극의 전제들을 적극 수용하고, 극예술 자체에 내재된 고유의 가능성들을 새롭게 인식하기로 한 거죠. 그러자면 먼저 연극성이란 무엇인가라는 질문을 던져보아야 합니다. 연극성이야말로 연극을 하나의 예술장르로 우뚝 서게 하는 근본이니까요. 전통적인 의미에서의 연극성은 일련의 동작으로 이루어진 연기와 여러 명의 등장인물이 만들어내는 극적 갈등, 그 갈등에서 빚어지는 사건들, 이 사건들이 고조되어 마침내 결말을 맞는 이야기 등을 의미했습니다. 고대 그리스의 시극poetic drama에서 중국의 전통극, 일본의 노能와 가부키歌舞伎에 이르기까지 모든 극예술이 대체로 그렇습니다. 시나 노래, 낭송 외에도 극 전반을 지배하는 어떤 이야기가 없으면 극이 성립되지 않았죠. 이야기가 없는 극은 기예공연일 뿐이니까요.

극의 본질을 동작으로 보고, 동작의 전개과정도 일종의 연극이 될 수 있다고 생각한 것은 연극에 대한 새로운 관점이었습니다. 프랑스의 시인이자 극작가, 연극 연출가인 아르토Antonin Artaud(1896~1948)가 인도네시아 발리에서 가무극을 본 후 처음 제시하고 폴란드의 그로토프스키Jerzy Grotowski(1933~1992)와 칸토르Tadeusz Kantor(1915~1990)가 다시 강조한 이 생각은 바로 이들에 의해 마침내 무대공연으로 실현되었습니다. 연출가의 입장에서 본 새로운 극 해석을 바로 자신들의 무대에서 실현한 것이죠.

극작가도 극에 대한 새로운 관점을 제시할 수 있다면 또 다른 창작의 길을 발견할 수 있지 않을까 합니다. 어떤 동작이 느려지거나 커지는 것도 하나의 과정이지요. 그 과정을 극으로 쓴다면 극적 갈등을 없애고도 사건을 구성할 수 있습니다. 심리, 동작, 대사를 막론하고 어떤 종류의 표현이든 그 표현의 과정이 모두 극이 될 수 있다면 극창작의 소재와 표현력은 크게 확장될 수 있습니다. 예를 들어 임종을 앞둔 사람의 심리상태와 심리의 변화과정도 시간의 흐름 속에서 전개되는 과정이므로 하나의 극이 될 수 있습니다.

이런 생각을 좀더 밀고 나가면 '변화'도 극이 될 수 있습니다. 어떤 상태가 다른 상태로 전환되는 과정, 긴장과 이완, 기복 등에는 분명 연극성이 있습니다. '대비'로도 극을 만들 수 있어요. 서로 다른 두 가지 요소, 서로 상관없는 두 인물, 서로 관련이 없는 두 사건 등을 놓고 양자 사이에 갈등을 구성하지 않은 채 평행 혹은 교차 진행시키는 방법으로도 연극을 만들 수 있습니다. 저의 희곡작품『야인』野人이 바로 그런 다성부 구조로 되어 있지요. 야인(야생인간)에 대한 생태학자의 관찰과 기자의 조사가 교차로 진행되지만, 두 사람 사이에는 아무런 극적 갈등이 일어나지 않습니다. 그래도 팽팽한 긴장감은 극이 끝날 때까지 이어지죠.

연극은 놀라운 발견이 될 수도 있습니다. 붉은 장막을 걷어내면 달걀이 암탉이 되어 있다거나, 총소리가 울리면 상자 속에 있던 여인이 사라져버리는 마술이 사람들의 흥미를 끄는 이유는 그 안에 연극성이 있기 때문입니다. 이런 공연이 관객을 흥분시키는 것은 어쩌면 관객들이 이미 결과를 알고 있기 때문은 아닐까요?

연극성에 대해서는, 연극이 동작이라는 인식에서 시작하여 연극은 하나의 과정이고 변화이며 대비일 수도 있고 발견이자 경이일 수 있다는 인식에까지 이를 수 있어야 합니다. 이 모든 특징이 바로 현대의 연극에서는 망각하고 있는 연극예술의 가능성입니다. 연극의 혁신을 추구한답시고 이것저것 시도하다가 비非연극적 수단을 마구 끌어들이는 것보다는 오래된 연극에서 연극 고유의 생명력을 재발견하는 편이 나을 수 있습니다.

연극은 기본적으로 극장무대에서 펼쳐지는 예술입니다. 이것이 연극에 관한 가장 오래된 진실입니다. 그렇다면 극장성이란 무엇일까요? 이런 물음을 새롭게 제기하는 것은 현대 연극창작의 새로운 과제이기도 합니다. 연극이 반드시 현실의 삶을 재현할 필요는 없습니다. 우리 삶을 얼마나 사실에 가깝게 재현하느냐가 연극의 관건은 아니니까요. 관객이 극장까지 와서 보고 싶어하는 것은 결국 배우의 연기입니다. 그런데 연기란 본래 가짜입니다. 연기가 얼마나 사실적인가가 연극에서는 별로 중요하지 않을 수도 있는 이유입니다.

극장에서 무대는 극을 올리기 위해 설정된 특정한 환경입니다. 그리고 그 무대에서 관객들이 보고 싶어하는 것은 현실과 똑같이 재현된 일상이 아니라 배우의 살아 있는 연기입니다. 소위 극장성이란 관객을 향해 펼쳐지는 배우의 생생한 연기에서 나옵니다. 이탈리아 희극을 비롯해서 아시아의 많은 전통극이 다 배우의 연기로 관객을 사로잡는 예술입니다. 19세기 말, 20세기 초에 사실주의 연극이 등장하면서 이런 전통이 잠시 흔들리기는 했지만, 오늘날의 연극에서는 다시금 대사뿐 아니라 노래, 무용, 가면, 분장, 마술, 잡기 등 그야말로 모든 표현수단이 동원되고 있습니다. 연극이 종합예술 공연이 되어갈수록 이것저것 많은 것을 소화할 줄 아는 배우가 필요해졌습니다.

이런 공연은 점점 연출가의 연출에만 의존하기가 어려워집니다. 이제는 극본 단계에서부터 이런 극장성을 염두에 두고 창작이 이루어지고 있지요. 이제 희곡은 대화나 독백으로 이루어진 단순한 문자 텍스트가 아니라 배우가 무대에서 표현해야 할 모든 것을 제시하는 종합 콤포지션composition에 가까워지고 있습니다. 희곡의 대사는 등장인물이 해야 할 말이기도 하지만 관객에게 들리는 언어이기도 합니다. 희곡을 쓸 때에도 바로 이런 극장성을 고려하면서 이야기의 복선을 깔아둡니다.『팔월에 내리는 눈』은 바로 이런 종합예술 공연을 염두에 두고 쓴 희곡입니다. 이 작품에는 대사와 독백, 방백*뿐만 아니라 독창, 중창, 대합창까지 담겨 있습니다. 배우의 동작이라든가 걸음걸이, 춤의 스텝 같은 것은 무대에서 표현될 때 얼마간 변동이 생기기 마련이지요. 극본 단계에서 이미 그런 가능성을 염두에 두고 썼습니다.『팔월에 내리는 눈』에는 배우의 분장에서부터 무대에서 펼쳐질 마술, 잡기의 내용까지 다 기록되어 있습니다.

저는『버스 정류장』車站에서『야인』에 이르기까지 줄곧 이런 극장성을 중요하게 생각했습니다. 배우가 자신의 역할에서 벗어나 관객에게 직접 말을 건네는 대목이라든가 무대의 배우와 객석의 관객이 직접 어우러지도록 한 부분 등이 모두 대본상에 계획되어 있습니다.『저승』冥城과『산해경전』은 이보다 더 떠들썩해집니다. 천국과 지옥을 오가는 이야기이기 때문에 현장에서 만들어져야 할 분위기까지 대본에 설정되어 있습니다.

연극의 극장성을 새롭게 인식하며, 한정된 공간 위에서 생활을 재현한다는 한계에서 벗어나 신화나 서사시까지도 무대 위에서 표현할 수 있게 됩니다.

『야인』은 세 개의 장으로 이루어져 있지만 밭에서 부르는 민가, 배우들의 낭송, 액을 쫓는 나희 공연이나 무당의 주술, 부부의 이별, 산골로 시집가는 딸, 아이가 꾸는 꿈에 이르기까지 총 서른 개의 각기 다른 무대배경이 등장합니다. 역사시대 이전의 제의에서부터 오늘날 텔레비전에서 보는 프로그램에 이르기까지 공연의 형태는 무궁무진합니다. 공연

---

* 연극에서 등장인물이 말을 하지만 무대 위의 다른 인물들에게는 들리지 않고 관객만 들을 수 있는 것으로 약속되어 있는 대사.

무대는 단순히 배우가 연기를 하는 장소일 수도 있습니다만, 어떤 종류의 이야기도 펼쳐질 수 있는 가상공간으로 무대를 새롭게 인식하면 극으로 표현하지 못할 것이 하나도 없습니다. 희곡은 기본적으로 일련의 플롯입니다. 『야인』은 마치 문학에서의 의식의 흐름 기법 같은 생태학자의 사유가 극 전반을 지배합니다. 그러나 다성부 구조를 취하면 극이 좀 더 복잡해져서, 다른 희곡들처럼 순차적으로 장면을 나눌 수만은 없게 됩니다. 그렇다면 차라리 교향악처럼 세 개의 악장 형식으로 나누는 편이 나을 수도 있습니다.

『저승』은 장자가 처妻의 정절을 시험했다는 이야기에서 소재를 취한 작품입니다. 저는 전통극에 흔히 나오는 예교설법禮敎說法의 이야기 방식에서 벗어나 곧바로 지옥에서 펼쳐지는 끔찍한 일들을 나열하는 것으로 극을 시작했습니다. 1부는 춤과 노래, 잡기로 채우고 대합창 교향악을 배치함으로써 문학 텍스트로서의 희곡에서 벗어나 전통 가무극과 같은 어우러짐을 표현하고자 했습니다.

저의 또 다른 희곡 『산해경전』은 중국 상고시대의 신화를 소재로 한 작품입니다. 사실 『산해경』에는 수많은 신화들이 파편적으로 기록돼 있어서 이야기들을 체계적으로 정리하기 쉽지 않은데요. 최근에는 신화학을 비롯해서 고고학·역사학 등 여러 학계의 학문적 성과 덕분에 거칠게나마 신화의 윤곽을 그려볼 수 있게 되었습니다. 이때 경계해야 할 것은 과거 중국 사회를 지배한 봉건윤리나 현대의 사고방식으로 그 신화들을 오독하는 태도일 것입니다. 여러 부족들이 흩어져 살았던 광대무변한 땅의 다양한 상상력을 오늘날의 편견으로 재단하지 않으면서도, 마치 고대 그리스의 깨진 도자기 유물을 복원하듯 그 실체를 잘 이어 붙여야 합니다. 파편화된 신화가 소재이다 보니 이야기를 끌어갈 화자가 필요했습니다. 저는 무대에 등장해서 이야기를 설명해주는 서술자, 즉 이야기꾼〔說書人〕을 도입하기로 했습니다.

희곡에서의 서술은 소설과 다를 수밖에 없습니다. 독자가 아니라 관객을 향해 표현하기 때문에 말과 연기가 모두 동원되지요. 당연히 연극에서의 이야기꾼은 배우 가운데 한 사람이 맡을 수밖에 없고, 이 이야기꾼도 일종의 등장인물이 됩니다. 브레히트는 최초로 현대 연극에 서술자를 도입했는데요. 아무래도 작품의 이념성 때문이었을까요? 그 서술자는 주로 관객들의 사회비판 의식을 고취시키는 역할을 했습니다. 라오서老舍(1898~1966)가 쓴 희곡 『찻집』茶館은 이야기꾼을 아예 하나의 배역으로 설정해 등장인물들 사이에 껴서 관객들에게 이야기를 전달하도록 했습니다. 서술자는 객석과 무대 사이의 거리를 벌려놓기도 하고, 무대와 객석이 직접적으로 소통될 수 있도록 만들기도 합니다. 서술자가 어떤 역할을 얼마만큼 맡을 것인가는 작가나 연출가의 의도에 따라 달라지지요. 공연무대에서 펼쳐지는 서술은 효과적인 표현수단이 될 수 있습니다. 서술을 희곡에 끌어들이는 방법으로는 여러 가지가 있고 때로는 서술 자체를 무대 위의 연기로 표현할 수도 있습니다만, 자세한 이야기는 다른 글에서 다시 얘기하기로 하지요.

희곡을 쓰는 작가는 연기에 대해서만이 아니라 극장에 대해서도 잘 이해하고 있어야 합니다. 그렇지 않으면 희곡은 한낱 문자로 이루어진 텍스트에 지나지 않게 됩니다. 희곡예술 그리고 극예술의 혁신은 결국 무대 위에서의 연기를 통해 실현됩니다. 연극성과 극장성에 대한 새로운 인식만이 희곡창작에 새로운 활력을 불어넣어줍니다. 나아가 그 재인식이 다른 모든 종류의 표현예술에 대한 새로운 인식과 결합된다면, 희곡과 연극의 미래는 더욱 흥미로워질 것입니다.

연기라고 하는 이 오래된 예술은 언제나 배우 그리고 배역과 이중적 관계를 맺어왔습니다. 디드로Denis Diderot(1713~1784: 백과전서파로 알려진

18세기 프랑스의 철학자, 편집자, 발행자, 작가, 예술비평가)에서 스타니슬라프스키K. S. Stanislavski(1863~1938: 러시아의 배우, 연출가, 제작자), 브레히트에 이르기까지 이 문제를 어떻게 처리해야 할지 고민하지 않은 극작가가 없었습니다. 우리가 가장 흔히 볼 수 있는 사실주의 연기는 배우에게 최대한 사실에 가까운 연기를 요구합니다. 스타니슬라프스키가 대표적이죠. 브레히트는 배우가 자신을 자신이 맡은 역할과 동일시할 필요는 없다고 강조하면서도 모든 과장된 표현법을 다 허용하는 표현주의의 입장에 있었습니다.

그런데 연기라는 것을 자세히 관찰해보면, 동서양을 불문하고 모든 뛰어난 배우들에게서 한 가지 특징을 발견할 수 있습니다. 배우와 배역 사이의 관계만이 전부가 아니라 그 사이를 매개하는 어떤 수단, 즉 연기의 방법이라고 하는 한 가지 요소가 더 존재한다는 사실입니다. 이것까지 포함하면 연기의 삼중성이라고 이름 붙일 수도 있을 것 같습니다.

보통 배우들은 자신의 배역을 연기하기 전에 한 가지 거치는 과정이 있습니다. 사람들은 이 부분을 잘 알아채지 못하지만, 중국 전통극의 연기를 분석해보면 금방 알 수 있습니다. 배우가 자신의 역할에 몰입하기 전에 반드시 자아를 버리고, 평소의 목소리와 말투, 행동습관을 제거하는 과정이 바로 그것입니다. 배우는 연기에 몰입하기 전에 마음을 모으고 그 인물이 될 준비를 합니다. 사실주의 연기에서는 이런 과정이 잘 보이지 않습니다만, 경극배우들의 연기를 가까이서 관찰하면, 특히 여자 역할을 하는 남자 배우를 보면 잘 알 수 있습니다. 그는 남자라는 자신의 성性을 비롯해서 자신의 자아를 철저히 지우고 스스로를 중성적인 연기자 상태로 만듭니다. 유명한 경극배우인 메이란팡梅蘭芳(1894~1961)을 떠올려보면 좋을 것입니다. 그는 반백이 넘은 나이에도 묘령의 소녀나 귀부인 역할을 맡았습니다. 연기를 위해 화장을 하고, 동작을 부드럽게 하고, 목소리를 훈련하기도 합니다만, 그전에 반드시 자신의 자아를 정화합니다. 마치 운동선수들이 본격적으로 운동을 시작하기 전에 마인드 컨트롤을 통해 경기의 집중력을 높이듯이 말입니다. 이렇게 준비된 운동선수들은 '탕' 소리가 울리자마자 가장 빠른 속도로 레인을 출발합니다. 배우가 무대에 오르기 전에도 마찬가지입니다. 배우는 무대 뒤에서 호흡을 가다듬고, 집중력을 높이고, 평소의 생활습관을 내려놓고, 자아를 버림으로써 자신이 맡은 인물이 될 준비를 합니다. 막이 오르면 배우는 무대에 오릅니다. 그러나 그것만으로 배역으로의 전환이 완성되었다고 보기는 어렵습니다. 배우는 관객을 향해 등장인물의 대사를 할 때, 그때 비로소 그 인물이 됩니다. 배우에게 무대 등장은 매우 중요한 의미를 지닙니다. 관객과 처음으로 얼굴을 맞대고 교류하는 순간이기 때문입니다. 이 교류는 극의 내용을 전달하는 교류이기도 하지만, 신체활동과 심리활동을 통한 교류이기도 합니다. '내가 연기하는 이 인물을 보라!'고 외치는 것과 같지요. 훌륭한 배우는 무대에 등장하는 순간, 자신의 연기력과 무대장악력으로 관객을 정복합니다.

    배우의 신분으로 무대에 오른 사람은 평소의 자기 자신으로 관객을 만나고 있는 것이 아닙니다. 고도의 집중력으로 연기에 몰입한 상태에 있지요. 이때 배우의 자아는 제3의 눈이 되어, 거리를 두고 자신의 연기를 바라보게 됩니다. 무대 위에서의 여유도 바로 이 거리감각에서 나옵니다. 극의 이야기꾼도 이야기를 하는 순간에는 자신이 서술하는 인물의 입장이 되면서 일종의 연기를 하는 상태가 됩니다. 이 이야기꾼은 특유의 눈빛과 말 한마디로 한순간에 관객을 사로잡아버립니다. 이때 이야기꾼의 말투와 동작 역시 그 사람의 평소 생활과는 완전히 다른 것입니다. 그도 일종의 연기상태에 몰입해 있는 것이지요.

    중성화된 신분의 배우는 일단 무대에 올라 자신의 연기에 대한 확신을 얻게 되면 커다란 자유를 누립니다. 자신의 연기 속으로 더 깊이 들어갈 수 있게 되지요. 작가도 이런 점을 염두에 두고 희곡을 쓸 필요가 있습니다. 새로운 작법에만 매달릴 것이 아니라 배우가 연기로 개척할 만한 공간을 제공하는 것도 좋은 방법입니다.

무대에서 배우와 관객 사이의 교감은 순간적으로 이루어집니다. 작가가 대본상에 배우가 연기로 표현할 만한 시간과 공간을 충분히 부여하면, 배우의 연기는 더욱 흥미로워집니다. 배우는 무대에서 자신이 맡은 배역에만 갇히지 않은 채, 자신이 그 역할을 표현하는 방법까지도 드러낼 수 있게 됩니다. 배우가 자신의 역할을 대하는 태도와 그 역할을 표현하는 방법도 일종의 연기입니다. 배우는 먼저 마음에 여유를 갖고, 작가가 대본상에 남겨둔 연기의 공간을 바라봅니다. 그 공간은 배우 자신만이 지배할 수 있는 공간입니다. 배우는 자신이 표현해야 할 인물에 대해 조롱하거나 동정할 수 있고, 비웃음이나 연민을 느낄 수도 있습니다. 그 인물을 엄숙하게 표현할지 혹은 희롱할지, 자신의 배역을 대하는 태도를 정할 수도 있습니다. 배우는 자신이 선택한 대로 연기하고 객석의 반응을 봅니다. 관객은 배우의 연기에 찬성할 수도 있고 반대할 수도 있겠지요. 연기자가 이 반응에 어떤 피드백을 보이느냐에 따라 객석의 반응은 또 달라집니다. 결국 객석의 침묵도, 웃음소리도 모두 배우의 연기에 달려 있습니다. 이때 배우는 자신이 맡은 배역만 책임지는 존재가 아니라 관객과의 소통도 담당하는 존재가 됩니다. 배우의 이런 이중적인 역할은 무대 위에 섰을 때 존재하게 되지요. 그런데 희곡창작 단계에서는 흔히 이 부분이 간과되곤 합니다.

무대에 오른 배우의 신분이 중성적이라는 전제는 희곡창작과 배우의 연기에 새로운 과제를 던져줍니다. 극중인물의 캐릭터는 대사에 의존해서 형성됩니다. 보통 독백이나 대화는 일인칭 대사입니다만, 대사를 삼인칭으로 표현한다면 배우와 극중인물 사이에 거리가 생겨서 독백도 대화도 일종의 서술 역할을 하게 됩니다. 그렇게 해서 배우는 연기로 혹은 연기가 아닌 방법으로도 극중인물을 생생하게 표현할 수 있게 되지요.

『생사계』生死界가 바로 그렇게 쓴 작품입니다. 이 작품은 처음부터 끝까지 여인의 독백으로 이루어져 있는데, 여인의 독백은 삼인칭입니다. 무대에서 관객을 마주보는 존재는 극중인물이 아니라 이야기를 들려주는 여인, 즉 실질적 주인공인 '그녀'에 대해 말해주는 존재입니다.

인칭으로 인물을 대체하는 이런 수법은 그 인칭이 지칭하는 인물과 배우 사이에 거리를 부여하고, 배우에게 연기력을 발휘할 공간을 제공합니다. 배우는 극중 배역을 사실에 가깝게 연기한다기보다는, 인물을 나무인형처럼 조종하는 입장에 서게 됩니다. 즉, 극중인물을 재현하는 존재가 아니라 그 인물을 마리오네트 인형처럼 표현할 일종의 권한을 얻게 되는 것이지요. 배우라는 자신의 신분마저 그대로 드러낸 채 극중인물을 연기하는 모습을 관객들에게 보여줄 수 있습니다. 이 또한 관객의 감탄을 자아내는 배우의 기예입니다.

작가는 인물의 대화나 독백 외에도 다른 많은 표현수단을 희곡창작에 도입할 수 있습니다. 예를 들어 『생사계』에서는 말 없는 남자가 극이 끝날 때까지 무대에 등장하는데요. 이 남자의 이미지는 여자 주인공의 심리상태에 따라 변합니다. 초반에 광대로 등장해서 귀신이 되었다가 마지막에는 노인이 되어 비틀비틀 걷는 이 남자는 여자 주인공의 고독과 호응하는 인물입니다. 이렇게 끊임없이 변하는 남자의 형상은 극중에서 어떤 역할을 담당하는 인물이 아니라 여자 주인공의 내면상태를 투사한 이미지입니다. 이 남자를 어떻게 해석하고 표현할 것인지는 전적으로 이 남자 역할을 맡은 배우에게 달려 있습니다.

중간중간 여성 무용수도 등장하는데 역시 대사가 없습니다. 이 여인은 소녀의 모습이거나 병이 위중한 부인의 모습으로, 귀신 혹은 비구니로, 심지어 한 무더기의 옷더미로 무대에 등장하기도 합니다. 역시 여자 주인공의 내면이 투사된 이미지입니다.

남자 이미지를 맡은 배우는 때로 어릿광대였다가 때로는 그저 춤만 추기도 합니다. 이 남자는 높은 나무다리를 타고 걷기도 하고 마술, 잡기 등을 펼치기도 합니다. 대사가 전혀 없는 이 남녀 무용수는 주인공의 이야기 사이사이에 춤을 넣음으로써 극의 생생한 진행을 돕고, 극을 더욱 다채롭게 하는 역할을 합니다.

극중 주인공을 삼인칭으로 표현하는 수법은 전통적인 희곡작법의 파괴이기도 합니다. 인칭으로 인물을 대체하면, 극중의 대화나 독백은 대사라기보다 서술에 가까워집니다. 예를 들어 대사를 이인칭 '너'로 바꾸면 이때의 긴 독백은 일종의 가상대화가 되지요. 여기서 이인칭 '너'는 가상대화의 상대로 표현되지만 사실은 자아의 투사물입니다. 사실주의 희곡에서는 극중인물의 생각을 무대에서 대사로 연기할 방법이 없지만, 대사의 인칭을 전환하면 보이지 않는 내면 풍경을 눈에 보이는 연출로 무대에서 직접 표현할 수 있습니다. 배우가 극의 주인공을 '너'로 지칭하면, 관객은 그 인물에게 즉시 감정이 이입되어 그 인물이 느낄 법한 것들을 직접적으로 느끼게 됩니다.

『죽음에 대하여』에서는 갑甲과 을乙, 두 배우가 동일 인물을 연기하면서 서로를 '너'로 지칭합니다. 한 사람은 주인공이고, 다른 한 사람은 그 주인공의 내적 자아입니다. 내적 자아 역할을 맡은 배우는 주인공이 하는 생각을 대사로 연기합니다. 두 배우를 통해 이루어지는 가상대화는 주인공의 내면에서 일어나는 갈등을 무대 위에서 동작으로 보여줍니다. 두 인물의 대화는 사실상 한 사람의 내면에서 전개되는 생각이지만, 무대 위에서는 생사를 다투는 결투로 표현되지요.

『피안』에는 주인공과 그림자의 대화가 나옵니다. 이 대화 역시 한 인물의 내면에서 전개되는 생각이지만, 무대 위에서는 두 배우의 이중창과 함께 추는 춤으로 표현됩니다.

『대화와 반문』對話與反詰의 전반부에서는 남녀 주인공의 일인칭 대사가 중간중간 여러 인칭으로 전환됩니다. 남자 주인공은 자신을 이인칭 '너'로 지칭하고 여자 주인공은 자신을 삼인칭 '그녀'로 지칭하면서 서로 대화합니다. 극 후반부에서 한바탕 죽음의 유희가 벌어지고 나면, 남자는 이인칭만을 사용하고 여자는 삼인칭만을 사용합니다. 마치 귀머거리끼리의 대화처럼 보이는 이 대화는 함께 있어도 소통하지 못하는 고독감을 극단으로 밀고 나갑니다. 이런 대상화와 낯설게 하기는 현대의 인간관계를 더욱 상징적으로 드러내는 역할을 합니다.

『밤에 떠도는 신』夜遊神은 여기서 한발 더 나아가 모든 등장인물이 이인칭으로 말합니다. 주인공도 '너'고 주인공이 꿈에서 만나는 인물도 '너'로 지칭됩니다. 객석에 있는 관객들은 그 '너'가 자신을 가리키는 것만 같은 느낌을 받게 되지요. 무대 위에서 전개되는 꿈은 누구나 한번쯤 경험해보았을, 악몽과도 같은 인생사입니다. 배우가 관객들을 향해서도 '너'라고 지칭하면, 관객들은 순식간에 극중 주인공에게 감정이 이입되어 그가 처한 곤경을 같이 겪는 느낌을 받게 됩니다.

인칭으로 인물을 대체하는 이런 수법은 극중인물을 단순화하는 것이 아니라 그 인물을 '나', '너', 혹은 '그'라는 다양한 인칭으로 바꾸는 것입니다. 여기서 '나', '너', '그'라는 인칭은 한낱 부호가 아니라 여러 각도에서 그 인물의 내면을 비추는 방식입니다. 각각의 관점은 인간의 복잡한 내면세계를 무대 위에서 더욱 강렬하게 드러냅니다.

『주말 사중주』周末四重奏에 나오는 네 명의 인물은 매번 다른 장면에서 각각 나, 너, 그라는 서로 다른 주어로 등장합니다. 무대에 등장하는 주인공은 통상적으로 일인칭 대사로 연기합니다만, 누군가가 이인칭 대사로 연기할 때 무대에 다른 배우가 한 명 더 있으면 대사가 가리키는 주인공은 바로 그 다른 연기자가 됩니다. 그러나 그 배우가 혼자 있으면서 '너'라는 인칭을 사용하면 그 대사는 내면의 독백이 되지요.

동일 인물을 삼인칭으로 지칭할 수도 있는데, 그렇게 하면 주인공이 자아를 관찰하는 장면이 됩니다. 즉, 세 개의 각도에서 바라본 극중인물의 자아를 표현할 수 있습니다.

등장인물들 사이의 대화나 각 인물들의 독백에 인칭의 전환을 사용하면, '너'의 생각 혹은 '그'의 관찰과 진술을 마치 음악의 대위법처럼 극에 구성할 수 있게 됩니다.

현실에서의 인간관계도 종종 이럴 때가 있지요. 사람들의 속마음을 하나하나 말로 꺼내놓으면 딱 이런 풍경이 될 거예요. 기존 연극에서는 볼 수 없었던 표현기법입니다. 그러나 이런 표현도 배우의 연기를 통해 관객에게 받아들여지고 나면, 그다음부터는 무대에 올리는 데 전혀 문제되지 않습니다. 일인칭 대사로 시작했다가 이인칭으로 전환하면 극의 내용은 심리적 차원으로 이동합니다. 대사가 삼인칭으로 전환되면 극중인물에 대해 서술하는 장면이 되지요. 이때 중성적 신분의 배우가 연극 공연에서 일종의 좌표 역할을 하게 됩니다. 아무리 낯설고 실험적인 연기라도 배우가 다시 본래의 중성적 신분으로 돌아올 수만 있다면 공연은 안정된 작품성을 유지할 수 있습니다.

『주말 사중주』의 사중주는 이중주 혹은 삼중주로 표현할 수도 있습니다. 그러기 위해서는 먼저 한 명을 현실 속의 인물로 확정한 뒤 나머지 인물을 배치해야 합니다. 이렇게 하면 상상의 장면과 현실의 장면을 각각 무대 위에서 평행으로 혹은 교차로 진행시킬 수 있습니다. 이런 대비 혹은 대위적 구성은 공연을 더욱 다층적으로 만들어줍니다.

어쩌면 인간의 의식도 이렇듯 세 가지 차원으로 이루어져 있기 때문에 '나, 너, 그'라는 세 가지 인칭이 연극에서 극중인물과 내적 자아, 배우의 중성적 신분이라는 연기의 삼중성과 맞물리는지도 모르겠습니다. 인간의 의식은 언어를 통해 형성되고 또 표현되지요. 언어의 세 가지 인칭은 인간 의식의 심층구조를 반영하기도 합니다. 인간의 의식이 여러 차원으로 나뉘어 있기 때문에 인간의 의식과 표현이 명료할 수 있는 것 아닐까요? 인간의 의식이 하나로 혼합되어 있다면 명료한 의식도, 명료한 서술도 불가능할 것이고, 자기 자신에 대한 인식 또한 모호하기만 할 것입니다.

희곡에서의 세 가지 인칭은 배우의 중성적 신분 덕에 관객에게 받아들여질 수 있고, 이로써 인간 의식의 여러 차원을 무대 위에서 모두 표현할 수 있게 됩니다. 극중인물의 내면을 표현하는 대사는 배우의 연기가 있어야만 관객에게 전달될 수 있습니다. 이런 내면의 대사는 공연무대가 크면 객석에까지 전달되기 어렵다는 단점이 있지요. 풍부하고 미묘하며 순간순간 변화하는 내면심리를 무대 위에서 표현하려면 배우의 연기에 의존하는 것 외에 희곡창작 단계에서의 노력도 필요합니다.

희곡창작에서 중요한 것은 플롯 구성이나 이야기 서술만이 아닙니다. 인간 내면의 감성을 어떻게 무대 위에서 표현할 것인가 역시 극작가가 중요하게 고민해야 할 문제입니다. 이런 희곡에서는 먼저 마음의 풍경을 드러내는 하나의 장소, 즉 한 사람 한 사람이 처하게 되는 어떤 환경을 제시해야 합니다. 예를 들면 다 같이 버스를 기다리는 버스 정류장도 그런 장소가 되지요. 저의 첫 번째 희곡 『버스 정류장』은 각양각색의 사람들이 정류장 표지판 아래서 버스를 기다리는 이야기입니다. 버스를 기다리는 건 누구에게나 있는 일상적인 경험이지요. 이런 보편적 감정은 한 사람 한 사람의 일상 체험에서 나옵니다. 그리고 이런 감정은 한

번 밖으로 펼쳐내면 다시는 그 이전으로 돌아갈 수 없다는 점에서 인간의 운명과도 비슷한 면이 있습니다.

희곡창작은 단순히 어떤 기교나 아이디어 하나에 달려 있지 않습니다. 잠깐 머리를 굴려서 뚝딱 이루어지는 작업이 아니라는 뜻입니다. 모든 문학작품에는 작가 자신의 인생 체험에서 비롯된 가치 있는 인식이 담겨 있습니다. 희곡도 마찬가지고요. 새로운 창작형식을 추구하는 것도 결국은 삶에 대한 인식의 문제와 관련이 있습니다.

기다림은 우리가 인생에서 자주 처하게 되는 어떤 상황이자, 마치 악몽처럼 누구도 피할 수 없는 체험이기도 합니다. 간혹 삶 자체가 악몽으로 변해버리는 때도 있는데, 그럴 때 사람들은 그 속에서 빠져나올 힘마저 잃어버리곤 하지요. 『밤에 떠도는 신』에서 다루는 주제도 바로 이것입니다. 세상을 살다 보면, 그야말로 착하게 산 것 외에는 아무 잘못도 없는 사람에게 어느 날 갑자기 재앙이 닥쳐서 발버둥칠수록 더욱 수렁으로 빠져드는 경우가 있습니다. 카프카의 소설을 연상시키는 이런 악몽은 안타깝게도 악몽이 아니라 현실인 경우가 많습니다. 『밤에 떠도는 신』의 주인공은 몽유상태로 돌아다니면서도 지극히 현실적인 인간관계를 맺고 살아갑니다. 꿈에서조차 현실원리의 지배를 받고 있는 것이지요. 현대인들이 보편적으로 처해 있는 어떤 곤경을 보여주는 장면입니다.

다시 한번 강조하지만 무대 공간의 특성과 연기의 다양한 가능성은 연기·연출의 문제일 뿐 아니라 희곡창작 단계에서도 중요하게 고민해야 할 문제입니다. 연극이 반드시 일상의 디테일을 무대에서 생생히 재현할 필요는 없습니다. 지나치게 많은 소품과 장치들을 무대에 쌓아두는 것도 좋지 않고요. 무대는 어디까지나 연기를 위한 공간으로 남겨두어야 합니다.

무대 위의 소품은 어느 하나도 없어서는 안 되는 것들로만 구성해야 합니다. 그래야 그 소품들이 무대에 존재하는 의미가 있습니다. 소품, 즉 사물(物) 또한 극중인물과 마찬가지로 무대 위에서 살아 움직이는 생명력을 가지고 있습니다. 작가는 희곡을 쓰면서 무대 위의 소품에도 이런 생명력을 부여해야 합니다. 소품들도 극중인물과 마찬가지로 무대에서 하는 제 역할이 있거든요.

『대화와 반문』에는 원래 무대 앞에 해골 두 개를 놓아두기로 되어 있는데, 해골은 목어木魚로 대신해도 됩니다. 이 연극에는 불경만 외울 뿐 말을 하지 않는 승려가 나오는데, 목어에 불교와 관련된 상징적 의미가 있기 때문입니다. 극 후반부에는 남녀 주인공이 상상 속에서 서로를 죽이는 대목이 있습니다. 이때 해골은 관객에게 죽음을 연상시키는 동시에 무절제한 욕망으로 인한 파국의 황폐함을 보여줍니다.

『생사계』에는 모델의 팔과 다리가 공중에서 떨어져 내리는 장면이 있습니다. 여자 주인공의 내적 분열을 암시하는 장면이지요. 무대 위에 나무를 쌓아 만든 작은 집은 주인공의 어릴 적 추억을 의미하는 설치물입니다. 이 집이 무너지면, 주인공은 기억 속의 환각에서 현실로 돌아옵니다.

무대 세트와 소품들은 배우의 연기와 호응하면서 고유의 표현력을 얻고 마침내 극에 없어서는 안 될 요소가 됩니다. 극을 구성하는 독특한 풍경이 되기도 하고 극중인물들의 내면 풍경을 시각적으로 드러내기도 하지요.

인간 내면의 감성은 눈에 보이지 않는 것이기 때문에 무대 위에서 표현하기도 어렵습니다. 이런 때 마음속 풍경은 무대 위의 세트를 통해 드러내고 초조·불안과 같은 감정은 배우의 동작으로 표현할 수 있습니다. 어차피 극은 허구입니다. 허구인 극을 관객으로 하여금 실제적으로 믿게 만드는 힘은 인간의 감정의 진실을 포착해내는 작가의 창작력과 그 감정을 생생히 보여주는 배우의 연기력에서 나옵니다.

연극이란 결국 어른들의 오락입니다. 아이들은 어른들을 모방하면서 놀지만 어른들은 아이들을 모방하면서 놀지 않죠. 어른들은 극장에서 현실을 비추는 허구의 이야기를 보며 울고 웃습니다. 극은 본래의 오락 기능으로 돌아가야 합니다. 극이란 원래 오락을 통해 심미적 만족에 이르는 예술입니다.

시의 역시 극예술이 추구해야 할 하나의 경지입니다. 그러나 연극에서의 시의는 문학장르인 시와는 다릅니다. 극에서 표현되는 서정은 문학에서의 서정보다 아무래도 덜 세련되어 보이죠. 특히 지나친 우울이나 감정과잉, 히스테리 등은 극을 감상하는 관객들에게 받아들여지기 어려운 감정일 뿐입니다.

극에서의 시의는 문학에서처럼 언어로 직접 표현되지 않습니다. 극에서 중요한 것은 언어보다는 배우의 연기입니다. 극에서의 시의는 특정 분위기 속에서 고조된 배우의 연기를 통해 표현됩니다.

희곡의 서정은 무대에서 연기로 표현되지 않는다면 문학 텍스트로 남을 뿐입니다. 시상詩象은 독자가 시를 읽으면서 상상을 통해 머릿속에 그려내지요. 그러나 연극에서 중요한 것은 대본에 적힌 짧은 글들이 아닙니다. 무대에서 연기로 표현된 이미지만이 관객에게 전달되어 마음을 움직입니다. 기호와 상징은 언어로 소통하는 세계 안에서만 의미를 전달합니다. 무대에 설치된 세트도 그 자체에는 장식효과만 있을 뿐이므로 세트를 갖추었다고 극이 성립하지는 않습니다. 희곡에 담긴 상징은 무대에서 배우의 연기를 통해서만 그 의미가 전달됩니다. 즉, 희곡에서는 시의도 상징도, 무대 위의 동작을 통해 표현된다는 뜻입니다. 대본이나 무대 세트에 아무리 그 나름의 시의·상징이 담겨 있다고 해도 언어와 세트만 갖춘 상태로는 극이 될 수 없습니다.

그러나 시를 연극무대에 올릴 수는 있습니다. 『피안』이 그 예입니다. '피안'이라는 말 자체가 시의가 담긴 상징이고, 피안으로 가는 과정은 동작으로 구성되기 때문입니다.

"피안으로 간다! 피안으로 간다!"

『피안』에 출연하는 젊은 배우들은 그렇게 외치면서, 어딘가에 있을 피안을 향해 나아갑니다. 이렇게 피안으로 가는 과정, 즉 경이, 발견, 방황, 고달픔, 슬픔을 거쳐 현실로 돌아오기까지의 과정이 하나의 시극을 이룹니다.

『성성만 변주』聲聲慢變奏는 중국 송대의 여류시인 이청조李淸照(1081~1141?)의 사詞를 현대 무용극으로 각색한 작품으로 원사의 음률이 서로 다른 네 가지 춤의 모티프로 이어집니다. 춤으로 쓰는 시, 혹은 시에 동작을 입힌 작품이라고도 할 수 있습니다. 시의 정서가 몸을 움직이는 충동이 되고, 춤은 무대에서 시의 서정을 표현합니다. 언어와 동작의 결합이지요.

『한밤의 노래』夜間的行歌도 무용을 염두에 두고 쓴 작품입니다. 삼인칭 주어로 된 시극으로 처음부터 끝까지 서술에 가까운 긴 독백으로 이루어져 있습니다. 서술은 본래 문학, 그중에서도 소설에서 많이 쓰이는 방법인데요. 소설의 서술은 시의보다는 일상적인 산문에 가까운 데다 그대로 무대에 올리기도 어려운 형식이지요. 물론 배우가 산문을 낭송하는 것도 가능하기는 합니다만 낭송이 극이라고 할 수는 없지요. 그렇다면 소설을 낭독하는 것과 무대에서 이루어지는 긴 독백은 어떻게 다를까요? 소설의 서술이 말 그대로 어떤 이야기를 서술하는 것이라면, 독백은 무대에서 극중인물의 행위로 표현된다는 점이 다릅니다.

춤은 시와 함께 태어난 자매입니다. 산문은 춤으로 표현할 수 없지만 시는 춤으로 표현할 수 있어요. 춤이라는 것 자체가 박자에 맞추어 정서를 표현하는 동작이니까요. 그러나 시의는 서정과 다릅니다.

정서를 표현하는 춤은 시와도 결합될 수 있습니다. 이때 정서는 무용수 개인의 주관적 감정에서 나오지만 시의는 자아에 대한 관찰에서 나옵니다. 시의는 정서적 동요 없이 깊은 시선으로 자기 내면을 바라보거나 명상에 가까운 상태에서 자기 내면의 소리를 귀 기울여 들을 때 탄생합니다. 이렇듯 관찰과 경청을 거쳐야 얻을 수 있는 시의는 주관적 서정과는 다를 수밖에 없습니다. 시의는 자아의 타자, 즉 자기 자신과 거리를 두고 바라보는 행동에서 나오기 때문입니다.

『한밤의 노래』는 이렇듯 삼인칭으로 인물의 내면을 바라보면서 이루어지는, 서술에 가까운 독백과 함께 시작됩니다. 이 연극에서 여배우가 서사시의 서술자라면 두 명의 여성 무용수는 주인공의 내면을 춤으로 표현하는 존재입니다. 그 내면이 꼭 정서적일 필요는 없습니다. 무대에는 남자 악사樂師도 나오는데, 극이 끝날 때까지 아무런 대사 없이 연주만 합니다. 서술과 춤은 평행으로 전개되고 음악은 춤과 함께, 때로는 서술과 동시에 연주됩니다. 저녁부터 다음 날 새벽까지 이어지는 서술, 무용, 음악이 한 인물의 내적 여정을 보여주는 작품으로, 공연을 보는 관객의 가슴에 투사되는 이미지는 작품이 전개되는 동안 끊임없이 변화합니다. 『한밤의 노래』는 저의 최근작으로 아직 공연된 적은 없습니다.

예술의 가치는 창조에 있습니다. 이러한 창작에 필요한 새로운 관념, 새로운 형식, 새로운 방법을 찾는 방법에는 두 가지가 있는데, 그중 한 가지는 '부정'입니다. 전통을 부정하고, 앞 세대를 부정하고, 기존의 틀을 파괴하는 방식입니다. 이런 예술혁명은 지난 20세기에 셀 수 없이 많이 일어났습니다. 지금까지도 많은 예술사가藝術史家들이 예술은 혁명을 통해서만 혁신할 수 있다고 오해하고 있어요. 제가 생각하는 또 다른 혁신의 길은 타도나 전복이 아니라 그 예술장르의 역사를 더욱 깊게 연구해서 그 뿌리에서 아직 발현되지 않은 가능성을 끄집어내는 것입니다. 나아가 그 가능성을 더욱 발전시켜 자신의 작품에 새로운 관점과 새로운 형식, 새로운 내용을 담는 것입니다.

같은 사물이라도 또 다른 눈으로 보면, 전에는 보이지 않던 새로운 면을 발견하게 됩니다. 예술가는 완전히 새로운 하나의 세계를 창조하는 창조주가 될 수 없습니다. 하지만 이 세계를 다른 눈으로 보고 새롭게 인식할 수는 있습니다. 그 인식을 담아낼 새로운 형식을 찾는 것 또한 예술가의 소임이고요.

저는 반反희곡을 추구하거나, 비연극적 수단을 연극에 도입하거나, 극예술 자체를 다시 정의하는 일에 아무런 관심이 없습니다. 저는 다만 극예술의 근본을 다시 탐구하고자 할 뿐입니다. 극예술이란 기본적으로 배우의 연기에서 출발합니다. 언어유희나 언어분석은 저의 창작과 무관합니다. 순수하게 문학적 수사만 다듬는 일에도 관심 없습니다. 무대 위에서 표현될 수 없는 관념 같은 것을 굳이 시도할 이유가 없습니다. 저는 어디까지나 연극성과 극장성에 대한 재인식을 전제로 해서 연극이라는 이 오래된 예술에 내재된 혁신의 가능성을 발굴하고자 할 뿐입니다

저는 앞으로의 희곡창작에 대해 두 가지 방향을 생각하고 있습니다. 하나는 역사시라든가 신화, 인류문화의 기원 혹은 기이한 역사 에피소드에서 희곡의 제재를 취하는 것입니다. 인류문화와 신화를 희곡에 도입하고자 한 시도가 『야인』과 『산해경전』이었다면, 『저승』과 『팔월에 내리는 눈』은 역사 속 에피소드에서 제재를 취하고자 한 시도였습니다. 『야인』과 『산해경전』은 오랫동안 형성되어온 인류문화의 집단무의식을 극으로 표현하고자 했습니다. 중국의 고대 신화와 역사시는 현대인들에게 점점 잊히고 있습니다만, 중국의 신화는 고대 그리스 신화와 비교해봐도 흥미로운 참고가 될 수 있습니다. 『저승』과 『팔월에 내리는 눈』은

도가와 불교에 전해 내려오는 기이한 에피소드를 소재로 하고 있는데요. 이런 경우 종교·윤리에 대해서는 얼마든지 자유롭게 해석해도 되지만, 오리지널 스토리를 임의로 개조하면 안 됩니다. 어디까지나 문화와 역사를 존중하는 토대 위에서 전통을 재인식할 수 있어야 합니다. 무엇보다도 희곡창작에서 중요한 것은 희곡작법이 아니라 배우의 연기와 무용, 노래, 기예처럼 무대에서 펼쳐질 수 있는 공연들의 다채로운 가능성이라는 사실도 잊어서는 안 되겠지요.

또 다른 방향은 인간의 내면에 집중하는 현대극입니다. 스토리가 중요한 전통극에서처럼 사건이나 갈등이 아닌 인물의 내면심리를 극으로 표현해보고 싶습니다. 인칭의 전환도 바로 이런 내면심리를 표현하기 위해 시도한 기법입니다. 특정한 상황에 처했을 때 사람들이 보이는 다양한 반응을 통해 현대인이 처한 삶의 곤경과 근심을 드러낼 수도 있고, 주인공의 사고나 정서, 마음의 풍경처럼 눈에 보이지 않는 인간 내면을 무대 위에서 극으로 표현할 수도 있습니다.

길이 남을 희곡 없이 연기로만 떠들썩한 극은 바람직하지는 않습니다. 좋은 희곡이 없다면 무대에서 매번 만족스러운 연기가 펼쳐지기도 어렵고요. 희곡을 쓰는 작가가 필요한 이유는 연극이 단순히 대중을 위한 오락만은 아니기 때문입니다. 작가가 오락 이상의 어떤 진지한 메시지를 전하고자 한다면, 극장은 그 메시지를 전하기에 좋은 연단이 될 수도 있습니다.

고대 그리스의 시극에서부터 현대의 연극에 이르기까지, 훌륭한 극작가는 언제나 인간 존재의 복잡한 본질과 인간 삶의 곤경을 깊이 들여다보는 존재였습니다. 모든 작가는 자신이 쓴 작품을 통해 자신이 살고 있는 시대의 한계에 갇히지 않고 과감하게 자신의 사상을 드러낸다는 점에서 그 시대의 사상가입니다.

극작가는 그 시대의 철학자에 비해서는 조금 더 교활하거나 훨씬 편한 자리에 있는지도 모르겠습니다. 극작가는 자신이 사는 시대와 사회, 그리고 인생에 대한 생각을 극중인물을 통해 정치와 도덕의 굴레에 갇히지 않고 표현할 수 있으니까요. 한 시대의 정권, 윤리, 풍속이 사라지고 난 뒤에도 작품의 생명력은 사라지지 않습니다. 아무리 세월이 흘러도 작품은 다시 공연될 수 있고, 작품이 무대에 오르는 한 그 작품은 그 시대를 사는 관객에게 다시금 새롭게 다가갈 수 있습니다.

물론 세상의 모든 작품은 기나긴 시간의 단련을 받습니다. 그리고 긴 시간의 단련을 이겨낸 작품은 천금의 가치를 얻지요. 창작에 종사하는 모든 작가들이 필생의 노력을 다한다고 해서 누구나 그런 성취에 다다르는 것도 아니고, 모든 작품이 후세에까지 전해지리라고 장담할 수도 없지만, 최소한 작품이 무대에 올라 관객을 만나는 순간만큼은 정치 집회에서 이루어지는 강연보다 재미있고 감동적이어야 할 것입니다.

2007년 10월 1일, 파리에서

예술가의 미학

> 예술가의 미학은 학자들이 연구하는 미학과는 다릅니다. 학자들이 연구하는 것은 기껏해야 미의 기원과 발생조건, 미의 포착, 예술작품을 통한 미의 실현에 지나지 않습니다.

제가 이제부터 말하려고 하는 예술가의 미학은 철학자의 미학과 상대되는 것입니다. 미학은 이제까지 철학자의 일이었습니다. 고대 그리스의 플라톤, 아리스토텔레스에서 칸트, 헤겔에 이르기까지 미학은 언제나 철학체계를 이루는 일부였습니다. 이런 미학의 첫 번째 단계가 미의 본질을 탐구하는 형이상학적 사변, 즉 미의 본체론이라면, 유럽의 르네상스에서 독일의 고전주의에 이르는 두 번째 단계는 미감과 심미평가에 대해 논하는 미의 인식론이라고 할 수 있습니다. 그런데 19세기 말에서 20세기 초에 이르러 미학과 철학 모두 중대한 전환을 맞이하게 됩니다. 이 시기를 대표하는 철학자였던 루트비히 비트겐슈타인Ludwig Josef Johann Wittgenstein(1889~1951)은 언어의 관념과 논리를 통해 철학을 분석하고 전통적인 철학명제들을 해체함으로써 철학의 형이상학과 인식론을 일종의 언어분석의 문제로 바꾸어놓았습니다. 이를테면 언어로 철학을 대체한 것이죠. 미학도 예외가 아니었습니다. 미학은 곧 언어학의 문제가 되었습니다.

20세기 내내 철학자들은 연역과 언어분석의 방법으로 미학의 해체와 종언, 나아가 반미학을 선언했고, 그때까지도 미학의 명제와 방법은 여전히 철학에 종속되어 있었습니다. 몇몇 예술가들이 미학의 문제를 논의하긴 했지만 그 역시 예술사상이나 창작기법에 관한 것으로, 철학의 관점에서 미학을 논한 것은 아니었습니다. 그 결과 미학은 지금까지도 철학자의 일로 남아 있습니다.

이런 철학자의 미학은 해석미학이라고 불러도 좋을 것입니다. 철학자들은 미학에 대해서도 명제를 연구하거나 미에 대한 정의를 내리려고 합니다. 형이상학적 사변이든 언어적 분석이든, 철학자들의 미학 연구는 범주와 개념, 어법이라는 틀에서 벗어나 있지 않습니다. 미와 예술을 일종의 언설言說로 만들어버리는 이런 작업은 예술창작과는 관련이 없습니다.

제가 말하려고 하는 예술가의 미학은 철학자의 미학과는 다른 창작미학입니다. 저의 다른 저서인 『또 다른 미학』에서도 자세히 언급한 바 있습니다만, 예술가의 미학은 사변이 아닌 창작 경험을 통해 확립되고, 연역적 추론이 아닌 직접 서술이며, 비역사적·비형이상학적이고 즉각적이며 개인적입니다. 예술가의 미학은 이론 확립에 중점을 두기보다 예술창작의 충동을 발견하고 예술적 직관을 창작에 반영하고자 합니다.

예술창작에 관한 저서로는 크게 두 종류가 있습니다. 하나는 톨스토이의 『예술론』처럼 예술가 자신의 창작사상을 담은 책입니다. 이것은 미학서라기보다는 작가의 예술관에 더 가깝습니다. 다른 종류의 책으로는 레오나르도 다빈치의 『회화 노트』가 있습니다. 화가의 창작기법을 다룬 일종의 방법론인데, 비슷한 저서로 칸딘스키의 『점·선·면』도 있지요. 추상회화에 관한 이론서인 이런 책도 넓게 보면 창작미학서라고 할 수 있지요. 세르게이 에이젠슈테인Sergei Eisenstein(1898~1948: 러시아의 영화감독이자 이론가)의 영화 몽타주와 편집에 관한 이론도 일종의 창작방법론입니다. 브레히트도 자신의 저서 『연극의 소도구』에서 자신의 예술관과 창작의 방법론을 밝히고 있는데요. 이런 책들 모두 예술가의 미학에 속한다고 할 수 있습니다.

이런 미학은 직접적으로 예술창작을 추동하는 미의 산파학이라는 점에서 철학자의 미학과 다릅니다. 철학자의 미학은 대체로 이미 완성된 예술작품을 해석합니다. 이미 실현된 미에 해설을 보태는 것이지요. 아름다움이 어떻게 창조되는지는 연구하지 않습니다. 철학자들은 다만 미에 관한 정의를 내리고, 심미의 표준이라든가 이런저런 가치의 기준을 제시할 뿐입니다. 그러나 예술가의 미학은 그 반대입니다. 아름다움은 어떻게 발생하는가, 그 조건은 무엇인가, 창작자가 어떻게 미를 포착하여 작품에 실현할 것인가를 연구합니다. 이것이 바로 예술가의 창작미학이 철학자의 해석미학과 다른 지점입니다.

예술가의 미학은 철학의 방법인 추론을 사용하지 않는다는 점에서도 전통적인 철학자의 미학과 다릅니다. 철학자들은 어디까지나 이성과 개념에 의존하여, 형이상학적 사변과 논리를 통해 미에 관한 정의를 내리고, 예술을 명명하고, 작품을 판단하거나 해석하는 것으로 만족합니다. 미와 예술에 관해 어느 정도 인식을 얻을 수 있다는 점에서는 철학자의 미학에도 일말의 의의가 있을 수 있겠지만, 이런 언설이 예술의 창작에 기여하는 바는 별로 없습니다.

해석이 진행될수록 미의 포착은 더 어려워지는 법입니다. 미는 언제나 해석의 언어들 사이로 도망쳐버리기 마련이니까요.

철학자들이 연구하는 미가 추상적이라면, 예술가의 미는 작품에 실현될 수 있을 만큼 구체적입니다. 예술로 구현되는 미는 다채롭고 변화무쌍합니다. 그렇기 때문에 미에 관한 추상적 정의는 예술가에게 별 의미 없는 해설일 뿐입니다. 반면 예술가의 미학은 미의 발생을 이끌어내기 위해 존재한다고 말할 수 있습니다. 예술가는 미의 발생조건과 새로운 표현기법을 탐구하고 이를 창작과정에 도입함으로써 새로운 창작의 길을 엽니다. 이것은 당대의 철학자의 미학을 수용한다는 뜻이 아닙니다. 철학자의 미학은 어디까지나 감상자의 입장에 서서 이미 실현된 작품을 통해 어떻게 심미체험을 누릴 것인가, 작품을 어떻게 해석할 것인가에만 관심이 있을 뿐입니다. 이것은 미학이라기보다 하나의 언설에 지나지 않습니다.

창작의 미학은 언설에 만족하지 않고, 실제적인 미적 감각을 불러일으켜 창작이라는 실천에 기여하고자 합니다. 창작의 미학이 중시하는 것은 감성의 생성입니다. 예술작품은 시각에 호소하든 청각에 호소하든 결국 감성을 움직이기 위해 존재합니다. 음악도 회화도 결국은 감성입니다. 추상적 소리, 추상적 형상, 혹은 추상의 미가 아닙니다. 추상회화에도 형상이라고 하는 최소한의 구체적 형식은 있습니다.

순수하게 추상적인 형식은 바로 관념입니다. 예술가에게는 별 쓸모가 없는 이 관념하에 무수히 많은 예술형식이 존재합니다. 추상예술의 추상도 결국은 구체적인 형상으로 이루어져 있습니다. 흔히 추상화의 반대가 구상화라고 생각하지만, 추상화의 가장 간단한 형태도 결국은 동그라미고, 그 안의 공간과 색채, 붓 터치, 재료의 질감 등은 정서를 불러일으킨다는 점에서 감성적입니다. 그러므로 가장 순수한 형태의 추상은 사실 언어나 단어와 같은 개념 그 자체입니다.

예술가는 관념적 서술이나 연역적 사고로 만족하지 못합니다. 예술가는 언제나 감각으로, 정서로 돌아오고자 합니다. 직관과 무의식이야말로 예술창작에서는 가장 중요한 요소입니다. 철학에서 감각은 사유의 전 단계 혹은 사유보다 낮은 것으로 여겨지지만, 철학에서 구분하는 형이상과 형이하, 사유와 감각 사이에는 사실 아무런 서열 차이가 없습니다. 인과라든가 논리 역시 철학적 사고에는 없어서는 안 될 요소일지 모르나 예술에서는 별로 중요한 것이 아닙니다. 예술가가 창작을 통해 일깨우고자 하는 것은 어디까지나 지금 눈앞에서 느낄 수 있는 아름다움입니다. 예술가는 오로지 창작을 통해 구체화된 예술적 형상이 지금 당신의 마음을 두드리는가, 당신과 대화하고 싶어하는가, 당신에게 호오·미추의 감정을 불러일으키는가, 혹은 어떤 심미적 평가를 끌어내는가 하는 데만 관심이 있습니다. 모든 것은 지금 이 순간 눈앞에 존재하는 아름다움이 있어야만 가능한 물음들입니다.

예술가의 미학은 감각, 정서, 무의식 같은 심리활동을 통해 탄생한 아름다움을 파악하는 과정입니다. 아름다움은 주체의 느낌과 분리될 수 없는 체험입니다. 미감과 정감은 모두 주체에게서 나옵니다. 객관적인 미의 존재 여부는 철학에서나 문제될 뿐 예술창작에서는 전혀 중요한 문제가 아닙니다.

예술가의 미학에서는 형이상학적인 미를 논하지 않습니다. 예술가에게 중요한 것은 미의 탄생조건이며, 예술가의 주관적인 느낌만이 미감의 선결조건이라 할 수 있습니다. 미감과 정감은 심미의 존재 여부에 따라 구분되는데요. 정감이 자발적이라면, 미감은 동시적이며 능동적이라고 할 수 있습니다. 그리고 이 모든 것은 결국 작품을 바라보는 사람의 태도에 달려 있습니다. 아름다움이란 감상자가 작품에 부여함으로써 실현되는 것입니다. 창조란 예술가 자신만의 심미적 느낌을 특정 예술형식에 담아내는 일입니다.

1. 아름다움은 정의할 수 없다

철학자들은 아름다움이란 무엇인가를 정의하려고 합니다. 아름다움에 대해서는 각계의 다양한 정의가 있고 모두 그 나름의 일리가 있습니다만, 그 무엇도 완전한 정의라고는 할 수 없습니다. 이런 형이상학적 사변은 예술가에게 아무런 의미가 없습니다. 아름다움은 교조가 아닙니다. 추상적 사고로 미에 접근하려고 하면 아름다움은 멀리 도망가버리고 맙니다. 미의 창조자인 예술가는 먼저 아름답다는 느낌을 불러일으킬 수 있어야 하고, 그 아름다움을 작품에서 실현할 수 있어야 합니다.

아름다움에 대한 정의는 불필요합니다. 아름다움은 정의할 수 없습니다. 어느 정도 묘사를 하거나 서술할 수 있을지는 모르지만, 그마저도 완벽하게 할 수는 없습니다. 미의 형태는 끊임없이 변하고 새로운 모습으로 거듭 다시 태어납니다. 그런 변화, 발생의 경지는 실로 무궁무진하기에, 이미 형성된 미의 표준은 창작자에게 별 의미가 없습니다. 어느 정도 참고가 될 순 있겠지만 그 역시도 새로운 창작에 참고가 된다기보다 인류의 문화유산이라는 면에서 참고가 될 뿐입니다. 예술가들은 세대를 거듭하면서 미에 대한 인식과 발견을 확장해나갑니다. 아름다움이 기존에 내려진 정의 따위에 갇힐 리가 없습니다.

지금 이 순간에도 무한 생동하는 아름다움은 심미의 주체와도 분리되어 있지 않습니다. 심미는 심미의 주체가 존재할 때만 심미일 수 있습니다. 심미활동은 지금 이 순간에도 일어나고 있습니다. 아름다움은 직관적이고 생동하는 것입니다. 아름다움을 정의할 수 있다는 생각은 추상적 관념일 뿐입니다.

아름다움은 파악할 수 있고 또 되풀이될 수 있습니다. 아름답다는 느낌은 순식간에 지나가버릴지 모르지만 예술가는 창작이라는 실천을 통해 작품에 아름다움을 실현합니다. 예술가에게 아름다움이란 잘 정의된 개념이 아니라 살아 있는 새와 같습니다. 그것을 잡기 위해서는 특정 예술형식에 집어넣어야 합니다. 그렇지 않으면 아름다움은 새처럼 날아가

버려 작품에 담을 수 없습니다.

지금 이 순간에도 천변만화하는 아름다움은 되풀이될 수 있고 또 재창조될 수 있습니다. 작품이라는 틀에 갇힌 아름다움은 그 모습 그대로 다시 한번 모습을 드러낼 수 있습니다. 그래서 아름다움은 복제될 수도 있습니다. 복제품에도 원작의 아름다움은 담겨 있습니다. 원작의 아름다움과 완벽히 똑같은 모습은 아닐지라도 아름다움은 그 안에 있고 우리는 그 아름다움을 감상할 수 있습니다. 아름다움에는 연속성이 있습니다. 즉, 한 작품의 영향을 받아 다른 작품들이 탄생할 수도 있습니다. 앞 세대가 느낀 아름다움이 다음 세대의 예술가에게도 이어지는 것입니다. 아름다움은 이렇게 후세에까지 전해지는 문화유산이 될 수도 있습니다.

2. 미감은 개인의 주관적 느낌에서 나온다

작품은 객관적 대상이지만 미감은 어디까지나 개인의 주관적 느낌에서 나옵니다. 작품을 감상할 때 감상의 주체는 객체인 작품과 교류하는 과정에서 새로운 해석을 얻습니다. 예술가는 자신의 주관적 심미를 작품에 담아내지만 그 작품은 객체가 됩니다. 심미의 이런 개인성 때문에 미감에는 언제나 인정과 인성이 담기게 됩니다.

특별한 지적 결함이 없는 상태에서 일정 수준의 문화교육만 받는다면 누구나 아름다움을 느낄 수 있습니다. 인류문화가 축적된 덕분이기도 하고요. 심미는 인간에게만 있는 천품입니다. 아름다움은 개인의 주관적인 느낌이지만 개인의 테두리를 넘어 소통할 수도 있습니다. 간혹 장애가 발생하기도 하지만 어쨌거나 소통은 이루어질 수 있습니다. 이런 소통의 체험은 아름다움이 주관적 느낌이기는 하나 임의적이지 않고 실재성이 있다는 사실을 방증하지요. 이런 실재성은 타인의 심미체험을 통해 증명됩니다. 그래서 내가 느낀 아름다움이 다른 사람에게도 전달될 수 있는 것입니다.

심미의 주체를 떠나 미의 객관성을 논한다는 것은 예술가에게는 있을 수 없는 일입니다. 자연계에 객관적인 아름다움이 존재하는가 하는 문제는 미의 본질에 관한 질문이 될 수 있지만 예술가에게는 별 의미 없는 질문입니다. 자연을 좋아하는가 아닌가는 그 자연을 바라보는 사람의 느낌에 달려 있습니다. 객관적인 세계 자체에는 본래 아무런 의미가 없습니다. 따라서 심미의 주체가 없다면 자연에도 의미가 있을 수 없습니다. 모든 의미는 사람의 인식에서 나오기 때문입니다.

심미도 마찬가지입니다. 자연 풍광을 그대로 묘사한다고 해도 화가마다 화법이 다르고 구도와 시점이 다르지 않습니까? 색채도 빛의 처리도 그림을 그리는 사람마다 다를 것입니다. 같은 풍경을 보고도 각기 다른 그림이 나올 수밖에 없지요.

예술가에게 의미 있는 것은 그 자신의 심미체험과 그 체험을 자신만의 독특한 표현으로 옮기는 일입니다. 바로 이 지점에서 창작방법과 기교가 요구됩니다. 작품을 통해 어떤 식으로든 심미체험이 소통되었다면 예술가는 그 이상을 말하려고 할 필요가 없습니다. 작품에 대한 해석이나 평론도 예술가의 일은 아닙니다.

3. 심미는 비공리적이다

심미는 지금 이 순간 소용所用이 되는 무엇이 아닙니다. 심미에 대해서는 대개 가치판단이 뒤따르기 마련입니다. 심미적 가치판단은 미감과 관련이 있지만 미감과 심미판단은 사실 별개의 문제입니다. 지금 이 순간에 생겨나 살아 움직이는 미감은 직관적이고 정서적이며 시비·공리를 뛰어넘어 존재합니다. 반면 심미적 가치판단은 종교·윤리·습속 등 정치사회적 규범의 영향을 받습니다. 근대에는 이런 규범에 정치성이 더욱 강화되었습니다. 헤겔의 미학을 시작으로 이후의 마르크스주의 등은 모두 심미판단을 정치의식과 결부시켰습니다. 정치가 예술창작에 간여하기 시작하면서 정치언어가 파고들지 않은 예술 영역이 남지 않게 되었습니다. 이것이 바로 지난 20세기의 풍경이었습니다.

그 이전에는 서양의 경우 종교가 예술에 큰 영향을 미쳤습니다. 예술의 인성은 신성의 억압에 압도되었습니다. 르네상스 이후에야 인성은 점차 신성의 억압을 떨쳐내기 시작했고, 세속예술이 종교예술을 대신하기 시작했습니다. 동양에서는 종교예술과 세속예술이 늘 병존해왔습니다. 중국의 경우에 예교가 어느 정도 예술에 영향을 미치긴 했습니다만, 20세기처럼 정치가 예술을 옭아매어 예술을 정치선전의 도구로 삼고 정치의식이 심미판단을 잠식할 정도는 아니었습니다.

심미는 심미 주체의 개인적인 느낌에서 비롯되기 때문에, 다른 무엇보다도 그 사람의 감정·개성·취향과 밀접한 관련이 있습니다. 심미판단은 현실적 이익을 뛰어넘어 존재합니다. 그런데 때로는 한 시대의 공인된 가치관이 개개인의 심미판단에 영향을 미치기도 합니다. 예술가도 자신이 살아가는 시대에 유행하는 가치관의 영향을 받습니다. 그 시대의 영향을 뛰어넘는다는 것은 누구에게도 쉬운 일이 아니죠. 그러나 자신만의 독특한 개성으로 창작을 하는 예술가들은 그런 공인된 가치관의 영향에서 벗어나 자신만의 예리한 안목으로 새로운 미를 발견하기도 합니다. 또한 그 아름다움을 담아낼 예술형식을 찾아 자신만의 심미체험을 눈에 보이는 작품의 형태로 만들어냅니다.

어떤 예술가가 현실적 이익을 뛰어넘어 창작할 수 있는지 여부는 그 예술가 자신에게 달린 문제입니다. 시장과 정치의 압박이 작가의 숨통을 조일지라도 끝까지 버텨내 마침내 새로운 미적 가치를 제시할 수 있다면 그 예술가는 예술사의 한 페이지를 새로 쓸 수 있게 됩니다.

4. 예술은 도구성과 무관하다

도구적 이성으로는 예술을 평가할 수 없습니다. 과학은 논리와 인과율에 기반을 둔 도구적 이성에서 탄생했습니다. 발전에 발전을 거듭해온 과학기술은 대단히 효율적인 도구입니다다만, 과학기술의 발전법칙은 예술의 역사와 다를 수밖에 없습니다.

이성주의 회화는 도구적 이성의 영향을 받았습니다. 구상화의 투시법도 이성주의의 영향입니다. 과학적 상식과 간편한 기술 등이 예술창작에 도입되면서 예술은 유희나 완구가 되어버렸습니다. 예술 디자인도 이제는 공예나 기술에 의존하지 않습니다. 과학기술이 발달하면서 예술창작은 공예생산과는 다른, 혹은 그 이상의 무엇이 되었기 때문입니다.

과학주의와 자연과학의 진화론이 심미평가의 기준이 된 것은 20세기의 특징이자 20세기의 병통이었습니다. 예술은 진보 여부로 그 가치를 평가할 수 없는 것입니다. 과학기술은 20세기에 놀라운 속도로 발전을 거듭했지만 과학기술이 발달했다고 해서 예술도 진보하는 것은 아닙니다. 20세기의 예술사를 돌아보면 예술의 발전 방향은 오히려 그 반대였습니다. 끊임없이 간소화, 관념화, 제작화, 상품화된 20세기의 예술이 18~19세기 혹은 르네상스의 예술보다 진보했다고 말하기 어렵습니다.

오히려 더 나빠졌죠. 과학기술의 발전법칙은 예술창작의 영역에는 적용되지 않습니다.

그렇다면 예술 영역에서의 변화·발전법칙은 무엇일까요? 누구도 이것이 방향·법칙이다라고 말할 수 없다는 것이 특징이라면 특징일 것입니다. 20세기의 예술사만 돌아보아도 예술에는 진화의 법칙이 없다는 것을 어렵지 않게 알 수 있습니다. 예술이 도구적 이성의 인도를 받으면 예술의 인성적 측면은 거세됩니다. 과학주의가 예술의 영역에 도입되면 이런저런 도식만 만연해져 창작을 피폐하게 할 뿐입니다. 예술가는 과학주의라고 하는 현대사회의 미신에서 빠져나와 새로운 창작의 생명력을 되찾아야 합니다.

5. 역사주의의 탈피

역사주의에서 벗어나는 것은 창작을 하는 모든 예술가에게 반드시 필요합니다. 역사주의란 모든 예술가와 예술작품을 그 시대의 테두리 안에 가두어 읽는 태도라고 할 수 있습니다. 역사주의는 예술가 개인의 창조성을 과소평가하고, 그 시대의 조류를 거부할 수 없는 발전법칙으로 평가합니다. 역사에 발전법칙이 있다는 생각은 인위적 규정일 뿐이지만 20세기에는 그런 생각이 거스를 수 없는 법칙으로까지 여겨졌습니다. 현대성이 이렇게 거스를 수 없는 기준으로 작용하자 그 기준에 위배되는 것들은 철 지난 것, 낙오된 것으로 취급받았습니다. 20세기의 정신은 부정의 부정이었습니다. 20세기 초반의 사회비판부터 1960~1970년대에 이루어진 예술에 대한 전복에 이르기까지 '새로운 것만이 최고'라는 기치 아래 전복에 대한 전복은 계속되었습니다. 그 결과 20세기 말에 이르러 예술은 사라지고 쇼만 남았습니다. 예술은 이제 가구설계나 패션 광고로만 존재할 뿐이고, 예술에 대한 새로운 정의는 가판대에 진열된 상품만큼이나 늘어났습니다. 이것이 바로 역사주의가 써내려간 20세기 예술사의 풍경입니다.

조형예술을 하고 싶은 화가가 있다면 먼저 이런 역사주의 예술사관을, 교조화된 역사주의로 변해버린 현대성을 던져버려야만 합니다.

창작은 언제나 지금 이 순간에 일어나는 살아 움직이는 과정입니다. 어떤 굳어진 법칙이 아니라 창작이라는 실천이야말로 모든 것에 앞서 존재합니다. 예술가가 향후의 평론을 두려워하면 창작에 몰두할 수 없습니다. 창작은 역사의 발전법칙에 따라 이루어지는 작업이 아닙니다. 오히려 이런 역사주의 서사를 거스르는 것이야말로 작가의 역할이라 해야 할 것입니다.

사람들은 작품을 감상하는 순간, 그 작품이 자신에게 걸어오는 말에 반응합니다. 3,000년 전의 고대 그리스라든가 이름도 모르는 어느 예술가라는 존재에는 관심이 없지요. 감상자는 오로지 그 작품에 담긴 형상과 소통할 뿐입니다. 평론이나 해석은 감상 후에 뒤따를 수도 있고 또 없을 수도 있습니다. 오로지 작품 자체의 매력만이 해석의 언어를 뛰어넘어 존재하며 감상자의 직관을 직접적으로 일깨웁니다.

재능 있는 예술가의 작품은 시간을 초월해서 존재합니다. 그러므로 예술가 자신이 일부러 역사를 다시 돌아볼 필요는 없습니다. 역사가 한 권의 책이라면 그 책은 그 시대의 사관史觀에 따라 다르게 서술됩니다. 역사주의라는 무거운 짐을 떨쳐내고 나면 예술가는 보다 가벼운 마음으로 창작에 매진할 수 있을 것입니다.

6. 전복과 창작

전복과 창작은 전혀 다른 차원의 문제입니다. 전복은 예술창작보다는 정치혁명에 더 가깝습니다. 정치화된 문화혁명은 모든 앞 세대를 부정하고, 기존의 문화유산을 파괴하려고 할 뿐입니다. 이렇게 아무것도 남지 않은 자리에서 생겨날 수 있는 예술이란 혁명성 짙은 무예술뿐이겠지요. 마르크스주의의 영향을 받은 20세기 예술혁명의 여파는 지금까지도 계속되고 있습니다. 파괴와 전복이 창작의 방법이 되면, 예술창작도 일종의 정치행위 혹은 그런 정치행위의 해설이 되어버릴 뿐입니다.

혁명과 반동이라는 구분은 어디까지나 정치의식에서 나오는 것이지 예술이나 미학에 따른 규정이 아닙니다. 예술의 종말이 선포된 이후 이제 무엇이든 예술이 될 수 있게 되었습니다. 예술이 명명작업이 되어버린 시대에 예술은 과연 무엇을 할 수 있을까요? 조형예술은 보수적이며 앞 세대의 중복일 뿐인가요? 조형예술은 이제 끝나버린 겁니까? 이런 조류를 따르지 않고 여전히 그림을 그리고 있는 예술가들은 앞으로도 창조를 계속할 수 있을까요?

7. 예술혁명과의 결별

이제는 예술혁명과 결별하고 미래를 전망할 수 있어야 합니다. 이상적인 유토피아 같은 것은 없어도 그만입니다. 혁명의 유토피아는 유럽에서도 아시아에서도 파산했습니다. 유토피아를 재건해야 한다고 외치는 사람도 이젠 거의 찾아볼 수 없습니다. 예술혁명은 예술을 종결시키지 못한 채 여전히 예술에 대한 전복을 계속하고 있습니다. 그러나 예술혁명은 이제 사회의 호응을 얻지 못하고 있을 뿐 아니라 예술가 집단 내에서조차 흥미로운 주제가 아닙니다. 적막하기만 한 예술가 집단이 목도하고 있는 현실은 전 세계적인 시장화의 물결입니다. 지금 예술가들이 처한 시대적 환경은 얼마나 진보했습니까?

베케트는 이런 유명한 말을 한 적이 있습니다. "인류는 두 개의 두레박이 있는 우물과도 같다. 하나의 두레박은 물을 가득 담은 채 우물 밑으로 내려가고 있고, 다른 하나는 위로 올라오면서 물을 다 쏟아버리고 있다. 인류의 명운도 대체로 이렇다"라고요. 도무지 이성적이지 않아 보이죠. 사실 이성이라는 게 원래 쉽게 재단할 수 없는 이 세상을 한두 가지 척도로 해석하려는 시도입니다. 부조리는 이성에도 부합하지 않고 철학적 사고에서 나온 것도 아닙니다만 오히려 인간 삶의 진실을 드러냅니다.

예술가는 다시 조형으로, 형상으로, 자신의 창작으로 돌아와야 합니다. 20세기 현대예술의 위기는 지나친 정치적 의식화가 만들어낸 문제였습니다. 예술가가 이 사회에 대해 그리고 자기 자신에 대해 충분히 깨어 있을 수 있다면 그림을 계속 그려나갈 수 있습니다. 예술은 특정 관념이나 정치의식 이상입니다. 무엇보다도 예술은 형상을 빚어내는 일입니다. 예술이 다시 조형으로 돌아온다면 현재 예술계를 가득 채우고 있는 관념어들도 사라질 것입니다.

20세기에는 전통과 혁신, 동양과 서양, 민족문화와 보편가치에 대한 논의가 많이 일었습니다만 모두 관념적 논쟁일 뿐이었습니다. 소위 신분 확인이란 무엇을 확인한다는 뜻인가요? 민족입니까? 국가입니까? 인종? 혹은 지역인가요? 이런 확인은 예술을 정치 진영으로 끌어들여 직간접적 이익을 얻기 위해 정치권력이 필요로 하는 것입니다.

세상으로부터 독립된 예술가에게 가장 소중한 것은 예술가 자신의 감수성입니다. 예술가 자신의 감수성을 표현할 방법을 찾아서 작품으로 실현시키면 그 작품에는 어떤 해설도 필요하지 않습니다.

8. 형상은 언어에 의존하지 않는다

예술의 형상은 언어에 의존하지 않으며 관념을 뛰어넘어 존재합니다. 관념도 일종의 추상입니다. 언어의 기초인 단어가 바로 관념적 추상이기 때문입니다. 언어가 단순하게 지시하는 어떤 사물도 화가의 붓 아래서는 회화의 재료와 색채, 구도, 화가의 취미, 기교 등이 어우러져 구체적인 도상으로 나타납니다. 그리고 다른 화가의 손에서는 또 다른 모습으로 그려지겠지요.

형상은 예술의 가장 간단한 형식이지만 언어 이상입니다. 조형에 의지하는 예술은 결코 형식을 벗어날 수 없습니다. 형식은 예술의 언어입니다. 형식이라는 기초 위에서 만들어지는 예술의 형상은 독자적이고 또 독립적입니다. 물론 회화도 문학의 영향을 받을 수 있고, 문학의 요소가 회화에 도입될 수도 있습니다. 문학적인 주제나 시의를 조형예술로 표현할 수도 있습니다. 그러나 조형예술이 문학을, 문학이 조형예술을 대체할 수는 없습니다. 예술가는 문학성을 시각적으로 형상화하고자 할 때도 반드시 그에 합당한 조형의 언어를 찾아야만 합니다.

회화가 문학의 해설이 되는 것은 결코 회화가 걸어야 할 길이 아닙니다. 회화에 관념이나 언어를 끌어들여 회화를 관념의 해설로 만든다거나 캔버스에 문자를 그리는 등의 시도는 개념미술로 빠지는 방식일 뿐입니다. 개념미술이 극단에 이르면 언어가 형상을 대체해버리고, 그렇게 되는 순간 예술은 사라져버립니다. 레디메이드를 진열하는 방식으로 철학 강연을 하는 것은 얄팍한 관념이나 지적 유희에 지나지 않습니다. 예술가가 이런 식으로 철학을 하는 것은 헛수고일 뿐입니다.

9. 형식주의의 유한성

예술은 추상화될 수 있지만 무한히 그렇지는 않습니다. 예술이 예술이기 위해서는 아무리 추상화되더라도 조형성을 잃어서는 안 됩니다. 형식은 예술이 갖추어야 할 최소한의 전제입니다. 즉, 형식을 벗어난 조형예술은 존재할 수 없습니다.

20세기 예술사에서 가장 주목할 만한 사건은 추상회화의 탄생입니다. 예술이 최소한의 순수한 형식을 지향하기 시작하면서 형상은 점차 예술의 영역에서 밀려나기 시작했고, 형식이 그 자체로 독자적인 의미를 지니기 시작했습니다. 회화에서 소조에 이르기까지 형식주의는 현대예술의 새로운 언어가 되었고, 마침내 형상의 자리를 대신해버렸습니다. 형식은 조형예술을 조형예술이게 하는 마지막 전제입니다. 이 전제를 부정한다면 예술 자체를 다시 정의해야 합니다.

형식은 여러 형태로도 변화와 조합이 가능한 조형예술의 가장 기본적인 언어입니다만, 형식의 경계가 유한하다는 사실도 아울러 깨달아야 합니다. 그런 의미에서 미니멀리즘은 형식주의에 대한 보완이기도 합니다. 추상예술이 등장한 이후 미니멀리즘은 최소화된 조형수단으로도 최소한의 형상을 구현할 수 있게 되었지만, 여기서 '최소한'이라는 것도 어떤 의미에서는 관념에 갇힌 형식주의에 불과한 면이 있습니다. 조형예술은 관념의 구속을 받기 시작하면서 제 가능성을 충분히 펼칠 수 없게 되었습니다.

10. 형상으로 돌아와 자기 자신의 길을 가라

창작의 영역에 반드시 지켜야 할 법칙이란 없습니다. 정해진 법칙이 없다는 것만이 예술가에게는 불변의 진리인지도 모르겠습니다. 예술가는 그 어떤 규범에도 휘둘리지 않고 홀로 자신의 길을 갈 수 있어야 합니다.

물론 예술가도 다른 사람들과 마찬가지로 이런저런 사회적 제약을 받으며 살아갑니다. 사회에서의 인간관계란 늘 얼마간의 구속을 받는 일이지요. 그러나 예술가라면 자신의 창작세계에서만큼은 충분한 자유를 누리고 용기와 신념을 발휘해야 합니다. 정치나 윤리의 교조를 벗어던지고 유행과 습속의 구속도 떨쳐내야 합니다. 창작의 자유는 결국 예술가 자신에게 달려 있는 문제입니다.

'주의'나 방법은 어디까지나 평론가들의 일일 뿐입니다. 예술가가 이런 시비쟁론에 뛰어드는 것은 너무나 쓸데없는 일입니다. 무엇보다도 그것은 창작의 정서를 파괴하는 함정입니다. 예술가는 이런 논쟁에 뛰어드는 순간, 자신의 예술을 들고 논쟁터로 나가 싸우게 되고 맙니다. 창작에 그보다 끔찍한 재난이 또 있을까요? 예술가가 자신의 창작의 자유를 지키기 위해 할 수 있는 가장 좋은 선택은 처음부터 시비쟁론에 뛰어들지 않는 것입니다. 시끄러운 논쟁은 미디어나 예술시장에서 하도록 내버려두십시오. 예술가는 자기 자신의 길을 가면 됩니다.

예술가에게도 다른 모든 사람들과 마찬가지로 각자 나름의 심리적 문제가 있습니다. 현대인이 자아를 충분히 인식하지 못하면 그의 내면은 혼란에 빠진 지옥이 되어버리기 쉽습니다. 그러므로 예술가는 이 세계를 인식하는 동시에 자신의 자아를 찾고 또 인식해야만 합니다. 그래야 깨어 있는 의식으로 창작에 매진할 수 있습니다. 고요한 눈으로 세상을 바라보고 또 자아를 들여다보면, 뚜렷한 시각적 이미지를 얻게 될 것입니다. 그러면 무엇을 표현해야 하는지 알 수 있게 됩니다.

11. 구상과 추상 사이

구상과 추상이라는 구분은 사실 시각적인 체험이 아니라 관념에서 나온 것입니다. 시각적 이미지는 형상과 색채, 빛의 명암, 재료의 질감, 공간과 여백, 투명도 등 많은 요소들로 이루어져 있습니다. 감상자는 같은 그림이라도 전체냐 부분이냐에 따라, 바라보는 각도에 따라 시각적으로 다른 이미지를 체험하게 됩니다. 특히 세부에 주의를 기울이면 기울일수록 구상과 추상의 경계는 더욱 희미해집니다.

관념이 아닌 시각적 체험이라는 기준에서, 감상이란 하나의 과정입니다. 감상자가 시각적 주의력에 집중하면 의식과 무의식을 오가며 작품에 다가갔다가 또 거리를 둘 수 있게 됩니다. 감상자는 그 과정에서 회화의 무궁무진한 매력을 발견하게 되지요.

추상화는 기본적으로 형식에 호소하는 예술이지만 형식에만 의존하지는 않습니다. 예를 들어 세잔Paul Cézanne(1839~1906)과 피카소의 큐비즘이 감정의 과잉 표출로 이어졌다면, 이 시기의 구상회화는 사진처럼 세밀한 재현, 즉 일체의 감정을 배제한 객관화를 추구했습니다. 추상과 구상은 그 개념에서 창작에 이르기까지 모든 면에서 완전히 다른 것으로 여겨졌습니다. 그러나 이런 구분도 어디까지나 형식주의의 관념에서 나온 것으로 감상자의 시각적 체험에는 부합하지 않습니다. 사실 추상과 구상 사이에는 아직 개척되지 않은 광활한 세계가 여전히 존재하고 있습니다.

12. 내면의 시상

작품을 감상한다는 것은 객관적으로 존재하는 어떤 도상을 수용한다는 뜻이 아닙니다. 어떤 작품을 감상할 때는 감상자의 내면이 함께 움직입니다. 무엇을 볼 것인가, 어떤 대상에 관심을 기울일 것인가 하는 선택에 이미 감상자의 심미가 반영되어 있습니다. 즉, 감상자가 바라보는 도상에는 이미 감상자의 주관적인 느낌도 덧입혀져 있는 것이지요. 소위 인상impression이라는 것도 시각적으로 수용한 이미지만을 의미하지 않습니다. 모든 인상은 감상자의 주관적인 필터글라스를 통과한 이미지입니다. 인상파 회화의 색채가 자연광 아래서 바라본 색보다 모호한 것도 그것이 자연의 모사가 아니라 내면의 시상이기 때문입니다. 그런데 후기인상파로 올수록 색채 표현이 더욱 강렬해집니다. 특히 야수파인 마티스에 이르러서는 색채의 강렬한 대비가 곧 회화의 주된 언어인 것을 볼 수 있습니다.

소위 심상이라는 것도 인상과 마찬가지로 작품의 형상에 의존합니다. 인상이 외부에서 무언가를 보고 난 결과라면, 심상은 감상자의 내면에 깃들어 있는 이미지입니다. 그 이미지는 잡으려 해도 잡을 수 없는 불분명한 이미지입니다. 심상은 꿈에서 본 풍경만큼이나 다채롭고 변화무쌍합니다. 그런데 꿈에서 본 풍경이라든가 환상 같은 비이성적 이미지로 이루어진 초현실주의 회화는 원근, 투시, 공간의 조합, 음영과 같은 전통적인 회화기법을 활용함으로써 바로 그 비이성적 이미지를 재창조했습니다. 이보다 더 심상을 제대로 표현할 수 있는 조형언어로 무엇이 또 있을까요?

구상과 추상 사이에는 이렇게 헤아리기 힘든 깊고 오묘한 세계가 존재합니다.

13. 제시와 암시

제시와 암시는 창작의 대문을 여는 열쇠와 같습니다. 과거 조형예술에서 사용한 기법은 주로 재현과 표현이었습니다. 재현은 자연상태의 조형과 빛, 색채, 공간 사이의 관계를 있는 그대로 모방하는 것입니다. 종교에서 제재를 취한 회화도 주로 재현이라는 방법을 사용했습니다. 반면 표현은 주관적인 감정 표출을 중시하는 방법입니다. 중국의 수묵에서 강조하는 사의寫意*도 형상화가 목적이 아니라 붓 가는 대로 화가의 감정을 표출하는 기법이었습니다. 수묵이 표현주의 회화의 동양적 전통이라면, 독일의 표현주의와 그 이후의 추상표현은 현대미술의 대표적인 표현주의라 할 만합니다. 뒤샹의 레디메이드 전시에서부터 시작된 현대미술은 포스트모더니즘의 설치미술과 개념미술로 그 방법이 확장되었습니다. 물론 이런 것들도 일종의 창작기법이 될 수 있습니다. 기존 작품을 개조 혹은 재조합하거나 기존의 작품에 새로운 의미를 부여하는 방식 역시 마찬가지고요. 그러나 이런 방법들은 새로운 조형언어가 될 수는 없다는 점에서 창작기법이라기보다는 일종의 기교에 더 가깝습니다. 반면에 제시는 구상과 추상 사이에서 새로운 조형언어를 개척하는 새로운 창작기법이 될 수 있습니다.

19세기 영국의 화가인 터너Joseph Mallord William Turner(1775~1851)가 그린 안개 속 풍경은 풍경이라기보다 인상에 더 가까워 보이고, 때로는 추상처럼 보이기도 합니다. 실루엣은 사라지고 색채도 불분명한 이런 표현기법을 극단으로 밀고 나가면 회화라고 할 만한 형상을 전혀 찾아볼 수 없게 됩니다. 미술사가들은 터너를 인상파 회화의 선구자로 분류

---

* 사물을 형상 그대로 정밀하게 그리는 사생(寫)과 달리 대상이 유발하는 감정이나 화가의 심정(意)을 그리는 것

합니다만, 터너의 모호한 표현기법은 차라리 구상과 추상 사이에 있는 것처럼 보입니다.

 구상과 추상의 사이를 지향하는 이런 표현기법을 '제시'라고 한다면, 이런 기법이야말로 꿈속 풍경이나 심상을 표현하는 데 더없이 적합하지 않을까요? 그림의 모호한 형상은 내면의 시상을 연상시킵니다. 흐릿한 풍경을 내면의 정서와 결합시키는 이런 그림은 화가 자신의 주관적인 내면을 투사하거나 보이지 않는 감정을 눈에 보이는 그림으로 형상화하는 방법이 될 수 있습니다.

 암시는 여기에 상상력이 동원된 것으로, 제시보다 더욱 미묘한 표현기법입니다. 이런 그림은 그림을 그리는 동안 화가의 주관적 감성이 반영될 뿐 아니라 작품이 완성된 후에는 감상자에게 명상의 공간을 부여합니다. 암시는 작품의 근간이 되는 형상이 있다는 점에서 붓 가는 대로 화가의 감정을 표출하는 추상화와 다릅니다. 이때의 암시는 단지 흥취를 부리기 위한 것이 아니라 어느 정도 형상을 추구하기 때문에 수묵화의 사의와도 다릅니다. 형상을 좀더 미묘하게 표현함으로써 심상을 불러일으키고 디테일을 불분명하게 처리함으로써 그림을 보는 사람으로 하여금 명상에 가까운 깊은 생각에 잠기도록 하는 것이 이런 회화의 목적입니다.

14. 의식과 경지

조형예술은 언어가 아닌 시각적 이미지에 호소하는 예술입니다. 이미지를 접하면서 무언가 떠오르는 생각이 있다면 그 생각은 언어로도 표현될 수 있습니다. 이런 것을 '이미지 사유'라고 불러도 될까요. 그러나 이때의 이미지 사유가 언어로 전환되는 것은 결코 자연스럽게 이루어지는 과정이 아닙니다. 예술가는 형상을 통해 의경意境(경지)에 다다르고 감상자도 시각적 이미지를 통해 어떤 느낌을 갖게 됩니다. 이런 커뮤니케이션에는 언어가 필요하지 않으며 반드시 언어를 통해 그 의미와 느낌을 설명해야 할 필요도 없습니다. 사실 작품에 담긴 의미를 100퍼센트 정확하게 언어로 표현해낸다는 것도 불가능한 일입니다. 작품 감상은 어디까지나 시각적 체험을 통해 이루어지는 커뮤니케이션이지 언어나 기호를 통해서 이루어지는 것이 아닙니다.

경지란 어떤 관념에 의해서가 아니라 예술가의 깨어 있는 의식에서 비롯되는 심미체험입니다. 자아에 갇히지 않고 마음의 눈으로 바라본 세계이자 현실을 뛰어넘는 이미지의 세계, 적막하거나 무시무시하거나 아득하거나 명징한 내면세계이기도 합니다.

15. 유한과 무한

모든 예술에는 그 예술을 존립케 하는 최소한의 조건과 고유의 한계가 있습니다. 예를 들어 문학은 언어를 떠나 존재할 수 없고, 소설은 서술 없이 존재할 수 없으며, 희곡은 배우의 연기를 떠나 존재할 수 없습니다. 회화는 2차원 평면이라는 조형공간을 떠나서는 존재할 수 없습니다. 예술가는 바로 이런 고유한 기반을 인정하고, 그 한계 내에서 충분히 표현의 자유를 발휘할 방법을 찾아야 합니다. 창작의 자유 그 자체가 목적이 아닙니다. 예술가가 자유로운 창작을 통해 자신의 꿈을 실현하지 못한다면, 그는 예술가가 아니라 장인일 뿐이기 때문입니다.

예술가는 자기 마음속의 예술을 실현할 수 있는 수단을 찾기 위해 일생을 매달립니다. 예술가가 자신만의 고유한 창작수단을 찾을 수 있는가 하는 문제는 예술적 성취의 관건이기도 합니다. 전통이나 동료·선후배의 방법을 참고하되 어디까지나 참고에 머물러야 합니다. 자신이 택한 예술장르 고유의 한계 내에서 무한한 표현의 가능성을 찾는 것은 어디까지나 예술가 자신의 임무입니다. 예술가가 미학적 사고를 하는 이유는 자신만의 예술관과 방법론을 확립하기 위해서지 다른 예술가의 창작에 피드백을 내놓기 위해서가 아닙니다.

19세기 헤겔의 철학과 미학은 역사의 종언, 예술의 종언을 선언했고, 20세기의 수많은 예술혁명가들이 회화의 죽음을, 반예술을, 무예술의 도래를 선언했지만, 여전히 많은 화가들이 지금도 묵묵히 그림을 그리고 있습니다. 라스코 동굴벽화가 그려진 석기시대부터 현재까지 무려 1만여 년에 이르는 장구한 시간 동안 회화의 역사는 결코 단절된 적이 없습니다.

2007년 10월 24일, 파리에서

현대 중국어와 문학창작

> 언어의 본질은 소리에 있습니다. 글은 나중에 생긴 거죠. 문자는 소리인 언어를 기록하기 위해 생겨났습니다. 다양하게 전승, 발전해온 서법書法은 그 자체로 일종의 조형예술, 즉 비언어예술입니다.

20세기에 문학창작에 사용된 중국어는 서양의 작가들이라면 상상도 할 수 없을 만큼 많은 변화를 겪었습니다. 문언문文言文에서 백화문白話文으로의 변화는 언어혁명과도 같았습니다. 백화문은 구어로 된 명청대 화본소설話本小說과 민간의 설창說唱 같은 속문학俗文學, 청말에서 민국 초의 반문반백半文半白을 거쳐 문언에서 완전히 탈피한 문장, 마지막으로 5·4 신문화운동(1917~1921년에 일어난 문화계몽운동) 기간에 서구 문화의 영향을 받은 지식인들에 의해 다듬어진 문장 등을 기원으로 하고 있습니다. 오늘날 중국 문학에 쓰이고 있는 현대 중국어는 5·4 신문화운동 이후 여러 작가들의 노력으로 완성된 것입니다.

중국어(漢語)에는 서양 언어와 같은 엄격한 어법규칙이 없습니다. 다만 경전에 의지해서 문자 하나하나를 해설(說文解字)해온 전통이 있을 뿐입니다. 19세기 말에 등장한 중국 최초의 어법서인 『마씨문통』馬氏文通은 마건충馬建忠(1845~1899: 청대의 양무파 관료이자 외교관, 학자)이 서구식 어법을 기준으로 중국어를 해설한 책입니다. 중국 문자의 역사는 4,000년이 넘지만 어법에는 별 관심을 기울이지 않았습니다. 그러다가 백화문이 쓰이기 시작하면서 현대 중국어의 어법 연구가 시작되었죠. 마건충의 연구를 계승한 현대 중국어 어법 연구는 서구의 현대 언어학을 기준으로 끊임없이 수정·개편되었지만, 어디까지나 언어학자들 사이에서 벌어진 논쟁이었을 뿐 일반 중국인들은 여전히 어법 교육이나 글쓰기에 별다른 관심을 기울이지 않았습니다.

10여 년 전 신샤오룽申少龍이 이런 서구 언어학 이론체계에 따른 중국어 연구에 반기를 들고 중국어 고유의 언어 특성을 밝혀내려고 노력했지만, 역시나 언어학계의 관심을 조금 끌었을 뿐 창작에 종사하는 작가들에게는 별 영향을 미치지 못했습니다.

서구 언어의 어법·구문이 현대 중국어에 도입된 것은 주로 문학작품 번역을 통해서였습니다. 그 대부분은 자구에 얽매인 딱딱한 직역이었습니다. 중국의 현대문학은 서구 문화의 직접적인 영향을 받는 동시에 서구 언어의 어법이 창작에도 도입되면서 더욱 서구화되어갔습니다. 루쉰 魯迅(1881~1936) 등 5·4 신문화운동 시대의 작가들은 '딱딱한 직역'을 주장했지만, 사실 그들 모두 국학과 문언 전통의 뿌리가 깊은 지식인이었습니다. 그들 자신이 서구 문화의 정수를 잘 소화한 상태였기 때문에 딱딱하고 생경한 표현은 사실 많지 않았습니다.

중국 대륙에서는 1950년대 이후 한자의 간화簡化가 진행되면서, 일상에서 쓰이는 한자와 어휘들이 날로 빈곤해졌습니다. 이어 10여 년의 문화대혁명을 거치고 1980년대에 개혁·개방을 맞아, 서구의 현대문학이 번역·소개되기 시작하자, 중국의 현대문학은 다시 한번 문화적 충격을 받았습니다. 서구의 언어학은 물론 문예비평 이론까지 직접적으로 수입되어 문학창작에 영향을 미치기 시작했습니다. 이 시기의 작가들은 고문古文을 수학한 경험이 전혀 없는 세대였기 때문에 중국 문학의 서구화는 더욱 심화되었습니다. 현대 중국어의 이런 혼란은 문학잡지를 통해 더욱 가속화되었습니다. 특히 현대시와 선봉소설先鋒小說*이 널리 읽히면서 서구 언어와의 잡종성은 더욱 자연스럽게 받아들여졌고, 중국어는 이제 어떻게 써도 되는 언어가 되었습니다.

낱개의 한자를 기본 단위로 하는 중국어는 어떤 자구와도 조합이 가능하기 때문에 글자 한두 개만 바꾸어 넣어도 얼마든지 다양한 해석의 문맥을 만들어낼 수 있습니다. 유행을 따르기 바쁜 평론가들에게는 가지고 놀기 좋은 수단이기도 했지요.

물론 중국어도 다른 언어들과 마찬가지로 변화·발전 도상에 있습니다. 서양 언어의 서술방식이 중국어에 도입됨으로써 현대 중국어가 더욱 풍요로워질 수 있다는 사실도 인정합니다. 그러나 서양 언어의 '딱딱한 직역'을 중국어에 끌어들이는 것은 제가 추구하는 글쓰기의 방향과 다릅니다. 저는 순정純正한 현대 중국어의 표현력이 더욱 확장되기를 바랍니다. 그렇다면 순정한 현대 중국어란 무엇일까요? 5·4 신문화운동 이후의 백화문만이 아니라 고대 중국어까지 포함해서 중국어에는 과연 중국어만의 고유한 어법구조라는 게 존재할까요?

낱개의 한자로 이루어진 중국어 명사에는 서구 언어에 존재하는 성별, 단·복수, 시제를 드러내는 형태 변화가 존재하지 않습니다. 단어도 명사, 동사, 부사, 형용사의 성격을 자유롭게 오가며 활용됩니다. 동사의 위치가 비교적 일정하게 정해져 있긴 하지만, 역시나 시제에 따른 형태 변화는 없습니다. 주어, 서술어, 목적어의 순서마저 자유로운 편이어서 반드시 어순에 따라 주어, 서술어, 목적어가 정해지는 것도 아닙니다. 심지어 주어가 생략되는 경우도 많아서, 원래는 주어가 있는데 생략된 문장인지 원래 주어가 없는 무인칭 문장인지 구분되지 않을 때도 많

---

* 1980년대 중반에 받아들인 서구 모더니즘의 영향을 받아 1990년대에 다양한 기법, 인물과 의식의 해체, 전통 서사의 파괴를 시도한 작품들로 실험소설, 전위소설이라고도 한다.

습니다. 관형어에도 관계사가 있을 수도 있고 없을 수도 있으며, 복합구문에서도 시제에 따른 형태 변화가 없기 때문에 단어와 단어, 문장과 문장 사이의 관계는 어법에 의해서가 아니라 행간의 의미나 뉘앙스를 통해 드러납니다. 이렇듯 중국어에서는 서양 언어와 같은 어법을 거의 찾아볼 수 없기 때문에 어법의 구애를 받지 않고 자유롭게 문장구조를 변형시킬 수 있습니다. 즉, 서양 언어의 어법을 자유롭게 도입하여 서구화된 중국어 문장을 구사하는 것도 그만큼 쉽습니다.

중국어 고유의 언어구조를 발견하는 것은 서구의 언어학에 익숙한 중국의 학계로서는 꽤 흥미로우면서도 어려운 일이지만 활발히 진행되고 있는 작업입니다. 중국어 고유의 언어규범을 발견해나가는 것은 창작을 하는 저에게도 중요한 일입니다. 저는 서구의 언어구조와는 다른 중국어 고유의 특성을 깨닫고, 그 특성을 살린 글을 쓰고 싶습니다.

저는 제가 언어에 대해 말할지언정 언어가 저에 대해 말하게 하지 않겠다는 원칙이 있습니다. 어디까지나 제가 느낀 것을 정확하게 표현하기 위해 언어를 탐색할 뿐 언어가 저를 가지고 놀게 하고 싶지 않습니다. 지금은 컴퓨터가 있는 덕에 언어유희도 훨씬 쉬워졌습니다. 단어는 물론 구문까지도 마치 마작을 하듯 이리저리 쪼개어 재조합할 수 있습니다. 그러나 이런 유희에는 아무런 인간적 감성이 없습니다. 중국에도 나타나기 시작한 이런 언어 다다이즘은 서구에 비하면 한 세기 늦게 등장한 셈인데요. 어의語義를 전복하는 이런 시도에는 사회적 반역이라는 의미가 담기기도 합니다만, 포스트모던화된 서구에서도 이런 다다이즘은 이제 자취를 감춘 지 오래입니다.

저는 언어에 담긴 사람 느낌을 찾고자 할 뿐 언어유희 같은 건 하고 싶지 않습니다. 저에게는 어감이나 뉘앙스가 자구 놀이보다 훨씬 중요합니다. 고대 중국어에서는 지나치게 수식과 기교를 중시했다면, 오늘날에는 가벼운 말장난이 유행하고 있습니다. 그렇다면 문자에 영혼을 불어넣을 수 있는 생생한 어조를 재발견하는 편이 차라리 낫지 않을까요?

진정으로 언어를 재발견하기 위해서는 우리 귀와 입에 익숙한 일상의 구어에 관심을 기울일 필요가 있습니다. 현재 중국어에는 고서에나 잠들어 있어야 할 퀴퀴한 성어成語가 지나치게 많이 쌓여 있습니다. 또한 근래에 새로 만들어진 어휘가 급격히 늘어나고 있습니다. 예를 들어 '문혁'만 해도 불과 십몇 년 전에 생긴 단어죠. 중국어는 아무래도 새로운 단어를 만들어내는 데 편리한 언어니까요. 그러나 저는 이런 성어와 신조어는 최대한 쓰지 않으려고 합니다. 그보다는 되도록이면 신선한 감수성을 문장에 불어넣고 싶습니다.

저에게 언어의 재발견이란 귀로 들어도 편한 글쓰기를 의미합니다. 소리 내어 읽었을 때 자연스럽게 들리지 않는 글은 실패작으로 치고 다시 씁니다.

저는 녹음기에 구술한 것을 초고로 삼습니다. 원고를 고칠 때도 속으로 읽으면서 최대한 구어의 느낌을 살리려고 노력합니다. 청각에 의존하면 문장의 번잡함을 많이 줄일 수 있습니다. 들어서 알아들을 수 없다면 제대로 말한 것이 아닙니다. 작가 자신도 제대로 파악하지 못하고 있는 말을 어떻게 남에게 전달할 수 있을까요?

언어의 본질은 소리에 있습니다. 글은 나중에 생긴 거죠. 문자는 소리인 언어를 기록하기 위해 생겨났습니다. 다양하게 전승·발전해온 서법書法은 그 자체로 일종의 조형예술, 즉 비언어예술입니다. 언어로서의 생명력이 담겨 있지 않으면, 소설이나 시를 인쇄한 인쇄물은 그냥 서체로 이루어진 조형예술일 뿐입니다. 저는 저의 작품이 소리 내어 읽혀지기를, 문자로 된 대본으로 남지 않기를 바랍니다. 희곡만이 아니라 소설과 시도 마찬가지예요.

글을 쓸 때는 제재, 인물, 구조, 사상 모두 중요하지만, 저에게 글쓰기란 무엇보다도 어조를 찾는 일입니다. 사상이 직접 기술되는 부분은 적을수록 좋아요. 사상은 어디까지나 행간의 어조에 녹아들어 있어야 합니다. 글쓰기는 작품에 맞는 어조를 찾는 일에서 시작됩니다. 나머지는 글을 쓰는 데 필요한 사전준비일 뿐입니다. 저는 새로운 작품을 쓸 때마다 그 작품에 맞는 언어의 느낌을 재발견하려고 노력합니다.

언어의 음악적인 느낌도 중요합니다. 음악은 저에게 세상의 모든 문학이론보다도 많은 것을 일깨워줍니다. 저는 글을 쓰기 전에 먼저 음악을 고릅니다. 음악은 글쓰기에 알맞은 정서상태를 유지할 수 있게 도와주고, 글에 적절한 운미韻味와 리듬을 부여합니다. 녹음기에 구술한 글이든 종이에 쓴 글이든, 음악처럼 생생하게 포착되는 느낌이 든다면 그 글은 더 이상 관념의 조합이 아닙니다.

저는 언어의 목적이 정확한 묘사에 있다고 생각하지 않습니다. 언어는 회화와 같은 조형예술이 아닙니다. 언어로는 나뭇잎의 정확한 생김새나 색과 광택을 그림으로 그려내듯이 표현할 수 없습니다. 언어는 간접적 제시를 통해 그 사람에게 이미 존재하는 어떤 생각이나 경험을 일깨울 수 있을 뿐입니다. 언어의 기본 단위는 추상화를 거친 관념, 즉 단어이기 때문입니다.

해설이라면 얼마든지 해나갈 수 있겠지만, 문학에서 필요한 것은 긴 논설이 아니라 느낌을 불러일으키는 언어입니다. 과학에서의 언어는 모든 주관적 감정을 배제한 채 추론, 판단, 규정이라는 방법에 의존합니다. 중국어로 학술논문을 쓸 때는 서구의 언어들처럼 어느 정도 분석적이 될 필요가 있습니다. 중국어에는 중의적이고 모호한 표현이 많으니까요. 그렇다고 중국어로는 정의를 내리거나 해설을 할 수 없다는 뜻이 아닙니다. 다만 퇴고하는 데 각별히 품이 들 뿐이지요.

　서양의 근현대문학에 심리분석이 들어갈 수 있었던 것은 서양 언어의 엄격한 시제 구분, 동태 변화와도 관련이 있습니다. 중국어로도 과거, 현재, 미래를 표현할 수 있고 조건절이며 가정법 등을 사용할 수는 있습니다만, 그렇게 하자면 문장이 굉장히 복잡해집니다. 고대 중국어에는 시제 구분이 전혀 없었고, 특히 시나 사詞에서는 시공간을 초월한 심리상태를 그리는 경우가 많았습니다. 화본소설에서도 인물의 심리를 직접 서술하기보다는 행동을 통해 드러냈습니다. 인간의 내면 혹은 무의식 속으로 들어가 중국어로 그 상태를 기술한다는 것은 쉽지 않은 일입니다. 중국어 고유의 언어구조를 존중하면서 서양 언어의 시제, 동태를 그대로 살리는 방법을 생각해볼 수도 있습니다만, 그럴수록 표현은 더 부자연스러워지고 난삽해지기만 합니다. '언어의 흐름'은 바로 이런 문제를 극복하기 위해 시도한 방법입니다.

　서구의 현대문학에서 나타나는 의식의 흐름 기법은 순간적으로 변화, 발생하는 마음의 움직임을 포착하려는 시도입니다. 저는 제임스 조이스와 버지니아 울프Virginia Woolf(1882~1941)의 작품을 번역문으로 읽을 수밖에 없기 때문에 두 작가의 미묘하게 다른 스타일을 음미하기 어렵습니다. 프루스트와 베케트가 프랑스어로 묘사한 심리도 중국어로는 그 운미를 느끼기 어렵습니다. 어떻게 하면 현대 중국어로도 언어의 운미를 놓치지 않으면서 미묘한 마음의 움직임을 기술할 수 있을까요?

　소리로 된 언어는 음악과 마찬가지로 선형적인 시간의 흐름 속에서 실현됩니다. 이것이 언어라는 수단의 한계이기도 하지요. 반대로 사람의 느낌과 무의식은 동시다발적이며 산발적입니다. 음악이나 희곡은 다성부로 동시 진행될 수도 있다지만, 문학은 선형적인 시간의 흐름을 벗어나지 못합니다. 언어로 묘사나 해설, 분석을 하려고 들면, 감정의 흐름은 중단될 수밖에 없습니다. 먼저 언어예술로 할 수 있는 것과 할 수 없는 것이 무엇인지 알아야 합니다. 그래야 언어로 가능한 것을 최대한 실현할 수 있습니다. 마음의 흐름을 따라가기 위해서는 묘사나 해설, 분석을 버리고 감정만 따라가는 편이 나을 수도 있습니다. 작가가 언어만의 고유한 매력을 발견하고 그 경지를 표현해내면, 언어로 표현된 것 이상의 독특한 정서적 분위기가 형성됩니다. 분명 선형적 언어로도 구현 가능한 경지입니다.

중국어는 동사의 시제 구분이 없고, 주어가 자주 생략되며, 주어와 서술어의 위치도 꽤 자유로운 편입니다. 관형어와 보어, 주절과 종속절을 연결하는 허사의 수도 한정되어 있습니다. 중국어의 이런 특징은 인간 내면의 정서나 심리를 표현하는 데 유리할 수도 있습니다.

언어로 시각적 이미지를 표현할 수 없는 것은 아니지만, 언어의 기능은 아무래도 묘사보다는 환기에 있습니다. 『순간』瞬間이라는 소설은 언어를 통해 내면의 시상을 불러일으키고자 한 시도였습니다. 이 소설은 감정이나 주관적 평가가 없는 중성적 시선을 유지하면서 간결하고도 명료한 언어로 독자에게 상상의 공간을 넓혀 내면의 시상을 선명하게 이끌어냅니다.

저는 최대한 형용사와 관형어 사용을 자제함으로써 문장을 간결하게 하려고 노력합니다. 문장과 문장 사이의 관계가 직접 드러나지 않도록 접속사도 최대한 자제합니다. 있어도 그만 없어도 그만인 적的, 지地, 저著, 료了* 같은 글자들을 생략하면, 꼭 필요한 글자만 남은 문장이 됩니다. 뜻이 같은 단음절 단어와 쌍음절 단어가 있다면 저는 단음절 단어를 씁니다. 중국어는 원래 단음절 위주의 언어입니다. 수만 개에 이르는 한

---

* 한국어의 조사처럼 그 자체로는 별 의미를 담고 있지 않으나 명사나 동사, 형용사 뒤에 붙어서 어조를 보완하는 글자들.

자의 수가 이를 증명하지요. 주절과 종속절이 있는 복합구문은 되도록 사용하지 않습니다. 그렇게 하면 낱개의 한자 고유의 매력을 재발견하는 데 도움이 되지요.

중국 문화는 논리와 이성보다는 정신적 깨달음을 중시해왔습니다. 이런 전통은 중국어의 어법과 문장구조, 시제·동태 등이 명확하지 않은 것과도 관련이 있습니다. 중국어에서는 무엇을 규정하거나 정의내리거나 분석·연역·추리하기보다 그런 과정을 생략하고 곧장 판단과 결론으로 나아갑니다. 도가의 자연철학, 유가의 윤리, 불가의 심성설心性說, 선불교의 불립문자不立文字* 등은 언어부정, 그리고 서양의 논리적 이성과 기독교 문화는 과학주의와 깊은 관련이 있습니다. 언어에 대한 이런 상반된 태도는 동서양 문화의 발전 방향이 달라진 이유이기도 합니다. 중국어에서는 과정을 생략하고 곧장 어떤 경지에 다다르는 경우가 많습니다. 중국어의 고전시와 산문에 담긴 심상은 서양의 시공간 개념을 초월한 정신적 상태에 가깝습니다. 이것은 고대 중국어의 단점이지만 강점이기도 합니다. 고문古文으로 사상을 기술하면 사유의 지름길을 제시하기 쉽고, 특유의 품위도 우러난다는 것을 느낄 수 있습니다.

글쓰기, 독서와 같은 언어활동은 곧 마음의 활동이기도 합니다. 무언가를 관찰하고 기록하는 일이라고 해서 꼭 정적이지만은 않습니다. 사람의 관찰은 사진기처럼 셔터를 누르자마자 렌즈가 열렸다 닫히면서 끝나는 활동이 아닙니다. 사람의 눈은 사진기 뒤편에서 풍경을 선택하고 초점과 거리를 조절합니다. 관찰을 하는 동안 사람의 시선과 초점은 끊임없이 이동합니다. 눈에 보이는 것을 언어로 묘사하는 일은 순간적인 사건이 아니라 하나의 긴 과정입니다. 이 과정을 객관적 묘사라고 할 수

---

* 몸소 체득한 깨달음의 진리는 문자로 표현되지 않으며 교리로는 부처님의 진리를 깨우칠 수 없다는 뜻.

도 있겠지만, 살아 있는 사람의 눈이 100퍼센트 객관적일 수는 없지요. 사람의 시선에는 감정이 동반되기 마련입니다. 눈으로 본 이미지가 불러일으키는 마음의 풍경도 무시할 수 없고요. 사람의 눈으로 관찰한 것을 언어로 기술한다는 것은 눈에 보이는 이미지에서 마음의 풍경, 나아가 그 풍경이 불러일으키는 감정에 이르는 복잡한 과정입니다. 그 과정에는 서술자만의 명명과 판단, 연상도 동반됩니다. 『영혼의 산』 77장은 바로 이렇게 관찰을 언어로, 중국어로 기록해보고자 한 시도였습니다.

언어로 내면의 시각적 이미지를 포착한다는 것은 대단히 미묘한 작업입니다. 내면의 심상은 외부의 풍경만큼 명료하지 않기 때문입니다. 언어로 내면의 풍경을 따라가다 보면, 어느새 그 풍경은 다른 모습으로 바뀌어 있습니다. 사람의 의지로 원래의 풍경을 고정시켜놓을 수도 없고 언어로 그 모든 변화를 다 따라간다는 것도 불가능합니다. 많은 현대문학 작가들이 꿈속의 풍경을 기록해보려고 했지만 파편화된 언어만 나열될 뿐이었습니다. 그렇다면 차라리 정확한 묘사를 포기하고 그 풍경에 대한 인상을 언어로 기술해보면 어떨까요? 『영혼의 산』 23장은 이렇게 변화무쌍한 꿈의 인상을 언어의 흐름으로 기술한 장입니다.

마음속 풍경이나 환각, 기억, 상상 같은 것들은 글로 묘사하기 어렵습니다. 다만 이러한 것들에 대한 심리적인 느낌을 따라가며 기술할 수 있을 뿐이죠. 그렇다면 그런 느낌을 환기시킬 수 있는 짧은 문장 혹은 단어들을 접속사 없이 이어나가 보면 어떨까요? 그 과정에서 단어와 문장들이 불러일으키는 느낌이 하나의 의경을 이룰 수 있도록 말이죠.

중국어로 글을 쓸 때는 시제 구분을 명확히 할 필요가 없습니다. 중국어에서는 과거와 현재와 미래, 기억과 상상, 느낌과 생각, 사실과 가능성과 망상이 어법상의 형태 변화로 드러나지 않습니다. 그러다 보니 어떤 말이든 마치 지금 이 순간의 진술처럼 표현되지요. 현실의 시공을 초월해 있는 듯한 중국어 문장은 읽는 사람을 빠져들게 하는 매력이 있습니다. 그러나 이런 문장을 프랑스어로 옮길 때는 문제가 생깁니다. 저의 작품을 프랑스어로 번역해주고 있는 노엘 뒤트레Noël Dutreait와도 이 문제에 대해 이야기한 적이 있는데요. 저는 중국어식 표현을 그대로 살렸으면 좋겠다고 했지만, 뒤트레는 그렇게 하면 프랑스어 문장이 이상해진다고 하더군요. 뒤트레와 대화하면서 저도 새삼 중국어와 프랑스어가 얼마나 다른지 깨달을 수 있었어요. 중국식 프랑스어가 이상하듯이 중국어의 서구화 역시 재난이라고 생각합니다. 언어혁신을 하더라도 먼저 그 언어 고유의 특색을 존중해야 합니다. 결과적으로 『영혼의 산』 프랑스어 번역은 각계 언론의 찬사를 받았습니다. 누구의 선택이 옳았는지는 두말할 필요가 없겠죠.

원래 중국어는 낱개의 한자 하나하나가 곧 단어였습니다. 그런데 백화문이 쓰이면서 쌍음절 혹은 다음절 단어가 늘어나기 시작했습니다. 꼭 4성과 평측이 아니라도 현대 중국어의 음악성은 더욱 풍부해질 수 있습니다. 제가 글을 쓸 때 특별히 추구하는 것도 바로 언어의 음악성입니다. 이청조의 사詞인 『성성만』聲聲慢을 현대 중국어로 개작하면서도 긴 문장 안에 변주와 확장의 느낌을 가미하려고 노력했습니다. 저는 희곡이나 소설을 쓸 때면 그것이 인물의 독백이든 대화든 소설의 서술이든, 언어의 리듬과 성조 변화에 각별히 주의를 기울입니다. 그런 차원에서 음악의 작곡법은 저에게 큰 깨달음을 줍니다. 작가가 작곡가처럼 언어를 대한다면, 더욱이 그 언어가 중국어처럼 시제의 제한마저 없는 자유로운 언어라면, 음악을 하듯 글을 씀으로써 감정전달이 더욱 생생해질 수 있습니다. 저는 『생사계』와 『대화와 반문』에 나오는 독백과 대화들을 언어의 음악으로 표현해보고 싶었습니다. 전통적인 운문과는 다른 방법으로요. 서술언어로도 시에서와 같은 정서전달을 할 수 있습니다. 버지니아 울프의 『파도』와 마르그리트 뒤라스Marguerite Duras(1914~1996)의 작품들을 보면 잘 알 수 있죠. 최근에 쓴 희곡 『주말 사중주』에서는 음악의 형식을 직접 차용하기도 했습니다. 이 작품을 쓰기 위해 하이든, 모차르트에서 쇼스타코비치, 메시앙Olivier Messiaen(1908~1992)까지 여러 작곡자들의 사중주 음악을 70~80여 편 정도 듣기도 했는데요. 음악의 형식은 글쓰기에 많은 영감을 줍니다.

현대 생활에 새롭게 등장한 것들이 많기 때문인지 오늘날 중국어에는 다음절 단어가 늘어나고 있습니다. 이런 다음절 단어를 사용하다 보면, 중국어 특유의 4성과 평측의 의미는 점점 줄어들게 됩니다. 새로 만들어진 단어들이 대체로 생경하게 들리는 이유는 그 단어들에는 중국어만의 중요한 특징이 빠져 있기 때문입니다. 제가 한자의 재발견을 강조하는 것은 단음절 동사의 운미를 음미할 때 비로소 언어의 음운을 제대로 느낄 수 있기 때문입니다. 현대 중국어 문장이 또랑또랑하게 읽히는 맛이 있으려면 중국어 음운에 대한 재인식이 있어야 합니다.

저는 생경한 단어는 되도록 쓰지 않으려고 합니다. 중국어에는 고전을 인용하는 게 일인 학자들도 사용하지 않을, 고전에나 묻혀 있어야 할 퀴퀴한 단어가 유독 많은데요. 저는 그런 말보다는 살아 있는 언어로 글을 쓰고 싶습니다. 그러자면 일상에서 쓰이는 말들을 재음미할 필요가 있습니다. 개인들의 신선한 감각을 이런 단어에 불어넣으면 익숙해진 단어라도 강력한 표현력을 갖출 수 있습니다. 베이징, 쓰촨, 장시, 난징, 동오東吳 등 지역을 가리지 않고 방언 특유의 생생한 표현에도 관심이 많습니다. 그렇다고 방언문학이나 토속성 강한 작품을 쓸 계획이 있는 건 아닙니다. 방언에 대한 관심은 어디까지나 현대 중국어의 표현력을 확장하기 위해서일 뿐입니다. 지난 세기에 선배 작가들이 중국 각지의 방언을 문학에 녹여낸 덕에 중국어의 표현력이 많이 풍부해졌습니다.

중국어는 서양 언어에 비하면 어법의 구속을 덜 받기 때문에 제한 없이 긴 문장을 쓸 수 있습니다. 고문에서 특히 그런 예를 많이 볼 수 있지요. 그런데 오늘날 중국 문학에서 좀 길다 싶은 문장은 대부분 중국어 고유의 문장구조가 아니라 서양 문학의 번역체인 것을 볼 수 있습니다. 문장 안에 종속절이 거듭 들어가 있는 복잡한 형태의 이런 문장은 차라리 여러 개의 단문으로 나누어 나열하는 편이 낫습니다. 그런데 번역 문학작품을 보면, 제대로 된 문장부호도 없이 호흡이 끊긴 문장들이 나열된 경우가 무척 흔합니다. 이런 문제는 역자의 탓을 안 할 수가 없어요. 서양에서는 편집 단계에서 이런 문장들을 그냥 넘기지 않습니다. 그런데 이렇게 거칠게 번역된 서양 현대문학이 중국 작가들에게 막대한 영향을 미치고 있으니 중국어 문장이 복잡해질 수밖에요.

중국어 혁신을 한다 해도, 먼저 중국어 고유의 언어구조는 어떤지부터 알아야 합니다. 저는 한유韓愈(768~824: 당대 문장가)와 김성탄金聖嘆(?~1661: 명말 청초의 문예비평가)의 문장들, 풍몽룡馮夢龍(1575~1645: 명말 문장가)이 편집한 자야오가子夜吳歌*를 읽다 보면, 중국어가 이런 언어구나 하고 새삼 깨닫게 됩니다. 중국 전통의 사와 곡, 강남 오어吳語 지역의 민가, 쑤저우 지역의 평탄評彈(우리나라의 판소리와 비슷한 일종의 설창문학)에도 생동감 넘치는 중국어의 자원들이 풍부하게 매장되어 있습니다. 중국의 선봉문학은 서양 현대문학의 영향을 받는 동시에 바로 이러한 문학적 자원에서도 많은 양분을 취함으로써 중국 문학의 혁신을 이루었습니다. 그 결과 중국어가 고유의 운미를 잃지 않으면서도 전에 없이 풍요로워질 수 있었습니다.

인간 삶의 조건을 증언하는 문학의 역할은 사람의 살아 있는 감정과

---

* 중국 진晉나라 때 자야子夜라는 여인이 지은 노래로, 후대에 많은 문인들이 이 곡을 소재로 여러 편의 시를 썼다.

깊은 관련이 있습니다. 문학형식과 그 형식에서 나온 문학언어의 배후에 살아 있는 사람의 감정이 존재하지 않는다면, 그것은 어디까지나 형식을 위한 형식, 언어를 위한 언어일 뿐입니다. 나중에 가서 남는 것 역시 공허한 언어의 껍데기, 그리고 그것들이 쌓여 만들어진 언어의 쓰레기더미일 것입니다.

고대 그리스의 비극에서 셰익스피어, 세르반테스의『돈키호테』, 단테의『신곡』, 괴테의『파우스트』, 카프카와 제임스 조이스에 이르는 세계적인 작품들은 각기 언어의 형식은 다르지만, 그 시대 사람들이 처했던 삶을 생생하게 보여주고 있습니다. 이백과 조설근의 작품이 오늘날까지도 죽지 않은 이유는 지금 사람들의 진실한 감정을 두드려 깨어나게 하기 때문입니다. 영원히 메마르지 않는 인간 감정의 진실만이 지금까지 문학이 존재하고 있는 이유입니다. 옛 사람들도, 현대를 살고 있는 사람들도, 저마다 자신만의 언어로 이 진실을 드러내고 싶어합니다. 진실한 감정은 오직 구체적인 개개인에 의해서만 드러납니다. 뭉뚱그려서 이런 게 진실한 감정이다, 라고 일반화할 수도 없습니다. 문학의 풍부한 활력은 바로 이런 개개인의 정서적 수용에서 생겨납니다.

글쓰기도 사람 사는 방식 가운데 하나입니다. 작가는 글쓰기를 통해 더욱 자신의 본질에 다가갈 수 있고, 자아와 이 세계를 더욱 잘 느낄 수 있게 됩니다. 작가는 자신이 느낀 것을 표현하는 데 필요한 자신만의 언어를 찾아야 합니다. 같은 언어를 사용하는 작가라도 서로의 문학언어가 다른 것은 지극히 정상적인 일입니다. 그들 사이의 공통점이라고는 같은 언어의 어법을 준수한다는 것뿐이지요. 소위 민족문학이란 민족국가의 정치적 필요 때문에 강조되는 것이지, 문학 본연의 모습은 아닙니다.

문학은 국경을 뛰어넘어 존재하지만, 각각의 작품은 어디까지나 특정 언어로 쓰입니다. 세상의 모든 문학작품에는 그 작품에 사용된 언어 특유의 민족문화가 담겨 있습니다. 저는 동서양 문화의 차이도 서로 다른 언어가 낳은 서로 다른 사고방식에서 비롯되었다고 생각합니다. 종교도 역사도 학문도 그 나라의 언어라는 테두리 안에서 발전할 수밖에 없으니까요.

언어의 시의는 서정에서만 비롯되는 것이 아닙니다. 주의 깊게 보고 귀 기울여 듣는 행동이 만들어내는 독특한 장력에서도 시의는 빚어집니다. 바깥의 사물이든 내면의 시상이든 주의 깊게 본 것을 언어로 표현할 때는 그 안에 시의가 담기기 마련입니다. 자신의 붓이 빚어낸 언어를 귀 기울여 듣는 사람의 마음은 악기를 연주하는 사람 혹은 노래를 하는 사람의 마음과도 비슷합니다. 자신이 소리를 내는 동시에 그 소리를 잘 들어야 하니까요. 이런 언어에는 영혼이 있고 시의도 담겨 있습니다.

경청과 주시의 언어는 전통적인 수사학으로 다듬어진 언어와 다릅니다. 훨씬 생명력이 있죠. 오늘날의 중국어도 고문의 새장에서, 죽은 먹빛의 그림자에서 벗어나 현재적인 생명력을 회복해야 합니다. 물론 중국어에는 유구한 산문전통이 있고 그 전통을 현대문학에 도입할 수도 있습니다. 『영혼의 산』은 일반적인 의미의 서술과 산문전통의 경계를 무너뜨리고자 한 시도이기도 했습니다.

소설의 화자는 자신의 언어를 귀 기울여 듣다 보면, 소설 속 인칭의 전환이 단순한 말장난이 아니라는 것을 발견할 수 있습니다. '나, 너, 그'라는 세 인칭은 각기 다른 심리적 진실을 진술하기 위한 장치입니다. 제가 소설이나 희곡에서 인칭 전환을 즐겨 사용하는 이유는 인칭 전환을 통해 서술의 각도를 바꿀 수 있고, 희곡에서는 배우와 그가 맡은 배역 사이의 관계를 조율할 수도 있기 때문입니다. 그러나 인칭의 전환은 쉽게 구사할 수 있는 기법이 아닙니다. 특히 중국어로 글을 쓸 때는 더욱 그렇습니다. 서양 언어에서는 능동과 수동이 뚜렷이 구별되기 때문에 인칭이 전환되면 동사의 형태도 변하는 경우가 많죠. 그러나 중국어에서는 동사의 형태 변화가 없기 때문에 함부로 인칭을 전환했다가 혼란만 가중될 수 있습니다. 현대 중국어는 이런 혼란에 특히 취약하지요.

저는 순정한 중국어를 추구하지만 어디까지나 저만의 중국어를 찾고자 할 뿐 중국어 자체에 새로운 규범을 부여하는 데는 관심이 없습니다. 언어의 형식이 곧 작품 자체는 아니지만, 그 작품에 맞는 언어형식을 찾았다면 그 작품은 거의 다 쓴 것이나 다름없습니다. 사실 글로는 자신이 품고 있는 모든 감정을 표현할 수 없습니다. 그러면서도 언어로 최대한 진실한 감정에 가까이 다가가고 싶다고 생각하는 건 어찌 보면 허망한 일이기도 하겠지요. 사실 사람이란 원래 이렇게 허망함 속에서 사는 존재이기도 합니다. 자아에 대한 의식도 허망하기는 마찬가지고요. 그러나 한편으로는 이런 허망함이 없으면 그 무엇도 제대로 할 수 없는지도 모릅니다. 우리가 문학이라고 부르는 이런 활동도 어찌 보면 허망하기는 마찬가지고요.

엑상프로방스 Aix-en-Provence 시립도서관에서 열린 '중국 현대문학' 토론회 발언 원고,
1996년 11월 3일 정리

〈실루엣 혹은 그림자〉에 대하여

> 지금 같은 조건에서 예술영화는 더욱더 관객과 만나기 어려워졌습니다. 관객들에게 예술영화 수요가 없어서가 아니에요. 시장에는 예술영화와 만날 수 있는 유통경로가 거의 없기 때문입니다.

〈실루엣 혹은 그림자〉側影或影子는 형식상 이러이러한 영화라고 분류되기 어렵습니다. 이 작품은 일반적인 의미의 드라마도 아니고, 다큐멘터리도 아니고, 전기영화도 아닙니다. 차라리 영화시映畵詩 혹은 현시대에 관한 우화라고 해야 할까요? 상업시장의 유통구조를 통해 유통되기는 어렵지만 저로서는 꼭 찍어야만 하는 영화였습니다.

제가 1980년대 초에 첫 영화를 찍었으니 영화를 만든 지도 꽤 오래되었는데요. 1980년대는 '문화대혁명' 직후로, 연극과 영화의 창작도 부흥을 맞이한 시기였습니다. 영화계에 갓 입문한 젊은 감독들은 영화창작연구회를 열고, 저에게 프랑스 뉴웨이브 영화에 관한 강연을 부탁하기도 했습니다. 다들 영화자료관을 통해 1960~1970년대에 만들어진 프랑스, 이탈리아 영화들은 거의 본 상태였습니다. 저는 그 기회에 미래에 제가 만들고 싶은 영화들에 대한 짤막한 구상도 밝힌 적 있는데, 다들 "그런 건 그냥 1990년대 가오싱젠의 '3요소' 영화가 되고 말 것"이라고 말하더군요. 얼마 후 저는 첫 번째 영화 〈화두〉花豆를 발표하게 되었습니다. 이 영화는 형식이 다른 세 개의 장으로 이루어져 있습니다. 1장은 화면, 2장은 소리와 음악, 3장은 언어가 주가 되는 형식입니다. 영화는 화면과 소리로 이루어져 있다고 보는 일반적인 견해와 달리, 저는 언어를 소리와 음악에서 분화된, 영화를 이루는 독립적 요소라고 생각했습니다.

영화에 우선적으로 존재하는 것은 화면입니다. 무성영화 시대에는 화면에 피아노 반주를 곁들였다가, 유성영화가 등장하면서는 대화나 음악, 심지어 음향이 화면을 설명해주는 역할을 했습니다. 뉴웨이브 영화와 그 이후 작가주의 영화가 등장하면서는 영화가 화면 위주라는 생각에도 변화가 일어났습니다. 소리와 화면의 비중이 대등해지거나 소리와 음악이 화면에 속하지 않고 독립성을 띠기도 했습니다. 그러나 영화는 여전히 화면 중심이었습니다. 소리와 음악의 독립성은 제한적이었고, 소리와 음악이 불러일으키는 효과가 아무리 특수하더라도 소리와 음악 자체가 하나의 영화언어가 되기는 어려웠습니다.

제가 언어를 소리와 음악에서 분리해서 생각한 이유는 소리와 음악은 시각적 화면과 마찬가지로 사람의 감각기관에 직접적으로 호소하는 반면, 언어는 같은 어종을 공유하는 사람들끼리만 소통이 가능하기 때문입니다. 단어와 그 단어들로 이루어진 문장은 어법구조에 맞게 구성되어야만 의미가 전달될 수 있습니다. 그 언어가 외국어라면 번역을 거쳐야만 뜻을 알아듣고 또 전달할 수 있지요. 또 중간에는 반드시 사고활동이 필요하다는 점에서 언어는 감각기관이 아닌 지능에 호소하는 방법이기도 합니다. 흔히 영화를 시청각 예술이라고 하는데, 이 말은 언어의 기능을 염두에 두지 않은 표현입니다. 언어를 시각이나 청각 체험이 아닌 또 하나의 독립된 수단으로 분류한다면 소리, 화면, 언어는 각각 영화를 이루는 3요소가 됩니다. 이 세 가지 요소가 각각 독립적이면서도 영화 안에서 서로 보완, 조합, 대비되면 기존의 영화와는 다른 차원의 의미가 만들어집니다. 소리, 언어, 화면은 각각 독립적으로 영화의 주제가 될 수도 있습니다. 영화는 화면만이 중심이 아니라 소리, 언어, 화면이라는 세 가지 수단이 함께 어우러져 작용하는 복합예술입니다.

요즘 영화들은 대부분 화면으로 서사가 전달됩니다. 하나하나의 '신'scene이 모여 전체 서사를 구성하고, 그 사이사이에 인물의 대화가, 그 위에 음악이나 소리가 덧입혀져서 감정을 고조시킵니다. 다큐멘터리처럼 현장촬영 위주의 영상에는 대사나 음악 대신 해설이 입혀지기도 하지요. 이런 것들 모두 제가 생각하는 영화와는 다릅니다. 제가 기대하는 것은 소리, 언어, 화면이라는 세 가지 수단이 독자적으로 제 역할을 하는 지금보다 더 자유로운 예술영화입니다.

화면, 소리, 언어가 서사에 종속되지 않고 저마다 독립적으로 의미를 전달할 수 있다면, 요즘 영화들의 도식을 벗어날 수 있습니다. 화면이 서사에 구속되지 않는다면, 그 화면은 회화에 가까운 조형성을 띠게 됩니다. 서사를 구성하기 위해서가 아니라면, 신이 그토록 자주 교체되는 화면이 거듭 이어져야 할 이유도 없어집니다. 모든 신이 각기 독립적인 의미를 갖고, 더욱이 소리와 언어에도 의존하지 않는다면, 소리가 입혀지지 않은 그 화면은 기존의 영화에서는 볼 수 없었던 새로운 의미를 전달하게 됩니다.

우리가 반드시 화가의 눈으로 풍경을 선택할 필요는 없으며 색채의 대비라든가 색조의 변화 같은 조형성을 추구할 필요도 없습니다. 모든 표현은 감정의 변화를 따라가면서 자연스럽게 조절해나가면 됩니다. 영화에서는 촬영장비의 특성을 최대한 활용하는 것도 조형성 가운데 하나가 됩니다. 카메라의 렌즈는 화가의 시선과 마찬가지로 촬영대상을 주의 깊게 바라보기 마련입니다. 그 시선대로 촬영의 초점과 거리가 달라질 때 생겨나는 느낌은 기존의 영화촬영에서는 볼 수 없는 것이기도 합니다. 주의 깊은 시선이 느껴지는 화면은 그 자체로도 독특한 심리적 장력을 만들어냅니다. 이렇게 '주시'는 그 자체로 또 다른 영화언어가 될 수 있고, 그 시선은 화면으로 보이는 것 이상을 연상하게끔 합니다. 이런 시선이 제 기능을 다하기만 한다면 사건이나 이야기를 설명하기 위해 따로 인물의 대화가 들어가지 않아도 됩니다.

소리와 음악이 독자적으로 영화의 주제가 되면, 화면이 소리와 음악의 배경이 되거나 음악의 리듬을 따라가기도 합니다. 이런 영화에서 소리는 그 자체로도 두드러지는 요소일 뿐 아니라 음악처럼 독자적인 표현력과 장악력을 발휘하게 됩니다.

화면에 적막한 하늘이 비치고 있으면 그 위로 흐르는 바람소리가 더 큰 호소력을 갖지요. 마찬가지로 화면이 소리의 뒤로 물러나면 소리의 표현력이 화면을 압도하게 됩니다. 이때의 소리와 화면은, 그전에는 상상도 할 수 없었던 새로운 의미를 담게 됩니다. 사람의 청각은 시각보다 민감해서 소리가 화면의 의미 자체를 바꾸어버리기도 하니까요. 그러다가 화면이 정적에 이르면 정적 그 자체는 아무런 소리 없는 화면일 뿐이지만, 그 영화만의 독특한 장력을 극대화할 수 있습니다.

언어도 영화 안에서 독자적인 요소가 될 수 있습니다. 보이스 오프 voix off*로 들리는 시 구절이라든가 화면 안팎에서의 생각, 독백 등 순수하게 문학적인 요소가 영화에 도입되는 것으로도 영화의 의미는 새로워질 수 있습니다. 즉, 영화가 단순히 문화소비재에 그치지 않고 관객을 깊은 사유로 이끄는 매개가 될 수도 있습니다.

웅얼거리는 소리나 크게 외치는 소리, 귓속말, 강연 등 사람의 소리로 표현된 문학언어는 그 감염력이 대단합니다. 신에 구속되지 않는 영

---

* 연기자나 해설자가 화면에 보이지 않는 상태에서 대사나 해설이 들리는 것으로 '보이스 오버'voice-over라고도 한다.

화 속의 생생한 언어들은 화면에서 보이지 않은 것들까지 자유롭게 떠오르게 합니다. 지금의 영화들은 언어의 이런 기능을 잘 살리지 못하고 있는 것 같아요.

영화 시나리오는 문학처럼 자유롭게 창작할 수 있는 장르입니다. 영화를 위한 대본이긴 하지만 이 또한 문학으로 접근했을 때 더욱 다양한 표현력을 발휘할 수 있습니다.

연극의 표현수단을 영화에 도입할 수도 있습니다. 이런 영화를 무대 연극으로 표현할 수도 있고, 연극무대에서의 연기 스타일을 영화에 도입할 수도 있습니다. 이런 영화는 사실적인 표현에 연연하지 말아야 합니다. 어떤 대상이든 화면에 비치면 실제보다 그 의미가 증폭되기 마련이지요. 현실생활도 아주 가까이서 들여다보면 평소와는 다르게 느껴집니다. 그래서 이런 영화는 무엇보다도 그윽하고도 디테일한 표현이 중요합니다. 이때 빛이라든가 색조 처리에 따라 화면의 질감이 달라지기 때문에 이런 표현은 조형성과도 깊은 관련이 있습니다. 몸과 자태, 스텝 등으로 이루어진 춤도 이런 영화에 잘 어울리는 표현 소재 가운데 하나입니다. 문학, 연극, 춤, 회화, 촬영이 혼합되면, 이런 영화는 전방위적 예술에 가까워집니다.

이런 영화를 찍을 때는 줌 촬영이라든가 편집 등 기존 영화의 제작기법을 그대로 사용하는 것만으로는 부족합니다. 소리, 언어, 화면 등 영화의 여러 요소들이 독립적으로 제 역할을 할 수 있으려면 시나리오 작법상의 새로운 노력이 필요합니다.

『화두』는 중국 내 영화감독과의 합작으로 제작될 예정이었는데 안타깝게도 성사되지 않았습니다. 나중에 독일의 한 영화제작자와 여러 차례 논의한 프로젝트가 있었지만 그 또한 촬영에 들어가지는 못했고요. 그렇다면 차라리 소설로 쓰자 해서 썼던 단편소설이 「내 할아버지를 위한 낚싯대」입니다. 이 소설에는 꿈속의 풍경과 현실, 기억, 상상, 영상, 심지어 텔레비전 실황중계 장면까지 뒤섞여 있습니다. 저의 세 번째 영화는 파리에 있을 때 기획하게 되었습니다. 당시 프랑스의 한 영화제작자가 찾아와서 모든 필요한 조건을 제공해줄 테니 저더러 영화촬영을 맡아달라고 했습니다. 그 과정에서 『순간』이라는 소설이 나왔습니다. 일련의 화면과 이미지로 이루어진 영화시인데, 이 제작자는 서양인의 눈에 이국적인 중국의 이미지를 기대했던 모양이에요. 결국 영화제작은 무산되었고, 저는 영화로 만들려고 했던 것을 소설로 썼습니다. 〈실루엣 혹은 그림자〉는 프랑스 마르세유 시에서 주최한 '가오싱젠의 해'에 만난 두 친구 덕분에 만들 수 있었습니다. 알랭 멜카Alain Melka와 장루이 다르민Jean-Louis Darmyn은 원래 저의 창작활동을 다큐멘터리로 찍고 있던 동료들인데, 제가 몇 년간 준비해온 영화가 있다는 것을 알고 열정적으로 도와주었습니다.

사실 '가오싱젠의 해'에는 대형 미술전시회를 열고 연극, 오페라, 영화 한 편씩을 상영하기로 되어 있었는데요. 이 가운데 영화는 저의 회화작업와 연극공연, 미술전시 활동을 하는 과정에서 생겨난 아이디어를 다룬 작품입니다. 그 아이디어를 작품으로 만들어나가는 과정이 1차적인 내용이긴 하지만, 이 영화에는 현실과 상상이 혼재되어 있습니다. 이 가운데 현실에 해당하는 장면은 컬러 화면으로 나옵니다.

앞에서도 언급했다시피 이 영화는 예술가의 창작과정을 담고 있습니다. 예술가 내면의 느낌에 따라 현실을 담은 화면의 색채는 뚜렷해지거나 희미해지거나 차가워지거나 따뜻해집니다. 그러다 화면이 흑백으로 바뀌면, 그 부분부터는 작가의 상상, 즉 순수한 내적 세계를 보여줍니다. 영화는 이렇게 작가의 상상과 현실에서의 창작작업 사이를 끊임없이 오갑니다. 그 외에는 이렇다 할 서사구조가 없습니다. 화면과 음악,

영화 〈실루엣 혹은 그림자〉의 장면들(제작사 Triangle Méditerranée 제공)

영화 〈실루엣 혹은 그림자〉의 장면들(제작사 Triangle Méditerranée 제공)

언어가 각각 독자적으로 뿜어내는 메시지에 관객은 공명하거나 자기 안에서 무언가를 새롭게 떠올릴 수 있습니다. 예술가의 창작과정을 담은 다큐멘터리지만 단순한 사실기록만은 아닌 거죠. 관객 자신의 경험이나 느낌에 따라 이 영화는 영화시가 될 수도 있고, 현시대에 관한 우화가 될 수도 있습니다.

이 영화에서 음악은 단순히 정서를 고조시키는 역할만 하지 않고, 종종 화면을 주도해나가기도 합니다. 쉬수야許舒亞(1961~: 상하이 음악아카데미 원장이자 교수)가 만든 음악들은 무척이나 암시적입니다. 사람 없는 폐허의 거리를 배경으로 흐르는 이 음악은 여러 가지 생각을 불러일으키지요. 땅에 뿌린 먹과 물에 비친 그림자의 영상도 음악의 리듬을 따라 흘러가듯이 편집되어 있습니다.

독일의 작곡가 치머만Bernd Alois Zimmermann(1918~1970)이 쓴 〈어느 청년 시인의 진혼곡〉은 세계 각국의 언어와 정치연설장에서의 소란이 뒤섞여 있는 교향곡입니다. 영화에서는 문 닫힌 빌딩과 점포들, 철사그물에 걸린 헝겊조각과 목걸이 등이 나오는 화면에 이 음악이 흐릅니다. 강렬한 인상을 남기기에 충분한 대비감이지요.

이제는 바흐의 〈B단조 미사〉를 들으며 수난당하는 그리스도를 떠올리는 사람은 많지 않을 것입니다. 바로크 시대에 지어진 성당들도 이제는 그냥 하나의 공간일 뿐인 시대입니다.

〈실루엣 혹은 그림자〉에서 죽음은 세 가지 방식으로 표현됩니다. 첫 번째는 시각적 이미지를 통해서입니다. 검은 그림자처럼 무언가가 다가오는 느낌은 사람의 의지로는 어찌할 수 없는 죽음의 이미지입니다. 두 번째는 연극을 통한 방법입니다. 극중인물이 죽음에 대해 늘어놓는 긴 대사는 장황한 블랙코미디로 보일지도 모르지만, 죽음에 대한 긴 해석이 죽음으로부터 달아나게 해주지는 않습니다. 세 번째는 오페라에 나오는 육조 대사 혜능의 원적圓寂(승려의 죽음)입니다. 이 대목에서 길게 낭송되는 시는 한바탕 유희와도 같았던 인생의 결말에 대한 승화입니다.

어린 시절, 기억, 전쟁과 재난, 사랑과 성과 죽음, 인생과 예술, 존재와 허무, 그리고 컷과 컷 사이의 공간은 모두 관객의 해석을 필요로 하는 것들입니다. 특히 컷과 컷 사이는 상상의 공간이기도 합니다. 영화에서 보이스 오프로 낭송되는 시는 관객들에게 저마다 다른 감상을 불러일으킬 것입니다. '아, 이 영화는 다시 한번 봐야겠다'고 생각하는 관객이 있을지도 모르고요. 관객들이 저마다 다른 깨달음을 얻고 돌아가는 것, 그것이 바로 이 영화의 목적입니다.

그렇지만 이런 영화가 상업적으로 유통되기는 어려울 것입니다. 지금은 디지털 영화기술이 보급되어 영화의 제작비용이 많이 낮아졌지요. 누구나 글을 쓰듯 자유롭게 자신만의 영화를 찍을 수 있습니다. 하지만 영상기술이 발달했다고 해서 영화창작도 그만큼 자유로워졌다고 말하기는 어렵습니다. 영화산업은 전에 비해 더욱 상업화되었고, 세계화의 조류 속에서 영화는 전 세계 대중의 문화 소비품목이 되었어요. 지금과 같은 조건에서 예술영화는 전보다 더 관객과 만나기가 어려워졌지요. 예술영화의 수요가 없어서가 아니에요. 시장에는 예술영화와 만날 수 있는 유통경로가 거의 없기 때문입니다. 1950~1960년대에는 펠리니Federico Fellini(1920~1993)라든가 이후의 작가주의 영화, 예술영화들이 일대 번영을 맞이했습니다. 그리고 그 열기는 1980년대 초의 타르코프스키Andrei Tarkovsky(1932~1986)로까지 이어졌어요. 예술영화의 입지는 그 이후부터 급격히 좁아졌습니다. 안토니오니Michelangelo Antonioni(1912~2007)와 빔 벤더스Wim Wenders(1945~)는 영화라는 예술은 이제 죽었다고 선포하기까지 했지요. 그들을 탓할 일만도 아닙니다. 오늘날의 예술영화는 새로운 창작의 자유를 획득하지 못하면 소규모 제작이나 개인화의 길을

영화 〈실루엣 혹은 그림자〉의 한 장면(제작사 Triangle Méditerranée 제공)

갈 수밖에 없습니다.

    여기저기에서 다양한 디지털 실험영화들이 만들어지고 있는데요. 이런 실험들이 기술이라는 측면에만 국한되거나 디지털이라는 개념 차원에만 머물러서는 안 될 것입니다. 새로운 기술이나 작은 아이디어 하나에만 매달려서도 안 되고요. 영화를 만드는 사람들이 신선한 생각과 감수성을 놓지 않는다면 영화는 분명 새로운 창작의 형식을 찾을 수 있을 것입니다. 시장과 미디어에 의존하지 않고, 정치적으로도 독립적이며, 자유로운 표현력을 발휘하는 개인화된 영화들이야말로 예술영화의 새 시대를 예고하고 있는지도 모르겠습니다.

2007년 4월 17일, 파리에서

2부

또 다른 미학

1. 서언

> 네가 선택한 것은 시대적인 한계 안에서의 최대한의 자유, 시장을 고려하지 않는 자유, 유행하는 예술관념을 추종하지 않는 자유, 가장 하고 싶은 예술을 할 자유, 일개인일 뿐인 예술가가 될 자유, 한마디로 시대착오적일 수도 있는 예술가가 되는 것이다.

이것은 예술에 관한 선언이 아니다. 오늘날 이런 종류의 선언은 전혀 힘을 발휘하지 못하는 광고와 다를 바 없다. 너(저자 자신을 대상으로 한 표현이다)는 그림을 그리고 남는 시간이 있거든 발표를 염두에 두지 않은 글이나 쓰는 편이 낫다. 사람들이 너의 글을 두고 논쟁하기를 바라기보다 너의 그림이나 보러 와주기를 바라는 편이 낫다. 예술에 대해 과연 논쟁이 가능할까? 논리나 변증법은 거대한 것들에 대해 말하기 위해 필요한 이론 아닌가? 정치적 이념도 예술과는 거리가 멀다. 예술에 대해 정의하고 설명하는 말도 아무런 힘이 없기는 마찬가지다. 추상적인 관념어는 무엇에 대해서도 제대로 말하지 못한다. 언어로 예술에 대해 설명하려는 시도 역시 공연히 힘만 빠지는 일일 뿐이다.

지중해의 태양은 눈부시고 파도는 창밖에서 찰싹찰싹 소리를 내며 일렁인다. 너는 친구의 초대를 받아 로마시대의 유적을 보수한 성루에서 글을 쓰고 있다. 써야만 한다.

근대예술이 19세기 말 프랑스에서 일어났다면 현대예술은 20세기

초 뒤샹에서 시작되었다. 20세기 말에 프랑스 잡지 『에스프리』*Esprit*에서 시작된 현대예술 논쟁은 지금까지도 이어지고 있다. 관련 논저도 수십 편인 데다 작가, 예술비평가, 예술사가, 철학자, 현대미술박물관과 국제 미술대전 큐레이터에서 사회학자에 이르기까지 많은 사람들이 논쟁에 뛰어들었다. 이 가운데 가장 직접적인 당사자는 현대예술에서 밀려나 있는 화가들이지만 이들의 목소리는 들을 수 없었다.

본래 아웃사이더, 도망친 예술가였던 너는 프랑스에 받아들여져 창작의 자유를 얻었으나, 이곳에서도 이내 예술가에 대한 또 다른 압력을 발견하게 되었다. 예술가 자신이 수용 여부를 선택할 수 있다는 점에서 강제적인 것은 아니지만, 문제는 네가 어떤 선택을 할 것인가이다.

네가 선택한 것은 시대적인 한계 안에서의 최대한의 자유, 시장을 고려하지 않을 자유, 유행하는 예술관념을 추종하지 않을 자유, 가장 하고 싶은 예술을 할 자유, 일개인일 뿐인 예술가가 될 자유, 한마디로 시대착오적일 수도 있는 예술가가 되는 것이다. 너는 이 시대의 예술사적 관념을 수용하지 않은 그림을 그리는 화가가 되려고 한다. 시대조류에서 벗어난 예술을 하면서도 마음의 안정을 유지하기 위해 너에게는 너만이 창작 근거가 될 또 다른 미학이 필요하다.

2. 예술혁명의 종언

> 사회·정치적 함의가 사라지자 남아 있는 전복대상이라고는 예술 자체와 예술가라는 존재뿐이었다. 요제프 보이스는 1970년대에 이미 "모든 사람이 예술가"라고 선언했다.

예술의 자유는 그 자체로 목적이 될 수 없다. 예술의 자유는 다만 인간 삶에 감각과 지식이 필요하기 때문에 요구되는 것일 뿐이다. 심미에도 목적이 없다. 사람은 심미를 통해 자기 존재를 느끼지 않는다. 다만 그 안에서 얼마간의 만족을 느낄 뿐이다. 이 점은 창작자도 감상자도 마찬가지다. 또한 심미에는 미래가 없다. 그냥 지금 이 순간이 있을 뿐이다. 미래는 심미와 무관하다. 미래라는 것은 역사관에서 필요로 하는 가정일 뿐이다.

    창작의 자유도 그 자체가 목적이 될 순 없다. 표현양식의 한계를 넘어서려는 노력은 종종 예술 자체를 다시 정의하기도 했지만, 그 과정에서 정작 심미는 외면당했다. 예술가들은 새로운 예술의 탄생을 선언하면서 끊임없이 새로운 미래를 불러냈고, 그때마다 자신이 새 시대의 첫 인물인 양 행세하는 것이 유행이 되었다. 그렇게 새 시대의 창세주創世主는 끊임없이 등장했다. 전위前衛에 전위를 거듭하는 세태가 한 세기 내내 지속되다 보니 니체식 예술가가 난무했고 예술 그 자체를 맹목적으로 따르는 군중도 양산되었다. 예술에서는 예술혁명이 심미의 자리를 차지해버렸다.

자유란 본래 제한적인 것이다. 예술의 자유도 마찬가지다. 예술의 극한은 무엇일까? 그것은 예술의 문제가 아니라 차라리 예술에 관한 철학 명제라고 해야 할 것이다. 예술의 극한은 도달할 수 있거나 뛰어넘을 수 있는 무엇이 아니다. 도달하거나 뛰어넘어야 할 무엇이라면 그것은 이미 예술이 아니다.

미국의 아방가르드 예술가인 조지프 코수스Joseph Kosuth(1945~)도 "미래의 예술은 일종의 철학이 되어버렸다"라고 말한 바 있다. 또 다른 개념미술* 화가인 세스 지겔라우프Seth Siegelaub(1941~)도 1969년에 뉴욕에서 〈무예술, 무화가, 무조소〉전을 연 바 있다. 현대예술의 새로운 물줄기가 프랑스에서 미국으로 이동하면서, 미국의 권위 있는 현대미술 평론가인 헤럴드 로젠버그Harold Rosenberg(1906~1978)도 "오늘날의 예술은 반드시 사색적인 철학으로 변모해야 한다", "예술작품이 꼭 제작한 것일 필요는 없다"라는 선언으로 뒤샹의 자리를 대신했다.

회화도 1960년대부터 개념미술의 조류에 잠식되었다. 많은 화가들이 그때까지도 그림을 그리고는 있었지만, 예술사가들의 눈에는 그들의 존재가 들어오지 않았다. 현대예술을 주도하는 것은 어디까지나 개념예술, 혹은 예술에 대한 새로운 개념이었다. 1970~1980년대에 국제대전에서 회화와 조소는 행위예술, 개념예술, 대지예술land art**, 설치예술 installation art*** 등의 신예술에 완전히 자리를 내주고 말았다. 포스트모

---

* 완성된 상태를 의도하지 않고 창작의 이념이나 과정을 중시하는 예술로 작품의 물질적 실현에는 참여하지 않고 아이디어 형태의 정신적 관념concept이 곧 예술이라고 보는 태도다.

** 어스 워크earth work라고도 한다. '물질'로서의 예술을 부정하려는 경향과 반문명적인 문화현상이 뒤섞여 생겨난 미술 경향으로 1960년대 후반 미국과 영국에서 성행했다. 사막·산악·해변·설원 등의 넓은 땅을 파헤치거나 거기에 선을 새기고 사진에 수록하여 작품으로 삼거나 잔디 등의 자연물을 그릇에 담거나 직접 화랑에 운반하여 전시하는 수법으로 예술의 일시적 성격, 재료 또는 재질로서의 자연의 재인식, 자연환경의 창조적 응용 등을 강조한다.

더니즘도 모더니즘을 아카데미즘으로 매도했고, 회화 역시 아방가르드 이후의 신新아방가르드에 의해 거듭 종말을 고했다.

예술가들은 이제 예술로 철학을 하기 시작했다. 완전히 철학자가 되었다고는 할 수 없지만 최소한 예술을 전복할 수 있었고 또 전복했다. 그런데 혁명이 언제나 적을 필요로 하듯, 전복 역시 전복대상이 될 만한 적을 끊임없이 찾아내야 했다. 예술혁명은 그렇게 정치투쟁의 방법을 예술에 끌어들이기 시작했고, 예술가들은 예술관 투쟁에 뛰어들었다. 예술작품에 대한 심미적 평가 대신 새로운 개념 선포만 난무하게 되었다. 그것은 예술혁명의 투쟁방식이자 일종의 책략이었다.

앤디 워홀Andy Warhol(1928~1987)****이 아무렇지도 않게 마오쩌둥毛澤東을 광고 그림에 활용한 것은 독재정치에 대한 전복일까, 예술에 대한 전복일까? 누구도 '이것이다'라고 답할 수 없다는 데 이런 책략의 묘미가 있다. 그의 중국인 제자들은 발 빠르게 그의 책략을 학습했다. 회화의 기교를 얼마나 익혔는지는 중요한 문제가 아니었다. 한시라도 빨리 중국 대륙과 해외시장을 선점하여 판매진지를 구축하는 것만이 그들의 관심사였을 뿐이다. 예술에 대한 이런 전복이 곧장 사회와 정치를 과녁으로 삼지는 않았지만, 이들의 전복은 모더니즘 선배들의 명백한 정치성과는 구별되었다.

정치적으로 억압된 나라에서는 예술형식에 관한 논쟁조차도 곧바로 정치적으로 비화되곤 했다. 당국에서 주도하는 예술형식이 아니면 정치적으로 전복의사가 있다고 간주되었기 때문이다. 여기서 말하는 전복이

*** 회화나 조각을 전시할 분식적인 요소를 제거하고 메시지 전달을 위해 색다른 진열방식으로 보여주는 미술로 비엔날레를 통해 특히 주목받았다.
**** 미국 팝아트pop art의 선구자로 대중미술과 순수미술의 경계를 무너뜨리고 미술뿐만 아니라 영화, 광고, 디자인 등 시각예술 전반에서 혁명적인 변화를 주도했다. 주요 작품으로 〈캠벨 수프〉Campbell's soup(1962), 〈두 개의 마릴린〉The two Marilyns(1962), 〈마오〉Mao(1973), 〈자화상〉Self-Portrait(1986) 등이 있다.

란 포스트모더니즘의 그것과 다르다. 독재국가에서 새로운 형식을 추구하면 그것이 어떤 형식이든 간에 통치자의 정적으로 지목되어 감금, 총살, 노동개조를 당하기 일쑤였다. 구소련과 나치 치하의 독일은 물론 마오시대의 중국이 모두 그러했다.

서구사회에서 새로운 예술형식의 출현은 일종의 도전이라는 성격을 띤다. 설령 그것이 세상에 받아들여져 하나의 유행이 되어버린다 해도 그 또한 그 시대의 특징인 것이다. 서구사회에서 다다이즘, 미래주의 futurism*, 표현주의expressionism**, 초현실주의surrealism***와 같은 예술상의 전복은 공산주의, 사회주의, 아나키즘, 트로츠키주의****같은 20세기의 정치적 혁명과도 복잡하게 연계되어 있다.

그러나 베를린 장벽이 무너진 뒤로는 예술형식 논쟁에 내포되었던 이런 정치적 의미가 사라졌다. 예술형식에 담긴 정치적 함의는 이제 일종의 문화정책이 되어버렸다. 가령 서구에서는 현대예술박물관이라든가 국제 비엔날레와 같은 공공 문화기구들이 지식계의 논쟁을 주도하고, 현대예술 논쟁에 내포된 미학적 의미도 표현한다.

이렇게 정치·사회적 함의가 사라지자 남아 있는 전복대상이라고는 예술 자체와 예술가라는 존재뿐이었다. 요제프 보이스Joseph Beuys(1921

---

* 20세기 초에 일어난 이탈리아의 전위예술운동으로 과거의 전통과 아카데믹한 공식에 반기를 들고 기계문명이 가져온 도시의 약동감과 속도감을 새로운 미美로써 표현하려고 시도했다. 이러한 경향은 전쟁을 찬미하기도 하고, 미술관이나 도서관을 묘지墓地로 단정, 그에 대한 파괴운동을 벌일 정도로 과격했다.

** 20세기 초 주로 독일과 오스트리아에서 전개된 예술운동으로 작가 개인의 내부생명, 즉 자아自我와 혼魂의 주관적 표현을 추구하는 '감정표출의 예술'을 지향했다.

*** 프로이트의 정신분석에 영향을 받아 무의식의 세계 또는 꿈의 세계의 표현을 지향하는 20세기의 문학·예술사조로, 이성理性의 지배를 받지 않는 공상·환상의 세계를 중요시하며, 쉬르레알리즘surrealism이라고도 한다.

**** 레온 트로츠키Leon Trotskii(1879~1940)의 마르크스주의 혁명이론으로 스탈린의 일국 사회주의론에 반대하며 세계 혁명 없이는 사회주의의 달성은 불가능하다고 주장했는데, 오랜 세월 동안 각국 공산당이 자당의 지도에 따르지 않는 공산주의자를 트로츠키주의의 영향 아래에 있는지 여부와는 관계없이 트로츠키주의자라고 부르며 비난했기 때문에 자국의 공산당과는 다른 입장에 있는 다른 공산주의 사상을 가리켜 트로츠키주의라고 부르는 경우가 많다.

~1986)는 1970년대에 이미 "모든 사람이 예술가"라고 선언했다. 조물주 역할을 하는 니체식 예술가에서 뒤샹의 레디메이드, 보이스의 행위예술에 이르기까지 일련의 전복은 모두 예술과 예술가에 대한 종말선언이었다. 이로써 현대예술사는 다시 쓰였고, 전복의 예술가들은 청사에 길이 이름을 남겼다. 그러나 이런 예술사는 매우 특수한 것으로 예술사라기보다는 일종의 예술혁명 사상사에 가깝다. 이들이 남긴 것은 구체적인 예술작품이 아니라 예술에 대한 새로운 정의였기 때문이다.

혁명이 새로운 신화가 된 시대에 혁명은 또한 최고의 미신이기도 했다. 예술을 대상으로 하는 혁명은 20세기의 마지막 10~20년 사이에 그 주기가 더욱 짧아졌다. 여기에 언론의 보도 주기마저 짧아지면서 20세기의 예술혁명은 하나의 유행이 되었다. 국제대전에서도 현대예술은 스타를 추종하기보다 새로운 명제와 신인 예술가를 찾는 데 몰두했고, 그럴수록 예술가의 수명은 점점 더 짧아졌다. 국제대전이 끝나고 남는 것은 이제 예술가의 작품이 아니라 새로운 명제들의 목록이 되었다. 이것은 차라리 하나의 문건이라 해야 할 것이다.

예술에 관한 편년사가 예술사를 대체하기 시작했고 끊임없는 진화와 혁명이 현대예술의 특징이 되었다. 전복은 예술에 관한 연대기 서술에서 특히 가치를 발한다. 현대미술에서 작품 자체는 누구라도 만들 수 있는 별 볼일 없는 것이 되었다. 박물관에서도 작품들을 계보에 따라 연대순으로 진열하지 않으면 작품의 의미가 제대로 드러나지 않는다. 20세기 예술의 독특한 성격이라고도 할 수 있는 이런 현상은 특정 이념하에 전개된 예술혁명사라면 모를까, 그것을 20세기의 '예술사'라고 하기는 힘들다.

예술은 특정 관념 이상이고, 예술작품 또한 특정 이념이 반영된 예술사 서술보다 풍요로운 것이다. 예술사를 기술하는 방법이 다양해진 오늘날에는 더 말할 나위가 없다. 하지만 이런 식으로 예술혁명에 관한 연대기 서술로 예술과 예술가들을 전복하는 과정에서, 예술은 반예술 혹은 비예술이 되어버렸다. 그렇게 예술의 경계가 사라져버리자 이제는 무엇이든 예술이 될 수 있게 되었다. 예술가가 만들어내는 것은 이제 예술작품이 아니라 예술에 대한 새로운 정의가 되었고, 예술가가 창작하는 개인의 고유한 스타일은 전 세계적 일체화라는 새로운 조류에 휩쓸려버렸다. 예술가의 솜씨라는 개념이 무의미해진 대신 새로운 기술과 소재가 곧 기교가 되었고, 예술작품도 창작자의 관념 자체 혹은 기성품으로 대체되어버렸다.

사실 예술로 하는 혁명은 들라크루아를 그 시작이라고 볼 때 그리 오래된 일이 아니다. 예술혁명의 역사는 예술이 종교와 세속적 삶을 표현해온 역사보다도 짧다. 예술의 정치성과 현대성은 20세기 말에 나타난 현상이다. 예술의 정치성은 예술의 사회적 측면과 가치판단을, 현대성은 또 다른 미학적 가치관을 의미한다. 그러나 공산주의 혁명의 좌절과 함께 정치성의 가치는 사실상 폐기처분됐고, 모든 것이 상품화되는 소비사회가 되자 미학적 전복이라는 것도 하나의 유행이 되어 빠른 속도로 소비되었다. 예술가들도 포스트모던 소비기제에서 자유로울 수 없게 되었다. 그러자 예술가들은 창작이 아닌 지적 유희로 전향했다. 이것이 바로 현대예술의 도발 또는 전복의 실체다. 현대예술은 이제 직접적으로 정치권력을 공격하지 않고 사회를 건드리지도 않는다. 오히려 현대미술박물관이나 국제재단의 예술기금 같은 공공 문화기구에서 막대한 지원을 받으며 널리 보급된다.

지능화·세속화된 현대예술은 끊임없이 런칭되는 유행상품과 마찬가지로 포스트모던 소비사회의 여타 소식들과 보조를 같이한다. 19세기 말에서 20세기 초 사이의 모더니즘은 전통에 저항하고 전통을 파괴하면서 정치·사회·미학적 비판을 수행했지만, 전 지구적 상품경제가 도래하자마자 자신의 잔해조차 남기지 않고 사라져버렸다.

　현대예술에 대한 비평은 이제 더는 정치권력이나 사회의 압력에 의해 수행되지 않는다. 대중도 현대예술에는 아무 관심이 없다. 이제는 영화배우나 가수만이 공인된 문화상징이다. 현대예술에 관해 질문이라도 던지는 쪽은 지식계뿐이다. 이들은 주로 미학상의 질문을 던지면서 문화정책에 대한 논쟁을 벌인다. 그러나 이런 풍경은 지난 세기말의 의식붕괴를 반영하는, 사상적 위기에 대한 반응에 가깝다. 우리가 새로이 맞이하게 된 21세기가 진정 새로운가에 대해서는 묻지 않겠다. 그러나 오늘의 예술이 과연 지난 세기의 예술관을 이어가야 하는지에 대해서는 묻지 않을 수 없다.

3. 현대병이 된 현대성

> 현대성은 모더니즘 계열의 예술 조류를 추동하는 동시에 사회·정치·예술 분야의 혁명으로도 이어졌는데, 1960년대 이후에는 사회정치적 의미가 줄어들고 예술 자신에 대한 전복으로서의 예술혁명만이 남았다.

이론 혹은 개념이 예술을 주도하게 된 것은 20세기 예술 활동의 가장 큰 특징이다. 19세기에 강조되었던 것은 예술기법이었고, 그 이전에는 기교였다. 그로부터 한 세기가 흐르는 동안 예술관은 혁신에 혁신을 거듭했고, 방법이나 기교가 아니라 '새로움'만이 심미판단의 기준이 되었다.

현대성은 모더니즘 계열의 예술 조류를 추동하는 동시에 사회·정치·예술 분야의 혁명으로도 이어졌는데, 1960년대 이후에는 사회정치적 의미가 줄어들고 예술 자신에 대한 전복으로서의 예술혁명만이 남았다. 1970년대 말에서 1980년대 초의 현대예술은 당시의 사회와 정치, 그 이전의 모더니즘 예술에 도전했다. 이런 도전의 근거가 되었던 것도 현대성이었다.

현대성은 현대예술에 사회·정치·문화전통에 대한 충격을 안겼다. 전 세계적인 상품화가 진행된 포스트모던 시대에 이르러서는 무조건 새로운 것이 최고라는 믿음 아래, 전위예술조차 세계화된 유행 추종운동이 되어버렸다. 초기 전위예술이 보이던 정치권력과 사회에 대한 비판은 중성화·공동화되기 시작하더니 이내 언어유희로 변해버렸다. 이 언어유희는 나중에 또 다른 예술 원칙에 의해 '예술 자주自主'로 바뀌었다.

'새로움'은 그에 걸맞은 독특한 조형·표현수단을 찾지 못하면 한낱 공론에 지나지 않게 된다. 현대예술에서 말하는 '새로움'은 조형수단이나 표현기법상의 문제에 국한되지 않는다. 예술 자체에 대한 새로운 개념까지도 의미한다. 시각에 호소하는 조형예술의 형상을 그 형식과 함께 폐기한다는 것은 조형예술에 대한 가장 철저한 전복이었다. 이 전복 끝에 남는 것은 전시장의 전시물, 그중에서도 일상에서 흔히 보는 레디메이드였다.

예술가가 어떤 미학 원칙을 확립하게 되면, 그 예술가는 곧 창작의 위기를 맞이하곤 한다. 특정 미학 원칙을 위해 예술이 희생되는 것은 정치적 이념에 생명이 희생당하는 것 못지않게 불행한 일이다. 현대성은 종종 경직된 원칙으로 작용해서 예술을 관념유희로 만들어버리곤 했다.

예술은 미리 원칙을 정해두지 않지만, 유희는 정해진 규칙의 지배를 받는다는 점에서 예술과 다르다. 그런데 현대예술은 예술에 규칙을 만들었고, 그 규칙 아래서 예술가들은 예술이 아닌 유희를 하게 되었다. 20세기에 유희가 만연했던 것은 이렇게 미리 정해진 규칙들 때문이었다.

예술가 고유의 개성을 상실하고 전 세계적으로 일체화된 현대예술은 정부기관에서 운영하는 거대 규모의 현대미술관과 박물관들의 국제 네트워크, 다국적 재단·기금의 지원을 받았지만, 일반 대중은 대중과 괴리된 이런 현대예술에 아무런 관심을 보이지 않았다. 이런 현상은 현대 소비사회의 산물이기도 하다. 글로벌 상품경제 속에서 사람들은 상품의 제작자인 동시에 소비자가 되었고, 예술가 자신의 독특한 창조성은 예술시장이 소비해버렸다.

상품 마케팅은 한눈에 알 수 있는 단순하고 명료한 유행을 필요로 한다. 현대예술은 광고에 의존하는 동시에 그 자신이 광고로 활용되기도 했다. 앤디 워홀의 광고 이미지 시리즈와 팝아트는 현대예술에 대한 가장 정확한 주석이기도 하다. 이런 상품 지상의 사회에서는 상표야말로 가장 시대적인 미적 표지다.

기존 가치를 부정함으로써 확립된 새로운 가치는 순수한 형식만을 남기고 심미와 깊이는 제거해버렸다. 이제 중요한 것은 조형이 아닌 개념, 말 한마디로 제시하는 지극히 간단한 개념이었다. 끊임없이 새로움만을 추구하는 경향이 거듭 현실을 장악하면서, 유행이 지나간 것을 다시 돌아보는 일은 없어졌다. 예술가가 정성 들여 건축하는 세계를 기다려주는 일도 없어졌다. 예술가가 창작의 개성을 발휘하는 것도, 개인으로서의 특색을 발휘하는 것도 용납되지 않았다. 창작의 개성은 유행추수의 경쟁 속에서 빠르게 소모될 뿐이었다. 예술가로서는 조형적 기교를 발휘하기보다 레디메이드를 전시하는 것이 훨씬 편리한 방법이었다. 예술가가 활용해야 하는 것은 타고난 재능이나 자질이 아니라 지능이 되었고, 예술가는 창작자라기보다 한 시기를 지배하는 개념을 따르는 제작자에 가까워졌다. 이런 제작을 할 수 있는 예술가는 어디에나 있다. 그런 예술가는 국제 비엔날레나 국립현대박물관 어디서든 선발할 수 있다. 작가는 예정된 계획과 주제대로 제작을 하면 되었다. 그 주제는 전시 프로그램을 만드는 사람이 정한다. 예술의 새로운 물결은 이렇게 끊임없이 다시 생산된다.

예술가는 이런 새로운 흐름을 따르지 않으면 낙오한다. 자신만의 창작의 개성을 희생하고 싶지 않은 예술가도 세계 미술시장이 돌아가는 모습을 보고 나면, 세상이 미쳐 돌아가고 있거나 아니면 자신이 시대에 뒤처진 것이라고 생각할 수밖에 없게 된다.

개인의 심미와 일상에서 벗어난 현대예술은 주로 현대예술박물관이라는 곳에 안치되어, 전 세계적 소비사회의 거대 장식품이 되었다. 현대예술박물관은 이 시대 특유의 박물관 문화다. 이런 박물관 문화에 의지하는 예술가는 더 이상 심미적인 작품은 창작하지 못하게 된다.

예술가의 창작 생명도, 하나의 개념이 유행하는 시기도 날로 짧아지고 있다. 예술가의 세대는 주마등의 속도로 교체된다. 앞 세대의 예술가가 침상에서 임종하기도 전에, 그 세대의 예술은 다른 것으로 교체된다. 야수파, 초현실주의, 추상화 같은 1세대 예술가들은 30년을 갔지만, 팝아트, 퍼포먼스 페인팅performance painting, 행위예술과 같은 1950년대 이후의 현대예술은 채 10년을 가지 못했다. 1970년대 이후에 등장한 대지예술, 위장예술camouflage artwork(배경과 똑같은 분장으로 사람이 투명인간처럼 보이게 하는 분장예술), 설치예술의 유행주기는 몇 분기에 불과했다. 오늘날과 같은 다매체 시대에는 그 속도가 더 빨려져서, 전시목록과 작가리스트만 남긴 채 모든 것이 끝나 있는 경우도 많다. 이젠 작품만 보아서는 누구의 것인지 분별하기 어렵다. 예술가 고유의 창작 개성은 시대조류에 완전히 잠식당했다. 니체식의 초인 예술가도 전통적 가치관을 소탕하면서 예술가와 예술까지 소탕되리라고 예상하지는 못했을 것이다.

심미에 역사주의가 개입하면서 심미판단은 특정 예술관에 기댄 예술비평의 연대기가 되었다. 심미적 감성이 사라지자 미는 감성적인 것이 아니라 지적인 것에 가까워졌다. 미에 관한 텍스트와 새로운 개념만이 끊임없이 등장하기 시작했다. 이제 눈에 보이는 것은 미가 아니라 미에 대한 개념뿐이다.

이제는 아름다움이라는 것도 철 지난 단어가 되어버렸다. 아름다움은 자산계급의 부패한 취미 혹은 예술에 대한 새로운 개념을 교육받은 대중의 악습에 불과하다. 현대예술박물관에 전시된 것은 곧 쓰레기가 될 판이다. 혹은 진짜 쓰레기를 전시하기도 한다. 아름다움은 이제 현대예술박물관에조차 진입하지 못하고 있다.

미친 시대인가? 미친 철학, 미친 미학은 사람을 정말 미치게 할 수 있다. 예술가들은 마치 역병을 피하듯 미와 감성에서 도망치고 있다. 대신 물성을 수용한다. 창작의 내면과 감성은 텅 비어간다. 보이는 것은 전시장의 하얀 벽과 쓸데없는 서명들, 말 못하는 벙어리들뿐이다. 모두가 현대예술의 교화를 받은 덕분이다.

현대예술에서 보이는 미의 상실은 인성의 상실이기도 하다. 외젠 이오네스코Eugène Ionesco(1909~1994: 루마니아 출신의 프랑스 극작가, 시인, 소설가)의 연극에 나오는 커다란 신발(물성을 상징한다)은 집에도 들어가지 못할 만큼 커졌을 뿐 아니라 이제는 전 세계의 현대예술박물관을 가득 채울 만큼 거대해졌다.

끊임없는 예술혁명이 얼마나 예술을 피폐하게 만드는지를 깨달은 자코메티Alberto Giacometti(1901~1966: 스위스의 조각가, 화가)와 앙드레 드랭 André Derain(1880~1954: 프랑스의 화가)은 아방가르드 운동에서 빠져나와 자신만의 독자적인 예술을 추구해나갔다. 또 발튀스Balthus(1908~2001: 폴란드 태생의 프랑스 초현실주의 화가)는 단단하고 오래된 암초처럼 고전주의로 돌아감으로써 시대조류에 잠식당하지 않을 수 있었다. 프랜시스 베이컨 Francis Bacon(1909~1992: 영국의 화가)은 회화의 새로운 가능성을 찾고자 노력한 끝에 시대를 뛰어넘는 작품을 남길 수 있었다.

20세기 예술을 주도했던 사조는 전통에 대한 파괴를 혁신의 근거로 삼았을 뿐 시대를 초월하는 보편 원칙은 아니었다. 예술창작에는 절대적인 보편 원칙이라는 것이 있을 수 없다. 예술가 고유의 독창성을 간과하는 예술사는 무미건조해진다. 예술가의 독창성은 앞 세대를 부정해야만 확립되는 것이 아니다. 비판을 위한 비판은 악순환으로 빠질 뿐이다. 상대방의 근거를 비판하려다 보면 상대방의 논리를 사용하거나 상대의 진영 속으로 들어가 싸우려고 하기 마련이다. 그러나 거기서 빠져나오기는 쉽지 않다.

예술가의 혁신에는 두 가지 방식이 있다. 하나는 새로운 형식을 낳는 개념을 만드는 것이고, 다른 하나는 기존의 형식 안에서 표현을 새롭게 하는 것이다. 후자는 이미 존재하는 형식 안에서 새로운 표현의 가능성을 발굴하는 방식이다. 오래된 형식이라 할지라도 그것에서 길어 올린 생명력은 무궁무진하다. 화가의 창조력만 있다면 회화라고 하는 이 오래된 예술에는 영원히 끝이 없을 것이다.

한때는 예술가에게 창작 충동이 되었던 현대성은 이제 공허한 원칙이 되어버렸다. 새로움을 위한 새로움을 추구하며 끊임없이 앞 세대를 부정하던 정신은 예술가의 창조성을 불러일으키지 못한 채 끊임없이 유행만 교체시키는 상품기제로 바뀌었을 뿐이다.

4. 초인 예술가는 죽었다

> 예술가 자신도 보통 사람과 다를 바 없는 취약한 개인임을 인정한다면 더 건강하게 살아갈 수 있다. 공연히 예술의 바깥에서, 자신이 감당하지도 못할 창세주니 혁명의 지도자니 하는 허망한 역할을 맡아 연기하지 않아도 된다.

니체가 선언한 초인은 20세기 예술에도 막대한 영향을 미쳤다. 예술가는 자신을 초인으로 자인하는 순간 미치기 시작한다. 무한 팽창한 자아는 방향을 잃은 채 맹목적인 폭력으로 돌변한다. 예술혁명가는 바로 이렇게 탄생했다. 그러나 예술가 또한 다른 모든 사람과 마찬가지로 나약한 일개인일 뿐이다. 예술가는 인류를 구원한다는 위대한 사명을 감당할 수 없고, 이 세상을 구할 수도 없다.

니체가 창조한 이 무한 나르시시즘의 소유자는 하나의 가상일 뿐이다. 전통을 부정하는 행위는 결국 자아의 부정으로 귀결된다. 유물사관과 결합된 혁명역사관 뒤에는 기존의 하느님 대신 하느님에 가까운 개인이 있다. 그 개인이 과도한 자아팽창에도 불구하고 정신분열에 이르지만 않는다면, 뒤샹처럼 세상을 가지고 노는 방향으로 나아가게 된다. 20세기 초 뒤샹이 내놓은 최초의 레디메이드는 세상을 조롱하는 의미를 담고 있었다. 포스트모던 시대에 이르러 워홀은 아예 광고를 모방한 작품을 제작했다. 이 또한 부단한 예술혁명의 귀결이다.

그로부터 다시 한 세기가 지난 지금, 니체가 말한 영원회귀는 보이지 않는다. 조물주와도 같은 예술가라는 생각은 조롱받고 있다. 낭만주의 말기에 외쳤던 소리가 다음 세기에 대한 예언이 된다는 것은 어리석은 일이다. 예술가는 자신이 처해 있는 현실부터 똑바로 깨달을 필요가 있다. 모든 것이 물화된 시대에 니체식의 광기 어린 전복은 부자유스러운 조작이고, 오만이며, 거짓일 뿐이다. 차라리 카프카가 묘사한 곤혹스러운 현실이야말로 20세기의 진실이다.

예술가는 이 세상을 구원하지 못한다. 다만 자기 자신을 완성할 수 있을 뿐이다. 자신의 느낌, 상상, 백일몽, 자기연민과 자학, 만족스럽지 않은 욕망과 근심 등을 자신의 작품에 녹여낼 수 있을 뿐이다. 예술은 예술가의 종교라기보다 그 자신의 생활방식에 가깝다. 예술가는 함부로 교주가 되려고 해서는 안 된다. 그보다는 차라리 다른 실제적인 일들을 몸소 체험하고 힘써 행하는 편이 낫다. 그래야 그 자신의 예술도 진실해질 수 있다.

예술가가 창작에 몰두하는 데는 아무런 목적이 없다. 그는 다만 자신의 표현 욕구를 발산하고 싶은 것뿐이다. 그런 욕구를 지속시키는 힘은 무언가를 타도하는 데서 나오지 않는다. 차라리 모든 인위적 가치관을 배제할 때 가능하다. 예술가가 창작에 몰두하고 있을 때는 예술사도 미학도 눈에 들어오지 않는다. 예술사와 미학의 배후에 있는 그 시대의 이념은 더욱 말할 것도 없다. 창작에 몰두하고 있을 때의 예술가는 지혜와 본능이 한 몸에 뒤엉켜 있는 주화입마 走火入魔의 상태에 가깝기 때문에 자칫 미쳐버릴 수도 있다. 그러나 일단 작품이 완성되고 어느 정도 냉정을 되찾으면, 실망 혹은 만족을, 의혹이나 자신감 상실 혹은 약간의 기쁨을 느끼게 된다. 이제부터는 뭘 해야 하지? 앞으로 또 무엇을 할 수 있을까? 하는 자문에 빠지기도 한다. 모두 정상적인 일이다.

예술가는 자신도 다른 사람들과 다를 바 없는 취약한 개인임을 인정한다면 더 건강하게 살아갈 수 있다. 공연히 예술의 바깥에, 자신이 감당하지도 못할 창세주니 혁명의 지도자니 하는 허망한 역을 맡아 연기하지 않아도 된다. 예술가는 다만 예술의 창조자로서 지금 이 순간 작업하는 작품에 충실하면 된다. 죽은 사람을 짓밟을 필요도, 앞 사람을 타도할 이유도 없다. 예술은 정치투쟁의 장이 아니다. 그러나 20세기 예술사는 바로 이런 끔찍한 투쟁사였다. 예술가는 역사학자들의 손에서 빠져나와 조물주가 아닌 자기 자신의 모습을 회복해야 한다.

분노가 시인을 낳을 수는 있다. 그러나 분노가 예술가를 낳을 수는 없다. 분노의 격정을 언어로 표출할 수는 있다. 그러나 분노는 조형예술가가 다루기에 만만한 감정이 아니다. 피카소가 그린 20세기 회화의 걸작 〈게르니카〉에는 정치적 경향성이 담겨 있다. 그러나 이 작품에 담긴, 미의 파괴에 대한 거대한 슬픔은 고대 그리스의 소조작품과 마찬가지로 사람을 전율시킨다. 폭력에 대한 예술가의 항거가 '이에는 이' 식이어서는 곤란하다. 분노를 예술로 표출하기 위해서는 재능이 필요하다. 예술가는 감정적 충동을 뛰어넘어, 진심과 전력을 작품에 쏟아부어야 한다. 예술은 항거의 도구가 아니다. 예술을 항거의 도구로 삼느니 직접 거리로 뛰어나가 시위를 하는 편이 더 효과적이다. 예술을 선전도구로 활용하고 싶은 것은 정치의 욕망이다. 예술의 본질은 심미에 있다.

예술가는 시대를 대변하는 존재가 아니다. 시대를 대변하는 일은 정치활동가가 하면 된다. 시대는 누구에 의해 대변되는 것이 아니다. 대변이 된다 해도, 그 대변자가 최소한 예술가는 아니다. 예술가는 기껏해야 자신의 말을 할 수 있을 뿐이다. 시대가 예술가의 말을 들어주는 것도 아니다.

예술가는 선지자를 자임하려고 해서도 안 된다. 예언에는 얼마나 많은 거짓말이 뒤섞이기 마련인가. 예술가는 작품을 남길 수만 있다면 여한이 없는 존재다. 예술가라는 사람도 어디까지나 취약한 한 개인으로서 지금 이 순간을 살아가고 있을 뿐이다. 어쩌면 예술가는 창작과정에서 충분한 만족을 얻지 못하면 작업을 계속해나가지 못할지도 모른다. 그러나 미래의 창작을 더 염두에 둔다면, 그 또한 허망한 자기연민에 더 가깝다. 예술가는 결국 창조하는 사람이지 사회를 비판하고 뜯어고치는 사람이 아니다. 예술가의 사회비판 여부는 작품의 심미적 가치하고는 아무런 상관이 없다.

예술가는 무엇보다도 심미의 존재여야 한다. 그 자신의 정치의식이 심미와 창작활동에 영향을 미칠 수도 있지만 어쨌거나 예술가는 창조자다. 혹 사회를 비판하거나 사회에 도전할 수도 있지만, 그런 활동도 정치의식에 의해서가 아니라 어디까지나 심미적 판단에서 비롯된 것이어야 한다. 어떤 인위적 가치관, 즉 사회적·정치적 혹은 윤리적 가치관이 예술가 개인의 심미판단을 대체하고 있다면, 그 예술가는 죽은 것이나 다름없다.

예술가의 창조자로서의 본성은 타인의 지배를 받지 않으며, 집단의 의지에도 휘둘리지 않고, 그 어떤 공인된 진리를 따르지도 않는다. 권력이나 관념에서 비롯된 그 어떤 강제나 구속도, 예술가의 창조적 본성을 압살하지 못한다. 예술가 개인의 미학만이 그 자신의 인생철학이며 윤리다.

창조자로서의 예술가는 충분한 자유를 필요로 한다. 세상이 그에게 얼마만큼의 자유를 허용하든, 그 자신만은 정신적으로라도 자유를 신으로 섬기며 자기만의 신앙을 확립해야 한다. 그렇게 하지 못하면 그는 창작활동을 이어나가기 어렵다. 비정상적으로 미친 예술가가 아니라면, 그는 분명 지위나 권력을 향유하려 하지 않을 것이다. 그에게는 자신의 창작에 필요한 만큼의 자유만 있으면 족하고, 자신의 작품을 인정받는 정도의 권위를 누릴 수 있으면 족하다. 사회는 언제나 예술가의 자유를 제한하려 하고, 예술가는 언제나 그런 사회에 반발한다.

예술가도 특정 권력이나 집단에 속하게 되면 그 집단의 인정을 구걸하게 된다. 그렇게 타협하고 굴종하게 된다. 예술가의 반발은 그 자신의 독립적 개성을 유지할 수 있을 때만 가능하며, 예술가 자신의 자유로운 창작으로 이어질 때 비로소 의미를 얻는다.

예술가가 창작의 개인성을 잃어버리면, 사회비판이 작품에 대한 심미판단을 대체해버리고 만다. 예술은 사망하고, 이때 남는 것 역시 비판이 아니라 비판의 제스처일 뿐이다. 창조자가 아닌 전복자가 되어 예술로 사회를 전복시키려 한다 해도 사회는 전복된 적이 없다. 오히려 예술 자신이 전복되는 동시에 창조자로서의 예술가만 소멸할 뿐이었다.

20세기에 죽은 것은 신만이 아니었다. 초인을 자처하는 예술가도 죽었다. 조물주의 절대의지 역시 글로벌 상품경제의 광풍에 쓸려가 버린 지 오래다. 끊임없이 새로운 물결이 다시 생성되는 국제 비엔날레에서도 예술가는 최신 관념과 최신 명제의 집행자일 뿐이다. 예술가의 개성과 창작의 개인성은 소멸하고, 예술은 소비사회 속 공공장소의 장식물로 물화되었다. 시류를 좇는다는 것은 끝이 없는 길이다. 매번 다시 쓰이는 예술사에 이름을 남긴다는 것은, 그 순간이 지나면 다시는 거들떠보지 않을 작품을 만든 적이 있다는 뜻일 뿐이다.

예술가는 이런 치유 불가능한 현대병에서 벗어나 한 개인으로, 순수한 개인의 심미로 돌아와야 한다. 자기만의 예술적 독립성을 지켜야 한다. 사회에 대한 도전이란 결국 예술가 자신에 대한 도전이어야 한다. 사회, 정치, 권력, 시류, 정치의식을 향한 도전은 반드시 실패하게 되어 있다. 그러나 자신의 예술에 대한 확신은 자기 자신에게 달려 있다.

5. 예술가의 미학

> 동조를 구하기보다 차이를 발견하는 데 예술가의 의의가 있다. 창조는 차이의 발견에서 오기 때문이다.

동서양 사회에서는 이제 예술혁명과 혁명예술을 포함한 모든 종류의 혁명이 자취를 감추었다.

모나리자의 얼굴에 수염을 그린 시도는 설령 그것이 악동의 장난이 아니라 해도, 얼마간은 폭력이 된다. 미학상의 폭력도 폭력이다. 물론 이런 폭력 때문에 원작의 매력이 훼손되었다면서 레오나르도 다빈치가 슬퍼할 일은 없겠지만 말이다.

예술은 전쟁을 하는 장이 아니다. 그럼에도 20세기에는 예술계에까지 혁명의 물결이 몰아쳤다. 평화로운 창작의 장이어야 할 곳이 투쟁의 장으로 변해버렸다. 시비판단과 정치적 올바름이라는 기준이 심미판단을 대체해버렸다. 예술에는 본래 시비다툼이 없고 진보성이라는 기준으로 재판이 이루어지는 곳도 아니다. 예술은 운동경기가 아니므로 심판이 필요하지 않다. 승자나 패자도 있을 수 없다. 예술가란 단지 작품을 남기는 존재일 뿐이다.

예술창작의 영역에서는 누가 누구를 이긴다거나, 앞 세대와 뒤 세대가 서로를 무너뜨리는 싸움이 있을 수 없다. 높고 낮은 수준 차는 있을 수 있지만, 그 또한 누구의 목소리가 더 큰가에 따라 결정되지 않는다. 두 세기 반 이전의 조르주 드 라 투르George de La Tour(1593~1652: 세련된 화법으로 구약을 소재로 한 그림을 많이 그렸으며, 촛불의 빛을 이용한 다채로운 그림을 그려 '촛불의 화가'로도 불린다)는 침묵 속에서도 고고히 빛난다. 그대도 예수에 대해서는 비역사적인 태도를 취하지 않는가. 심미는 영원히 개인적인 것이다. 예술가가 창작을 할 때도, 누군가가 작품을 감상할 때도, 저마다 조금씩 다른 심미 취향이 존재하기 마련이다. 그뿐만 아니라 심미 활동은 어디까지나 지금 이 순간, 눈앞에 존재하는 것을 대상으로 이루어지는 것이다.

예술은 역사와 다르다. 역사는 매번 다시 쓰이지만, 예술작품은 한번 완성되면 다시 만들어질 수 없다. 그러나 예술작품과 역사는 사람에 따라 평가가 달라진다는 점과, 그 시대의 지배관념의 영향을 받는다는 점에서 공통적이다. 혁명이 되풀이되었던 20세기에는 가치의 전복을 우선시했다. 그런데 그런 예술관은 조금만 시간이 흐르면 그 자신마저 낡은 것으로 취급되기 일쑤였다. 이런 것도 변증법이라고 할 수 있을까? 부정의 부정을 역사의 법칙으로 하는 세계관은 사변성을 만족시킬 뿐이다.

적어도 예술에서 추리와 사변은 함정에 지나지 않는다. 너 자신의 경험을 통해서도 잘 알 것이다. 언어에만 호소할 뿐 형상을 장악하는 데 이르지 못했다면, 네가 그린 그림은 낙서에 지나지 않는다. 사변이나 논증은 어디까지나 예술비평이나 예술사 혹은 미학의 일일 뿐이다. 화가의 작업에도 물론 이론적 사유가 있을 수 있지만, 이때의 이론은 철학자의 미학과 다르다. 예술가의 미학은 창작과정에서, 그 작업에 방향을 부여하는 역할을 한다. 이미 존재하는 예술을 하나의 현상으로 간주하여 분석하고 사유함으로써 보편적인 규칙과 가치를 끌어내는 철학자의 미학과는 근본적으로 다르다. 예술가의 이론은 예술가 자신의 창작작업과 밀접한 관련을 맺고 있기 때문에 지극히 개인적이다.

동조를 구하기보다 차이를 발견하는 데 예술가의 의의가 있다. 창조는 차이의 발견에서 오기 때문이다.

예술가는 보편적인 심미기준이나 가치관을 세우는 데 공을 들이지 않는다. 다른 누군가가 만들어놓은 관념이나 미적 표준을 따르지도 않는다. 그런 것을 따르는 순간 창작의 자유는 잃게 되기 때문이다. 오히려 예술가는 마음에서 우러나는 자기만의 고유한 심미평가 기준을 갖는다. 예술가의 심미도 변하기는 하지만, 그 뿌리가 굳건하기에 시류와 풍속에 함부로 휘둘리지 않는다. 예술가 자신이 오랜 세월에 걸쳐 이룩한 미적 취향과 판단은 혼자만의 자의적 기준이 아니라 오랜 역사적·문화적 연원을 지닌다. 바로 이런 공공성 덕분에 다른 사람들과의 소통과 교류가 가능해지는 것이다. 이때의 교류는 어디까지나 개인의 직관과 감수성이라는 토대 위에서 이루어진다.

예술가도 사유 활동을 한다. 그러나 이 사유는 자신의 작품을 어떻게 만들어나갈 것인지를 고민한 결과로서의 주관적 이론일 뿐이다. 이런 것도 미학이라고 한다면 그것은 눈앞의 예술을 대상으로 한, 예술가 자신의 창작미학이라고 할 수 있을 것이다. 창작이 이루어지는 '지금 여기'에는 예술철학이나 예술사가 비집고 들어설 자리가 없다. 예술비평이나 예술사조처럼 한 시대의 의식을 규정하는 이론 따위는 예술가의 창작미학에 아무런 영향도 발휘하지 못한다. 예술가의 창작미학도 하나의 이론이라고 할 수 있다면, 그것은 어디까지나 '지금 여기'에 존재하는 아름다움에 관한 것이다. 또한 지극히 개인적이고 형이상학과는 무관한 그 무엇이다. 예술가의 미학은 감성과 경험에서 우러난다. 설령 이론으로 표현된다 하더라도 그것은 어디까지나 창작의 영감을 촉발시키기 위한 수단이거나 예술가 자신이 다시금 직관과 깨달음으로 되돌아오기 위한 길일 뿐이다.

　예술가에게 형이상학적 미학은 창작의 첫발을 내딛기 위한 일종의 상식 같은 것이다. 예술가의 창작미학은 논증에 뿌리를 둔 것이 아니다. 그것은 예술가 자신이 스스로 설정한 한계를 딛고 한발 한발 걸어 올라가는 계단과 같다. 그 계단을 통해 예술가는 새로운 창작의 방향으로 나아간다. 창작 경험에서 비롯되는 이런 이론은 이론 자체를 수립하는 데서 자기만족을 구하지 않는다. 오히려 새로운 직관과 감각을 불러일으켜 예술가를 새로운 창작의 길로 이끈다.

6. 지금 이 순간의 아름다움

> 주체 내부의 개인적 감수성이 닫혀 있는 상태에서 다른 공통의 언어를 찾지 못하면, 이런 소통은 불가능하다. 예술가의 조형은 사적인 밀어가 아니라 일반 대중이 널리 알아들을 수 있는 예술언어다.

모든 사람이 보편적으로 인정하는 아름다움이 존재할까? 존재한다고 단정할 수도 없고, 존재하지 않는다고 말할 수도 없다. 어차피 증명할 방법은 없으니까. 아름다움은 인간에게만 있는 고유한 느낌이다. 사람들이 서로 어떻게 다르건, 아름답다고 느낀 그것이 얼마나 비슷하건 다르건 간에 아름다움은 어디까지나 한 사람만의 느낌이다.

아름다움은 직접 봄으로써 느껴지는 것이지 다른 누군가의 추천으로 생길 수 있는 감정이 아니다. 아름다움에 관한 관념 혹은 이성도 아름다움 자체와는 거리가 멀다. 지금 이 순간 존재하는 아름다움. 이런 즉시성이야말로 예술창작이 이루어지는 그 순간, 작품을 감상하는 그 순간에 아름다움이 존재하게 한다.

미의 탄생과 심미는 모두 지금 이 순간에 일어나는 과정이다. 아름답다는 느낌이 있고 나서야 판단이 있다. 판단은 심미의 결과, 즉 심미적 심리활동의 완성이다. 판단이 심미의 과정에서 분리되면 추상적인 가치가 곧 관념이 되어 아름다움은 멀리 달아나버린다.

아름다움은 심미대상(예술품)과 심미자(예술가 혹은 감상자) 사이에 존재하며, 그 상호관계 안에서 실현된다. 미는 심미대상과 심미자 사이의 교류를 통해 실현된다는 뜻이다. 이런 과정을 무시하고 미의 표준이나 가치를 토론하는 것은 미에 대한 관념에 지나지 않는다.

아름다움에는 객관성도 있고 주관성도 있다. 심미자와 심미대상의 관계를 주체와 객체 사이의 교류라고 할 수도 있다. 하지만 미의 객관적 속성을 자의적으로 정할 수는 없다. 아름다움은 어디까지나 심미자의 느낌을 통해 밖으로 드러날 뿐이다. 평소에는 예술품 안에 감추어져 있다.

감상자마다 예술품을 보며 느끼는 것이 같을 수도 있고 다를 수도 있지만, 그 차이가 반드시 예술품 때문에 생겨나는 것은 아니다. 예술품의 아름다움은 과학법칙처럼 증명 가능한 무엇이 아니다.

예술품 자체는 객관적으로 존재하지만, 그 작품에 담긴 아름다움은 감상자의 심미를 불러일으키는 일종의 가능성으로 존재한다. 아름다움은 심미의 주체 없이 실현되지 못한다.

창작이란 바로 이런 가능성을 작품에 불어넣는 일이다. 예술가는 조형을 통해 아름다움을 창조하는 사람이다. 자신의 심미적 감성을 작품으로 만들어낼 때 예술가는 창작을 통해 자신의 주관적 감성을 작품에 실현시키는 것이다. 이렇게 예술가가 아름다움을 빚어내는 과정과 감상자가 완성된 작품을 바라보는 심미의 과정은 모두 작품에 담긴 아름다움이 주체를 통해 실현되는 과정이다. 사물로서의 예술품은 주체를 만나 실현될 아름다움의 가능성을 품고 있는 것이다.

미의 창조와 미의 재현은 모두 창조자와 수용자라는 주체를 통해 실현된다. 그 주체는 어디까지나 한 개인이다. 예술에서 미의 실현은 이렇게 현시現時적인 동시에 직접적이고 생동적이다. 그러나 형이상학적 진실과 같은 추상적인 미는 예술이 아닌 철학에 속하는 대상이다.

심미라고 하는 심리적 과정은 미의 실현과 미에 관한 가치, 두 가지로 이루어져 있다. 예술창작과 예술감상 모두 미의 가치판단과 미의 표준 확립이라는 두 가지 일로 이루어져 있다.

예술가도 당연히 특정 심미관의 영향을 받는다. 그러나 예술가는 창작과정에서 자신이 만들고 있는 작품과 끊임없이 교류하면서 직관이 남달리 예민해진다. 그 과정에서 기존의 관념들은 머릿속에서 사라지고, 작품의 아름다움은 오로지 예술가 자신의 직관을 통해서만 실현된다. 작품을 집중해서 감상하는 감상자도 마찬가지다. 작품을 감상하는 그 순간에는 예술사적 지식이며 미학이론 등은 머릿속에서 사라지고 오로지 그 작품 자체와 대화하게 된다.

대화하는 양측의 언어는 민족, 문화, 역사, 시대, 어종의 구애를 받지 않는다. 사람 사이의 교류는 사람이면 누구에게나 있는 감각과 의식 덕분에 가능하다. 감각과 의식은 예술이 사람들 사이에서 소통될 수 있는 기초이기도 하다. 예술의 창작과 감상은 어디까지나 개인의 주관성을 토대로 이루어지지만 그럼에도 예술은 사람들 사이에서 소통이 된다. 이런 소통 가능성은 사람의 감상능력에서 비롯된다. 특정 시대를 지배하는 특정 가치관은 그다음 문제다.

그런데 주체 내부의 개인적 감수성이 닫혀 있는 상태에서 다른 공통의 언어를 찾지 못하면, 이런 소통은 불가능하다. 예술가의 조형은 사적인 밀어가 아니라 일반 대중이 널리 알아들을 수 있는 예술언어다.

모든 예술은 형식에 담겨 표현된다. 그러나 개인의 감수성이 담겨 있지 않은 형식은 그냥 형식에 지나지 않는다. 재료는 재료이고 물품은 물품일 뿐이지만 그 재료나 물품이 예술품이 되면, 그 작품의 심미적 의의를 해석할 때는 언어에 의존하게 된다. 그런데 이렇게 해석에 사용되는 언어는 나중에 예술 자체를 대신하는 해설이 되어버리곤 한다.

문자로 이루어진 설명이 예술작품의 조형을 대신하면, 심미도 언설로 대체되고 만다. 예술에 대한 개념이 심미를 대체하면, 아름다움은 예술가를 통해 작품에 스며들지 못하고 특정 예술관에 의한 해설만 난무하기 일쑤다. 이렇게 되면 창작과 감상 모두 심미가 아닌 관념에 의해 이루어진다. 아름다움은 일종의 언설이 되어버리거나 아니면 아예 사라져버린다. 예술가 역시 심미의 존재가 아니라 예술에 대한 개념을 발명 혹은 제작하는 사람이 된다. 아예 예술개념 자체를 담당하는 세객說客이 되어버리기도 한다.

"현대예술은 개인의 심미적 감성이 아닌 언설에 의존하고 있으며, 창작의 개인주의가 살아 움직이고 있어야 할 자리는 한 시대를 지배하는 예술개념이 차지해버렸고, 예술가 개개인의 취향 대신 현대성에 대한 해설만 존재하고 있다."

예술가가 시대를 대변하는 목소리를 내려고 하면, 그 사회에서 가장 널리 통용되는 화법에 길들여지기 마련이다. 그런 화법에 길들여질수록 예술가의 발언은 새로운 내용이라고는 찾아볼 수 없는 공허한 제스처에 가까워진다.

예술가의 창작이든 수용자의 감상이든 아름다움의 개인성과 즉시성은 어디에서나 통용되는 통일된 심미판단과 무관하다. 예술가가 현대성에 대한 끊임없는 해설의 물결에 잠식당하지만 않는다면, 창작의 독특성을 끝까지 지켜낸다면, 예술가 자신이 창작의 개인주의를 지키며 예술개념의 연대기에 편입되기를 거부한다면, 최소한 예술가 자신은 보호할 수 있다.

7. 진실에 대한 신념

> 예술가에게 필요한 것은 진리가 아니라 진리에 대한 신념, 나아가 예술에 대한 신념이라는 점에서 예술가는 철학자와 다르다. 예술에 대한 예술가의 신념은 눈으로 볼 수 있거나 손으로 만질 수 있는 구체적 감각의 토대 위에 세워져야 한다.

진실이 심미판단의 기준이 되어야 한다는 생각은 일종의 심미관의 문제다. 진실은 아름다움의 필요조건이 아니다. 진실이 곧 아름다움이라는 생각은 시비판단과 윤리적 선악의 문제를 심미에 끌어들이겠다는 뜻이다. 그러나 시비·선악은 심미와 연결될 수도, 연결되지 않을 수도 있다. 연결된다고 믿는 심미자에게는 연결되는 문제고, 그렇지 않다고 믿는 자에게는 심미와 시비·선악은 무관하다.

그럼에도 예술은 분명 진실을 추구한다. 진실에서 벗어난 예술은 흔히 부박하다고 여겨진다. 그렇다면 도대체 무엇이 진실인가?

진실에 관한 심미관은 최소한 예술이 현실세계와 밀접한 관련을 맺고 있다는 사실을 말해준다. 예술적 표현이 서로 다른 예술가들도 이 사실만은 자신의 예술표현의 근거로 인정한다.

예술의 진실은 현실세계를 가리키는가, 아니면 현실세계에 대한 인식을 의미하는가? 어떤 인식이어야 진실하다고 말할 수 있는가? 그것이 진실한가 아닌가는 어떤 기준으로 검증하는가? 이런 문제는 미학적으로 끊임없이 논의되어왔다.

현실이 곧 진실이라면, 현실 속의 진짜 사람과 사물이 모두 예술이 되는가? 그렇다면 현대예술의 레디메이드와 예술가 자신의 직접적인 퍼포먼스야말로 가장 진실한 예술이 된다. 모든 사람이 예술가이며 전시장에 전시된 모든 물품이 예술가라는 생각은 바로 여기서 나온 것이다. 물론 그것도 하나의 예술관일 뿐이다. 이런 예술관은 예술의 진실이 예술에 대한 인식의 문제라는 생각을 보여준다.

현대예술 이론가들은 예술에 재현된 현실은 진실이 아니라고 말한다. 그것은 현실을 드러내는 표상일 뿐 진정한 본질은 현실주의 화가의 붓 너머로 달아나버렸다고 말이다. 이것이 형식주의와 추상예술의 근거이자 요즘 유행하고 있는 현대예술론이다.

회화에서도 투시와 음영, 심도 depth of field 등을 없애고 예술이 불러일으키는 환각도 사라질 때 예술이 더욱 진실에 가까워질 수 있다는 것이 19세기 말, 20세기 초의 현대회화 이론이었다. 1960년대에 이르러 다시 한번 예술혁명이 일어나면서, 회화의 진실은 화면에 그려진 가상이 아니라 화면을 이루는 안료나 재료 같은 구성물을 의미하기에 이르렀다. 나아가 평면에 그림을 그리는 것 자체가 철 지난 이야기가 되어버렸다. 전시장에 전시해야 할 것은 이제 진짜 물품이다. 그러나 이런 종류의 진실론은 모두 하나의 언설에 지나지 않는다.

무엇이 예술의 진실 혹은 진실의 예술이건 간에 이런 형이상학적 사변은 예술가에게는 아무런 쓸모가 없다. 예술가에게 필요한 것은 진리가 아니라 진리에 대한 신념, 나아가 예술에 대한 신념이라는 점에서 예술가는 철학자와 다르다. 예술에 대한 예술가의 신념은 눈으로 볼 수 있거나 손으로 만질 수 있는 구체적 감각의 토대 위에 세워져야 한다. 예술가에게 진실은 예술에 대한 예술가 자신의 진정성과 관련된 문제다.

예술가에게 요구되는 것은 심미와 윤리의 통합이다. 예술가는 실제적인 감각을 통해 진실에 대한 신념에 다다를 수 있어야 한다.

예술의 진실에 관한 논쟁은 앞으로도 계속될 것이다. 그러나 예술가는 이런 논쟁에서 예술의 진실을 찾으려 해서는 안 된다. 예술가 한 사람 한 사람의 다양한 진실은 오직 그들 자신의 눈에만 보이는 것이다. 아름다움에 대해서는 모두가 인정하는 보편적 기준이라는 것이 존재하지 않는다. 진실, 즉 예술적 표현에 대한 예술가 자신의 신념은 예술가 자신의 현실과 불가분의 관계를 맺고 있다. 예술가에게 진실은 심미적 의의라기보다 예술가의 윤리에 더 가깝다. 물론 예술가의 심미에 윤리적 판단이 포함되지 않을 수도 있다. 그러나 예술가에게 진실은 무엇보다도 예술에 대한 예술가의 흔들림 없는 신념을 의미한다. 그 신념은 종교적 신앙이나 하느님보다도 중요하다. 이런 진실감을 잃어버린 예술가는 예술을 계속해나갈 수 없다. 예술가의 예술이 내면세계를 포함한 이 세계를 담아내기 위해 필요한 것은 실제적인 감각이다.

예술가의 표현기법은 현실세계에 대한 예술가 자신의 이해를 반영한다. 어떤 표현법이 더 진실한가 하는 논쟁은 예술가 개인의 창작에 아무런 의미가 없으며, 어떤 표현방법이 더 우수하거나 열등하다, 혹은 진보적이라거나 보수적이라고 말할 수도 없다. 표현기법은 어디까지나 예술가 개개인의 재능에 달린 문제다.

표현, 재현이라는 구분도 심미판단의 기준이 될 수 없다. 어느 한 가지 표현기법만을 중시하여 다른 표현법을 배척하거나 특정 예술관으로 다른 예술관을 비판하는 것은 예술사의 계보를 정리하기 위해 필요할 수는 있어도 예술 자체의 가치와는 무관한 일이다. 예컨대 마티스와 쿠르베Gustave Courbet(1819~1877)는 각자의 눈으로 각기 다른 아름다움을 보았기에 독자적인 예술가로 남았다.

예술가에게 필요한 것은 현실세계에 대한 자기만의 느낌과 표현이다. 진실에 대한 신념의 토대 위에 이러한 이해와 표현을 쌓아올릴 때 예술가의 진정성은 곧 예술의 진실이 된다. 자기 손으로 빚어내는 예술에 대한 진정성이야말로 예술가가 견지해야 할 도덕이다.

8. 이성과 정신

> 예술창작에서 이성과 정신은 서로 배치되지 않는다. 세속화 과정에서 예술혁명은 정신에서 신성을 추방하고, 현대 유물주의다운 상품화와 배금주의를 끌어들였다. 이런 것을 예술의 진보라고 말할 순 없을 것이다.

새로운 개념이 끊임없이 등장하는 시대에 신개념, 신사상은 신기술, 신재료와 결합하면서 신예술의 탄생으로 이어졌다. 이런 다양한 방식의 제작은 현대예술의 새로운 조류가 되었고, 지적 유희도 예술창작의 새로운 방법이 되었다. 그러나 이런 식의 신개념, 신기술에 제작규모가 동반되지 않으면 작품은 작품이 아니라 장난감 같은 것이 되어버리고, 이 과정에 장난감 같은 즐거움마저 동반되지 않으면 이런 제작은 예술이라기보다는 신기술 보급에 가까운 것이 된다. 19세기 말에 과학의 도구적 이성이 예술에 도입되었다면, 20세기 말에는 신기술로 신재료를 가지고 노는 유희가 만연했다.

 인류는 한 세기를 통째로 바치고 나서야 사람은 개조되지 않는다는 것을, 과학기술의 혁신이 반드시 사회적 진보로 이어지지 않는다는 사실을 깨달았다. 예술가도 다른 모든 사람들과 마찬가지로 나날이 변화·발전하는 존재가 아니다. 과학주의가 파고든 예술이 사람의 감각마저 잃어버린다면, 예술은 무미건조한 데다 지루한 작업이 되어버리고 만다. 물론 예외도 존재한다. 흥미로운 시각적 이미지를 보여주는 콜더

Alexander Calder(1898~1976)의 모빌mobile(움직이는 소조)이라든가, 팅겔리 Jean Tinguely(1925~1991)*의 기계조각 등은 기계주의에 대한 조롱을 담고 있다. 이들의 작품이 과학주의, 기계주의에서 탈피할 수 있었던 것은 이들이 순수한 개념예술가가 아니었기 때문이다.

19세기 말에 출현한 사진과 영화는 재료, 공예, 기술을 비롯하여 예술적 실현 면에서 기존 예술에서는 볼 수 없었던 새로운 양식을 많이 창조했다. 과학기술의 발달은 예술창작에도 새로운 창작수단과 가능성을 제공했지만, 기술의 발달이 곧 예술적 성취로 이어지지는 않았다. 사진은 만 레이Man Ray(1890~1976)를 거치면서 하나의 독립적 예술이 되었고, 영화는 에이젠슈테인의 편집기술 덕분에 새로운 예술언어로 거듭날 수 있었다.

조형예술은 기존의 표현수단을 잃어가면서 날로 황폐해진 반면, 사진과 영화라는 신기술은 날로 세련되게 발전해갔다. 사진과 영화 분야는 반대할 만한 전통이 없었기 때문에 예술혁명의 영향을 덜 받은 탓도 있었다. 문학, 연극, 음악, 무용, 조형예술에서 새로운 표현수단을 도입한 덕분에 사진과 영화의 예술언어는 더욱 풍요로워졌고, 날로 발전하는 기술적 성취 덕분에 사진과 영화는 인간의 감정을 더욱 세밀하게 담아낼 수 있었다. 사진과 영화에서는 예술가 개인이 앵글 바깥에 있는 사람과 사물의 형상을 어떻게 재현할 것인가 하는 문제에 개입해야만 한다. 촬영기계 바깥에서 사람의 눈이 볼 수 있는 영역을 한정해야 하기 때문이다. 이런 기술적 특성상, 사진과 영화에서는 예술가 개인의 관점이 반영될지언정 관념이 형상을 왜곡하는 일은 벌어지지 않았다.

이런 신기술과 신재료의 등장 속에서, 현대예술은 관념의 실행을 이

* 신사실주의 조각가로 동력을 이용한 금속조각 작품으로 기계의 순기능과 역기능 사이의 모순을 비판했다.

성의 실현으로 간주하고 사람의 느낌과 전통적인 의미의 형상은 부정함으로써 예술을 설계와 제작의 문제로 만들어버렸다.

예술창작에서 이성은 중요한 역할을 한다. 그러나 예술을 관념과 동일시하는 순간, 예술은 고유의 생명력을 잃고 빈곤해진다. 예술이 관념의 해설로 전락해버리기 때문이다.

20세기 초 예술에 과학주의가 밀려들자 도구적 이성이 창작의 방법으로 도입되었다. 입체주의cubism*와 구성주의constructivism**에서 그 예를 볼 수 있다. 이성이 형상을 대체하면서 회화는 점점 추상화되었고, 생각이 감정을 밀어내면서 개념미술이 등장하기에 이르렀다. 이제 예술에서 사람의 느낌은 찾아볼 수 없게 되었다. 예술은 완벽히 사물의 진열 혹은 해설이 되어버렸다.

개념이나 추상, 논리 등에 의존하는 사고는 이성의 한 가지 모습일 뿐이다. 예술에서의 이성은 과학에서 필요로 하는 도구적 이성과 다르다. 예술에서 이성이란 언어와 논리 너머에 있는 예술가 내면의 의식, 그리고 직관으로 승화된 감각을 의미한다. 그런데 예술사에 새로운 발자국을 찍어보려는 야심에 불타는 예술가들은 종종 생각 자체를 구현하려는 조급한 방향으로 나아가기도 했다.

현대예술은 끊임없이 예술에 대한 정의를 다시 내리는 식으로, 관념을 직접 실행하는 방식으로 혁신이 이루어졌다. 그런데 이때 사회비판의 제스처를 취하지 않으면, 이런 행동은 예술문헌에 기재되지도 않았다. 이렇게 되면 굳이 관념 실행을 하는 의미가 없었다. 즉, 어떤 생각이 예술이 되는 것이 꼭 그 생각 때문은 아니었다.

---

* 1900~1914년에 프랑스 파리에서 일어났던 미술혁신운동으로 서양 회화의 전통인 원근법과 명암법, 그리고 다채로운 색채를 통한 현실묘사를 지양하고, 르네상스 이래의 사실주의적 전통에서 벗어나고자 한 회화혁명을 일컫는다.
** 러시아혁명을 전후하여 모스크바를 중심으로 일어나 서유럽으로 발전해나간 전위적 추상예술운동으로 일체의 재현적·묘사적 요소를 거부하고 순수 형태의 구성을 추구했다.

생각은 창작의 최초 동기에 지나지 않는다. 어떤 생각이 예술작품이 되기까지는 수없이 많은 조건이 필요하다. 하물며 생각 자체가 예술이 된다는 것은 더더욱 드물게 실현될 수밖에 없는 일이다. 생각 그 이상으로 확장되지 않은 생각은 싹을 틔우지 못한 씨앗과 같다. 그런 생각이 아무리 많아봤자 아무것도 실현되지 않은 씨앗더미가 될 뿐이다. 생각을 형상으로 발전시키는 능력이 없으면 생각이 형상화된 예술작품도 있을 수 없다.

생각은 예술가를 일깨울 수도 있지만 질식시킬 수도 있다. 예를 들어 미니멀리즘을 창작의 동기로 삼으면 작품이 단순해지는 것으로 끝나지만, 미니멀리즘을 창작의 방법으로 삼고 그 방법만을 끝까지 고수하면 나중에는 미니멀리즘이라는 관념만 남는다. 하나의 방편으로 택했던 미니멀리즘이 나중에는 예술가로 하여금 그 이상을 내다볼 수 없게 하는 지나치게 좁은 문틈이 되어버리는 것이다.

예술의 이성은 무르익으면 무르익을수록 차가운 시선이 된다. 그 시선은 예술가 내면의 흐릿한 어둠 속에서 꿈틀거리는 감각을 비추고, 창작 충동을 불러일으키는 정서를 세련되게 다듬는다. 아름다움은 바로 이런 과정을 거쳐, 구체화된 형상을 통해 밖으로 드러나는 것이다.

이성은 감성과 동시에 예술을 지배한다. 창작은 결코 이성을 배척하지 않는다. 심미에서도 감각과 지성은 동시에 자기 역할을 한다. 사람의 이해력은 감수성과 마찬가지로 심미활동의 중요한 기초다. 이성이 감정보다 우위에 있다는 편견은 형이상학적 인식론에서 나온 것이다. 예술 창작에서 의미 있는 것은 이성적 인식이 아니라 예술가 자신의 이성과 감수성을 어떻게 창조력으로 활용할 것인가, 그리고 예술가 자신의 솜씨를 어떻게 작품화할 것인가이다.

이성이 작품에 녹아들기까지의 과정은 매우 복잡하다. 아직 구상이 무르익어가는 단계든, 이미 작업에 착수한 상태든, 이성을 작품화하려는 시도는 단숨에 완성되지 않는다. 그러나 되풀이되는 시도 끝에 이성은 작품에 녹아들고, 그렇게 완성된 정신은 사람이 감각적으로 경험할 수 있는 형상으로 드러난다.

예술가의 인식은 감성에서 출발해서 이성으로 나아가는 과정이 아니다. 감성과 이성은 동시적으로 발생하여 정신으로 승화, 구현된다. 예술의 정신은 신학적 차원만이 아니라 인성 차원의 정신도 의미한다. 그러므로 그 정신은 시의로도 구현될 수 있다. 심미의 기초는 어디까지나 인간의 감각이다.

철학자가 사상적 만족을 추구한다면 예술가는 정신적 만족을 추구한다. 예술가의 만족과 철학자의 만족은 모두 이성과 관련이 있지만 추구하는 방향은 서로 다르다. 철학은 분명 예술과 관련이 있지만 철학이 예술을 끌고 가려 해서는 안 된다. 철학으로 예술관이나 방법론을 구성할 수는 있지만 철학이 예술을 대체할 수는 없다.

그런데 현대예술가들은 스스로 철학자의 역할을 하려고 한다. 불행하게도 헤겔의 예언은 현실화되고 말았다. 역사적 변증법과 절대의지에 미혹된 예술가들은 초인의 제스처를 취하며 앞 세대의 사망을 선포하고, 앞 다투어 예술 최후의 진리를 말하겠다고 나섰다. 조형예술은 역사유물론에 기반을 둔 끝없는 혁명론의 농단으로 이보다 더할 수 없을 만큼 황폐해지다가 마침내 물화되었다. 그러나 이것은 헤겔이 예상한 결과가 아니었다.

예술창작에서 이성과 정신은 서로 배치되지 않는다. 세속화 과정에서 예술혁명은 정신에서 신성을 추방하고, 현대 유물주의다운 상품화와 배금주의를 끌어들였다. 이런 것을 예술의 진보라고 말할 순 없을 것이다. 정신은 신에게만 속한 것이 아니다. 종교를 제재로 한 르네상스 회화에서도, 예술을 비춘 것은 성도들의 머리를 둘러싼 광배가 아니라 인성이었다.

표현주의와 초현실주의에서 보듯 현대예술은 인성의 어둠을 폭로하면서도 예술가 내면의 빛, 인간의 무의식을 비추는 시선을 끝까지 간직했다. 그 시선을 통해 예술가는 자아를 인식할 수 있었다. 이 자아의식은 현대인이 기대고 있는 마지막 정신적 지주다.

정신으로 돌아온다는 것이 반드시 신학으로의 회귀를 의미하지는 않는다. 예술의 정신이 자코메티의 앙상한 소조처럼 빈곤해지더라도 세상을 불안하게 만드는 시선만큼은 잃지 않을 수 있다. 그러나 현대예술은 이런 질의의 시선조차 잃어버린 지 오래다. 팝아트에서 종종 볼 수 있는, 마트에서 카트를 미는 뚱뚱한 여인 이미지가 정확히 풍자적 의미인지 세속영합인지는 알 수 없다. 그러나 그 품격은 확실히 자코메티의 앙상한 소조에도 미치지 못한다.

예술가가 예술을 정신의 피난처로 삼아, 창작과정에서 이런 종류의 정신적 만족을 구하는 것은 그 자체로 이 시대에 보편화된 상품화·물화에 대한 예술가의 저항이 된다.

9. 관점이 곧 의식이다

> 예술가는 하나의 눈으로는 실현되어가는 작품을 바라보면서, 동시에 다른 하나의 눈으로는 자기 자신을 바라볼 수 있어야 한다. 이런 자아의식을 갖출 때 예술가는 비로소 장인匠人 이상일 수 있다.

심미는 심미 주체의 개인성이 있기에 존재한다. 또한 심미는 예술가로 하여금 자아를 창작의 근거로 삼도록 한다. 그러나 자아는 하나의 혼돈이기도 하다. 자아의 자의적인 표현을 내버려두었다가는 창작을 그르칠 수도 있다. 자아의 무절제한 자기애를 의식적으로 통제하지 않으면 예술가는 순식간에 교만과 허세에 물들 수도 있다.

혼돈의 자아는 의식의 감독을 받아야만 제 역할을 할 수 있다. 자아의식은 언어를 통해 장악할 수 있다. 그런 의미에서 자아의식은 곧 언어의식이라고도 할 수 있다. 예술가의 자아의식은 언어를 통해 드러난다.

자아의식의 주관적 바람이라면 내가 뭘 하고 싶다 하는 마음일 것이다. 조형예술가에게 그 마음은 내가 무엇을 그리고 싶다, 내가 그것을 그리는 모습을 보고 싶다는 갈망으로 표현된다. 그림을 보는 것과 그리는 것은 동시적으로 진행된다. 나 자신이 내가 그리는 그림을 볼 수 있어야 한다. 조형예술은 시각예술이기 때문이다.

시각은 내가 무엇을 그리고 무엇을 그리지 말아야 하는지를 일깨운다. 또한 시각은 그림이 보기에 만족스러우면 취取하고, 불만족스러우면

버리게도 한다. 예술가는 그림을 그리면서 동시에 그림의 의미를 볼 수 있어야 한다. 그래야 계속 그려나갈 수 있다. 화가의 붓으로 그려진 형상은 화가 내면의 시상이기도 하다. 객관적 사물을 그린 그림이라 해도 그것은 단순히 객관적 사물의 재현이 아니다. 모든 그림은 결국 화가의 주관적 시상을 거쳐 작품화되기 때문이다.

현대예술에서 재현은 촌스러운 기법쯤으로 여겨지고 있지만, 그런 관점은 창작에 아무런 보탬이 되지 않는다.

자아의 입장은 크게 세 가지로 나타난다. '나, 너, 그'라고 하는, 서로 다르지만 서로 연관되어 있는 세 가지 인칭이 바로 그것이다. 그림을 그리고 있는 자아는 '나'인가, '너'인가, '그'인가? 예술가의 자아는 형이상학적 명제가 아니라 겉으로 드러나는 일종의 태도다. 예술가 본인은 의식하지 못한다 해도, 이 태도는 알게 모르게 창작의 방향을 좌우하기 마련이다.

나르시시즘 강한 낭만주의 예술가의 자아가 높은 자리에 앉아 모든 것을 굽어보는 일인칭의 '나'라면, 고전주의 예술가의 자아는 예술법칙의 집행자, 예술법칙에 따라 아름다움을 재현하는 '그'다. 미감의 삼인칭화는 고대 그리스나 중세 예술에서 볼 수 있는 우주적 조화와 신성, 그리고 르네상스 예술이나 사실주의 예술에서 볼 수 있는 객관화된 인성을 의미한다.

현대예술의 자아 표현은 대개 자의적이다. 자아를 극단으로 밀고 나가는 전위예술은 말할 것도 없다. 이토록 자의적이고 무절제한 현대예술의 자아는 갈수록 자기 근거를 잃고 관념에 의존해가고 있다.

예술가에게는 자아에 대한 태도가 하나 더 필요하다. '너'로 하여금 '나'를 깊이 들여다보게 하는 '주시'의 태도가 바로 그것이다. 작가는 그 시선으로 자아가 직접 떠들어대는 일이 없도록 통제해야 한다. 중국 전통의 사의화思意畵는 물론 서구의 여러 모더니즘 예술에서도 자아의 통제는 중요한 문제였다.

자아의 일부를 외화外化한 '너'는 주관적 주시의 대상이기도 하다. 예술가의 맹목적인 나르시시즘으로는 그 표현을 제어할 수 없으므로, 차가운 시선으로 관찰해야만 하는 대상인 것이다. '너'와 '나' 사이에 거리가 벌어질 때, 흐릿했던 혼돈의 자아는 '그'라고 하는 제3자의 시선을 얻게 된다.

'너'와 '나'의 반문과 대화로 이루어지는 내적 성찰은 '그'의 시선 아래에서 이루어진다. 자아를 셋으로 분화시키는 것은 형이상학도 아니고 심리분석도 아니다. 예술가가 창작과정 중에 있을 때 포착하게 되는 심리상태에 가깝다.

자아의식은 내면에서의 혼잣말을 통해 갖추게 된다. 그래서 주어를 확립하는 것이 곧 자아에 대한 인식이자 관찰의 시작이 된다. '나'를 자각하면서도 동시에 '너'와 '그'에 의지함으로써 자아는 제 위치를 확정하게 된다.

창작 주체의 개인성 때문에 예술가의 자아의식이 확립된다면, 관점의 인칭 때문에 예술가는 자아를 숨기거나 도망가버릴 수 없게 된다. 자아의 관점을 어떻게 선택하고 확립하느냐에 따라 창작의 방향은 달라진다. 관점에 따라 창작과정에 있는 작품을 '나'의 눈으로 볼지, '그'의 눈으로 볼지, '너'의 눈으로 볼지가 결정되기 때문이다.

사물은 분명 나와는 별개로 존재하지만, '그'가 보는 사물에도 '나'가 있고, '너'가 보는 사물에도 '나'가 있다. 창작과정 중에 있는 사물은 그냥 사물이 아니라 예술가의 자아가 투사된 사물이기 때문이다. 이런 투사과정 자체가 일종의 창조이기도 하다.

'너'의 관점에서 볼 때는 사물도 나도 모두 '너'의 시각적 이미지일 뿐이다. 사물과 내가 중첩되면서 만들어내는 시각적 공간은 현실공간이 아니라 일종의 내면공간이 된다. 영상과 비슷하다고 할 수 있을까. 심도는 있지만 원근은 유동적인, 일종의 허구와도 같은 공간. 이런 공간은 특유의 불확정성 때문에 '너'의 시선에 따라 얼마든지 다른 차원으로도 전환될 수 있다.

화가가 포착한 내면세계를 2차원 평면에서 실현시킬 때, 바로 그 평면에 실현된 것은 직접적으로 표현된 자아의식도 아니고 현실 자체의 재현도 아니다. '너'의 시선으로 바라본 그 사물과 그 '나'의 현시現示다. 나의 흔적이 배어 있는 그 사물은 '외화된 나'라고도 할 수 있다.

화가의 입장에서는 현시지만 보는 사람의 입장에서는 발견이 된다. 화가는 그림을 그리는 동안, 그림을 그리는 사람의 관점과 보는 사람의 관점을 자유롭게 오갈 수 있어야 한다.

하나의 작품 안에는 자아의 여러 관점이 담겨 있다. '너'와 '그', '나'와 '그', '나'와 '너', 이런 복잡다단한 관점을 하나의 조형작품 안에서 통합하기란 매우 어려운 일이다. 그러나 그렇게 불가능한 일도 아니다. 앙리 루소Henri Rousseau(1844~1910)와 초현실주의는 현실을 꿈의 세계에 끌어들이거나 그 반대의 방법으로 관점의 통합 가능성을 암시한 바 있다. 샤갈Marc Chagall(1887~1985)의 작품들은 여러 차원의 의경을 중첩시킴으로써 여러 가지 관점을 통일된 조형언어에 녹여냈다. 그럼에도 그런 중첩의 흔적을 찾아볼 수 없을 만큼 그의 그림은 자연스럽다.

예술가는 하나의 눈으로는 실현되어가는 작품을 바라보면서 동시에 다른 하나의 눈으로는 자기 자신을 바라볼 수 있어야 한다. 이런 자아의식을 갖출 때 예술가는 비로소 장인匠人 이상일 수 있다.

예술가 자신의 일상을 영상으로 녹화하는 것도 예술이 될 수 있다. 녹화라는 과정에서 제3의 시선이 생겨나기 때문이다. 제3의 시선으로 자기 자신을 관조할 수 있다면, 자기 자신을 작품으로 만드는 것도 가능하다. 그러나 이때 자신을 관조하는 제3의 시선이 촬영기계 자체여서는 곤란하다. 다시 말해 기계라는 제3의 시선으로 자신의 나르시시즘을 투사하는 게 전부라면, 그 영상은 그냥 그 자신의 겉모습일 뿐 예술품이 될 수 없다.

제3의 눈은 예술가 자신에게서 어느 정도 독립적이어야 한다. 즉, 예술가의 나르시시즘을 차갑게 식힐 수 있을 정도의 거리가 있어야 한다. 이 차가운 시선이 예술가의 작업을 감독하고 작업의 솜씨를 다듬는다. 예술가는 바로 이런 제3의 시선의 감독을 받을 때 비로소 공예나 제작이 아닌 창작을 하고 있다고 말할 수 있다.

의식은 이성과 다르다. 아니, 이성보다 크다. 이성은 일정 부분 의식에 포함된다. 이성이 사고와 언어와 논리를 통해 실현된다면, 의식은 혼돈의 자아 속에서 발현된다. 의식은 인과의 구속을 받지 않으면서 사람의 행위를 감독한다.

무의식에서 나온 의식은 결코 무의식을 배척하지 않는다. 의식은 어느 정도 무의식의 충동을 따르면서도, 그 무의식을 조절하여 창조적 활동으로 승화시킨다.

의식은 직관과 구분하기 어려울 수도 있다. 직관이 감성의 성분을 내포하고 있다면, 의식은 이성의 성분을 내포하고 있다. 의식은 내적 성찰이라고 부를 수도 있지만, 예술가의 내적 성찰은 윤리의 성분을 내포하고 있지 않다. 내적 성찰은 자비나 참회의 심리와 같은 차원에 있다고도 볼 수 있지만, 종교를 따르지 않고 심미를 향한다.

10. 시간과 공간과 선

> 시간과 공간은 회화에 부여되는 일종의 한계다. 어떻게 하면 이런 한계에서
> 벗어나 무소부재無所不在하는 선에 다다를 수 있을까. 이렇듯 보이지 않는
> 것을 보이게 만드는 것이 바로 조형예술이다.

    시간과 공간은 현대예술의 주요 테마다. 주제나 조형성이 없는 예술에서조차 시간과 공간은 주된 표현대상이다.

    동서양의 예술전통에는 각각 시간과 공간을 처리하는 방법이 있다. 특히나 공간은 조형예술에서 가장 필요불가결한 조건이다. 회화는 2차원 공간이라는 한계를 지니고, 조형예술은 3차원 공간에 의존한다. 시간은 주로 문학성으로 드러난다. 특정 시공간에서 발생하는 사건은 고대 로마의 벽화나 불교의 석각화石刻畵에서처럼 회화적 묘사 혹은 음각 형상으로 나타난다. 이런 기법들은 눈앞의 현장이나 동태적 풍광, 인물화 속 한순간의 눈빛 등을 재현함으로써 화면을 살아 움직이게 한다. 초상화나 정물, 수묵화처럼 어느 한 가지 상태로 시간을 고정시키는 방법도 있다. 이렇게 전통적인 예술에서는 시간이 형상에 의존했다.

    이런 한계에도 불구하고 현대회화는 공간을 2차원 평면에서 새롭게 처리할 방법을 찾고 있다. 세잔과 피카소는 유클리드 기하학의 직선적 투시법에서 벗어나 공간의 깊이를 없애고 입체주의를 창안했다. 회화사에서의 일대 전환이 아닐 수 없다.

혹은 뒤샹의 기계적 중첩이나 파울 클레Paul Klee(1879~1940)의 추상처럼 시간이라는 요소를 2차원 평면에 직접 재현하거나, 칸딘스키처럼 점·선·면을 중첩시켜 일종의 움직임을 부여하거나, 베이컨의 인물화처럼 동작을 표현하기도 한다. 평면에서의 공간 표현은 분할이나 투명, 새로운 조합의 부여 등으로 나타나는 반면, 시간의 표현은 중복적·유동적이다. 음악 같은 시간예술도 실은 조형성을 벗어나 있지 않다.

예술가가 공간을 포착하는 방식은 과학자의 실증과 다르며 철학자의 사변과도 다르다. 화가의 공간은 기본적으로 주관적인 공간이다. 기하학적 공간이나 기하학의 공간과는 관련이 없으며, 추론이나 논증이 필요하지도 않다. 화가의 공간은 예술가의 직관과 깨달음에서 온다.

시공간에 대한 사변이 예술표현의 주제가 되는 것은 현대예술의 운명이다. 추상예술에서부터 조형예술의 시간이 사라지기 시작하더니 조형예술의 극한에 이르러서는 마침내 시간이 멈추어버렸다. 여기서 한 걸음 더 나아가 시간을 예술표현의 직접적인 수단으로 삼기 시작하자 시간은 조형예술의 한계에서 벗어나기에 이르렀다. 행위예술이 나타난 것이다. 더 나아가서는 이런 경계마저 허물어, 아예 시간 자체를 예술표현의 대상으로 삼는 시도도 이루어졌다. 음악을 가리키는 것이 아니다. 곧장 '말하기'로 나아갔다는 뜻이다. 평론가의 사변적 해설에서 시간과 공간은 더 이상 작품과 결부되어 있지 않다. 물론 아직도 눈으로 볼 수 있는 형태의 작품이 있다면 말이다.

이렇듯 예술을 전복하려는 시도는 대개 언어유희로 빠지고 만다. 이것이 바로 예술이 과학과 구분되는 지점이다. 과학에서 연구하는 시공간은 언어가 아닌 개념과 정의에 기반을 두고 있고, 어디까지나 과학적인 수단을 통해서 결과를 측정한다. 그러나 관념예술에서 시간과 공간은 일종의 유희적 언어가 되어버린다. 현대예술의 허무는 바로 이렇게 생겨났다.

어떤 사물이든 있다고 하면 있는 것이고, 없다고 하면 없는 것이다. 언어의 오묘함이자 언어의 자주성이다. 이것을 철학으로 밀고 나가면, 철학의 문제는 곧 언어의 문제가 되고 언어학의 문제는 철학의 문제가 되어버린다. 둘 다 예술가의 일은 아니다. 그러나 예술가가 철학이나 언어학에 대해 함부로 떠든다면, 신은 웃지 않는다 해도 아마 학자들은 웃을 것이다.

선禪은 신학의 문제가 아니다. 선은 철학의 문제며 언어학의 문제다. 예술 속의 선은 현대예술에 와서야 생긴 것이 아니다. 선은 말로 할 수 없고, 말해버리면 사실이 아니다. 오직 직관과 깨달음에만 의지할 뿐이다. 그러나 현대예술은 언어에 의존하므로 선과는 한참 거리가 있다.

허무를 장황하게 언급하는 현대예술의 언어는, 예술의 허무가 아무 것도 없음을 의미하지 않는다는 사실을 망각하고 있다. 예술의 허무란 일종의 정신이다. 예술가가 체험한 마음의 상태를 작품에 드러내는 것이다. 예술 속의 시공간은 바로 이런 정신과 하나로 맞물려 있다. 예술의 시공간은 물리학적 시공간과 일치하지 않으며, 물리학의 시공간과는 다른 형이상학적 시공 개념을 지니고 있다.

다시 회화로 돌아와보자. 선종 회화는 다양하지만 그 안에는 일정한 도상圖像이 있다. 공空은 도상 안에 있으면서도 도상 밖에 있다. 일종의 해탈이며 정신적 경지다. 사람은 일정한 시공간의 제약을 받지만, 또한 그 제약을 뛰어넘어 자유롭고자 한다. 선은 현실세계를 살아가는 예술가에게 중요한 일깨움을 준다.

시간과 공간은 회화에 부여되는 일종의 한계다. 어떻게 하면 이런 한계에서 벗어나 무소부재無所不在하는 선에 다다를 수 있을까. 이렇듯 보이지 않는 것을 보이게 만드는 것이 바로 조형예술이다.

예술에서의 공간과 시간은 예술가의 마음속에 있고, 마음속 시공간은 무궁무진하다. 적절한 조형수단을 찾아 보이지 않는 것을 시각적으로 드러낼 수 있다는 것이 예술의 매력이다. 선은 아무것도 없는 '무'가 아니라 그 자체로 하나의 경계다.

책의 테두리를 벗어나 책 속에 소우주를 건설하는 순간, 책의 테두리는 하나의 창이 된다. 이 창을 통해 우리가 보게 되는 것은 사람의 내면이 투영된 경계의 바깥 풍경인 동시에 인간의 내면세계 그 자체다.

지평선 역시 바라보는 사람의 위치에 따라 결정되는 주관적 규정이다. 지평선은 어떤 사람의 관점이 있고 나서 존재할 뿐, 자연계에는 지평선이라 할 만한 지점이 존재하지 않는다. 지평선의 유무는 사람이 서서 바라보는 자리가 어디인가에 따라 결정된다.

모네(Claude Monet(1840~1926)가 만년에 그린 수련睡蓮 그림에는 지평선이 없다. 그 그림에서 풍경은 다만 하나의 평면으로 존재한다. 물론 새로운 종류의 지평선을 설정할 수도 있고, 여러 겹이 있는 지평선을 부여할 수도 있다. 회화가 평면이라는 점을 받아들여 평면에 수직적 깊이를 만들어낼 수도 있다. 지평선 없는 깊이. 즉, 그림 표면에 요철을 부여하여 올록볼록하게 만드는 것이다.

지평선을 소멸시키는 방법은 아주 많다. 미시와 거시만 보더라도 그 안에는 지평선이 없다. 지평선이란 하나의 좌표를 설정하고 난 후의 결과다. 그러므로 좌표를 다양하게 설정하면 지평선이 사라지게 할 수 있다. 그러나 그 화면에는 반드시 시각적 극한을 부여해야만 한다. 시각적 극한이 없으면 그림 속의 풍경은 한낱 평면이 되어버리기 때문이다.

어떻게 하면 회화에 시간을 끌어들일 수 있을까. 여기에도 여러 가지 방법이 있다. 시각적 이미지가 불안정한 것은 마음의 활동과 관계가 있다. 마음이 계속 움직이고 있기 때문에 시각적 이미지도 끊임없이 형태를 달리하는 것이다. 그것은 붙잡을 수 없다. 그 생성과 변화를 표현하려면 적합한 조형수단을 찾아야만 한다. 회화의 도구와 재료도 그중 하나다. 흐르면서 움직이는 수묵의 리듬은 섬세하고도 풍요롭다. 수묵의 무한한 조형적 가능성은 생성적인 조형을 만족스럽게 시각화할 수 있다.

회화는 내면의 여행이다. 상상력이 닿을 수 있는 모든 영역이 여행지이며, 다다른 여행지의 풍경은 모두 회화에 재현될 수 있다. 그것은 끝없는 발견이기도 하다. 그러나 조형수단이라는 측면에서 예술가가 물리학자나 철학자를 대신하려고 하면, 예술은 흔적도 없이 사라지고 무미건조한 공리공담만 남을 수 있다.

그렇다면 차라리 현대회화가 쫓아낸 음영陰影을 다시 불러들이는 편이 나을지도 모른다. 전통회화에서 음영은 명암 대비를 통해 사물의 윤곽을 두드러지게 하는 역할을 했다. 이런 음영이 조형미술의 주인공이 되면 재미있어지지 않을까. 쇠라Georges Pierre Seurat(1859~1891)의 점묘화와 목탄화를 비교해보자. 현대예술사에서는 전자의 장식미를 훨씬 강렬하게 여기겠지만, 회화성이라는 측면에서 보면 후자가 훨씬 순수하다. 물론 기법 면에서는 더 전통적이지만 말이다. 음영은 윤곽을 드러내는 데 사용될 뿐 아니라 투시의 소실 효과도 가져온다. 음영도 조형적인 표현이 될 수 있다. 음영은 눈에 띄지 않는 차이만을 부여할 것 같지만, 엄연히 회화언어로서 기능한다.

음영은 화면상에서 그 나름의 독립성을 지닐 뿐 아니라 때로 회화의 주인공 지위를 차지하기도 한다. 일개 조형수단이었던 음영이 그 자체로 하나의 형상으로 탈바꿈되는 것이다. 때로는 회화의 대상이나 주체가 되기도 한다. 그림 속의 공간관계가 변하면 허구는 실제가 되고 어둠은 있는 듯 없는 듯한 것이 된다. 예를 들어 어두운 그림에서 텅 빈 부분은 빛이 있는 자리가 되는 것이다. 이런 시각적 형상은 자연 속에서는 발견되지 않는다. 이것이 흑백화에서만 창조될 수 있는 놀라운 공간이며, 꿈속에서만 볼 수 있는 내면 풍경이다.

하늘과 땅에 대한 감각에 변화를 주면, 즉 위치를 바꾼다거나 약간의 경사를 부여하면, 그렇게 해서 생겨나는 탈중력의 느낌 또한 아주 미묘하다.

돌과 나무를 직접 그리는 대신 그림자로 표현하고, 흐르는 물을 직접 그리는 대신 흐르는 빛이나 반사광으로 표현하는 방법 역시 마찬가지다.

안과 밖을 서로 바꾸거나 혹은 둘 다 표현하려고 할 때는 대개 문이나 창이 기준점이 된다. 그런데 기준점이 될 만한 것은 문이나 창만이 아니다. 강이라든가 음영, 막대기, 선 등이 모두 서로 다른 공간과 시간의 차이를 그려내면서 동시에 서로를 연결시킬 수 있다.

실루엣이나 그림자를 통해서도 자연계를 직접 바라볼 때는 느낄 수 없는 공간관계를 만들어낼 수 있다. 시간이 흐르는 느낌을 화면에 부여하는 것도 새로운 조형 표현방법이 된다.

화면 위에 시간이 흐르게 하고 그 위에 모종의 질감을 부여하면 더더욱 미묘한 느낌을 줄 수 있다.

생각이나 이성, 언어로도 다다르지 못하는 그 형상을 끄집어내보라. 뜻밖에도 조형수단을 통해 그 형상이 멋지게 드러날 때가 있다.

11. 형식과 형상

> 예술가가 어떤 느낌을 표현하고자 하나 표현하지 못하는 것은 기존의 표현
> 수단으로는 그 느낌을 표현할 수 없기 때문이다. 그렇다면 예술가는 바로
> 그 느낌을 표현할 수 있는 새로운 형식을 찾아야만 한다.

근대예술이 형식에서 시작되었다면, 현대예술에 이르러서는 형식이 사라졌다. 오브제에 대한 언설이 예술의 형식을 대체해버렸기 때문이다. 지난 세기의 예술사는 형식의 탄생에서 변모, 소멸에 이르는 과정이었다 해도 과언이 아니다.

19세기 말 세잔에서 시작된 형식주의는 형식을 강조하는 큐비즘과 구성주의를 거쳐 기하추상이라는 형식주의의 정점에 도달했다. 레디메이드의 출현에서 개념미술, 설치미술, 그리고 다매체에 이르면서 형식주의는 소멸했다. 형식에 대한 강조는 형식 이외의 어떤 의미도 요구하지 않는 순수 형식의 추구로 이어졌다. 즉, 형식 자체가 예술이 되었다. 시니피앙significant(발음 등으로 표현된 기호)만 남고 시니피에signifié(기호의 의미)는 사라진 예술은 곧 종말을 선언했다. 예술의 인문적 의의는 형식의 구성과 조합에 밀려 사라졌고, 조형 재료의 물질성은 더욱 두드러졌다. 형식주의는 극단으로 치달았다. 예술의 물화는 바로 이런 형식주의의 필연적 결과다. 형식의 추상화가 진행될수록 세계에 대한 은유와 인간의 감성, 태도 등은 예술에서 밀려나버렸다. 물화가 진행될수록 예술

은 형상이 아닌 다른 수단에 의존하게 된다. 그래서 언어를 이용한 해설이 예술 전면에 등장하게 된 것이다.

어떤 예술에 동조한다는 것은 사람의 주관적 표현이다. 그렇다면 형식의 의의라는 것도 상대적일 수밖에 없다. 예술의 인문적 의의는 사람의 관찰에서 나오고, 사람의 느낌과 관점을 동반하게 되어 있다. 예술에서 사람의 요소를 제거해버리면 예술은 필연적으로 물화되고 만다.

형식은 조형예술의 존재방식이다. 예술가는 어떤 구상이나 영감을 작품화하기 위해 반드시 그에 알맞은 형식을 찾아야 한다. 형식은 작품이 완성되기까지 창작의 전 과정을 관통하는 문제다. 그러나 형식은 아무런 필요조건 없이 따로 독자적으로 존재할 수 없다. 형식의 필요조건, 그것이 바로 형상이다.

예술은 형상을 떠나서는 존재할 수 없다. 형식은 형상을 완성하고, 형상에 스타일을 부여하며, 형상의 조형언어를 구성한다. 형식이 곧 예술이라는 말이나 언어가 곧 스타일이라는 말에는 한 가지 조건이 따른다. 형식과 언어는 모두 그것을 재료로 하는 작품을 떠나서는 존재할 수 없다는 사실이 바로 그것이다. 작품과 결합되지 않은 형식, 사람의 느낌이 담겨 있지 않은 언어는 쉽게 지적 유희로 변질되어버리고 규격화·단순화된다. 사람들에게 즐거움을 주는 최소한의 유희성조차 갖추지 않은 채 말이다.

추상표현도 그 안에 예술가의 시각적 감성이 녹아 있어야만 감상자의 공감을 불러일으킬 수 있다. 그런데 예술가의 감정이 담겨 있지 않은 순수한 기하학적 도형은 자연스럽게 감상자의 공감을 끌어낼 수 없기 때문에 해설을 필요로 하게 된다. 그런 의미에서 이런 추상은 개념예술의 전조이기도 하다.

예술의 순수성은 유한적이다. 색이나 선線 자체는 단순하지만, 마티스의 그림에서는 그것들이 형상을 돋보이게 하는 수단으로 활용될 뿐 형상 자체를 없애버리는 방향으로 나아가고 있지 않다. 색과 선의 단순성은 형상에 복무할 때 오히려 무한한 매력을 발휘한다. 마티스의 단색 형상은 이브 클랭Yves Klein(1928~1962)의 청색 모노크롬monochrome으로 이어졌다. 클랭은 사람 나체에 안료를 발라 인체에 조형의 느낌을 부여하기도 했다. 형상이 없으면 색에는 단순한 장식기능밖에 남지 않게 된다. 나아가 그런 장식의 기능마저 없어지고 나면, 색은 캔버스에 바른 안료 그 이상도 이하도 아니게 된다.

단순성은 결코 간단한 방법으로 얻어지지 않는다. 단순성은 예술가가 진지하게 추구해야만 다다를 수 있는 일종의 경지다. 단순성에서 아무런 생명도 정신성도 느낄 수 없다면, 그런 조형수단이 불러일으키는 장력은 제로라고 할 수밖에 없다. '영'Zero이라는 것도 일종의 개념이다. 절대적인 '영'은 아무것도 보이지 않는 것이다. 보이는 것이라고는 제작에 사용된 재료, 즉 물질뿐이다. 이런 것을 예술이라고 할 수 있을까? 제로에 가까운 조형이 남기는 것이라고는 예술에 관한 언설뿐이다.

순수한 형태의 형식만으로 자족적인 만족에 이르는 형식주의에는 관념이 파고든다. 미니멀리즘에서 설치미술에 이르기까지 레디메이드를 동원하는 것은 이제 너무나도 흔한 방법이 되었다. 오브제와 관념이 직접 결합될수록 형식은 사라져버리고, 예술은 레디메이드의 진열 혹은 그 진열에 대한 언설이 되어버린다.

예술가는 어떤 느낌을 표현해내지 못해 막막함을 느낄 때, 새로운 형식을 찾는 데 자신의 창작 충동을 쏟아붓게 된다. 예술가가 어떤 느낌을 표현하고자 하나 표현하지 못하는 것은 기존의 표현수단으로는 그 느낌을 표현할 수 없기 때문이다. 그렇다면 예술가는 바로 그 느낌을 표현할 수 있는 새로운 형식을 찾아야만 한다.

그 새로운 형식은 때로 우연한 기회로 얻어지기도 한다. 이런 우연은 창작에 새로운 가능성을 불어넣지만, 그 가능성이 예술가의 태도와 정서에 배어들기까지는 시간이 걸린다. 그런데 그 시간을 기다리지 못하면, 새로운 창작형식에 대한 해설을 서둘러 발표해버리거나, 그런 형식이 도입된 창작을 신예술로 선언해버리기도 한다. 모든 형식에는 어느 정도 장식성이 있지만, 예술과 장식이 동일시되는 것은 형식주의가 극에 다다랐을 때 맞닥뜨리는 필연적 결과다.

현대성을 동력으로 한 지난 세기의 모더니즘 유파들은 형식이 예술 자체에 내재된 구조적 원리라는 이유로 형식주의를 예술표현의 주요 형태로 간주했다. 형식에도 어느 정도의 미감이 있지만, 형식미라는 것도 결국은 사람이 부여하는 것이다. 기하학적 추상이든, 규칙적·불규칙적 형태든, 모든 형식은 결국 기본적인 도상으로 이루어져 있다. 인상파와 표현주의가 문학적인 테마를 조형예술에서 추방해버리자 기하추상과 액션페인팅의 타시즘tachisme*을 거치면서 회화에서도 시의는 사라져버렸다. 사람의 감정을 중성화하거나 최소한으로만 담아내는 순수 형식은 마지막에 가서 장식성만이 남는다. 현대의 공예기술과 대량으로 생산되는 신재료 덕분에 작업속도마저 빨라진 시대. 상품포장에서 광고에 이르기까지, 실내장식에서 공공건축에 이르기까지, 순수 형식은 마침내 현대 소비사회의 가장 보편적인 이미지가 되었다. 날로 단순해져만 가던 형식의 장식성은 이제 신재료와 신기술, 신공예에 의해 완전히 사라져버리고 말았다. 장식성의 의미조차 사라져버린 것이다.

---

* '얼룩', '자국'을 뜻하는 프랑스어 '타슈' tache에서 유래한 말로 엄격한 화면 구성을 거부하고 작가의 직관에 따른 자유분방한 붓놀림과 거친 터치를 특징으로 하는 추상표현주의를 가리킨다.

12. 구상과 추상

> 지성과 관념을 초월한 내면세계는 감각적 경험과 따로 떨어져 있지 않다. 이성으로 다다르기 어려운 세계도 예술로 다가가면 표현할 수 있다. 예술표현의 형식은 구상이어도 좋고 추상이어도 좋다. 중요한 것은 수단이 아니라 그 수단으로 이루고자 하는 목적이다.

20세기에 등장한 추상화는 조형예술의 영역을 확장하고 회화에 새로운 표현수단을 제시했다. 그 결과, 전통적인 표현수단이었던 점, 선, 면, 색채와 명암 대비 등은 2차원 평면에서 완전히 새로운 형상을 얻을 수 있었다.

현대회화의 시조라고 할 만한 세잔은 추상표현의 가능성을 제시하면서도 구상을 부정하지 않았다. 오히려 그는 형상을 벗어나지 않은 추상표현을 암시했다. 이런 암시는 이후에 등장한 추상화가들에게 외면당했지만, 색과 재료 자체의 성질에만 기댄 순수 기하추상과 타시즘 등은 형식의 장식성만 남기고 형상은 잃어버렸다. 반면 피카소는 다양한 실험을 거듭하면서도 끝까지 형상을 고수했다.

칸딘스키와 서정추상 lyrical abstraction 유파*도 모든 추상화가 감상할 만한 회화는 아니라는 문제를 인식하고 있었다. 추상이 형상을 부정하

---

* 충동적인 형태와 무의식의 자발적인 표현, 작가 자신도 모르게 나오는 즉흥적인 제스처로 인한 격렬한 기호들을 통해 화가의 내면심리와 감정, 행위 등을 표현하려 한 미술 유파.

고 인간 감정을 외면한다면, 추상은 최소한의 장식성마저 잃어버린 순수 형식으로 남거나 언어로 이루어진 해설에 기대야 한다. 이런 추상이라면 회화로서의 의미는 거의 잃어버렸다 해도 과언이 아니다.

피에르 술라주Pierre Soulages(1919~: 프랑스의 추상표현주의 화가)의 추상회화가 흥미로운 것은 빛의 효과에서 오는 시각적 감응 때문이다. 한자를 모르는 서양인이라도 다소 추상적인 중국 서예를 보면서 필묵에 내재된 운기韻氣를 느낄 수 있는 것과 마찬가지다. 형상과 그 형상에 내재된 의미는 추상의 영혼과 같다. 형상과 의미를 잃어버린 회화는, 설령 그것이 추상이라 해도, 과학·기술 영역의 도상과 다르지 않다. 크게는 천체·기상도라든가, 작게는 전자현미경으로 본 마이크로 세계, 컴퓨터가 내놓는 수리·물리적 분석도分析圖 역시 기묘하고 다채롭기는 마찬가지다. 그러나 이런 형상이 사람을 감동시키지는 않으며, 예술을 대체할 수도 없다.

예술가가 작업 중에 맞닥뜨리는 예기치 않은 우연이 종종 창작에 새로운 가능성을 불어넣기도 하지만, 이런 우연성이 곧 예술이 될 수는 없다. 자연계의 모든 흔적과 인류의 모든 행위가 다 예술이 된다면, 예술은 하나의 명명命名 행위에 지나지 않게 될 것이다.

'영'에 가까워지는 예술의 배후에는 무한 팽창한 나르시시즘이 있다. 사실 나르시시즘은 누구에게나 있다. 문제는 이런 나르시시즘이 얼마나 통제되는가 여부다. 자의적인 우연성에 휘둘리다가 창작을 그르치지 않으려면, 무엇보다도 무한 팽창하는 나르시시즘을 통제할 수 있어야 한다.

정형과 비정형, 규칙과 불규칙, 타시즘과 드리핑dripping* 등 무엇이

---

* 물감을 붓이나 주걱 등의 도구를 사용하여 칠하거나 바르지 않고, 캔버스 위에 흘리거나 붓거나 튀기는 회화기법.

든 조형수단이 될 수 있다. 추상은 분명 회화를 풍부하게 한다. 구상화도 세부를 확대해서 보면 추상에 가까운 것을 볼 수 있다. 사실 추상과 구상의 경계는 뚜렷이 구분되어 있지 않다. 양자가 서로 대립하는 것도 아니다. 추상과 구상의 조형언어가 서로 융합될 수 있다면, 즉 구상 안에도 추상이 있고 구상에도 추상이 진입하게 된다면, 추상과 구상의 경계 사이에는 광활한 회화의 공간이 새롭게 펼쳐질 수 있다.

구상과 추상이라는 구분에서 벗어나는 것은 예술사적 연대 구분이라는 딱딱한 관념에서 벗어나는 것이기도 하다. 예술의 분류학은 예술가를 한눈에 알아보기 위해 라벨을 붙이고 싶어하지만, 예술가는 이런 분류를 거부해야 한다. 모든 조형의 가능성을 다 발굴한 것도 아니면서 서둘러 예술의 종말 운운하는 것은 현대예술에서 유행하고 있는 시대병이다. 라스코 동굴벽화를 시작으로 계산한다면 인류의 회화 역사는 1만 7,000년 정도 된다. 그런 역사가 현대에 들어서서 일어난 몇몇 예술혁명 때문에 종말을 맞이했다고 선언할 수 있을까? 이런 예술혁명이야말로 허황된 거짓 아니면 상업적 조작에 지나지 않는다.

구상과 추상의 융합은 회화에 새로운 방향을 제시한다. 전통적인 구상 재현과 현대의 추상표현 너머에 존재하는, 인간 내면의 감수성이라는 심원한 세계가 바로 그것이다. 이 세계는 아직 조형예술로 충분히 체현되지 않았다.

앙리 루소와 초현실주의가 건드린 인간의 무의식은 이제 겨우 그 베일을 조금 벗었을 뿐이다. 초현실주의는 지나치게 전통적인 조형수단에 의지하느라 인간 내면의 깊고 어두운 세계를 다 펼쳐 보이지 못했다. 추상은 순수 형식에만 매달리기보다, 포착하기 어려운 인간 내면의 변화상에 다가가는 도구가 되는 편이 낫다.

사람의 욕망과 감각, 정서와 충동, 불안과 초조 등은 분명 인간 내면의 시각적 이미지를 자극한다. 조형예술은 재현과 표현이라는 수단을 통해 꿈과 현실세계를 드러낸다. 추상을 통해서도 이런 감정들을 직접적으로 발산·표현할 수 있다. 인간 내면의 시각적 이미지는 특히 구상과 추상 사이에서 그 경계를 넘나들며 융합될 때 더욱 잘 드러날 수 있다. 무의식과 감각이 뒤엉키는 이런 세계는 예술이 파고들어 개척해야 할 영역이다.

지성과 관념을 초월한 내면세계는 감각적 경험과 따로 떨어져 있지 않다. 이성으로 다다르기 어려운 세계도 예술로 다가가면 표현할 수 있다. 예술표현의 형식은 구상이어도 좋고 추상이어도 좋다. 중요한 것은 수단이 아니라 그 수단으로 이루고자 하는 목적이다.

13. 문학성과 시의

> 정녕 문학은 회화와 융합될 수 없는가? 회화의 문학성은 시대에 뒤처진 것일 뿐인가? 언어와 관념은 곧장 예술 안으로 끌어들이면서 문학성과 시의는 조형예술 바깥으로 밀어내는 것이 과연 진보인가? 그것이 오히려 예술의 빈곤과 쇠퇴를 초래하지는 않았는가?

순수 형식을 추구해온 현대예술은 조형예술을 관념어를 실어 나르는 수레로 전락시켰다. 한편 다양한 매체의 발달은 조형예술에서 문학성을 추방하는 데 일조했다. 사실 현대예술이 등장한 이래, 문학성은 지속적으로 조형예술 바깥으로 밀려났다. 종교나 문학 서사를 회화의 제재로 삼는 것은 조형예술의 본성에 어긋난다고 여겨졌기 때문에 문학성은 중세의 신성과 마찬가지로 조형예술에서 소탕해야 할 대상이었다.

문학과 예술은 본래 쌍둥이 자매와 같은 관계다. 20세기 초 과학의 방법론과 도구적 이성이 예술에 도입되자, 20세기 후반에는 레디메이드 재료와 각종 과학기술이 예술에 활용되기 시작했다. 카지미르 말레비치 Kazimir Severinovich Malevich(1878~1935: 러시아 추상화가)의 순수 기하추상에서 잭슨 폴락Jackson Pollock(1912~1956: 미국의 화가, 행위예술가)의 순수 추상표현에 이르기까지 순수 조형수단을 추구하는 시도가 계속된 결과, 남은 것이라고는 회화에 사용된 재료나 안료라는 물질 자체, 그리고 레디메이드 설치와 그 해설뿐이다. 이런 시도는 다시 관념유희라는 순수한 형태의 관념 추구로 이어졌다. 현대예술은 문학성과 시의를 예술에서 제거해버리고, 그 속을 관념어로 채워 넣었다. 이런 예술에서는 언어가 기존 조형예술에서의 재료와 같다. 이런 언어는 예술가 개인의 감수성은 전혀 전달하지 않으면서 기호와 어법 같은 기능만을 담당한다. 사람의 감정은 배제하고 재료로서만 기능하면서, 관념을 구성하거나 해체하는 것이다.

예술의 이런 물화와 관념화는 예술 고유의 매력을 사장시켰다. 예술은 더 이상 사람들을 감동시키거나 매혹시키거나 전율시키지 않는다. 물론 곤혹스럽게 하지도 않는다.

정녕 문학은 회화와 융합될 수 없는가? 회화의 문학성은 시대에 뒤처진 것일 뿐인가? 언어와 관념은 곧장 예술 안으로 끌어들이면서 문학성과 시의를 조형예술 바깥으로 밀어내는 것이 과연 진보인가? 그것이 오히려 예술의 빈곤과 쇠퇴를 초래하지는 않았는가?

예술에서 형식을 가장 중요시하는 절대적 형식주의는 현대예술에서 형식마저 소멸시키고 설명만을 남겼다.

문학은 언어를 사용하는 예술이지만, 사람의 느낌을 그 안에 담아 표현하므로 언설을 위한 언설과 다르다. 현대문학도 끊임없이 변모하고 있어서 스토리와 플롯이 더 이상 문학의 필수 요소는 아니지만, 문학의 서술성만은 여전히 건재하다. 다만 이제는 작가가 전지전능한 서술자로서 작품에 직접 개입하지 않고 특정 서술자의 시점에서 서술한다는 점, 그리고 작중인물의 의식적 활동만이 아니라 무의식과 내면까지도 서술 대상이 되었다는 점이 차이라면 차이일 것이다.

현대예술에서 문학성을 추방하자 정치적 사건이 회화 속으로 들어왔다. 피카소는 주제화主題畵(어떤 사건이나 주장을 담아 그린 그림)를 그리면서도 기괴한 변형으로 미의 파괴를 선언했으며, 그와 동시에 미의 파괴를 애석해했다. 파울 클레의 추상에는 감정의 색채가 배어 있고, 살바도르 달리Salvador Dalí(1914~1989)의 초현실주의와 르네 마그리트René Magritte(1898~1967)의 그림에 담긴 꿈과 무의식에서는 강한 문학성을 엿볼 수 있다.

문학성의 추방은 단순히 문학적인 주제나 형식의 배척만을 의미하지 않는다. 형식에 담긴 사람의 내면, 즉 사람의 감정과 시의를 현대예술에서는 더 이상 찾아볼 수 없게 되었다는 뜻이다.

시의는 예술가가 작품에 불어넣은 영혼과 같다. 하긴, 영혼이라는 말도 이제 유행이 지났다. 그렇다면 그보다 현대적인 '정보'라는 말을 써볼까. 현대예술가는 작품에(아직도 작품이라는 것이 존재한다면) 어떤 정보를 담아 전달해야 할까? 아니, 정보도 한물갔다. 현대예술은 이제 그 무엇도 전달하지 않는다. 그래도 어쨌거나 예술가는 창조자 아닌가? 작품으로서의 오브제는 포기하더라도, 단순 서명 이상의 어떤 흔적은 남겨야 하지 않나? 현대예술은 도대체 무엇을 하는가? 아무것도 하지 않는다. 현대예술은 다만 해체를 할 뿐이다. 예술을 예술 아닌 것으로 바꾸어놓고 그것을 예술이라고 부르거나, 예술이 아니었던 것을 예술이라고 명명하는 일을 한다. 이런 것이야말로 가장 현대적인 예술이다.

그러나 이런 것들은 네가 원하는 예술이 아니다. 너는 이런 예술을 하느니 다시 문학성으로, 인성으로, 사람의 시선으로, 관점으로 돌아와 사람의 감수성을 되찾아야 한다. 사람의 눈으로 무언가를 바라본다는 것은 기계로 객관적인 기록을 남기는 것과 다르다. 사람이 심미에 빠져들면 자연히 심미판단이 뒤따른다. 사람이 무언가를 주의 깊게 바라보는 이유는 그것에 흥미를 느끼기 때문이다. 이렇게 흥미를 느끼면서 무언가를 바라보는 과정이 바로 심미다. 화가는 사람의 흥미를 끌 수 있는 그림을 그려야 한다. 무언가를 주의 깊게 바라볼 때 사람들은 그동안의 습관적 시각 체험에서는 느낄 수 없었던, 그 대상에 숨겨져 있는 아름다움을 발견하게 된다. 화가는 바로 그런 심미적 감수성을 자신의 그림에 담아내는 사람이다.

문학성으로 돌아온다는 것이 꼭 플롯을 갖추어야 한다는 뜻은 아니다. 문학은 플롯 없이도 성립할 수 있지만, 서술은 벗어날 수 없다. 지금 무슨 일이 어떻게 진행되고 있는지를 서술자는 주시하고 있어야 한다. 지금 이 순간 일어나고 있는 일을 바라보는 시선에서 시의는 생겨난다. 시의는 일종의 심미판단이다. 시의가 꼭 서정일 필요는 없다. 시의는 무언가를 주의 깊게 바라보는 시선에서 생겨난다. 아름다움은 어떤 사물 자체에 내재된 것이 아니라, 바로 이런 시의를 통해 볼 수 있는 것이다. 뒤샹의 〈샘〉은 한낱 소변기일 뿐이다. 그것을 심미대상으로 만들고 싶다면, 현대예술박물관 같은 곳으로 보내면 된다. 그러면 그 물건의 심미적 가치는 박물관에서 부여해준다.

너는 이미 잃어버린 서정을 다시 주워 모으지 않아도 시의를 발견할 수 있다. 지금 이 순간 사람이 존재한다면 시의도 존재한다. 시란 본래 자기 자신을 바라보는 일이자 자아를 투사하는 일이기 때문이다. 너는 너 자신으로 돌아와, 제3의 시선으로 너 자신을 바라보면 된다. 시의는 바로 그런 심미적 시선 속에 있다.

14. 다시 회화의 출발점으로

> 너는 그림을 그릴 때 가장 기쁘고 위안이 된다. 언어는 너를 골치 아프게 만들 뿐이다. 네가 그린 그림에 대해 말을 할 때도 마찬가지다. 그림을 어떻게 그려야 할지 알 수 없을 때, 그림을 그리고자 하는 충동이 없을 때, 너는 말을 하게 된다.

너는 철학의 정원에서 과일을 따려 하지 말고, 남의 집에서 자란 나무를 베려고 하지 마라. 너는 너 자신의 정원을 일구어라. 사변은 창작 충동을 압살하여 예술가를 서서히 죽음에 이르게 하는 독약과 같다.

회화가 시각적 감수성을 버리고 사변으로 달아나버리면, 사변이 시작되는 그 자리에서 회화는 끝난다. 화가가 흥미로워하는 것들에 심미적 관심을 기울일 때 의미는 생성된다. 너는 예술론을 쓰기보다 너만의 구체적인 경험으로 돌아가는 편이 낫다.

너는 결국 그림 속에서 표현을 찾는 화가다. 회화라는 예술의 한계를 인정하느니 전통적인 회화의 2차원 평면으로, 심미적 관심으로 돌아와서, 회화로 가능한 것이 무엇인지를 찬찬히 보는 편이 낫다. 네가 선택한 예술의 한계 안에서 너는 분명 새로운 가능성을 발굴하게 될 것이다.

네가 추상화의 범주를 서정추상과 추상표현까지로 한정한다면, 그 범주 너머에 있는 기하추상은 너의 시야 안으로 들어오지 못할 것이다. 그런 이유로 너는 르네 마그리트는 배척하면서 자오 오우키趙無極(1921

~: 중국 출신의 프랑스 추상화가)는 인정하고 있다. 너는 잭슨 폴락의 페인팅을 수용하면서도 네가 직접 그런 기법을 활용해 그림을 그리거나, 그런 행위를 하는 것을 예술의 목적으로 여기지는 않는다.

너에게 추상이란 밖으로 꺼낸〔抽〕 형상〔象〕이지 형상의 소멸이 아니다. 기하학적 구성이나 색 덩어리의 대비도 너에게는 추상이 아니다.

발묵潑墨(수묵화에서 먹물이 번져 퍼지게 하는 기법)의 흔적은 너에게도 의미가 있다. 어떤 형상을 연상시키기 때문이다. 아무런 형상도 연상시키지 않는 흔적이라면 내다버려도 좋다. 예술가가 남긴 흔적이기만 하면 모두 그림이 된다고 생각하는 건 아니겠지?

너는 작업 도중에 통제를 잃더라도 빼어난 예술가일 수 있다고 생각하지만, 네가 남긴 모든 흔적에 서명을 한다고 해서 작품이 된다고 생각하지는 않는다.

네가 선택한 예술의 방향은 추상과 구상의 경계 사이에 있다.

너에게는 먹을 뿌리는 것도 흥미로운 작업이다. 흥미롭지 않다면 좋은 작품이 될 수 없다. 붓질이 줄어들면서 너의 발묵은 더욱 간소해지고 있다.

너는 서예를 회화에 직접적으로 도입할 생각은 없다. 네가 생각하기에 서예와 회화 사이에는 분명한 경계가 있다. 문자가 조형수단이 될 수는 없다. 아무리 서예라 해도, 문자는 결국 언어에 속하는 것이기 때문이다. 네가 회화로 표현해야 하는 것은 문자 이상의 형상이지 상형문자를 그림으로 그리는 것이 아니다.

필묵에 형상을 부여하되, 추상과 구상을 칼같이 구분할 필요는 없다. 어떤 형상이 사람인지 사물인지 알 수 없어도 애써 명료하게 묘사해내려 하지 마라. 그 형상이 어떤 생각을 불러일으키는지는 감상자의 몫으로 남겨두어라.

너는 언어로 표현할 수 없는 것을 그림으로 그리고, 그림을 그릴 때는 언어와 관념을 잊어라. 그림을 다 그리고 나면 벽에 걸어둔 채 한참을 그대로 있다가, 만족스럽다 싶으면 그때 제목을 붙여라. 제목을 붙이는 일은 꽤 수고로울 것이다. 적당한 단어를 찾기가 쉽지 않을 것이기 때문이다. 그림이 만족스럽다고 해서 만족스러운 제목이 저절로 찾아지지는 않는다. 그것이 언어의 한계다.

너는 그림을 그릴 때는 말을 하지 않고 음악을 듣는다. 바흐가 가장 적합한 것 같다. 메시앙은 좋지만 피에르 불레즈Pierre Boulez(1925~)는 별로인 듯하다. 알프레드 슈니트케Alfred Schnitke(1934~1998)와 헨리크 구레츠키Henryk Górecki(1933~), 스티브 라이시Steve Reich(1936~)의 음악은 너와 대화를 나누는 것 같다. 네가 그림을 그릴 때 듣는 음악에는 대개 가사가 없다. 간혹 종교음악을 듣기도 하지만, 그런 음악의 가사는 네가 알아듣지 못하는 언어다.

성감性感을 포함한 감성도 정신성과 다르지 않다. 영성과 인성도 서로 대립하지 않는다. 이 모든 것들은 그림에서 하나로 융합될 수 있다. 네가 그림에서 몰아내야 할 것은 차라리 개념과 관념이다. 생각이 너의 붓 아래에서 감성으로 변모하지 못하면, 그 그림은 실패작이 된다.

떠오른 생각이 있어 메모를 해두었다 해도, 일단 그림을 그리려고 붓을 잡았다면 메모는 저만치 밀어두는 것이 좋다. 너는 다만 오랫동안 음악에만 잠겨 있으면 된다. 붓을 들기 전에 가슴이 숲으로 우거져 있지 않으면, 풀 한 포기도 제대로 그릴 수 없다. 붓을 움직인 끝에 시각적 형상이 분명해지면, 너는 미련 없이 붓을 내려놓아야 한다. 먹이 다 마르지 않았다는 이유로 더 손을 보려고 했다가는 그림 전체를 망쳐버리기 십상이다.

액션은 연기일 뿐 회화가 아니므로 너는 액션 없이 그림만 그리겠다고 말한다. 예술가의 모든 행위와 흔적이 다 예술이 될 수는 없는 법이라며, 사소한 실수도 용납하지 않으려 하고 있다. 그러나 그런 식의 완벽주의도 시대에 뒤떨어진 것이기는 마찬가지다.

촬영기술의 등장은 회화의 죽음을 선언하는 구실이 되었다. 촬영은 자연 상태를 그대로 취사·처리하는 작업이다. 그런 상태에서 각도, 깊이, 거리, 초점, 빛의 노출, 프레임 편집 등을 비교적 자유롭게 선택할 수 있지만, 자연 상태 자체를 재창조할 수는 없다. 그러나 회화는 내면의 자연 상태 자체를 새롭게 창조할 수 있고, 내면의 여행을 떠날 수도 있다. 그 여행의 과정 전체를 회화로 표현할 수도 있다. 촬영기술이 아무리 발달했다 해도 그것은 결국 회화를 모방한 것이다. 그러나 반대로 회화가 촬영을 모방하는 일은 거의 없다. 회화가 몇몇 예술혁명 사건에 의해 종말을 맞이하는 일은 없을 것이다.

광고는 상품을 위해 존재하지만 회화는 그 자신의 가치로 인해 존재한다는 점에서 광고와 회화는 다르다. 앤디 워홀이 광고로 회화를 대체하려 한 것은 분명 예술에 대한 전복이겠지만, 그런 시도로 전복된 것은 광고나 상품이 아니었다. 회화가 희생되었을 뿐이다.

회화는 다시 자연으로, 사람으로, 사람의 내면과 시각적 감수성으로, 정신으로 돌아와야 한다. 이런 반동reaction이야말로 물질성이나 상품에 의존하는 것보다 훨씬 그 의미가 풍부하다.

자연계를 거시적으로 혹은 미시적으로 바라볼 때 사람의 눈에 보이는 것은 풍경 자체만이 아니다. 관찰자의 시선에는 그 풍경을 바라보는 사람의 심리가 반영되어 있다. 예술가의 눈에 비친 풍경은 결코 중성적이지 않다. 그가 무엇을 보고 있는지 드러낼 때는 그것을 바라보는 사람의 감정도 같이 드러나기 마련이다.

흔히 재현은 '보여주기'보다 낡은 수법으로 여겨진다. 그러나 낡은 것은 재현 자체가 아니라 재현의 어떤 기법일 뿐이다. 그것이 낡은 것이든 진보한 것이든 재현은 결국 예술의 한 방법이다. 재현이 낡은 방식이라는 이유로 정물화는 이제 끝났다는 식으로 말할 수는 없다. 반 고흐 Vincent van Gogh(1853~1890)는 물론 세잔, 조르조 모란디Giorgio Morandi (1890~1964), 앙드레 드랭André Derain(1880~1954: 프랑스의 야수파, 입체파, 신고전주의 화가), 자코메티 모두 끊임없이 새로운 시선, 새로운 수법으로 재현하는 그림을 그렸다.

간혹 '보여주기'를 내세우면서 재현을 반대하기도 하는데, 보여주기는 재현보다 한 단계 높은 표현기법인가? 훨씬 근대적이거나 현대적인가? 보여주기와 재현은 대립할 이유가 없을뿐더러 무엇이 무엇보다 우수하다는 생각 자체가 허구적인 명제일 뿐이다. 예술가는 이런 명제를 수용할 필요가 없다. 표현방법의 문제는 본래 우열을 논할 수 없는 것이다. 우열을 가린다는 것 자체가 심미적 가치와 무관하다. 예술가에게 중요한 것은 자신만의 독자적인 시선과 재능, 그리고 자신이 표현하고자 하는 이미지를 표현할 만한 솜씨다.

재현도 좋고 보여주기도 좋다. 현현顯現, 제시, 혹은 그 어떤 것이라도 자신만의 독특한 표현방법이 될 수 있다. 화가라면 여러 표현기법을 두루 겸비할 필요가 있다. 철저한 관념 같은 개념적 순수는 예술가의 창작에 아무런 도움이 되지 않는다. 예술은 사람의 머릿속에 있는 것이 아니라 완성된 작품을 통해 드러나는 것이다.

진보니 반동이니 하는 정치적 평가를 심미의 영역에서 몰아낼 때 예술은 비로소 예술일 수 있다.

너의 수묵은 추상에서 시작되고 있지만, 너는 순수 추상이 얼마나 빈곤한지 잘 알고 있다. 눈으로 볼 수 있는 외부세계와 너의 내면세계가 이토록 풍요로운데, 어째서 형상을 극도로 단순화하다 못해 종이, 캔버스, 안료, 먹과 같은 재료만이 덩그러니 남게 할 수 있단 말인가? 이런 식의 물화도 예술가에게는 표현의 자유가 줄어드는 구속이 될 뿐이다.

너는 예술형식의 한계를 인정하되 그 한계 안에서 최대한의 자유를 얻고자 하지만, 끝없는 단순화의 추구는 예술가를 물성의 노예로 만들 뿐이다. 예술가들은 이제 더 이상 그림을 그리지 않는다. 재료의 기능에 대한 모색은 본래 더 많은 조형수단을 확보하기 위한 노력이었다. 그러나 이제는 수단이 곧 목적이 되어버렸다. 예술가들은 이제 어떤 재료의 가능성을 꺼내 보이기 위해 그 가능성 자체를 전시하고 있다. 어째서 예술가는 그 가능성을 창조에 활용하여 형상으로 드러내지 않는가?

재료의 가능성을 예술품화하는 것은 시류를 추종하는 데서 비롯된다. 이런 시도는 예술을 제한할 뿐 아니라 그런 방향으로 나아간다고 해서 예술이 더 현대적이 되는 것도 아니다. 도처에 만연해 있는 이런 현대병은 예술가의 천품과 타고난 재능, 본래 지니고 있던 심미판단을 상실하게 만든다. 이런 유행이 밀려들 때는 너도나도 휘말려들지만, 유행이 지나가고 나면 황폐한 자리만 남을 뿐이다.

너는 다시 회화의 출발점으로 돌아와 형상을 되찾아야 한다. 굳이 외부의 자연세계를 그리고 싶지 않다면, 너의 내면세계에서 빛을 발견해도 좋다. 마음을 다해 네 안을 바라보면, 빛은 어디에나 있다는 사실을 발견하게 될 것이다.

내면의 시각적 형상에는 원근이 없으며, 기하학적 분해로 그 전모를 파악하기도 어렵다. 또한 끊임없이 그 모습이 변하기 때문에 열심히 그 변화를 따라가야 한다. 내면의 시상은 물리적 공간 바깥에 있지만 시간의 지배를 받는다. 그러나 너는 아무런 제약 없이 돌아다니면서 그 안을 들여다볼 수 있다.

기호와 상징을 버리고 형상을 붙잡아라.

규칙에는 유연성을 부여하고 변화에는 방향성을 부여하라.

변화는 그림에 생기를 불어넣는다. 변화는 순간이자 과정이다.

변모로 이어지는 혼란은 그 자체로 의미 있는 하나의 과정이다.

빛은 회화의 대상이 되기도 하지만 회화의 주제가 될 수도 있다.

유형으로 바뀔 수 있는 무형이라면, 무형도 조형수단이 될 수 있다.

형태를 사물화하고 사물을 빛을 부각시키는 요소로 처리하면 빛의 효과는 더욱 극대화된다.

회화에서 가장 단순한 형태는 무생명의 점, 선, 면과 같은 추상이 아니라 화면에 질감과 의미를 부여하는 하나의 필치다.

구상과 추상이라는 구분은 분류학의 관념에서 나온 것이다. 회화에서 관념을 추방하면 구체적 형상을 얻는다. 그것은 자연스럽게 생성된, 미묘하고도 감성적인 형상이다.

움직임을 회화의 주제로 삼아 움직임의 변화와 대비를 그려라.

음악을 그림에 도입한다는 것 혹은 음악을 모티프로 그림을 그린다는 것은 선율과 리듬이 아니라 음악의 운미를 그린다는 뜻이다.

안료는 반투명 혹은 투명에 가깝게 사용하라. 캔버스의 질감을 노출시켜 회화성과 회화 재료가 서로 의존하도록 하라. 재료의 질감을 살리면 재료를 통해서도 회화의 매력을 전달할 수 있다.

공기를, 바람을, 불꽃을, 비행을, 발산을, 용해溶解를 그려라.

무형을, 감각을, 정서를 그려라.

유형을 그리되 있는 그것을 보이는 그대로 묘사하지 않으면, 형태에 감성을 부여할 수 있다. 눈에 보이는 세계가 캔버스라는 창 안에 갇히면 창은 더 깊어지고 풍경은 더욱 그윽해진다.

회화에서 추방했던 문학성을 회복하여 기쁨을, 우울을, 번민을, 공포를 그려라.

안정安靜을 그려라. 내면의 어둠을 그려라. 마음의 공간이 시간의 흐름 속에서 어떻게 변화하는지 포착하라. 감지하기 어려울 만큼 희미할지라도 그것은 분명 네 안에 있는 세계다.

그러나 너는 논리를 그리지 마라. 간사한 변증법 따위는 내다버려라.

언어를 그리지 마라. 문자로 이루어진 서예를 회화에 끌어들이지 마라.

개념을 내던지고 정신을 다시 끌어안아라. 언어로 전달되지 않는 선禪의 경지를 그려라.

네가 그림을 그리는 순간의 그 실제적인 느낌만을 붙잡고, 관념과 역사는 떨쳐버려라.

모든 화가는 자신만의 예술관과 그것을 표현하는 방법이 있다. 그러나 네가 보게 되는 것은 언어로 표현된 예술관이 아니라 결국 작품이다. 언설은 네가 받은 느낌을 확인해주는 역할밖에 하지 않는다. 언어를 사용하기 시작하면 자동으로 어법과 논리의 구속을 받게 된다. 언설만큼 예술가에게 무자비하고 빈곤하고 단편적인 것이 없다.

너는 그림을 그릴 때 가장 기쁘고 위안이 된다. 언어는 너를 골치 아프게 만들 뿐이다. 네가 그린 그림에 대해 말을 할 때도 마찬가지다. 그림을 어떻게 그려야 할지 알 수 없을 때, 그림을 그리고자 하는 충동이 없을 때, 너는 말을 하게 된다.

언설은 이론적 근거를 찾기 위해 존재하는 것도 아니고, 자기변명을 위한 것도 아니다. 예술가의 나르시시즘에서 비롯된 배타성은 모든 언설을 변론으로 바꾸어놓기 마련이다.

그림을 그리기 시작하면 너에게는 적수가 없게 될 것이다. 모든 창작을 하고 있는 사람에게는 적수가 없는 법이다. 적수가 있다면 관념이 적이다. 예술가는 관념이라는 적과의 투쟁에서 빠져나오지 못하면 자기 안에서 예술을 꺼낼 수 없다. 창작이라는 활동의 본성이 그렇다. 예술이 흥미로운 건 작품이 표현해내는 무언가 때문이지, 예술이 무언가를 타도하기 때문이 아니다.

화가는 오직 그림을 그릴 때 만족을 얻을 수 있다. 너는 오랜 시간 너의 그림을 주시하면서 그림을 그려나가도 된다. 그러다 보면 어느 순간, 너의 직관이 "그만"이라고 말하는 때가 올 것이다. 물론 그 이전에, 전시 날짜가 다가왔다는 등의 이유로 붓을 놓아야 할 수도 있겠지만.

그림은 항상 그 모습 그대로 머물러 있지 않다. 같은 그림을 보고 또 보아도 질리지 않는 이유도 바로 그 때문이다. 그림을 그린다는 것은 무언가를 끊임없이 발견하고 있다는 뜻이다. 화가가 제시할 수 있는 회화의 가능성은 무궁무진하다. 때로는 그림이 너를 특정 방향으로 인도하기도 할 것이다.

그림을 가운데서부터 볼 때와 가장자리부터 볼 때 발견하게 되는 것은 아무래도 다를 수밖에 없다. 그림 속에 깊이 들어가 있다가 빠져나올 때와 전경全景에서 세부로 들어갈 때 경험하게 되는 것도 당연히 다르다. 감상자의 관점에 따라 감상의 결과도 달라진다.

그림을 보다 보면 조금씩 천천히 드러나는 의미가 있고, 그 의미에서 파생되는 또 다른 의미가 있다. 같은 그림을 내일 보면, 오늘 본 것과는 다르게 보일 것이다. 그러다 어느 순간, 화면이 안정을 찾을 때가 있다. 그때가 바로 작품이 완성된 때다.

화면의 장력은 그림을 기울여놓아도 그 나름의 균형을 유지하고 있어야 한다. 그렇지 않다면 아직 그림을 벽에 걸 때가 아니다.

여백도 화면에 균형을 부여하는 요소 가운데 하나다. 여백은 여백으로 남을 수도 있고, 빛이나 공간 등의 형태로 형상을 갖출 수도 있다.

너와 그림 속 형상의 관계는 끊임없이 변화한다. 너는 그림에 다가갔다가 멀어지거나 하면서 그림과의 거리도 매번 다시 조율한다. 그림을 가까이서 보건, 멀리서 보건, 자세히 보건, 너의 시선은 줄곧 화면을 떠나지 않는다. 여기까지는 그림을 그리는 사람이 보이는 지극히 평범한 모습이다. 문제는 너 자신이 그림 속으로 들어갈 수 있는가 여부다. 들어갈 수 있다면, 그림은 그때부터 단순한 2차원 평면이 아니라 3차원 시간 속에 있게 된다. 이것은 그림을 그리고 보는 사람의 감각의 문제지, 시간에 대한 관념이나 사변의 문제가 아니다. 결국 너는 그림을 보거나 그림으로써 그 이전으로는 돌아갈 수 없게 되는 것이다.

15. 동서양이 융합된 수묵

> 너는 수묵의 전통을 전복시킬 수 없다. 전복이라고 해봐야 서양의 유화전통이 다다른 회화의 질감과 감성을 수묵에 도입하는 정도의 시도를 할 수 있을 뿐이다. 그렇게 너는 감성과 정신성을 동시에 구현하고자 한다.

먹은 모든 빛과 색을 흡수해버리는 블랙홀이 될 수도 있지만, 먹을 물에 풀었을 때 얻어지는 깊거나 얕은, 짙거나 옅은 색조는 그림에 생기를 줄 수 있다.

먹은 물이 있어야 생명을 얻는다. 먹은 물과 어우러지면서 천만 가지 다양한 모습을 드러낸다. 수묵은 화가가 혼자 가지고 놀기 좋은 수단이 아니라 예술을 예술답게 하는 조건으로서의 조형수단이다. 화가는 물과 먹의 어우러짐을 통해 감성과 정신의 융합을 회화에서 구현할 수 있다.

이런 융합의 경지는 중국의 전통 화론畵論과 동양의 심미관에서 강조해온 것이다. 이런 경지를 '변화무쌍'하다고 표현하는 것도 동양적인 심미평가의 결과다. 너는 너의 그림이 이런 경지에 도달해야 한다고 생각하지는 않는다. 1,000여 년 전 당나라의 시인 왕유王維(699?~761)는 이런 경지를 이룩했다고 하는데, 그의 그림들은 모두 소실되어 그 평가가 맞는지 어떤지 알 수 없다. 그러나 그의 시는 확실히 그런 성취를 이룬 것 같다.

당·송대 700여 년 동안의 중국 수묵화는 기교와 미학 면에서 모두 견실한 토대를 갖추고 있다. 지금까지 전해지고 있는 송대 화가들의 그림만 보아도 알 수 있다. 그중에서도 미불米芾(1051~1107: 북송의 화가, 서예가)과 양해梁楷(1140?~1210?: 남송의 화가)의 그림은 기교와 예술성 면에서 모두 최고 수준이다. 이후의 명·청대 그림도 탄탄한 빼어남을 자랑한다.

너의 수묵도 이런 심원한 전통의 연장선상에 있다. 너는 이런 전통을 전복시킬 수 없다. 전복이라고 해봐야 서양의 유화전통이 다다른 회화의 질감과 감성을 수묵에 도입하는 정도의 시도를 할 수 있을 뿐이다. 그렇게 너는 감성과 정신성을 동시에 구현하고자 한다. 네가 바라는 그 경지는 구상과 추상 사이에 있다.

후기 인상파에서 야수파에 이르는 유럽의 근대회화는 아시아의 전통회화, 특히 일본 우키요에浮世繪〔에도시대(1603~1867)에 서민 계층을 기반으로 발달한 풍속화〕의 영향을 많이 받았다. 이 시기 회화는 르네상스 이후에 확립된 투시법에서 벗어나 회화의 평면성으로 돌아갔다. 같은 시기에 아시아에는 유럽의 사실주의 화법이 전해져 근대회화의 주류가 되었고, 투시법은 서구의 과학기술과 같은 예술적 진보의 상징으로 받아들여졌다.

중국에서 태어나 자란 너는 전통수묵화의 평면구도를 독특하게 여기지 않는다. 너는 오히려 서구의 유화에서 보이는 조명효과의 심도에 매혹되었다. 동서양 문화전통의 차이는 너에게 별로 중요하지 않다. 너는 투시법을 공부하긴 했지만, 입체 기하 분석이라든가 각도 재는 작업은 그림 그리는 맛을 떨어뜨릴 뿐이라고 느낀다. 그로부터 몇 년 후 뭉크미술관Munch-Museet*에서 하얀 거위 그림을 보았을 때 거위가 멀리서 너에게 달려드는 느낌을 받았다. 어느 각도로 몸을 틀어도 마찬가지였다. 너는 그때 회화에서 얻어야 할 깊이감이 어떤 것인지 알 수 있었다. 이런

---

* 노르웨이의 화가 에드바르트 뭉크Edvard Munch(1863~1944)의 작품을 전시한 미술관으로 노르웨이 오슬로에 있다.

2부 또 다른 미학

것을 일단 '가투시'假透視라고 이름 붙여보자.

　너도 1970년대 말까지는 색채에 빠져들었다. 처음 파리에 가서 고흐와 모네의 그림을 보았을 때 너는 그때까지 그려온 유화를 앞으로 계속 그릴 필요는 없겠다고 생각했다. 이어 같은 시기에 파리에서 본 자오 오우키의 추상 수묵과 피카소가 모사한 중국 수묵화를 계기로 너는 다시 수묵으로 돌아오기로 마음먹었다. 그렇다고 오래된 전통을 되풀이할 생각은 없다. 그때 네가 파리에서 본 것은 수묵의 무궁무진한 가능성이었다.

　수묵의 흑과 백이 만들어내는 다양한 조합에서 너는 색조의 차이만이 아니라 먹의 농담과 대비가 불러일으키는 조명효과, 그리고 이 모든 것들이 화면에 부여하는 깊이를 발견하게 되었다. 전통수묵화에는 없었던 그 깊이를 수묵에서 구현하는 것이 너의 새로운 과제다.

　서구의 회화이론으로 중국 전통회화의 구도를 해석할 때 흔히 산점투시散點透視(시공간적 제한을 받지 않고 형상을 배치하는 화면 구성방식)라는 말을 쓴다. 이런 말에는 서구 회화의 투시법이 중국 전통회화만큼 우수하지는 않다거나, 중국 회화에도 전통적으로 서구 회화와 같은 투시법이 존재했다는 식으로 중국 전통회화의 우수성을 변호하는 뉘앙스가 담겨 있다. 이것은 전통과 현대에 대한 중국식 변론일 수 있지만 화가에게는 아무런 보탬도 되지 않는다. 예술가에게 필요한 것은 이런 총론적 해설이 아니라 문화와 기법상의 차이에서 발견할 수 있는 새로운 창작의 계기다.

　사의 수묵이든, 장식성 강한 공필화工筆畵*든, 그림을 그려야 할 자리는 여전히 평면의 공간이다. 화가가 원근 등의 기법으로 그림을 어느 시점에서 보아야 하는지까지 정해놓을 수는 없다. 사의화에서도 여백은 화가가 마음 가는 대로 남겨두는 공간이었지, 감상자의 시각적 체험을

---

* 다소 관념적·주관적·내면적인 남종화와 달리 외면적이며 기교성과 장식성이 강한 북종화를 가리킨다.

조종하기 위한 것이 아니었다. 중국의 전통회화에서 그림의 공간은 물리적 차원의 화폭이라기보다 창작자와 감상자의 심리적 공간에 가까운 것이었다. 간혹 거대한 여백을 남겨두기도 하는데, 그 또한 제시와 낙관을 쓰기 위한 것만은 아니다. 그림을 보는 사람의 내면에 형성되는 이미지를 더욱 그윽하게 하고 필묵의 운기를 느낄 수 있게 하기 위해서도 여백은 필요하다. 화면을 가득 채워버리면, 정작 내면에 형성되는 이미지를 제대로 펼 수 없다.

서양 회화에서 중시하는 시각적 체험의 재현과 중국의 사의화는 표현기법과 회화관 등 모든 면에서 다르지만, 두 전통 모두 화가의 예술성과 독창성을 중시한다는 점에서는 다르지 않다. 서양의 현대회화는 다시 회화의 평면성으로 돌아오는 추세지만, 그것은 동양화의 전통을 모방하기로 해서가 아니라 차라리 현대성이 추동해온 형식주의 때문이라고 해야 할 것이다.

너는 여백 특유의 조명효과와 화면에 깊이를 부여하는 흑·회·백의 농담을 통해 수묵에서도 시각적 직관을 구현하고자 한다. 차라리 사진 촬영기법에 가까워 보이는 이런 가투시는 중국의 수묵전통을 벗어난 것처럼 보인다. 너는 의경을 최우선으로 중시하지는 않지만, 의경을 구현하는 것이 회화에서 중요하다는 것은 잘 알고 있다. 수묵전통의 정신은 그림에서 보이는 중국적인 느낌에 있는 것이 아니라 네가 그림을 그리는 일 자체에 잠재되어 있다.

너는 전통적인 수묵 산수화에서 벗어나 너만의 개인적 형상, 의경이 포함된 내면의 시상을 찾고자 한다. 너의 그림은 시각적 체험에 호소하지만, 입체 기하의 투시법을 따르지는 않는다. 너의 그림에서 진정한 초점은 네가 바라보고 있는 네 마음속의 이미지다.

지금은 서양의 예술 조류가 전 세계 예술을 지배하고 있다. 비교적 예술전통을 고수해온 아시아 국가들도 예외가 아니다. 오히려 서구 예술 조류의 영향력은 유럽보다 아시아에서 더 거세게 일고 있는 듯하다. 그 흐름의 후발주자인 아시아 예술가들은 낙오하지 않기 위해서 더더욱 시류를 좇기 바쁘고, 그 결과 서양 현대예술가들의 현대병에도 물들어 가고 있다.

그러나 서양 예술이 혁명과 전복을 반복하는 동안 동양에서는 견고하게 기존의 예술전통을 지켜왔다. 중국의 수묵전통만 해도 당송 이래 확립된 미학과 표현기법이 그대로 유지되고 있다. 스승에게서 물려받는 회화의 공력을 중시하는 중국은 여전히 전통회화의 생명력을 유지하고 있다. 염려스러운 것은 현대예술을 하는 동양의 예술가들이다. 시간이 흘러 다시 조류가 바뀌기라도 하면 그들은 아예 길을 잃어버릴 수도 있다.

고민이 있다면 내려놓는 것도 동양적 지혜다. 시류의 격차도, 부단한 전복과 예술혁명도 다 내려놓아라. 전통에 대해서도 타도하기보다 그냥 내려놓아라. 유물론에 입각한 예술사도 거들떠보지 마라. 모든 예술가는 어디까지나 지금 이 순간을 사는 존재다. 지금 이 순간, 자신의 눈으로, 자신만의 느낌을 따라, 자기 안에 있는 창작의 씨앗을 바라보면 된다.

지금 여기에서는 전통에도 얽매이지 말고, 시대조류에도 신경 쓰지 마라. 오로지 자기 자신의 눈으로 예술을 대면하고, 인류의 예술적 성취를 바라보라. 너만의 방법을 찾아 너만의 고유한 형상을 그려라. 그 결과가 얼마나 흥미로운지도 지켜보되, 마지막 판단은 타인의 몫으로 넘겨라. 이런 것이 얼마나 현실적인 해결책인가는 크게 중요하지 않다.

16. 자유로움의 경지

> 예술가도 취약한 일개인일 뿐이다. 예술가가 시대조류를 거스르거나 맞서 싸울 수는 없다. 그러나 그런 조류에 휩쓸리지 않고 살아남기를 바란다면, 잠자코 물러나 있는 것도 한 가지 방법이다. 세상의 변두리로 물러나 관조의 시선을 유지한다면, 자신이 그리고 싶은 그림을 계속 그려나갈 수 있을 것이다.

너는 중국 전통회화의 구도와 형상, 기존 필법을 탈피하더라도 의경을 포기해서는 안 된다. 의경은 화가가 그림을 그릴 때의 심리상태이자, 중국 고시에서 볼 수 있는 탈속의 세계가 회화로 구현되어 있는 수묵의 경지다.

의경은 시의와 비슷하지만 서정은 아니다. 그보다는 어떤 풍경을 볼 때 떠오르는 감정, 혹은 형상을 통해 다다르는 정신이라고 해야 할 것이다. 의경은 무언가를 주의 깊게 바라보는 태도에서 비롯된다. 그림 속의 형상은 어떤 구체적인 이미지를 연상시키고, 그 이미지는 아무리 보아도 다함이 없는 마음속 풍경으로 우리를 데려간다.

그림 속의 의경은 그림 밖의 세계에도 존재한다. 그림 속 필묵의 운미는 그 자체로 하나의 정취이기도 하지만, 먹이라는 조형수단이 수묵 작품이 될 수 있도록 돕는 도구이기도 하다. 우리가 그림을 보다가 그림 속으로 빠져들 때 우리는 화가가 그림을 그릴 때 다다른 것과 같은 마음의 경지를 체험하게 된다.

전통수묵화의 이런 경지는 고대 문인들의 은일정신과 관련이 있다. 수묵 자체가 은일이라는 삶에서 우러난 정취가 예술화된 결과라고도 할 수 있다. 그러나 이제 그런 생활방식은 사라졌고, 너도 이제는 존재하지 않는 그런 삶을 그리워할 필요가 없다. 은일은 너무 멀리 있고, 네가 전통수묵을 모방할 필요도 없다. 네가 그림으로 표현해야 하는 것은 지금 이 순간 네가 느끼는 것이다. 너는 너만의 필법으로, 지금 이 순간 네 마음을 끄는 그것을 표현하면 된다.

예술가에게 창작의 충동은 예술 생산의 터전이다. 예술은 본래 마음의 필요에 의해 생겨나는 것이다. 예술의 사회적 가치라든가 그 시대에 유행했던 가치관 등은 후대에 덧붙여지는 것일 뿐이다.

예술가는 자기 내면의 자발적인 창작 충동으로 돌아가, 그 속에서 자기만의 표현형식을 얻어야 한다. 예술가는 내면의 혼란스러운 충동을 눈에 보이는 형상으로 그려내고, 감상자는 그 형상을 통해 화가가 그림을 그릴 때 느꼈던 것을 느끼게 된다. 예술가의 예술표현이 얼마나 힘 있고 독창적인지는 예술가 자신의 재능과 솜씨 그리고 타고난 소양에 따라 결정된다.

예술가가 망념을 떨치고 상상을 지켜내는 것은 동방의 지혜일 수도, 낡고 오래된 방법에 지나지 않을 수도 있다. 지금의 동방은 미쳐가고 있다. 동방은 서양이 깨어나기 전에 먼저 이런 광증을 떨치고 일어나야 한다. 태평양 포스트모더니즘의 서풍은 지중해에서 불어온 광풍보다 더 맹렬하다. 둘 다 시대조류에 뒤떨어지지 않아야 한다는 강박을 내포하고 있기 때문이다.

예술가도 취약한 일개인일 뿐이다. 예술가가 시대조류를 거스르거나 맞서 싸울 수는 없다. 그러나 그런 조류에 휩쓸리지 않고 살아남기를 바란다면 잠자코 물러나 있는 것도 한 가지 방법이다. 세상의 변두리로 물러나 관조의 시선을 유지한다면, 자신이 그리고 싶은 그림을 계속 그려 나갈 수 있을 것이다.

17. 회화로 돌아온다는 것

> 회화로 돌아온다는 것은 한 사람으로, 취약한 개인으로 돌아온다는 뜻이다. 한때 영웅이었던 사람들은 지금 모두 미쳐버렸다. 지금처럼 물화된 시대일수록 예술가는 자신의 약함을 지키기 위해 노력하는 한 사람으로 돌아와야 한다.

한 세기 내내 지속돼온 정치혁명이 하나둘 종언을 고하기 시작하자 정치의식과 연계되어 있던 예술혁명도 위기를 맞았다. 그렇다면 새로운 세기의 예술은 어디로 가야 하는가? 전복과 타도를 모토로 삼았던 현대예술사도 마지막 페이지를 쓰기에 이르렀다. 그렇다면 이제 더 무엇을 써야 하는가?

너는 예술가일 뿐이다. 예언자가 되려고 하지 마라. 너는 회화로 돌아와 네가 할 수 있는 일을 하면 된다. 예술가로서의 독립성을 유지하고 싶다면, 역사나 시대조류 같은 것은 저만치 밀어두고 너는 가뿐히 너 자신의 그림을 그려라.

회화로 돌아온다는 것은 예술가의 직감으로, 감각으로, 살아 있는 삶으로, 영원히 이어지는 지금 이 순간으로 돌아온다는 뜻이다.

회화로 돌아온다는 것은 시각으로, 감성으로, 감각으로 경험하는 풍요로운 세계로, 무한 생동하는 현실세계로 돌아온다는 뜻이다.

회화로 돌아온다는 것은 한 사람으로, 취약한 개인으로 돌아온다는 뜻이다. 한때 영웅이었던 사람들은 지금 모두 미쳐버렸다. 지금처럼 물화된 시대일수록 예술가는 자신의 약함을 지키기 위해 노력하는 한 사람으로 돌아와야 한다. 비록 공포와 절망과 발버둥으로 괴롭기는 하겠으나, 내면의 꿈과 상상만은 무한할 것이다. 예술가는 그 꿈이 선명해지는 순간까지 기다려야 한다. 바로 그 순간에 남는 아름다움이 그를 우울과 자학과 고통에서 구원할 것이다. 그는 자신의 고통과 망념, 죄악감, 욕망, 방종으로 돌아와 무의식에서 떠오른 의식의 눈으로 자신을 바라보아야 한다.

회화로 돌아온다는 것은 진실한 감수성으로 돌아온다는 뜻이다. 미래는 영원히 이어지는 '지금 이 순간' 속에 있다. 순식간에 변화하는 '지금 이 순간'을 관조하는 제3의 눈으로 자신이 세계에 투사하는 형상을 바라보라.

회화로 돌아온다는 것은 예술의 자주성을 맹목적으로 주장하다가 예술의 소멸에 이르기를 되풀이하는 패턴에서 벗어나, 예술가로서의 진정한 자주성을 쟁취하고 예술에 대한 신념과 창조력을 되찾는다는 뜻이다.

회화로 돌아온다는 것은 전통으로 돌아가 앞 세대가 이룩한 형식을 반복한다는 뜻이 아니라, 아직 다 발굴되지 않은 새로운 가능성과 자기만의 표현법을 찾고자 한다는 뜻이다.

회화로 돌아오라. 그림을 그릴 수 없는 처지에서도 그림을 그리고, 그림이 끝난 자리에서 다시 새롭게 그림을 그리기 시작하라.

회화로 돌아오라. 예술 내부에서 새로운 표현의 가능성을 찾고, 예술의 극한에 이르러서도 무한을 찾아내라.

회화로 돌아오라. 회화의 처음으로 돌아와서 잃어버린 회화의 근거를 되찾고, 다시 그림을 그릴 수 있다는 신념을 구축하라.

만약 어떤 화가가 현대예술박물관에서 본 최신 현대예술이 세계대전을 순회하고 돌아와서는 아무런 사색도 보태지 않고 아무 말이나 내뱉고 있다면, 여전히 그림을 그리고 있는 예술가들이나 다른 예술애호가들도 모두 마찬가지라면, 예술이 무엇에 대한 무슨 전복을 왜 하는지 사람들은 이해하지 못하고 있다는 뜻이다. 이런 것이 예술의 적이 아니라면 무엇이 예술의 적이란 말인가?

회화로 돌아온다는 것은 예술이 역사주의에서, 공허한 변증법에서 벗어나 예술 본래의 면모를 보여준다는 뜻이자 예술작품 스스로 말하게 한다는 뜻이다.

회화로 돌아온다는 것은 공허한 관념과 언설에서 벗어난다는 뜻이자 말로는 표현할 수 없는 것을 그림으로 그리고 말이 다 끝난 자리에서 그림을 그리기 시작한다는 뜻이다.

회화로 돌아온다는 것은 한때의 유행에 연연하지 않는, 지극히 소박하고 진실된 자리로 돌아온다는 뜻이다.

1999년 5월, 프랑스 망들리외 라 나풀 Mandelieu-la-Napoule 성에서,
이 원고는 프랑스 문화부 남방예술국의 도움을 받아 작성되었다. 감사의 말을 전하며.

3부

인터뷰와 대담

마음속 영혼의 산을 찾아

우완루 吳婉茹

예술무대에서 가오싱젠은 누구와도 비견할 수 없는 눈부신 성취를 보이고 있다. 그처럼 시, 소설, 희곡에서 회화에 이르기까지 여러 장르를 넘나드는 '전방위' 예술가는 흔치 않다. 그에게 예술은 형식상의 구분이 있을 뿐 장르의 구분은 없는 듯 보인다.

그러나 인생무대에 선 그는 빛바랜 단풍처럼 처연하기만 하다. 정치적 박해, 죽음의 위협, 이역만리로 떠난 망명 등으로 점철된 그의 삶은 마치 '겪어낸 삶이 곧 그 사람'이라는 말을 온몸으로 웅변하는 듯하다.

대만 중앙일보의 주간인 메이신梅新과 가오싱젠의 인터뷰에서 예술의 생명력과 창작의 자유를 위해 투쟁해온 그의 내면과 예술에 관한 깊은 고민을 듣게 될 것이다.

▎희곡에 대한 관심은 어릴 적 어머니가 키워주신 것

메이신(이하 메이) 이번에 대만에서는 처음으로 화전畵展을 여셨습니다. 시인, 극작가, 소설가로만 유명하신 줄 알았는데, 이제 보니 전방위 예술가라는 생각이 듭니다. 장르를 뛰어넘는 창작은 모든 예술가의 꿈이 겠지만 결코 쉬운 일은 아니죠. 어떻게 프랑스 어문학을 공부하시다가 극작가가 되셨는지요?

가오싱젠(이하 가오) 어린 시절부터 글쓰기를 좋아했습니다. 열 살 때는 처음으로 소설을 쓰기도 했고요. 소설에 들어가는 삽화도 제가 직접 그렸습니다. 저는 소학교를 1년쯤 다니다 말고 줄곧 집에서 공부했습니다.

어머니가 저와 동생의 공부를 돌보아주시면서 연기도 가르쳐주셨습니다. 처음엔 그냥 재미로 배웠는데 갈수록 흥미가 생기더군요. 어머니는 결혼 전에 기독교 청년회의 구국극단 단원이었습니다. 원래 연기를 좋아하는 분이셨죠. 결혼하시고 나서 연기를 계속할 수 없게 되자 저희 형제에게 연기를 가르치신 거예요. 저는 다섯 살에 처음 연극무대에 섰는데, 그 작품도 어머니가 직접 극화하신 것이었어요.

나중에 프랑스 어문학을 전공한 것은 글쓰기를 위해서였습니다. 외국 문학을 공부하면서 서양의 현대문학과 서양에서 일어난 일들도 직접 접할 수 있었죠. 본격적인 글쓰기는 대학 시절에 시작됐습니다. 문화대혁명 전까지 희곡 10여 편과 미완성 장편소설 하나를 썼고, 그 외에 잡다한 산문과 시, 일기도 한 상자쯤 되고요. 그 원고들은 문화대혁명 기간에 모두 불태웠습니다. 그 후 농촌으로 내려가 5년간 노동생활을 했고, 문화대혁명이 끝나자마자 베이징으로 돌아와 다시 글을 쓰기 시작했습니다.

문혁이 끝나고 나서야 첫 작품을 발표할 수 있었습니다. 1978년에 바진巴金(1904~2005) 선생이 이끄는 중국의 작가대표단이 파리에 갈 때 제가 통역으로 따라간 적이 있는데, 이후 대표단과 함께 중국으로 돌아와서 쓴「파리의 바진」이라는 글이 제가 중국에서 처음 발표한 글입니다.

그런데 본격적으로 글을 발표하기 시작하자마자 정치적 비판에 부딪혔어요. 『현대소설 기교의 탐색』은 정치와는 아무 상관없는, 순수하게 소설의 기교와 소설 관념에 관한 책이었는데도 저는 '현대파'로 지목당하고 정치적 비판대상이 되었습니다. 당시 왕멍 같은 선배 작가들은 공개 서신을 통해 저의『현대소설 기교의 탐색』이 지난 40년간 지속돼온 중국 대륙문학의 틀을 깨고 새로운 방법론을 제시했다며 저를 지지해주셨습니다. 하지만 당국의 반응은 싸늘했죠. 저는 책에서 정치적인 이야기는 전혀 하지 않고 오로지 문학적 기교와 관념에 대해서만 이야기했을 뿐인데, 그 책이 그토록 온 나라를 들썩이게 할 줄은 몰랐습니다.

I 서양 문학을 이해하는 데 도움이 된 프랑스어 공부

메이   당시만 해도 '현대파'는 무척 낯선 말이었죠. 문학의 모더니즘이라는 개념은 어디서 얻으셨습니까?

가오   프랑스어를 공부한 덕에 프랑스 문학을 비롯한 서양 현대문학을 직접적으로 접할 수 있었습니다. 사실 프랑스어를 공부한 것도 최근의 서양에서 일어난 문학 현상에 관심이 많았기 때문입니다. 당시 번역으로 읽을 수 있었던 서양 문학은 대개 한 세기 이전 것들이었거든요. 프랑스에 직접 가보고 싶다는 마음은 없었고, 그냥 저의 글쓰기에 도움이 될 만한 책들을 직접 읽고 싶은 마음에 프랑스어를 공부했습니다. 프랑스어 덕분에 당시 중국에서는 열람이 금지된 흐루시초프의 스탈린 비판도 볼 수 있었죠. 공산당에 대한 의문이 들었을 만큼 그 자료들은 저에게 큰 충격을 주었습니다. 책 외에 사르트르가 창간한 『현대』라든가 『유럽』 등의 잡지, 프랑스어판 『모스크바 뉴스』 같은 간행물도 보았습니다. 그러면서 관방 글쓰기 외에 어떤 형식의 글쓰기가 가능한가 하는 고민도 비교적 일찍 시작되었죠. 『현대소설 기교의 탐색』은 그렇게 수년간 계속되었던 고민의 결과물입니다.

    왜 그 책을 썼냐고요? 사인방*이 물러난 후, 저는 농촌에서 일하면서 쓴 원고를 여러 간행물 편집부에 보냈는데 다 반려당했어요. 제가 쓴 글

---

* 문화대혁명을 주도했던 네 인물인 장칭江靑, 장춘차오張春橋, 야오원위안姚文元, 왕훙원王洪文을 가리킨다.

이 무슨 내용인지 이해가 안 간다는 사람도 있었고, 저에게는 소설을 쓰는 능력이 근본적으로 없다고 평하는 사람도 있었지요. 그에 대해 저 나름의 답을 하기 위해 쓴 책이 바로 『현대소설 기교의 탐색』이었습니다. 소설을 쓰는 방법이 한 가지만 있는 게 아니라는 것을 알리고 싶었어요.

| **대학 시절, 브레히트의 서사극에 빠져들다**

메이 　　대학 시절에 연극반 활동을 하셨던데, 그때의 경험도 훗날 희곡을 쓰는 데 큰 도움이 되었을 것 같습니다. 당시의 연극반 활동에 대해 이야기해주세요.

가오 　　희곡은 대학에 들어가서부터 쓰기 시작했습니다. 극단을 만들고 연출도 하면서요. 극단 활동을 하면서도 이런저런 통제를 받았지만 그다지 엄격한 편은 아니었습니다. 학교는 설렁설렁 다니는 편이었어요. '변증 유물주의'라든가 '마르크스-레닌주의'가 필수 수강 과목이었지만, 책만 봐도 다 알 수 있는 내용이라 강의를 챙겨 듣진 않았습니다. 하지만 생생한 구어로 진행되는 강의라든가 외국에서 온 전문가가 하는 강의는 무조건 들었죠.

　　그 외의 시간은 전부 책을 읽거나 희곡을 쓰는 데 쏟았습니다. 처음에는 스타니슬라프스키의 사실주의 연극에도 관심이 있었지만, 제가 직접 극을 무대에 올리다 보니 그런 사실주의 연극은 제가 추구하는 극과 맞지 않아 고민이 커졌습니다. 그때 브레히트를 알게 됐어요. 저도 그런 서사극epic theater을 실험해보고 싶었지만 여건이 좋지 않았어요. 극단이 공청단(공산주의청년단)의 비준을 받지 못했거든요. 극단은 정치적 성향문제로 의심을 받아 결국 해체됐습니다.

이 시기에 선배 연출가인 덩즈이鄧子儀의 도움을 많이 받았습니다. 스타니슬라프스키 연극이론을 공부하신 분인데, 당시 청년예술극원靑年藝術劇院 부원장이자 예술위원회 주임이기도 했습니다. 제가 쓴 희곡을 그분께 보냈는데, 읽어보시고 좋다고 하셨지만 공연은 힘들겠다고 하시더군요. 만약의 경우를 대비해서 다른 사람에게는 보여주지 말라는 당부도 하셨고요. 여러 가지로 저를 많이 격려해주셨어요. 좋은 희곡을 쓰려면 먼저 극장무대를 이해해야 한다고 하시면서, 다른 사람들의 연극을 많이 보라고도 조언해주셨어요. 그분 덕에 청년예술극원에서 공연하는 작품을 거의 대부분 볼 수 있었습니다. 그전까지의 아마추어리즘을 벗어나는 데 많은 도움이 되었지요.

지금 와서 생각해보면, 저는 청년예술극원에 진학하지 않기를 잘했구나 싶어요. 연극이 좋다고 그런 데 진학했다면 커리큘럼도 제대로 따라가지도 못했을 것 같고, 무엇보다도 극에 대한 자유로운 상상을 키우기 힘들었을 것 같아요.

❙ 자유가 없는 곳으로 돌아가지 않을 것

메이   많은 분들이 작가님이 추구하는 예술 방향에 관심을 갖고 있습니다. 작가님께서는 몇 년 전 "살아생전에 중국으로 돌아가는 일은 없을 것"이라고 말씀하셨는데, 중국은 최근 몇 년간 대대적인 변화와 경제개방이 있었습니다. 만약 중국이 지금보다 극적으로 변화와 개혁을 추진해서 정치적 민주화를 이룬다면, 그래도 중국으로 돌아갈 생각이 없으신지요?

가오   전에도 말씀드린 적 있지만, 경제개방이 반드시 정치적 민주화를 동반하지는 않습니다. 특히 민주화를 달성하는 데는 아주 긴 시간이 필요해요. 하루아침에 될 수 없는 일이지요.

저는 창작을 하는 사람입니다. 제가 바라는 건 창작의 자유지 물질적으로 풍요로운 삶이 아닙니다. 지금의 중국에서도 풍족하고 편리하게 생활할 수 있지만 저에게 문제가 되는 건 제가 쓰고 싶은 글을 쓸 수 있는가 여부입니다. 지금의 중국에서 그것까지 기대하긴 힘들죠.

이제는 파리가 저의 고향입니다. 누군가 저에게 고향이 어디냐고 물으면 저는 언제나 파리라고 대답합니다. 어떤 사람은 저에게 "그래도 중국으로 돌아가고 싶은 마음이 무의식에 있지 않으냐?"고 묻기도 합니다. 지난 3년간 한 번도 그런 생각을 해본 적이 없습니다. 『영혼의 산』을 쓰면서 저의 향수鄕愁는 대부분 해소가 되었습니다. 지난 3년간 중국이 꿈에 나온 적도 없었습니다. 과거에 관한 꿈은 대체로 악몽입니다. 중국에서 살았던 시간이 저에게는 악몽이었습니다. 어딜 가나 억압을 받았고, 어디서도 안전을 느낄 수 없었습니다. 정치를 싫어하는 사람이라도 중국에 있으면 뭔가 일을 겪게 돼 있습니다. 중국에 있을 때 저의 희곡 세 편이 연극으로 만들어졌는데 그때마다 문제를 겪었고, 마지막 작품은 공연금지를 당했습니다. 하지만 서양에 머문 지난 7년 동안에는 희곡 열 편을 무대에 올렸지만 아무런 문제도 겪지 않았습니다.

I 창작의 자유를 찾아 도망친 1만 5,000킬로미터

메이 중국에서 연극 세 편을 공연하시는 동안 어떤 문제를 겪으셨는지요?

가오 첫 공연작은 1982년에 극화한 『절대신호』였습니다. 중국에서는 선봉극, 실험극으로 통하기도 하지요. 당시 저는 관방형식을 탈피하고 싶었습니다. 이 작품은 타이베이에서 〈기차 출발역〉火車起點이라는 제목으로 공연되기도 했습니다. 하지만 이 작품이 처음으로 쓴 희곡은 아니었습니다. 제가 처음으로 쓴 희곡은 『버스 정류장』이라는 일종의 부조리극입니다. 당시 베이징 인민예술극원에서는 『버스 정류장』 대본을 보더니, 제가 너무 멀리 간 것 같다고 하더군요. 극 자체는 정치와 아무 상관이 없는데도 '부조리파' 혐의가 있어 보인다면서, 앞으로도 그 작품은 외부에 공개하지 말라고 했습니다. 그래서 쓴 희곡이 『절대신호』였어요. 이 작품은 연극으로도 만들어졌고 공연 후 반향도 컸어요. 공연도 100회 가까이 이어졌고요. 그러다 보니 또 여기저기서 비판을 받게 되었습니다. 하지만 『절대신호』를 공연하는 극단이 이미 전국에 열 곳이 넘어서 손을 쓸 시점이 지나버렸습니다.

저는 두 번째 연극이 공연되기를 기다렸지만 또 금지를 당했어요. 『절대신호』 이전에 쓴 『버스 정류장』을 작가협회 내부에서 극화하기로 했는데, 공연을 앞두고 또 금지를 당했어요. 그때부터 저의 망명생활이 시작되었죠.

하루는 연극을 하는 친구가 한밤에 저를 찾아왔습니다. 상황이 정말 안 좋아지고 있다고 하더군요. 허징즈賀敬之(1924~)란 사람이 제 희곡을 『해서파관』(문화대혁명의 기폭제가 된 역사극)과 비교하면서 "해서파관보다 더 나쁜 작품이다. 가오싱젠 같은 놈은 칭하이 고원으로 노동개조를 보내야 한다"고 했다는 말도 저에게 전해줬어요. 그때 저도 베이징을 떠나야겠다고 결심했습니다.

베이징에서 서북방 쓰촨까지, 청강장靑康藏 고원에서 동해안까지, 반년간 여덟 개 성省을 거치면서 도망을 다녔습니다. 그러던 중 다시 짐을 꾸리고 어딘가로 떠나려고 하는데 뜻밖에도 암 선고를 받게 되었습니다. 폐에서 작은 덩어리가 찍힌 거죠. 그런데 나중에 다시 보니 그게 없어졌어요. 기적이 일어났거나 아니면 신의 보살핌이었다고 생각합니다.

모든 풍파가 어서 지나가기를 기다리고 있다가 다시 베이징으로 돌아왔어요. 후야오방胡耀邦(1915~1989)이 중앙서기처 총서기였던 시절이죠. 1985년에 『야인』이 연극으로 만들어졌는데, 이 작품이 또 논쟁을 불러일으켰어요. 이 무렵 당내에서도 세력 다툼이 있었던 모양인지 후 총서기도 2년 만에 물러났고, 제 작품도 공연이 금지됐어요. 이렇게 중국에 있는 동안 희곡 세 편이 연극으로 만들어지긴 했어요.

제가 도망을 가기로 한 건 목숨을 구하기 위해서였습니다. 창작의 목숨을 구하기 위해서요. 최근 몇 년간 서방에 있으면서 장편소설 하나와 희곡 작품 여섯 편 등 10여 권의 책을 내고, 전시회도 스무 차례 정도 열었습니다. 중국에 있었다면 상상도 할 수 없었을 일이죠. 그런데 왜 중국으로 돌아가야 하나요?

| 화가가 된 건 의도치 않았던 일

메이   중국에서는 어떻게 나오셨나요?
가오   그게 그림하고 관련이 있는데요. 1985년에 독일의 한 문화교류기구에서 중국 작가들을 독일에 초청한 적이 있어요. 반년 정도 독일에 머무는 동안 방 세 칸짜리 집과 체류비도 지급하는 조건이었죠. 그 덕에 정말 자유롭게 창작활동을 할 수 있었어요. 그런데 그런 조건 외에는 아무것도 없는 환경이었어요. 집도 텅텅 비어 있어서 저는 독일 친구들에게 중국에서 가져온 그림들을 선물로 주었습니다. 그 친구들이 벽에 걸어놓은 그림을 다른 독일 친구들이 와서 보고 무척 좋아했어요. 제

가 그림도 그린다는 건 그 친구들도 그때 처음 알았다고 해요. 그 후 그 친구들이 오히려 들떠서는 제 그림을 언론에도 추천하고 전시회도 추진하고 그러더군요. 독일의 좌파와 우파를 대변하는 양대 신문에서 동시에 제 그림을 소개한 적도 있었어요. 많은 찬사도 받았고요. 그때부터 유럽 여기저기서 제 그림이 관심을 끌기 시작했고, 저는 순식간에 유명 화가가 되었습니다. 전혀 예상치 못했던 일이에요. 어느 날 대규모 전시가 열리고 있어서 가보니 친구들이 힘을 써서 마련한 자리였어요. 어떤 재단에서는 제 그림을 소장하고 싶다면서, 제가 그림을 그리는 데 필요한 모든 비용을 지원해주겠다고도 했고요.

당시만 해도 중국에 대한 마음이 다 정리되지 않은 때여서 그런 제안에 무어라 답을 하진 않았습니다. 다시 글쓰기로 돌아가고 싶은 마음도 있었고요. 결국 그렇게 했습니다. 다시 글쓰기로 돌아가기로 했어요. 그런데 그 무렵 독일에서 제 그림이 6만 마르크에 팔리는 일이 일어났습니다. 아, 그림을 팔면 이렇게 큰돈을 벌 수도 있구나, 그때 알았습니다. 잘됐다 싶기도 했고요. 6만 마르크면 중국에서는 작품을 발표하지 않아도 평생 생활할 수 있는 돈이에요. 다른 걱정 없이 글쓰기에만 매진할 수 있다는 뜻이지요. 당시 제가 바라던 게 바로 안심하고 글을 쓸 수 있는 삶이었어요. 그런데 중국에 있는 한 그럴 수 없죠. 돈 문제만은 아니에요. 작가협회에서도 절 가만히 놔두지 않았습니다. 1978년에 프랑스의 한 공연기구에서 저를 프랑스로 초청했지만, 중국 당국이 여권을 발급해주지 않았어요. 저는 당시 문화부장관이었던 왕멍 선생을 찾아가 이러이러한 사정이 있다고 말씀을 드렸습니다. 결국 왕멍 선생님의 도움으로 여권을 발급받을 수 있었죠. 당시만 해도 중국으로 다시는 돌아오지 않겠다 하는 그런 마음은 없었어요. 그런데 비행기에 몸을 싣는 순간, 뭔가 모를 불안감이 밀려들었어요. 어쩌면 내 평생 다시는 중국으로 돌아올 일이 없을 수도 있겠다 하는 예감이 문득 밀려들었습니다. 아니나 다를까, 1년 뒤에 톈안먼 사건이 일어났습니다. 저는 자유가 없는 고국으로 다시는 돌아가지 않겠다는 공개성명을 발표하기로 결심했습니다.

메이　　무려 7년에 걸쳐 『영혼의 산』을 집필하셨다고 들었습니다. 이 책은 2년 전 대만에서도 출간됐고, 올해 11월에는 프랑스어판도 세상에 나와 큰 반향을 불러일으켰습니다. 유럽 문단의 토론을 촉발시키면서 높은 판매량도 기록했습니다. 트렌드가 문화를 주도하는 시대에 이런 엄숙한 문학이 관심을 받기란 쉬운 일이 아닌데요, 『영혼의 산』에 대해 그리고 개인적으로 추구하는 소설의 방향에 대해 듣고 싶습니다.

가오　　『현대소설 기교의 탐색』을 쓰고 얼마 지나지 않았을 때 편집자 한 분이 제게 장편소설을 써보면 어떻겠느냐고 제안해왔어요. 소설 기교에 대한 이론서도 썼으니 작품으로 실천해보라는 뜻이었죠. 전 당연히 좋다고 했어요. 하지만 장편을 쓴다 해도 순탄하게 출간이 될까 하는 의구심이 들어서 집필을 서두르지는 않았죠. 제가 진정으로 쓰고 싶은 책을 쓰고 싶었어요. 먼저 집필에 필요한 자료부터 수집하기 시작했습니다. 『영혼의 산』은 1982년부터 구상했던 작품이에요. 중국 문화 전반에 대한 관점을 소설에 담아보고 싶었습니다. 꽤 복잡한 구성이 될 것 같았고 준비해야 할 자료도 많았죠. 심지어 고고학적 연구도 해야 했어요. 황하문명과는 다른, 중국 문화의 또 다른 원류인 장강 유역의 문화를 탐색해보고 싶었거든요.

소설을 쓰면서도 이 책을 살아생전에 발표할 수 있을 거라고는 생각하지 않았어요. 그냥 나 자신을 위해 쓰자 하는 마음이었죠.

이 책의 또 다른 주제는 자아에 대한 회의입니다. 세상도 이해할 수 없는 것투성이지만 자아에 대한 인식도 마찬가지예요.

메이　　농촌에서 5년간 노동생활을 하셨다고 들었는데요, 그 생활이 작품에 미친 영향이 있나요?

가오 　　농촌에서의 생활은 창작에 많은 도움이 되었습니다. 갓 대학을 졸업한 학생이라든가 공공기관에서 일하는 사회초년생이라면 주로 접하는 사람들이 지식인이나 행정관료일 수밖에 없죠. 실질적인 세상사는 잘 모르는 경우가 많아요. 저 역시 5년간 농촌생활을 하면서 비로소 세상사를 깊이 이해할 수 있었어요. 제 소설에 나오는 모든 유형의 사람들을 그 시절에 다 만났다고 해도 과언이 아니에요.

농촌에서도 책은 꾸준히 읽었어요. 순수하게 저 자신만을 위한 독서였죠. 글쓰기도 저에게는 꼭 필요한 것이었어요. 이야기 나눌 상대가 절실했으니까요. 저에게 글쓰기는 저 자신을 토로하는 일이기도 했습니다. 저에게 사람은 모두 믿을 수 없는 존재였고, 농촌에 있다 보니 이야기 나눌 사람도 없고, 그러다 보니 더욱 글쓰기가 생활습관이 되어갔습니다.

그러나 그 시절의 경험을 작품에 반영한 적은 없습니다. 당시의 경험을 건드리기가 아직은 고통스러워서요. 나중에 늙으면 회고록에서 언급할 수 있을지도 모르겠습니다만, 지금으로서는 불가능합니다.

나를 사로잡은 장강 유역의 남방문화

메이 　　장강문화에는 어떤 계기로 관심을 갖게 되셨나요?

가오 　　우선 저 자신이 장시 성 간저우贛州에서 태어나 난징에서 자란 남방 사람입니다. 어린 시절에 피난을 가면서도 장시, 후난 지역의 높은 산들을 지났던 기억이 생생합니다. 비록 피난길이었지만, 어린 제 눈에 비친 산 풍경은 흥미진진하기만 했습니다. 당시의 피난 풍경에는 어딘가 '바로크'적인 느낌이 있었어요. 피난길에 피아노를 가져온 사람도 있었는데, 그 댁 부인들은 피난 행렬이 쉴 때마다 피아노를 치며 노래를 불렀습니다. 다들 전쟁을 피해 도망가는 길이었지만, 그게 그렇게 낭만적일 수가 없었어요. 지금까지도 아름다운 기억으로 남아 있습니다.

남방 지역의 산세는 저에게 깊은 영향을 미쳤습니다. 제가 하방되어 간 곳도 완난산구皖南山區였으니, 남방 지역에 대한 이해는 더 깊어질 수밖에 없었죠. 사실 저는 북방을 별로 좋아하지 않습니다. 중국의 역대 권력이 모두 북방에 있었고, 개인의 자유를 질식시키는 제국문화가 발달한 곳도 북방이니까요. 저에게 권력은 압박과 같은 의미로 각인되어 있습니다. 그러나 장강 유역의 문화는 다릅니다. 도가와 선종이 모두 남방문화입니다. 굴원, 이백, 두보에서 사령운, 도연명에 이르기까지 중국의 대작가, 대시인도 열에 여덟아홉은 남방 사람이었습니다. 팔대산인八大山人(1624~1703: 명말청초의 화가), 서위徐渭(1521~1593: 명대 화가), 양주팔괴揚州八怪(1661~1722: 왕사신汪士愼, 황신黃愼, 금농金農, 고상高翔, 이선李鱓, 정섭鄭燮, 이방응李方膺, 나빙羅聘 등 청대에 양주에서 활약한 여덟 명의 화가), 금릉팔대가(공현龔賢, 번기樊圻, 고잠高岑, 추철鄒喆, 오굉吳宏, 섭흔葉欣, 호조胡慥, 사손謝蓀 등 청대 금릉金陵(난징의 다른 이름)에서 활약한 여덟 명의 문인 화가)도 모두 남방 출신의 화가들이었고요. 왜일까요? 인문지리적인 요소도 있겠지만, 더 중요한 이유는 남방 지역이 제왕의 권력과 멀리 떨어져 있기 때문입니다. 제가 여기저기 떠돈 것은 창작에 도움이 되는 문화를 찾기 위해서지 반전통, 반문화를 위해서가 아니었습니다. 고궁(자금성)이 위대해 보일지 모르지만, 저는 고궁을 보면 숨이 막힙니다. 그런 전통은 저와 아무런 상관이 없습니다. 만리장성을 두고 위대하다는 사람도 있겠지만, 그 속에 담긴 문학적 의미라고는 맹강녀孟姜女의 눈물*뿐입니다. 제가 찾

---

* 남편을 만리장성 축성공사에 보낸 맹강녀라는 여인이 울음으로 만리장성을 무너뜨렸다는 전설이 있다.

고자 하는 것은 은일정신, 즉 남방의 장강 유역에서 찾을 수 있는 문인 문화입니다.

메이   『영혼의 산』에는 식물학, 고고학 등 방대한 지식이 나오는데요. 이 많은 자료들을 수집하고 소화하시기까지 정말 많은 노력이 필요했을 것 같습니다.

가오   원래 식물학에 관심이 많았습니다.『영혼의 산』에 나오는 고생물을 포함해서 낯선 식물들에도 관심이 많았고요. 특히 오월吳越, 초楚, 파촉巴蜀 지역의 문화를 이해하기 위해『사기』와『수경주』水經注(북위의 학자 역도원酈道元이 저술한 중국의 하천지리지)를 특히 여러 번 읽었습니다. 유적 발굴지에서 고고학자들과 토론을 벌이기도 했고요.

『산해경전』이라는 희곡도 이런 연구 덕분에 쓸 수 있었습니다. 중국에는『성경』에 해당할 만한 책이 없습니다만,『산해경』에는 풍부한 신화가 존재합니다. 비록 기록은 파편적이지만, 그 파편들을 모아 하나의 도자기로 만들고 싶은 게 제 꿈입니다.『산해경전』은『산해경』을 근거로, 한대 이전의 자료들을 참고해서 썼습니다.

메이   소설에 담길 지식을 수집하는 작업도 소설을 쓰는 데 영향을 미치나요?

가오   물론이죠. 하지만 소설을 쓰는 건 역사를 쓰는 것과 다르고, 역사소설의 경우는 이 둘과 또 다르지요. 제 소설은 역사소설이 아닙니다. 방대한 지식이 담겨 있다 해도 그것은 배경일 뿐이고, 소설로 쓰고자 하는 것은 결국 인간 삶과 내면입니다.

언젠가 한漢민족이 형성해온 문화사를 쓰고 싶다는 꿈이 있습니다. 중국의 역사 기록은 모두 제왕 중심이어서 문화사가 없어요. 물론 이 작업을 하려면 제 일생을 다 바쳐도 모자랄 수 있겠지만요. 그 외에도 하고 싶은 일은 많지만 다 이루기는 힘들겠죠.

▌ 소설이든 희곡이든 중요한 것은 자신만의 방법론

메이   소설과 희곡은 장르가 다르고 창작기교 면에서도 많이 다른데, 어떻게 두 장르를 자유롭게 넘나들며 창작을 하고 계신지요?

가오   소설이 언어의 예술이라면 희곡은 연기의 예술이라고 할 수 있지요. 희곡은 쓰인 글로 감상하지 않습니다. 모든 희곡작품의 목적은 무대에서 공연되는 것이지요. 문학으로서의 극본은 의미가 없습니다. 아무리 좋은 희곡이라고 해도 문학이라고 하기엔 부족하고요. 문학적인 대본이라고 인정을 받을 수는 있겠지만, 무대에서 공연되지 않는다면 의미가 없습니다.

    저는 원래 관심분야가 다양해서 거의 모든 예술장르를 한 번씩은 다 시도해보았습니다. 새로운 장르를 시도할 때는 먼저 그 장르 고유의 형식을 과학적인 태도로 연구합니다. 저 자신만의 독자적인 방법론을 확립하기 위해서입니다. 소설이든 희곡이든 본격적인 창작을 하기에 앞서 먼저 그 장르만의 본질과 형식을 탐구하고 이론을 확립합니다. 『현대소설 기교의 탐색』은 소설에 대한 이론이었고, 『현대희곡의 추구』는 희곡에 대한 이론이었습니다. 『영혼의 산』은 저의 소설 이론이 십대성된 작품이었고, '언어의 흐름'은 저의 소설창작 이론이자 방법론입니다. 한편 희곡은 연기로 표현되는 장르여서 연기 이론이 희곡작법에도 영향을 미칩니다. 무엇을 쓰고 싶은지 결정되었다면 그다음에 중요한 것은 형식입니다. 형식이 곧 예술이라고도 할 수 있어요. 우리는 결국 예술의 형식을 통해 심미적 감흥을 얻기 때문입니다. 창작은 저에게 일종의 사치이기도 합니다. 창작을 하는 과정 자체에서 즐거움과 만족이라는 보상을 얻으니까요.

메이   미국과 아시아에서는 희곡이 인기가 없는 편입니다. 희곡이라는 장르가 원래 유럽에서 발달한 탓일까요? 그중에서도 선생님의 희곡작품이 유독 유럽에서 큰 관심을 받는 이유가 무엇일까요?

가오 　제가 일찍부터 외국 문학을 공부했고 외국 희곡도 접해왔기 때문인지 저의 희곡작품과 유럽의 연극 사이에는 아무런 거리감이 없습니다. 물론 저에게는 저만의 방법론이 있습니다만, 그에 대해서는 유럽 사람들도 금방 이해해서 작품으로 소통하는 데 아무런 문제가 없습니다. 제가 서양 사람들과 커뮤니케이션하면서도 '대화가 불가능한 상황'을 느낀 적은 거의 없었습니다. 제가 유럽의 문화에 익숙해서 그런 것 같습니다. 중국 문화가 녹아 있는 작품을 유럽에서 공연할 때도 아무런 충돌을 느끼지 못했어요.

　유럽에서 『생사계』를 공연했을 때 어떤 여성 관객은 "이 작품을 남자 작가가 썼다니 믿을 수 없다"는 반응이었고, 어떤 여대생은 마치 그 작품을 자신이 직접 쓴 것 같다고도 했어요. 나이, 국경과 상관없이 모든 사람을 울린 작품으로 인정받은 것 같아서 참 뿌듯했습니다. 제 희곡과 서양 관객들 사이에는 정말 아무런 거리감이 없는 것 같아요.

| 한 편의 시 같은 영화를 찍고 싶다

메이 　영화 시나리오를 쓸 생각은 없으신가요?

가오 　늘 있었습니다. 제 야심을 말씀드리자면, 모든 예술 영역에서 빼어난 전방위 예술가가 되고 싶으니까요.

　그림과 글쓰기 외에 더 하고 싶은 게 있다면 제가 찍고 싶은 영화를 찍는 것, 그리고 제가 만들고 싶은 오페라를 연출하는 것입니다.

　제가 찍고 싶은 영화는 일반적인 의미의 스토리 영화가 아닙니다. 몇 가지 구상이 있는데, 그중 하나는 순수하게 시각적인 영화입니다. 화가로서 제가 그리는 그림과 같은 영화, 이를테면 현실과 환상의 경계가 불분명한 내면의 경지를 그린, 일종의 영화시映畵詩를 만들고 싶습니다. 한편으로는 매우 연극적이면서도 문학성 짙은 영화를 찍어보고 싶습니다. 요즘 영화들은 대사가 짧고 파편화되어 있는 경우가 많습니다. 대사에서 문학적 아름다움을 느끼기가 어려워요. 저는 대사가 아름다우면서도 연기가 세밀한, 그런 문학적이면서도 연극성 강한 영화를 만들고 싶습니다. 배우가 극중 배역이자, 그 역할을 연기하는 배우이자, 일상생활을 하는 자기 자신이기도 한 연기의 삼중성을 영화로도 표현해보고 싶고요.

메이   시도 많이 쓰시는 걸로 알고 있습니다. 시 창작에 대해서도 듣고 싶습니다.

가오   시는 중학생 때 좋아하는 여학생이 있어서 쓰기 시작했습니다. 일종의 러브레터에 가까운 서정시였죠. 그러다가 나중에 대학생이 되어 다시 시를 쓰기 시작했는데, 그때 시들은 문혁 기간에 다 태워서 남아 있지 않습니다. 나중에 농촌생활을 하면서 다시 시를 쓰기 시작했죠. 문혁이 끝나면 그 시들을 발표하려고 먼저 아이칭艾靑(1910~1996) 선생님께 보여드리기도 했습니다. 선생님은 읽어보고 좋다고 하시면서 그 시들을 『시간』詩刊에 추천하셨는데, 또 반려당했어요. 아이칭 선생님처럼 유명한 시인의 추천도 소용이 없었나 봐요. 시를 발표할 수 있는 날은 영원히 오지 않을 것만 같았습니다. 그날 이후로 다시는 투고하지 않았지만, 시는 계속 썼습니다. 소설이 저 자신을 위해 쓰는 글이었다면, 시는 순수하게 개인적인 감정의 일기였습니다.

이렇게 대만에 와서 보니, 제 시를 좋아하는 시인 친구들이 이렇게 많을 줄 몰랐어요. 대만에서라면 시를 발표할 수도 있을 것 같습니다. 대만에서 제 시의 지음知音을 찾게 되어 정말 기쁩니다.

Ⅰ 추상도 구상도 아닌 회화를 추구하고 싶다

메이　해외에서 그림이 큰 인정을 받으면서 전시회도 스무 차례 정도 여신 걸로 알고 있습니다. 대만에서는 이번이 첫 전시였죠. 그림을 그리면서 어떤 생각을 하셨는지 궁금합니다.

가오　회화에서는 어떻게 하면 독보적인 성취를 이룰 수 있을까 많이 생각해봤습니다. 서양의 유화 명작들을 원작으로 직접 보면서 유화의 색채에 깊은 감명을 받았습니다. 유화로는 중국인이 서양의 화가들보다 뛰어날 수는 없겠구나 하는 생각도 들었고요. 중국의 수묵전통이 깊은 것처럼 서양에는 색에 대한 유구한 전통이 있으니까요. 중국에도 자오 오우키처럼 색에 대한 감각이 빼어난 화가가 있지만, 그런 화가가 서양에서만큼 많이 나오기는 힘들 겁니다. 적어도 색채 처리라는 면에서는 중국인 화가가 서양의 화가들을 따르기 힘들 거예요. 하지만 수묵은 다릅니다. 중국 화가가 훨씬 유리하죠. 제가 유화를 그리다가 수묵으로 돌아선 이유이기도 합니다.

중국의 수묵전통은 매우 심원하지만, 전통이 깊으면 창신創新이 어려워질 수 있어요. 그동안 창신이라며 시도된 것들도 제 눈에는 많이 부족해 보이고요. 그동안 유화를 그리면서 서양 회화의 공간처리를 수묵에 도입해보고 싶다는 생각을 종종 했습니다. 수묵은 서예의 영향을 받아서 필력과 먹색을 중시하지만 깊이감이 없다면, 서양 회화에는 깊이감이 있습니다. 물론 서양에서도 현대회화는 투시법을 버리고 동양화 같은 평면성을 지향하고 있지만요.

저는 그 반대의 길을 가려고 합니다. 수묵에 서양 유화의 깊이감을 표현할 생각입니다. 중국의 전통수묵에서는 '빛의 처리' 문제를 다루지 않지만, 유화에서는 '빛의 처리'가 대단히 중요하지요. 바로 이 '빛'이라는 개념도 수묵에 도입하려고 합니다. 서양에서는 1960~1970년대에 구상파와 추상파 사이의 논쟁이 있었습니다. 그 결과 추상화가 우위를 점하기 시작했고, 나중에는 별 이상한 그림까지 다 추상화라고 주장할 만큼 추상이 범람하기도 했습니다. 이런 상황에서 제가 또 추상화를 그리겠다고 할 수는 없죠. 제가 추구하는 것은 추상이나 구상으로 분류되지 않는 회화입니다. 이제까지 무의식적으로 그렇게 그림을 그려왔는데, 나중에 프랑스의 평론가인 앙리 실베스트르Henri Sylvestre가 제 그림에는 추상과 구상의 구분이 근본적으로 존재하지 않는다고 한 말을 듣게 되었습니다. 그때 비로소 저도 회화의 방향을 그렇게 정하게 되었죠. 저는 추상이라는 관점에서 보면 추상이고, 구상으로 보면 구상도 될 수 있는, 추상과 구상 사이에 있는 그림을 그릴 생각입니다. 사실 추상과 구상의 경계는 확연히 구분되는 것이 아닙니다.

20세기에 회화는 늘 새로운 회화언어를 탐색했습니다. 저 역시 수묵의 새로운 회화언어를 찾고자 노력해왔고요. 그런데 이 문제에 대해 앙리 실베스트르가 다시금 저에게 새로운 방향을 잡아주었어요. 저는 형상에 몰두하기보다 빛과 공간을 운용하는 방식을 새롭게 확립하기로 했습니다.

지난 수십 년간 미술계에는 동서양 문화의 결합에 관한 논쟁도 있었습니다. 그러나 저는 이게 토론을 해야 할 문제라고 생각하지 않습니다. 더욱이 토론이라는 것 자체가 예술가에게는 아무 의미 없는 것이기도 하고요. 저는 동서양 문화의 영향을 모두 받으면서 살아왔기 때문에 두 문화가 자연스럽게 결합되어 있습니다. 동서양 문화의 결합은 결국 창작을 하는 과정에서 자연스럽게 드러나게 돼 있습니다.

회화와 글쓰기에 가장 직접적으로 영향을 미치는 것은 음악

대륙의 유명한 서예가인 린산즈林散之는 저에게 '독첩'讀帖에 대해 이야기해준 적이 있습니다. 독첩이란 서예가들이 평소 자신이 관심을 가지고 있는 글씨의 범본을 자세히 살펴보며 글자의 필획을 깊이 연구하는 것을 가리킵니다. 독첩의 방식으로 수묵의 운미를 읽는다면 '독화'讀畵라고 해야 할까요? 이런 얘기를 서양 사람들에게 하면, 그들은 독첩이니 독화니 하는 말 자체를 이해하지 못할 것입니다. 저는 그림을 그리는 동시에 제가 그리고 있는 그림을 세세하게 읽습니다. 중국 사람들은 수묵화를 그리려고 하면 『급취장』急就章(중국 한나라의 사유史游가 편찬한 자서字書)부터 펴보려고 하는 경향이 있습니다. 수묵에 대해서는 언제나 기교와 공력에 대해서만 이야기하고요. 제가 서양 유화의 개념으로 수묵화를 그리고 있지만, 전통적인 의미의 '독화'와 '독필법'讀筆法도 여전히 중요하다고 생각합니다.

그래서 그림을 그리는 동시에 제가 그리고 있는 그림을 읽는 것입니다. 다음 획을 어떻게 그어야 하는지는 저도 알지 못합니다. 저는 전통 수묵의 정형화된 필법은 염두에 두고 그림을 그리지 않습니다. 저는 그림을 그리기 전에 여러 가지 구상과 구도를 초고로 그려두긴 하지만, 본격적으로 그림을 그릴 때는 초고를 저만치 밀어두고 오로지 음악만 듣습니다. 음악을 들으면서 감각이 일깨워지기를 기다리고, 다음 획을 어떻게 그어야 할지 떠오르기를 기다립니다. 그림을 그릴 때 음악이 중요한 이유는 수묵에서는 운미가 중요하기 때문입니다. 수묵의 운미와 음악의 리듬감 사이에는 밀접한 관련이 있습니다. 그래서 그림을 그리는 작업은 저에게 그 자체로 아름다움을 향유하는 즐거운 경험이기도 합니다.

음악이 저에게 미치는 영향은 직접적이고 즉각적입니다. 그림을 그리릴 때뿐만 아니라 글을 쓸 때도 음악은 필요합니다. 저는 글을 주로 밤에 쓰는데, 글을 쓸 때 초고로 사용하는 것은 주로 녹음기입니다. 창을 닫고, 음악을 틀고, 음악 속에 잠겨 있다가 제 안에 있는 감정을 말로 풀어냅니다. 그 말을 기록한 녹음기가 저의 초고입니다.

이번에 대만에서 여는 전시회에 내놓은 작품은 최근 1~2년간 그린 그림들입니다. 주로 명상을 하면서 떠오른 내면의 이미지입니다. 예술이 꼭 현실적인 것을 표현해야 하는 것은 아닙니다. 예술은 현실생활에서는 좀처럼 다다르기 힘든 마음의 경지와 현실에서는 좀처럼 볼 수 없는 시각적 형상을 표현할 수 있어야 합니다. 우리가 평소 포착하기 힘든 것들을 예술은 포착할 수 있어야 합니다.

수묵의 가능성은 무궁무진합니다. 그중에서도 수묵의 가장 큰 장점은 연속적 농담濃淡, 일종의 그러데이션일 것입니다. 제 그림을 본 사람들은 "당신 수묵에는 색채도 있네요"라고 말합니다. 그전까지 수묵에서 중요했던 것은 필법과 운미였는데 말이죠. 그러나 필법과 운미만으로 수묵의 회화성을 다 발휘했다고 할 수는 없습니다. 수묵의 풍부한 표현력은 유화의 색채 처리와 비교해도 손색이 없습니다. 수묵의 잠재력은 무한하고, 그 가능성은 아직 다 표현되지 않았습니다.

1995년 12월 22일, 대만 『중앙일보』中央日報에 게재

『영혼의 산』과 소설창작

홍콩 성시대학 강연

먼저 여러분께 죄송하다는 말씀을 드리고 싶습니다. 요즘 하도 생활리듬이 엉망이다 보니, 오늘 같은 날 강연 원고도 준비해오지 못했네요. 그냥 편안하게 글쓰기에 관한 이야기를 나누도록 하지요. 오늘은 『영혼의 산』을 쓴 과정을 들려드리면서 소설에 대한 제 생각과 새로운 소설작법에 관해서도 같이 이야기해볼까 합니다.

I 「영혼의 산」을 쓰게 된 계기

『영혼의 산』은 7년 걸려 쓴 소설입니다. 이 소설을 처음 구상한 때는 1982년, 『현대소설 기교의 탐색』을 출간한 지 얼마 안 된 시점이었습니다. 『현대소설 기교의 탐색』은 무슨 거창한 이론에 관한 이야기가 아니라 소설에 대한 제 생각을 정리한 소책자입니다. 당시 저는 어디에도 소설을 발표할 수 없어서 소설 원고가 집에 하염없이 쌓여 있었습니다. 투고한 소설을 반려당할 때마다 저라는 작가는 소설을 근본적으로 쓸 줄 모른다는 말을 들었습니다. 저는 인물을 다루는 능력이 부족한, 플롯을 다듬지 못하는, 주제가 불분명한, 그런 글이나 쓰는 작가가 돼버린 것만 같은 기분이었습니다. 반려당하는 원고가 늘어갈수록 '도대체 소설이란 무엇인가? 소설은 다른 글쓰기와 어떻게 다른가?' 하는 의문도 늘어만 갔습니다.

소설은 1980년 말부터 쓰기 시작했습니다. 그런데 문제는 소설론이었습니다. 당시 광저우에 있던 『수필』隨筆이란 잡지의 편집장이 제 소설론에 관심을 가져주었습니다. "쓰기만 해요, 책은 내가 내줄 테니까." 그분의 채근 덕에 책은 금방 나왔습니다. 그런데 문제가 생긴 거죠. 아무런 정치적 내용도 없고, 정치적 주장도 없고, 난해한 철학문제를 논한 것도 아니고, 단지 소설의 기교와 형식에 대해 쓴 책일 뿐인데 정치적 비판대상이 되었습니다. 전 단지 기존 방식과는 다른 소설을 쓰고 싶어서, 그 낯선 형식이 꼭 재미없거나 난해한 것만은 아니라는 얘기를 하려고 쓴 책이었습니다. 그 책 때문에 1980년대 중국 전역에서 모더니즘이냐 사실주의냐 하는 토론이 벌어지리라고는 상상도 못했죠. 당시 중국의 문화예술계에 있었던 사람이라면 그 사건을 기억하고 있을 거예요.

그런 시기에 인민문학출판사의 한 편집자가 저에게 찾아왔습니다. 이렇게 토론이 격화되고 있으니 차라리 당신이 추구하는 그런 형식의 소설을 써보라, 원고료는 미리 주겠다고 제안했습니다. 전 좋다고 했고 200위안을 계약금으로 받았습니다. 그리고 두 가지 조건을 제시했습니다. 첫째, 원고료를 받았으니 원고는 반드시 주겠지만 언제쯤 원고를 줄 수 있을지는 알 수 없다, 나는 최송 원고를 건네주겠지만 소설이 발표되지 못할 수도 있을 것이다, 그것까지는 내가 책임질 수 없다. 둘째, 어떤 이유로든 내용을 삭제하는 데는 동의할 수 없다. 그 조건들도 받아들여주더군요. 그렇게 편집자의 허락과 기대 속에서, 제가 추구하는 소설 형식을 어떻게 작품화할까 고민한 끝에 구상하게 된 작품이 『영혼의 산』이었습니다. 비슷한 시기에 쓴 『버스 정류장』이라는 희곡마저 『현대소설 기교의 탐색』 때문이었는지 곧 비판을 받자, 저는 아예 베이징을 떠나야겠다고 마음먹었습니다.

창작에 대한 검열이 심해져서만은 아니었습니다. 중국 남방문화를 배경으로 한 장편소설을 쓰기로 했으므로 어차피 현지를 고찰할 필요도 있었고 건강상의 문제도 있었습니다. 당시 암 진단을 받고 정신적으로도 힘들었던 탓에 더더욱 『영혼의 산』을 찾아 떠나는 여행에 매달렸는지도 모르겠습니다. 목적지도 없고 꼭 어딜 가야겠다 하는 마음도 없이 그냥 될 대로 되라는 식으로 마구 돌아다녔습니다. 암 진단을 받으면 사형선고를 받은 것 같은 심리상태가 됩니다. 그런데 무슨 이유에선지, 나중에 다시 병원에 가보니 암세포가 없어졌다고 하더군요. 그래도 이미 떠난 길이니 계속 가보자 하는 심정으로 중국 남방 곳곳을 여행했습니다.

| 장강 유역을 떠돌며 만난 문화

원고료 200위안만 달랑 들고 여기저기 발길 닿는 대로 돌아다녔습니다. 말 그대로 유랑이었죠. 장강 유역으로는 세 번 여행을 갔는데, 가장 길게는 5개월여 정도, 1만 5,000킬로미터에 이르는 길을 걸었습니다. 물론 걷기만 했던 건 아니고, 가끔 차도 타고, 자전거도 타고, 경운기도 얻어 타면서 갔습니다. 그렇게 이동한 거리가 총 얼마나 되는지는 알 수 없었는데, 나중에 지도를 보면서 계산해보니 1만 5,000킬로미터 정도 되더군요. 마지막으로 장강 유역에 갔을 때는 팬더 보호구를 포함해서 자연보호구만 일곱 군데를 지나기도 했습니다. 장강 상류에서 동해안에 이르는 길을 지나면서 소수민족들의 삶을 포함한 여러 문명과 생태를 두루 볼 수 있었습니다.

같은 시기에 『사기』와 『수경주』도 읽으면서 중국 남방 지역의 역사를 연구했습니다. 『수경주』에 나오는 지명을 확인하느라 고지도를 찾아보기도 했고요. 특히 『수경주』는 여러 번에 걸쳐서 진지하게 읽었습니다.『수경주』는 문학작품이라기보다 고古지리서에 가까운 책인 것 같습니다.

당시 저는 외부활동에 제약을 많이 받고 있어서, 장강 유역의 옛 역사와 지리도 연구할 겸 도서관에 자주 갔습니다. 작가증만 내밀면 불경과 도교 관련서는 물론 외부열람이 금지된 사마외도邪魔外道에 가까운 책도 어렵지 않게 볼 수 있었습니다.

고인류학과 역사학, 고고학 분야의 전문가도 100명 가까이 만났습니다. 고고학 발굴 유적지도 찾아다니면서 장강문화에 대한 제 생각이 사실과 부합하는지도 확인하고, 현지의 고고학자들과 토론하면서 많은 것을 배울 수 있었습니다.

장강 유역은 신석기 시대부터 대구역大區域 문화를 형성하고 있었습니다. 예를 들어 이 지역에서 출토된 도기의 하단에는 기하학적 무늬가 있습니다. 아마도 중국 문화에서 볼 수 있는 최초의 추상 부호가 아닐까 싶은데요. 어떤 것은 작은 구멍들로 이루어져 있고, 어떤 것은 사방형 혹은 삼각형 무늬로 이루어져 있습니다. 이런 도기들은 어느 한 지점에서만 발견되는 게 아니라 장강 하류에서 중상류에 이르는 지역에 폭넓게 분포하고 있습니다. 물길을 따라 널리 소통이 이루어졌다는 뜻이지 당시 이미 상당 수준의 항선航船기술이 있었다는 뜻이죠. 우리는 옛날 사람들의 능력을 과소평가하는 경향이 있는데, 지금으로부터 족히 7,000년에서 1만 5,000년 전인 신석기시대에 이미 상당한 수준의 항선 기술이 있었습니다. 그래서 장강 유역에 대구역 문화가 형성될 수 있었던 거죠. 저는『산해경』에 실린 이야기도 상당 부분 고대 장강 유역의 신화가 아닐까 생각하고 있습니다.

I **자연 속에서 얻은 깨달음**

『영혼의 산』의 배경을 이루고 있는 것은 거대한 중국 문화입니다. 이런 시도를 간단히 '심근'尋根('뿌리 찾기'라는 뜻으로 1980년대 후반에 향토적인 풍습과 전설 등에서 소재를 찾아 작품화한 경향을 가리킴)이라고 정리해버리는 말에 저는 동의할 수 없습니다. 저 스스로도 제가 심근 작가라고 생각하지 않고요. 하지만 중국 역사에는 관심이 많습니다. 그런데 우리에게 익숙한 제왕사와 권력사는 문화사를 소홀히 다루고 있습니다. 당시 저는 만약 중국에서 창작을 계속할 수 없게 되면 장래에 중국 문화사를 써야겠다는 계획을 품고 있었습니다. 그래서 『영혼의 산』의 배경이기도 한 중국의 역사와 문화를 더 열의를 갖고 연구한 면도 있습니다.

그런데 작품의 구조를 구상하면서 스토리를 서술하는 일반적인 방식으로는 이런 풍부한 역사와 문화의 의미를 다 담아낼 수 없겠다는 생각이 들었습니다. 그래서 새로운 형식을 탐색하다가 '소설이란 무엇인가'라는 더욱 근본적인 질문과 마주하게 되었습니다. 나아가 '소설의 형식은 무엇에 복무하는가, 문학이란 도대체 무엇인가, 네가 이 소설을 쓰고 싶은 이유는 무엇인가' 하는 물음도 꼬리에 꼬리를 물고 이어졌죠.

저는 오랫동안 외따로 떨어져 지내거나 어딘가로 멀리 떠나는 것을 좋아합니다. 하루 종일 산속을 걷기도 하고요. 숲을 보며 홀로 걷다 보면 자연과의 대화에 깊이 잠겨들게 되고, 자연의 색과 음악이 주는 감동에도 젖어들게 되고요. 그렇게 하염없이 걷다 보면 결국 내면의 '나'와 이야기하게 되지요. 그 대화가 길어지면 내면의 자아를 투사한 '너'는 대화의 상대이자 일종의 허구의 대상이 되어 있는 것을 발견하기도 합니다.

바로 그때 '나'와 '너'라는 인칭으로 소설을 쓸 수도 있겠다는 생각이 들었습니다. 일인칭 '나'는 장강 유역을 여행하면서 실제로 사람을 만나고 사건을 겪는 인물이라면, 이인칭 '너'는 내면의 여행을 하면서 대화를 이끄는 존재입니다. 물론 '나'와 '너'는 동일인이지요.

저는 이 소설을 쓰면서 플롯만이 소설을 이루는 구조일 필요는 없겠다는 생각이 들었습니다. 그렇다면 어떤 새로운 형식이 가능할까 탐색하던 중 사람의 내면, 즉 심리로 소설을 구성할 수도 있겠다 싶었습니다. 즉,『영혼의 산』은 심리구조로 플롯을, 인칭으로 인물을 대체한 소설입니다. 그렇다면『영혼의 산』은 어떤 소설로 분류될까요? 아마 소설사를 다 뒤져도 비슷한 소설을 찾기 어려울 것입니다.

이만큼 와버렸으니 앞으로 계속 가는 수밖에요. 저는『영혼의 산』을 심리적인 작품으로 쓸 뿐 아니라 이 소설 안에서 중국의 문화와 역사에 대한 물음, 언어에 대한 물음을 파고들기로 했습니다. 언어는 주체를 통해 실현되지요. 그렇다면 그 생각은, 말은 누가 하는 것일까요? 주어는 흔히 '나'로 표현됩니다. 그러나 그런 생각을 하는 '나'가 어떻게 '나'라고 확신할 수 있을까요? '나'는 임의적이고 불확정적이며 포착하기 어렵습니다. 그래서 '나'는 단순히 주어나 언어학, 어법의 문제가 아니라 철학의 문제이기도 합니다.

니체에 대한, 자아에 대한 의문

당시 중국 대륙에는 니체 철학 열풍이 불었습니다. 니체 철학은 오랫동안 외면받고 있다가 어느 날 갑자기 주목을 받게 되었습니다. 사람들은 너도나도 니체를 읽고 매료되었죠. 자신을 감히 신과 견주는 '새로운 니체'도 여기저기서 나타났습니다. 이런 철학이 20세기 내내 유행하면서, 한마디로 '광증'이라고밖에 할 수 없는 여러 가지 유행병이 퍼졌습니다.

「광증과 국가 미신」이라는 글에도 쓴 적이 있지만 사람들은 국가에 대해서도 미신에 빠져듭니다. 국가적인 신화를 만들어내기도 하고, 개인이 스스로 망상에 빠져들기도 하고요. 신은 죽었다고 말했던 사람들은 이제 그 자신이 신이 되어 말을 하기 시작했습니다. 저는 사람이 사람일 때는 그렇게까지 미칠 수 없다고 생각합니다. 니체식의 초인을 자처할 때 그렇게 되지요. 사실 니체는 신경증을 앓고 있던 사람입니다. 그러나 20세기의 광기는 이런 신경증 환자를 영웅화했습니다. 이런 철학을 20세기의 진리로 오독하는 것이야말로 크나큰 비극이 아닐 수 없습니다. 니체는 영웅도 초인도 아닌 한 사상가일 뿐입니다. 그의 사상이야 진지하게 연구할 수도 있지만, 니체를 지식인의 영웅으로 만든 것은 20세기 지식인들의 병통이었습니다. 이런 병통은 유토피아 혁명과도 연관되어 있습니다.

이렇듯 주어에 대한 의문은 니체 철학에 대한 의문, 개인의 가치판단에 대한 의문으로 이어졌고, 그 결과 『영혼의 산』은 끝없이 의문이 이어지는 책이 되었습니다.

그렇게 질문을 이어나가면서 저는 혁명이나 전복의 태도를 취할 필요는 없겠다는 생각도 들었습니다. 전복이라는 것 자체가 한때의 유행에 지나지 않는 병입니다. 폭력혁명은 사라졌지만 예술상의 전복은 사라지지 않은 채 지금까지 이어지고 있습니다. 사람들은 저마다 예술전복자를 자처하면서 반예술을 일삼고 있습니다. 더 이상 반대하고 전복할 것도 남지 않게 되자 예술은 일종의 사변, 일종의 명명으로 변했습니다. 그 배경에는 개인을 절대화하는 극한의 자아팽창이 있습니다. 문화가 왜 전복을 해야 하죠? 새로운 글을 쓰고 싶다면 그냥 쓰면 됩니다. 새로운 글을 쓰기 위해 반드시 앞 세대를 타도해야만 하는 것은 아닙니다. 앞 세대의 성과에 동의하거나 동의하지 않으면 그만입니다. 왜 타도를 해야 하죠? 타도는 곧 광기입니다. 할 말이 있다면 그냥 그 말을 하면 됩니다. 할 말이 없다 해도 반드시 앞 세대를 부정함으로써 자기를 확립하려고 할 필요는 없습니다.

글을 쓸 때 중요한 것은 바로 겸손입니다. 겸손은 단순히 품성의 문제가 아닙니다. 글을 쓸 때 실질적으로 필요한 태도입니다. 나약한 한 개인이 과연 무엇을 할 수 있단 말입니까? 영웅을 자처하거나 세상을 바꾸려 드는 사람은 광인이거나 환자일 뿐입니다. 여러분이 문학가의 눈으로 보아야 하는 것은 가련하고 비참한 인간 존재이지 위대함을 내세우는 영웅이 아닙니다. 사람은 자기 자신을 조롱할 수 있어야 비로소 정신건강을 유지할 수 있습니다. 저는 자아에 대한 의문을 품고 또 조롱하기도 하고, 때로는 세상을 불손하게 갖고 놀기도 합니다. 세상을 가지고 노는 편이 광기나 망상보다 차라리 낫습니다.

『영혼의 산』의 구조와 형식을 이렇게 정하고 나니, 그다음부터는 그냥 써나가기만 하면 되었습니다. 장·절이 꽤 많기는 했지만 비교적 수월하게 쓸 수 있었습니다.

l 음악을 들으며 혼잣말하기

저는 글을 쓸 때 음악을 들으며 녹음하는 습관이 있습니다. 이렇게 하면 표현이 훨씬 생생해집니다. 앉아서 생각 근육만 움직이면 딱딱한 언어만 떠올라서 살아 있는 감각을 전달하기 어려워집니다.

음악을 들으면서 말을 녹음할 때는 밝은 곳보다 어두운 곳이 좋습니다. 때로는 모든 불을 끈 채 녹음기의 빨간 불빛만 보면서 음악에 잠겨 있기도 합니다.

『영혼의 산』은 결국 장편의 독백입니다. 혼잣말이라고도 할 수 있죠. 혼잣말에도 상대가 필요합니다. 이 상대는 '나'와 동일인이며 남자인 '너'일 수도 있고, '너'에게 필요한 여자 대화상대를 만들어 '그녀'라고 칭할 수도 있습니다. 이때 '그녀'가 바로 인칭으로 대체한 인물입니다. '그녀'일 수 있는 여인의 모습은 다양합니다. 소설에서는 여러 가지 다른 목소리로 '그녀'의 여러 가지 모습을 그려낼 수 있습니다. 소설 속에서 주인공은 '그녀'와도, '너'와도, '나'와도 대화할 수 있습니다. '그녀'가 여성인 대화상대라면, 동일인인 '너'와 '나'는 남성인 '그'가 되기도 하겠지요. '그'도 결국은 '나'의 사고에서 비롯된 가상의 상대, 혹은 자아의식의 승화, 자아를 관조하는 중성적 시선일 수 있습니다. 그렇다면 이 소설의 주인공은 '나', '너', '그'라고 하는 세 가지 인칭인 셈입니다. 셋 중 누구도 주인공이 될 수 있고, 소설 속에서 서로의 대화상대가 되어 대화를 이어나갈 수 있습니다. 『영혼의 산』은 이렇게 복잡한 마음의 대화 혹은 가상의 대화입니다. 사실상 독백, 그것도 장편독백이지요.

『영혼의 산』에 대한 이야기는 이 정도로 하고, 이제부터는 소설이란 무엇인가 하는 질문으로 넘어가 봅시다.

항간에 떠도는 이야기가 모두 소설

무엇이든 소설이 될 수 있습니다. 이것은 제 생각이 아니라 중국에서는 고대부터 있어온 관점입니다. 구판 『사해』辭海(1937년에 중국의 수신청舒新城, 장상張相, 선이沈頤 등이 편찬한 사전)—신판 『사해』는 지나치게 정치의식이 강조돼 있어서 별로 좋아하지 않습니다—를 보면, '소설'에 대해서는 '항간에 떠도는 이야기가 모두 소설'(假頭巷議, 皆小說也)이라고 나와 있습니다. 항간의 풍문, 세간의 너저분한 이야기들, 각종 메모, 잡기, 괴이한 이야기들, 옛 우화들, 여행기 등이 모두 소설이라는 뜻이지요. 꼭 무슨 고상한 이야기도 아니고, 교화를 목적으로 하는 것도 아니고, 국가나 제왕과도 관련이 없는, 시정잡배들의 시시껄렁한 이야기가 다 소설입니다. 소설에 대한 가장 멋지고 관대한 견해인 것 같습니다.

전통적으로 중국에서는 시문이 높은 지위를 누려왔다면, 소설은 우아한 전당에 들어설 수 없는 하품下品으로 여겨져왔습니다. 그러나 생활이나 역사, 인생에 대해 가장 풍요롭게 이야기하는 장르가 바로 소설입니다. 저는 소설이 하품이라고 생각하지 않습니다. 소설의 표현력은 대단히 풍부합니다. 다만 그 형식이 고정적이지 않아 수타면 반죽처럼 장력과 융통성의 폭이 큰 편이죠. 그래도 수타 반죽이 결국 면이 되는 것처럼 소설도 결국은 문학입니다.

저는 소설이 끝났다고 생각하지 않습니다. 간혹 소설의 죽음을 선포하는 이들이 있는데, 그런 판단도 일종의 망상입니다. 저는 그런 선언에서 전복을 추구하는 예술혁명의 냄새를 맡습니다. 저는 그런 혁명, 전복에서 물러나 역사와 인간, 그리고 저 자신을 대면하는 평온한 자세로 돌아오고자 합니다. 소설에는 여전히 새로운 가능성이 많이 잠재되어 있습니다. 무언가 쓰고 싶은 것이 있다면 그것을 쓸 수 있는 새로운 형식을 탐색해보십시오. 소설의 지평은 다시 한결 넓어질 것입니다. 저 역시 끊임없이 새로운 소설의 형식을 찾고 있습니다. 아마 제가 세상을 떠난 후에도 다른 많은 작가들이 여전히 그렇게 할 것입니다. 역사란 이렇게 다함이 없는 길이자 마르지 않는 강과 같습니다.

본문은 『명보 월간』明報月刊 편집자가 녹취·정리한 원고이며 류짜이푸 교수가 다시 읽고 감수했다.
홍콩 『명보 월간』 2001년 3월호에 게재

문학과 언어

홍콩 중문대학 강연

오늘 이렇게 문학 자체에 대해 그리고 문학언어에 대해 강연할 수 있는 기회가 주어져 진심으로 영광입니다. 정치적 판단이 문학을 간섭했던 20세기에는 이렇게 문학 자체에 대한 토론이 이루어지기 어려웠습니다.
2001년인 올해는 논란의 여지 없이 21세기에 들어섰습니다. 이제는 20세기식 정치 간섭을 뒤로하고, 새로운 눈으로 문학에 대해 논할 수 있게 되었습니다. 새로운 눈으로 바라본 문학, 이것이 오늘의 강연 주제입니다.

▍ 문학은 인간 존재에 대한 관조

저는 문학이 정치보다 크다고 생각합니다. 문학은 정치에 복무하기 위해 존재하지 않습니다. 문학도 윤리적 판단의 제약을 받긴 하지만, 문학은 교화를 목적으로 하지 않습니다. 아마도 그런 이유로 문학은 끊임없이 이런저런 간섭을 받는 것 같습니다. 저는 문학은 인간이라는 존재와 삶에 대한 관조라고 생각합니다. 인간 삶의 조건과 인간 사회, 사람들 사이의 관계를 관조하기 위해서는 거리를 둔 시선이 필요합니다. 이런 관조의 글에는 판단이 담겨 있지 않습니다. 판단이 있다면 심미적 판단이 있을 뿐입니다. 문학에 유일하게 존재하는 판단이 있다면, 그 또한 심미적 판단입니다. 희극, 비극, 서정, 황당무계, 골계, 숭고, 시의 등이 모두 심미적 판단에 속합니다. 문학도 다른 모든 예술과 마찬가지로 심미라는 가치만을 인정합니다. 바꾸어 말하면, 어떤 작품에 대해 좋다, 나쁘다를 판단할 수 있는 기준은 심미뿐이라는 뜻입니다. 심미 외에 정치, 사회, 윤리, 습속 등은 문학을 판단하는 기준이 될 수 없습니다. 이것이 제가 오늘 말하고자 하는 첫 번째 관점입니다.

우리는 어디까지나 이런 인식을 기반으로 '문학이란 무엇인가, 어떻게 써야 하는가'라는 문제를 토론해야 합니다.

문학은 결국 사람의 일입니다. 사람이라는 존재, 사람이 처한 조건, 사람 사이의 관계를 떠난 문학은 존재하지 않습니다. 이념이나 정치의식에 기반을 두고 인간 삶을 해석한다면, 그것은 해설이지 문학이 아닙니다. 문학은 인간 삶의 조건을 직접적으로 파고들어 서술합니다. 인간의 삶이야말로 그 어떤 이론보다도 큽니다. 사람에 관한 그 어떤 철학도, 해설도, 인간 삶의 전모를 드러내기에는 불완전합니다. 인간은 매우 복잡하고 모순적인 존재이기 때문입니다. 인간의 행동 또한 제멋대로이기는 마찬가지여서 특정 이론이나 철학으로 일관되게 설명하기 어렵습니다. 하물며 체계적인 해설이요? 불가능합니다.

그런 의미에서 문학은 철학이나 이념이 포괄하지 못하는 면모까지 아우르는, 광범위하고도 초월적인 품격을 갖추고 있습니다. 이념이란 대개 몇 가지 원칙과 관념에 따른 설명체계에 지나지 않습니다. 그러나 사람은 살아 움직이는 복잡한 존재인 데다 지금 이 순간에도 끊임없이 변화·발전하는 과정 속에 있습니다. 인간은 특정 이념이나 관념으로 거칠게 일반화할 수 없는 존재입니다. 문학은 바로 이런 복잡한 인간 존재와 인간 삶을 대면하는 일인 것입니다.

그런 의미에서 문학에 필요한 것은 사람이라는 존재를 관조하고 자기 자신을 의식하는 태도입니다. 사람이 사람인 이유는 자기 존재를 의식하고 그 경험을 기술할 수 있기 때문입니다.

그렇다면 그 인식은 어떻게 기술해야 할까요? 인간 존재를 표현하는 방식은 다양합니다. 우리는 서술이라든가 회화, 조소, 음악 등 다양한 예술형식으로 인간 삶과 감정을 표현할 수 있습니다. 이 가운데 문학이 의존하는 수단은 언어입니다. 그러므로 문학에 대해 이야기하려면 먼저 문학과 떼려야 뗄 수 없는 관계에 있는 언어에 대해 이야기해야 합니다. 문학에 쓰이는 언어는 과학의 언어와 다릅니다. 제가 오늘 이 자리에서 이야기하고자 하는 것은 문학의 언어입니다.

서술의 기본 조건은 세 가지 인칭

그렇다면 문학에서 쓰이는 언어는 어떤 것일까요? 우리는 어떻게 써야만 사람의 감정을 충분히 표현할 수 있을까요? 언어로 사람의 감정을 표현하기란 쉬운 일이 아닙니다. 언어 자체에 여러 한계가 있으니까요. 예를 들어 언어로 무언가를 말하려는 순간 우리는 가장 먼저 주어를 결정해야 하는 문제와 마주칩니다. 누가 말을 하고 있는가, 그 말을 하고 있는 사람은 누구인가, 즉 어법상의 형태로 표현된 주어는 누구인가 하는 문제 말입니다. 나인가? 너인가? 그인가?

라틴어나 아랍어는 물론 동서양을 아우르는 전 세계 모든 인류의 언어에는 '나, 너, 그'라는 세 가지 인칭이 있습니다. 이 세 인칭은 언어에 반영된 인류의 무의식이라고도 할 수 있겠습니다. 말을 하기 위해서는 먼저 주어를 정해야 합니다. 주어를 정하지 않고서는 말을 시작할 수조차 없습니다. 인칭은 사람의 감정이나 인식을 전달하고자 할 때 특히 문제가 됩니다. 언어예술은 다른 말로 하면, 인칭에 따른 언어의식의 제한을 받는 표현이라고 할 수 있습니다.

이런 문제를 특히 중요하게 고민한 것이 현대문학입니다. 동서양의 문학 모두 서술자가 누구인가 하는 문제는 뚜렷하게 존재합니다. 바로 이 서술자의 문제를 가장 중요하게 다루기 시작한 것이 현대문학입니다. 현대문학에서는 어떤 서술자가 서술하는지가 어떤 내용인가 하는 문제보다 더 중요할 때가 있습니다. 전통적인 문학에서, 특히 전통적인 소설에서 사람들의 관심사는 이야기의 내용이라든가 등장인물과 같은 서술대상이었습니다. 그러나 현대문학에서는 '누가 이야기하는가'라는 새로운 문제를 제기합니다. 내용에 앞서 서술의 시점이 더 중요해진 거죠. 이런 관점은 현대인의 언어의식을 반영하고 있습니다. 이런 언어의식은 현대에 등장한 심리분석과도 관련이 있습니다.

┃ 언어의식의 배후

사람들은 바로 이 언어의식의 배후에 '자아'가 있다는 것을 발견하게 되었습니다. 외부세계 이외에 존재하는 내면의 의식 말입니다. 바로 이 자아에 대한 관조를 언어의식과 관련해서 생각해보면, 이런 관조에는 세 가지 차원이 있다는 것을 발견할 수 있습니다. 자아를 지칭할 때 우리는 '나'라는 주어를 쓸 수도 있고, '그'라는 삼인칭 주어를 쓸 수도 있습니다. 예를 들어 우리는 누구나 중성적인 혹은 제3의 시선이라는 것을 가지고 있습니다. 바로 이 중성적인 시선이 정치와 윤리, 사회습속에 관여합니다. 그리고 자아에 작용해서 선명한 의식을 낳습니다. 이런 의식이 '그'의 시선으로 자아를 관조할 때 우리는 '그'라는 삼인칭 주어로 자아에 대한 인식을 서술하게 됩니다.

　자아에 대해 서술할 때 '너'라는 이인칭 주어를 쓸 수도 있습니다. 보통 '너'는 자기 이외의 존재 혹은 '그'의 상대를 가리킵니다. 그러나 마음속으로 독백을 할 때 '너'는 자신의 자아를 투사한 대상을 가리키게 됩니다. 누구나 혼잣말이나 생각에 깊이 빠져들게 되면, 자아는 '너'라는 대화상대로 분리·투사되어 자아를 '너'라고 지칭할 수도 있다는 사실을 발견하게 됩니다. 자아에 대한 인식을 서술할 때는 이렇게 세 가지 인칭을 쓸 수 있습니다.

이런 인식을 문학의 서술언어에 도입해보면, 우리는 곧 언어의 서술기능에 대한, 사람에 대한, 우리 자신에 대한 인식이 그동안 불충분했다는 사실을 발견하게 됩니다. 모든 인식은 결국 언어를 수단으로 합니다. 언어라는 수단이 불충분하면 인식도 불충분할 수밖에 없습니다. 인식이 심화되기 위해서는 먼저 언어가 발전해야 합니다. 그런 의미에서 현대의 작가들은 동시대 언어의 창조자입니다. 작가는 기존의 언어 수준에 만족하지 못하는 존재입니다. 작가에게 앞 세대 작가들이 걷다 멈춘 지점에서 다시 말하기 시작하는 문학은 흥미롭고 의미 있는 작업이 됩니다. 그 자체로 창작 충동을 크게 북돋울 뿐 아니라 창작과정에서 큰 만족도 얻을 수 있으니까요.

| 문학은 상품이 아니다

글쓰기가 생계 수단이 되면 글쓰기에 흥미를 느끼기 어려워집니다. 무언가를 추구하는 마음과 호기심이 있을 때, 과정 자체에서 만족을 얻을 수 있을 때 글을 쓰려는 의욕도 커지기 마련입니다. 호기심과 추구와 만족은 생계와 아무런 관련이 없는 순수하게 정신적인 활동입니다. 그런 의미에서 문학은 아무런 실용적 쓸모가 없습니다.

또한 문학은 시장의 동향을 따르지 않습니다. 문학은 상품이 아니기 때문입니다. 지금 같은 상품사회에서는 세상에 존재하는 거의 모든 것들이 상품이지요. 문학도 이젠 거의 상품이 되어 있고요. 그러나 문학의 본성이라는 측면에서 문학은 상품이 아닙니다. 오늘날의 작가들에게는 상품화에서 벗어나야 할 의무와 필요 혹은 일종의 절박감이 있습니다. 문학이 스스로를 구원하기 위해서라도 작가는 사회적·정치적 제약에서 벗어나 자아팽창과 나르시시즘, 망상을 떨치고 이 시대의 상품화 기제와도 거리를 둘 수 있어야 합니다. 이것이 바로 우리 시대에 문학이 당면하고 있는 문제입니다. 이것은 저 혼자만의 생각이 아닙니다. 엄숙한 예술의 창작에 종사하고 있는 작가라면 저마다 자신들의 위치에서 이런 고민을 하고 있을 것입니다.

제가 찾은 해결방법은 우선 정치에서 벗어나는 것입니다. 소위 경향성 문학이라는 것도 마찬가지입니다. 인간 삶의 조건 혹은 곤경이야말로 정치적 경향성보다 큰 문제입니다. 그런 이유로 문학은 소비품이 아닙니다. 물론 문학도 소비품이 될 수 있고 소비문화가 될 수도 있습니다. 문학의 소비문화 또한 다른 모든 소비문화와 마찬가지로 그 나름의 수요와 시장이 있습니다. 그러나 우리에게는 소위 엄숙한 문학이라고도 불리는 비소비적인 문학, 비상품화 문학도 필요합니다. 그런 문학이 정말 엄숙한가에 대해서는 논외로 하더라도, 우리에게는 시장의 요구를 고려하지 않는 독립적인 문학이 필요합니다.

❙ 글을 쓰는 건 마음의 필요 때문

작가는 먼저 글을 쓰고 싶다는 갈망, 즉 마음의 필요를 느껴야만 합니다. 일단 그 마음이 강하게 휘몰아치면 다른 문제는 고려하지 않게 됩니다. 처음 글을 쓰기 시작한 어린 시절을 돌아보면, 저는 먼저 어머니께 감사를 드려야 할 것 같습니다. 여덟 살 때부터 어머니는 저에게 매일 일기를 쓰게 하셨고, 그때부터 쓰기 시작한 일기를 지금까지 수십 년째 써오고 있습니다.

문혁 시기에는 혁명모범극樣板劇* 외에 모든 공연이 금지됐다는 사실은 여러분도 알고 계실 것입니다. 당시 저는 원고 대부분을 불태웠지만, 어릴 적부터 품어온 글쓰기의 열망은 버릴 수 없었습니다. 제 속에 있는 말을 토로하고 싶은 마음, 저라는 존재의 가치를 확인하고 싶은 마음 때문에라도 저는 꼭 글을 써야만 했습니다. 그 어떤 극심한 곤경에 처해서도 글은 계속 썼습니다. 글을 써야 한다는 마음이 강하게 휘몰아치면 다른 문제들은 마음에서 해소되기 마련입니다. 그러므로 문학은, 특히 엄숙한 문학은 그 어떤 시대에도, 지금처럼 온 세상이 상품화의 조류에 휩쓸리는 시대에도 사라지지 않을 것입니다. 사람에게는 그런 문학을 원하는 마음의 필요가 있기 때문입니다.

저에게 문학이란 근본적으로 혼잣말입니다. 저는 글을 쓸 때 시장이나 도구적 이익을 고려하지 않습니다. 이런 혼잣말은 저에게 굉장히 중요합니다. 언어가 없으면 사상도 멈추고 감정도 정지됩니다. 사람이 자기 존재를 확인하기 위해서라도 언어는 필요합니다. 저는 스토리 중심의 문학에 관심이 없습니다. 중요한 것은 자신의 느낌을 정확하게 서술하는 것입니다. 그러나 감정을 정확하게 묘사하는 것은 쉬운 일이 아니고, 감정을 생생하게 묘사한다는 것은 더더욱 쉬운 일이 아닙니다. 그래서 문학의 언어가 중요합니다. 끊임없이 살아 있는 언어를 탐색하고 또

* 문화대혁명 기간에 모범극으로 지정된 현대판 경극으로 『지취위호산』智取威虎山, 『해항』海港, 『홍등기』紅燈記, 『사가빈』沙家濱, 『기습백호단』奇襲白虎團, 『용강송』龍江頌, 『홍색낭자군』紅色娘子軍, 『백모녀』白毛女 등 여덟 편이다.

부단히 새롭게 하는 것. 작가에게 주어진 책임이 있다면, 작가라는 존재가 세상에 기여하는 바가 있다면, 바로 그런 노력일 것입니다. 감사합니다.

『명보 월간』 2001년 3월호에 게재

작가의 내적 여정

황춘밍과의 대담

시간	2001년 10월 2일 오후 1시 30분~3시
장소	대만 이란宜蘭 현 정부문화국 2층 강연실
대담자	가오싱젠, 황춘밍
진행자	차이쑤펀蔡素芬
기록·정리	차이수화蔡淑華

차이쑤펀(이하 차이) 자유시보自由新報와 자유부간自由副刊에서 주최하는 이번 좌담회에 오신 여러분을 환영합니다. 오늘 이 자리에서는 세계적인 작가 가오싱젠 선생님과 대만의 국보급 작가 황춘밍黃春明 선생님의 대담이 진행됩니다. 황춘밍 선생님이 이란 현에 거주하시는 관계로 오늘 좌담회도 이란 현에서 열리게 되었습니다. 이란 현의 풍속과 사람들에 대해서는 황춘밍 선생님의 작품에도 잘 묘사되어 있죠. 가오싱젠 선생님도 바쁘신 와중에 이곳에서 여러 친구분들을 만나게 되었으니, 여러모로 뜻깊은 자리가 될 것 같습니다.

두 분은 소설가 이상의 소설가라고 소개해야 할 것 같습니다. 가오싱젠 선생님은 소설 외에 시와 희곡도 쓰시고 그림도 그리시죠. 황춘밍 선생님 또한 유화와 만화 등을 그리시면서 전시회도 여셨고, 시나리오를 쓰시는가 하면 아동극 연출도 하시고, 현재는 교사와 기자로도 활동하고 계십니다.

오늘 좌담회의 주제는 '작가의 내적 여정'입니다. 두 분의 문학적 성취는 물론 풍부한 인생 경험과 독서 체험, 창작에 도움이 되었던 가르침에 대해서도 들을 수 있는 기회가 되지 않을까 생각합니다. 우선 두 분이 글을 쓰게 된 계기와 근래에 집필하고 계신 작품에 대해 들어보죠.

가오싱젠(이하 가오) 황춘밍 작가님의 작품은 저도 즐겨 읽어서 오래전부터 꼭 뵙고 싶었습니다. 작가님의 초기 작품은 흔히 '향토문학'으로 분류되지만, 향토문학 이상이지요. 최근 황춘밍 선생님의 생애에 관한 자료를 읽을 기회가 있었는데요, 다방면에 재능이 출중하셔서 깜짝 놀랐습니다. 빼어난 소설가지만 소설 쓰는 것을 직업으로 하고 계시지는 않은 것도 제가 꿈꾸어온 작가의 모습이고요. 물론 지금 저에게는 글쓰기가 직업이 되었지만요.

글쓰기에 대한 관심은 아주 어릴 적부터 시작되었습니다. 여덟 살 때쯤으로 기억하는데요. 어릴 때 몸이 약해서 학교를 다니지 못했습니다. 그런 저에게 어머니는 글씨 연습 노트를 사주셨습니다. 저는 다른 아이들처럼 밖에서 뛰어노는 데에는 관심이 없어서 하루 종일 집에 혼자 있으면서 글씨 연습을 하고 놀았습니다. 처음에는 어린이 책도 보고, 나중에는 아는 글자가 늘어나면서 어머니가 즐겨 읽으시던 외국 소설도 보기 시작했습니다. 그런 책을 한 권 보고 나면 새로 알게 되는 글자가 부쩍 늘었어요. 제가 글씨 쓰는 걸 좋아하자 어머니는 글씨 연습 노트를 많이 사주셨습니다. 저는 시간이 많다 보니 하루에 한 권을 다 써버리는 날도 많았습니다. 그러다 보니 돈이 많이 들자 어머니는 칸이 작은 노트로 바꾸어 사주셨습니다. 작은 칸에 글씨를 쓰는 것도 재미있었어요. 그렇게 놀다가 나중에 작가가 되리라고는 어머니도 예상하지 못했을 거예요. 그렇게 글씨든 뭐든 쓰는 게 습관이 되어가던 차에 중학교에 들어가게 되었습니다. 작문시간이라는 게 있더군요. 제목을 받으면 노트 반 권쯤 되는 글을 써가곤 했습니다. 첫 소설은 열 살 때 썼습니다. 제목은 잘 기억나지 않습니다만, 흑인 아이들이 산 넘고 물 건너 돌아다니는 이야기였어요. 당시 제가 『로빈슨 크루소』를 무척 좋아했는데, 소설을 읽고 나서 드는 상상을 쓰다 보니 소설 내용과 뒤섞여서 저런 엉뚱한 이야기가 됐던 것 같아요. 제가 나중에 화가가 될 생각이 없었듯이 당시에도 작가가 되겠다는 생각은 전혀 없었어요. 다만 글쓰기는 저에게 상상력을 펼칠 수 있는 넓은 공간이었고, 저는 그 속에서 큰 만족을 얻을 수 있었습니다.

물론 나중에는 작가가 되고 싶다는 마음도 생겼습니다. 성년이 되기 전까지 『수호전』, 『서유기』, 『노잔유기』老殘遊記〔청말 소설가 유악 劉鶚(1857~1909)이 쓴 풍자소설〕, 『삼국연의』, 『요재지이』 등 제가 찾을 수 있는 거의 모든 고전소설을 찾아 읽었고, 대학에 가서도 발자크에서 톨스토이까지 서양 작가들의 소설을 닥치는 대로 섭렵했습니다. 대입시험을 앞두고 있을 때도 작가가 되고 싶은 생각이 있었는데, 작가를 양성할 것 같은 대학은 어디에도 없어 보였어요. 전공은 어쩌다 보니 프랑스 어문학을 택하게 되었습니다. 외국어 계열이 문학과 가까워 보였고, 당시 제가 프랑스 문학을 좋아하고 있었거든요. 그런데 막상 입학을 해보니, 커리큘럼이 통·번역자 양성을 목표로 하고 있더군요. 1년쯤 다니다가 아무래도 전공을 바꿔야겠다고 생각했습니다. 학교생활이 어려운 문제도 있었어요. 저는 어릴 때부터 자유로운 집안 분위기에서 자랐습니다. 아버지는 건국 이전부터 중국은행에서 근무하셨고 어머니도 학교교육을 받은 분이어서 집안에 가부장적인 문화가 별로 없었어요. 어릴 때도 돈에 관한 이야기를 부모님과 자유롭게 나눌 수 있을 만큼 서구적이랄까, 민주적이기도 했고요. 다른 중국 가정에서는 볼 수 없는 풍경이죠. 그런 환경에서 어린 시절을 보내고 나니, '당'이나 '공청단'에서 학생들의 사상을 관리하는 것을 이해하기가 어려웠어요. 무엇이 허용되고 무엇이 허용되지 않는지도 잘 모르겠고요. 그래서 자퇴를 해야겠다고 결심하고 있는데, 학교의 당 지부 서기가 찾아와 이렇게 멋대로 자퇴해버리면 다시는 대입시험을 치를 기회도 없을 거라고 겁을 주더군요. 전 겁을 먹고 계속 학교를 다니기로 했습니다.

학교생활은 썩 모범적이지는 않았어요. 5년 내내 도서관만 드나들면서 철학, 역사, 외국 문학 등 닥치는 대로 책을 읽고 그림을 그렸습니다. 저는 나중에 작가가 되었지만, 더 나중에 서양에 가서 보니 글을 써서는 생계를 유지할 수가 없더군요. 작가는 직업이 될 수 없는 것이었어요. 이 시기에 생계에 도움이 되었던 것은 저의 다른 장기인 그림이었습니다. 그림과 글쓰기 모두 제가 좋아하는 일이긴 합니다만, 창작이 직업이 되기는 어려운 것 같아요. 옛날 중국 문인들에게 그림이나 글쓰기, 악기, 바둑은 모두 기본 소양 같은 것이었죠. 직업이 분화된 현대사회에는 그런 관념이 사라져서 문학이나 예술도 이제는 소양이라기보다 분화된 직업 가운데 하나가 되었죠. 현대사회의 병통이 아닐 수 없습니다. 황춘밍 선생님은 이런 한계를 깨고 다방면의 소양을 갖추고 계셔서 정말 존경스럽습니다.

▎ 마음속 고민이 글쓰기로 이끌어

황춘밍(이하 황)   저는 초등학교 2학년 때 글을 쓰기 시작했으니 문학의 여정이 조금 늦게 시작된 셈이네요. 당시 대만은 광복을 맞이한 지 얼마 되지 않아서, 본성인本省人* 학생과 외성인外省人** 학생 간의 국어 능력 차가 컸습니다. 글씨와 작문 모든 면에서요. 초등학교 2학년 때 저희 담임이 국어 선생님이었습니다. 하루는 작문시간에 작성한 글을 학생들에게 돌려주시는데, 저에게만 앞으로 다른 데서 글을 베껴오지 말라고 하신 적이 있습니다. 정말 난감했어요. 저는 진짜 글을 베끼지 않았거든요. 당시 작문 제목이 '가을 농가'였을 거예요. 이란 현은 원래 농촌 지역입니다. 농가생활은 저에게 늘 익숙한 풍경이었어요. 저는 평소에 본 농가 풍경을 썼을 뿐이라고 말씀드렸더니 선생님이 엄청 놀라시더라고요.

선생님은 "이미 수秀를 줬다"고 하셨지만, 정말로 안 베꼈다고 생각하시는 것 같지는 않았어요. 그래서 저는 한 번만 더 작문 기회를 달라고 청했죠. 선생님은 '어머니'라는 제목으로 다시 글을 써오라고 하셨습니다. 그런데 전 일곱 살 때 어머니가 돌아가셔서 어머니에 대한 기억이 뚜렷하지 않았어요. 선생님은 그 뚜렷하지 않은 기억에 대해 써오면 된다고 하셨지만, 내가 괜히 교만을 부린 건 아닌지, 집에 돌아와서 엄청 후회했습니다. 도대체 어머니 이야기를 어떻게 써야 하나 막막해서 밤새 괴로워했던 기억이 납니다. 글을 써서 내고, 이틀 후 선생님이 다시 절 부르셨습니다. 저에게 작문지를 돌려주셨는데, 얼핏 봐도 빨간색 코멘트가 가득했어요. 둘 중 하나였죠. 글이 엉망이라는 뜻이거나, 좋은 표현이라는 의미의 동그라미 표시가 많은 것이거나. 저는 제 글에 자신이 없었는데, 작문을 돌려주시는 선생님의 눈시울이 촉촉했어요. 감동적인 글 잘 읽었다고 하시더군요.

제 밑으로 동생이 네 명 더 있었는데, 어머니가 돌아가신 뒤에는 할머니가 저희 오남매를 다 키우셨지요. 할머니는 전족으로 걸음걸이가 불편하셔서 저희를 키우느라 고생이 많으셨습니다. 어린 동생들은 하루

* 중화민국(현 대만) 성립 이전에 중국 대륙에서 대만으로 이주했거나 본래 대만에 살고 있었던 원주민으로 대만 전체 인구의 80퍼센트를 차지한다.
** 1949년 전후에 장제스의 국민당 정권과 함께 중국 본토(대륙)에서 대만으로 건너온 사람들로 '대륙인'이라고도 한다.

종일 엄마를 찾으며 울었지만, 저는 아주 가끔 엄마가 생각나는 정도였습니다. 하루는 할머니가 "너희 엄마는 하늘나라로 갔다"고 하셔서, 저는 밤만 되면 창밖으로 고개를 내밀고 하늘을 보았습니다. 하지만 하늘에 엄마 얼굴은 보이지 않고 별들만 가득 했지요. 저는 그런 희미한 기억들을 글로 썼는데, 선생님은 감동적이었다고 하셨어요.

당시 대만은 백색공포(1949년에서 1987년까지의 계엄정치를 가리킴) 시기에 들어서고 있었지만, 선생님은 저에게 선충원沈從文(1902~1988), 바진 같은 대륙 작가는 물론 체호프 같은 러시아 작가의 작품들을 소개해주셨습니다. 당시 학교에서 사용하고 있던 『중화문선』中華文選이라는 교재에 류반눙劉半農, 샤몐쭌夏丏尊, 주쯔칭朱自淸, 빙신氷心 같은 중국 작가들의 작품이 많이 실려 있었습니다. 교본이 개정된 후에는 '작은 나를 희생하여 큰 나를 완성한다'는 유의 글 일색이 되어버렸지만요. 저는 읽는 건 좋아했지만 글을 어떻게 쓰는지 배운 적은 없었어요. 그런데 담임 선생님이 제 글에 관심을 가져주셨죠.

청소년기의 저는 집에서 '내놓은 자식'에 가까웠습니다. 집안 어른들과도 사이가 좋지 않았고, 퇴학할 뻔한 적도 여러 번이었거든요. 어떻게든 공부를 해서 사범대를 갈 것인가, 이대로 퇴학을 할까 하는 기로에서 결국 핑둥屛東(대만 남부의 도시)에 있는 사범대로 진학하게 되었습니다. 그곳 선생님들 덕분에 책을 더 좋아하게 되었지만 나중에 작가가 되어야겠다는 생각은 없었습니다. 당시 문제 학생이었던 저는 자유롭게 할 수 있는 게 많지 않았어요. 좋아하는 소설을 읽거나 글을 쓸 뿐이었죠. 글을 쓰면서 저 자신과 깊이 대화할 수 있었고, 생각을 다듬는 훈련도 되었던 것 같습니다. 힘들고 외로웠던 시기, 저는 소설로 숨어드는 길을 택했습니다. 소설 속에서 용기를 얻고, 또 바쁘게 살아갈 수도 있었습니다. 자살하고 싶은 마음도 많이 들었습니다. 자살을 간단하게 생각했어요. 누구의 간섭도 받지 않고, 언제 어디서 어떻게 죽을지를 저 자신이 결정할 수 있는 방법이 자살이라고 생각했어요. 저 자신을 파괴시킨다는 생각만으로도 희열을 느끼던 시기였습니다. 그런데 저를 무척 아껴주셨던 할아버지의 주름진 얼굴과 눈물이 떠올랐습니다. 그 순간 '아, 자살은 하지 말아야겠구나' 생각했습니다. 그렇게 사범대를 졸업했습니다. 하지만 고향으로 돌아가 교사생활을 할 자신은 없었어요. 들어가기도 힘들고 나오기도 어려운 궁벽한 시골마을로 가서 원주민 아이들이나 가르치면 좋겠다 싶었습니다. 당시 저는 아무런 야망도 의욕도 없었습니다. 저 자신에게서 도피할 수 있는 곳으로 멀리 떠나고만 싶었습니다.

저는 결국 아무런 선택도 하지 않고 그냥 글을 쓰면서 지냈습니다. 당시 연합보의 부주간이었던 린하이인林海音(1918~2001) 선생이 대만 국어 보급을 주장했는데, 저는 오히려 민난어閩南語(대만의 북방 방언)로 쓴 『차를 놓친 사람』城仔落車이라는 소설을 연합보에 투고했습니다. 소설에는 추운 겨울에 병든 아이를 데리고 이란 현으로 가던 노파가 차를 잘못 타서 "차를 잘못 탔어요"라고 소리치는 대목이 있습니다. 자신의 생명을 다한 외침이지요. 그래서 소설 제목도 '차를 놓친 사람'이라고 지었습니다. 린하이인 여사에게서 소설이 감동적이었다는 편지를 세 통이나 받았습니다. 당시 저는 누구에게도 인정을 받지 못하고 있었는데, 어느 날 갑자기 생판 모르는 사람에게 인정을 받게 된 거지요. 그 후로 저는 이 길을 계속 가야겠다고 결심했습니다.

차이 가오싱젠 선생님은 중국을 떠나 계시지만 『영혼의 산』과 『나 혼자만을 위한 성경』에는 중국에서 겪은 체험이 반영돼 있습니다. 사람이 어디에 머무르는지는 중요하지 않다고 작품에서 언급하신 적도 있고요. 그렇다면 마음에 대해서는 어떻습니까? 마음의 국경이라는 것이 있다고 생각하시는지요? 한편 황춘밍 선생님 작품에서는 나고 자란 땅에 대한 깊은 애정을 느낄 수 있었습니다. 그뿐만 아니라 현실에서도 이란 현지에서 일을 하며 살고 계시기도 하고요. 자신이 태어난 땅에 대해 그리고 마음의 국경에 대해 두 분의 생각을 듣고 싶습니다.

| 작가는 국경을 뛰어넘어 인성을 탐구하는 존재

가오 저는 민난어를 할 수도 알아들을 수도 없습니다만, 황 선생님의 작품을 읽으면서 아무런 불편도 느끼지 못했습니다. 오히려 작품을 읽는 내내 친근감이 느껴졌습니다. 선생님의 최근작인 『방생』放生은 중국어에 대한 최고의 문학적 공헌이라고도 생각합니다. 방언으로 작품을 쓰면 전달력에 한계가 있지 않을까 생각했지만, 방언을 모르는 독자라도 뜻을 알 수 있을 만한 표현을 선별하는 데 보통 이상의 공력이 들었을 것 같습니다. 황춘밍 선생님의 작품은 눈으로 글자를 보는 것도 아름답고 읽기에 친근할 뿐 아니라 현대 중국어의 표현력을 확장하는 데도 크게 기여했습니다. 저는 방언 사용이 현대 중국어의 표현력을 확장하는 데 크게 기여한다고 생각합니다. 앞으로도 중국어가 끊임없이 생명력을 얻고 변화·발전해나가려면 작가들이 끊임없이 새로운 감수성과 표현방식을 시도해야 합니다. 한 언어의 표현력은 그 언어를 사용하는 작가들에게 달려 있습니다. 중국의 현대 작가들 가운데 바진은 쓰촨 출신이고, 루쉰은 샤오싱, 선충원은 후난 출신입니다. 이 작가들의 작품에 녹아 있는 방언 역시 오늘날 현대 중국을 만드는 데 크게 기여했지요. 그런 의미에서 황춘밍 선생님도 작품을 통해 현대 중국어의 표현력에 큰 공헌을 하셨다고 생각합니다.

향토적·민족적인 작품일수록 독자의 흥미를 끈다고 주장하는 이들도 있습니다만, 저는 그런 관점이 일종의 기회주의에 가깝다고 생각합니다. 현재 중국에는 중국적인 이미지를 파는 작품을 쓰는 작가들이 더러 있습니다. 문학이 아니라 여행 광고라면 그런 이미지를 팔아도 되지요. 여행자들은 그 지역 고유의 특색을 보고 싶어하니까요. 하지만 작가라면 그런 민족적·지역적 이미지를 작품의 포장지로 이용하면 안 됩니다. 인성의 문제를 깊이 건드리는 황춘밍 선생님의 작품에는 그런 의도 대신에 국경, 민족, 언어를 뛰어넘는 작가만의 독창적 감수성이 섬세하게 표현되어 있습니다. 선생님의 작품이 사용 언어를 뛰어넘어 폭넓은 전달력을 갖는 이유는 인성이라는 보편적 차원의 문제를 다루고 있기 때문입니다. 그런 의미에서 저는 황 선생님과는 살아온 이력이 다르지만, 작품으로 표현하고자 하는 바는 비슷하다고 생각합니다.

저의 본적은 장쑤 성 타이저우입니다. 대학을 졸업한 후로도 그곳에서 할머니와 함께 여러 날 지내기도 했습니다만, 저에게는 소위 고향이 없습니다. 제가 태어난 곳은 장시 성 간저우입니다. 서양인들은 태어난 곳을 고향으로 치지요. 하지만 저는 항전(항일전쟁) 이후로 간저우로 돌아갈 일이 없었고, 현재까지도 서양에 거주하고 있습니다. 중국이 태어난 곳이라는 이유로 그리움에 사무치거나 하지도 않습니다. 오히려 파리에서의 생활이야말로 자유롭고 홀가분해서 좋아요. 이렇게 많은 친구들과 독자들, 창작의 자유가 있는 대만도 이제 저에게는 고향과 다름없는 곳입니다. 서양 기자들은 종종 저에게 자아의 국적에 대해 묻곤 합니다. 그러면 저는 웃으면서 세상을 떠돌고 있는 사람이라고 대답합니다.

이제까지의 삶과 글쓰기 스타일, 생활방식 등 모든 면에서 저는 황 선생님과는 극단적이리만치 다를지 모르지만, 사상적으로는 너무나 잘 통하는 것 같습니다. 제가 선생님과 공유하는 견해가 있다면, 작가는 작품을 통해 인성을 대면하는 존재라는 것입니다.

나고 자란 땅이 그 사람을 성장시킨다

황   가오 선생은 고향이라는 이유로 특별히 그리워하진 않는다고 하셨는데요, 우리는 이 말을 잘 알아들어야 합니다. 가오 선생이 겪은 마음의 상처는 작품을 통해 미루어 짐작할 수 있을 뿐 제가 다 헤아릴 수 없습니다. 문화대혁명과 그 전후의 정치사적 비극은 세계 역사에서도 보기 드문 사건이었습니다. 그러나 그 사건에서 벗어나고자 할 수는 있어도, 자신의 고향에 대한 감정은 쉽사리 떨쳐질 수 없는 것입니다. 그런 문제에 대해서는 제가 가오 선생보다 큰 행운을 누린 것 같습니다. 저의 인격적 성장은 이란 현이라는 땅에서 이루어졌다 해도 과언이 아닙니다. 자신이 속한 땅에 대한 '긍정'은 인격의 성장에 반드시 필요합니다. 때로는 이 '긍정'이 정치적으로나 당파적으로 잘못 활용되기도 하지만요. 땅에 대한 긍정은 그 땅 위에서 살아가는 사람들에 대한 긍정과 그 땅 위에서 펼쳐졌던 사건에 대한 이해를 포함합니다. 글을 쓰는 사람에게는 이런 감정이 매우 중요합니다. 가오 선생은 고향에 대한 그리움이 없다고 하셨는데, 상당히 용감한 발언입니다. 극좌 성향이나 정치적 경향성이 강한 사람들에게 공격의 빌미가 될 수도 있으니까요. 잘 모르는 사람들일수록 시공간적으로 멀리 떨어져 있는 작가나 작품에 대해 특히 함부로 말하는 경향이 있죠.

     저는 기본적으로 이란 현에서 자란 것을 감사하게 여기고 있습니다. 저는 제가 살아온 땅을 통해 대만 전체를 이해할 수 있었습니다. 사람의 본성이 비슷하다면, 제 인식의 범위는 대만이라는 경계 너머로 넓어질 수도 있을 것입니다.

차이   두 분은 아무래도 생활환경과 정치적 조건의 차이 때문에 작품세계도 확연히 다르지만, 인성을 탐구하고 삶의 가치를 추구한다는 점에서는 일치되는 것 같습니다. 아까 문화대혁명을 언급하실 때 든 생각인데요, 가오싱젠 선생님은 문혁 시기의 작품을 거의 다 불태우셔서 마흔 전후에야 주요 작품들을 발표하셨습니다. 황춘밍 선생님은 스물두 살에 소설을 쓰기 시작해서 당대에 바로 큰 인기를 얻었지만, 이후 10여 년간 작품활동을 중단하신 시기가 있죠. 그 10년 공백을 깨고 1998년에 발표하신 작품은 사회에 대한 관심을 담고 있는 『방생』이었고요. 이렇게 작품활동이 중단되는 시기가 찾아오는 이유는 무엇일까요? 작가에게 그런 시기는 철저한 슬럼프인가요, 아니면 새로운 창작의 가능성이 배양되는 시기라고 보시나요?

l **마음에서 우러나는 글을 쓰기 위해**

가오   글은 일찍부터 쓰기 시작했습니다. 대학을 졸업하고 문화대혁명이 시작되었을 때 제 나이가 스물여섯이었는데, 그때까지 쓴 희곡과 영화 시나리오가 10여 편 되고, 미완성 장편소설도 한 편 있었습니다. 다 합치면 무게만도 30킬로그램이 넘는 원고였습니다만, 모두 태워버렸습니다. 대외적으로 처음 발표한 글은 소설이나 희곡이 아니라 산문이었습니다. 중국 작가로는 처음으로 프랑스 측의 방문 초청을 받은 바진 선생님의 통역을 맡아 함께 파리에 갔다가 중국으로 돌아와서 쓴 글이었습니다. 그때를 작품활동의 시작으로 본다면, 그때부터 서른여덟 살까지 꾸준히 소설, 희곡, 문학이론을 발표했습니다.

    그전에도 작품을 발표하고 싶었지만, 제가 이미 원고를 다 태워버려서 발표할 수가 없었습니다. 그 후에도 몇 년간은 스스로 '자아검열'을 하면서 작품을 발표했습니다. 스스로 검열을 충분히 했다고 생각했는데도 금지조치를 당하고 보니, 이럴 바에야 차라리 '자아검열'도 관두고 작품 발표도 하지 말자고 마음먹었습니다. 그 후 파리로 떠나 여기저기 돌아다니며 살다 보니 서서히 마음의 문이 열려, 다시 자유롭게 글을 쓸 수 있게 되었습니다. 이젠 드디어 자아검열을 할 필요가 없어졌으니까요.

그런데 이때 또 다른 구속을 깨닫게 되었습니다. 바로 시장경제라는 구속이었습니다. 자국에서 출간 금지조치를 당하고 온 중국 작가에게 서양 사람들이 품는 기대는 정말 다양했습니다. 그중에서도 정치적 억압을 받는 망명작가의 이미지를 가장 보고 싶어했죠. 그런 이미지를 구사하지 않으면 책이 팔리지 않을 정도로요. 정치적 억압에서 벗어나니 생계의 위협이 다시 자유를 구속하게 된 형국이랄까요? 그 또한 구속이고 억압이기는 마찬가지지요.

글쓰기는 저에게 꼭 필요한 것이자 제가 택한 삶의 방식입니다.

『영혼의 산』은 살아생전에 중국에서 발표할 일은 없을 거라고 각오하고 쓴 소설입니다. 그러고 보니 『영혼의 산』이 대만에서 출간된 지도 벌써 5년이 되었네요.

I 글쓰기는 나의 지업

황   저는 발표한 작품이 많지 않고 전업작가도 아닙니다. 다만 글쓰기를 일종의 지업志業으로 여기고 있습니다. 좋은 소설을 쓰고 싶다는 것이 제가 품고 있는 뜻(志)입니다. 이란 현과 타이베이를 오가며 일하던 시절이 있었습니다. 일을 하면서 글을 쓰는 것도 힘들었지만, 당시『문학 계간』文學季刊에 투고했던 글은 원고료가 없어서 그것 때문에도 많이 힘들었습니다. 소설을 쓰느라 사나흘씩 밤을 새는 때도 많았고 출근을 못한 적도 많아요. 소설을 쓰는 동안 직업도 여러 번 바꾸었고 이사도 일곱 번이나 다녔어요. 글을 써서는 생계가 되지 않으니 글 쓰는 일을 직업으로 삼을 생각도 해본 적 없습니다. 그저 사정이 되는 한 쓰다가 여의치 않으면 쉬기도 하면서 그렇게 집필을 해오고 있습니다.

타이베이에 처음 도착했을 때가 생각나네요. 당시 문학계에는 모더니즘과 실존주의가 유행하고 있었지만 저는 둘 다 별로 관심 없었어요. 제 소설은 썩 모던하지도 실존적이지도 않았고요. 나중에는 모던하거나 실존적인 소설을 쓰기도 했습니다만 그 소설들을 저의 대표선집에 넣고 싶지는 않습니다. 그냥 어떤 인상만 가지고 쓰기 시작한 소설이라서 무어라 말을 하기도 난감하네요. 저는 문학을 연구하는 사람이 아닙니다. 창작과 연구는 별개의 일이라고 생각해요. 저는 문학이론에 대해서는 잘 알지 못합니다.

간혹 저와 맞지 않는 유행 때문에, 때로는 저의 생업 때문에, 때로는 이런저런 논쟁 때문에 펜을 놓아야 했던 적도 있습니다. '문학은 결국 사람의 일'이라고 한 가오싱젠 선생의 말이 무슨 뜻인지 알 것 같네요. 얼마 전 대만을 방문한 하진哈金 선생과 이번에 대만을 찾은 가오싱젠 선생 덕분에 우리에게는 그동안 당연하게 생각해왔던 것들을 새롭게 보는 계기가 되었다고 생각합니다. 이분들이 아니었다면, 우리는 그만큼 더 타성과 무반성에 젖어 있었을 거예요. 최근 들어 사회에 대한 고민이 부쩍 커지고 있습니다. 제가 가진 힘은 약하지만, 그렇다고 가만히만 있어서도 안 된다고 생각해요. 우리는 흔히 아이들이 미래의 주인공이라고 말하면서 아이들에게 사탕이나 쥐어주는 것 외에 뭘 해야 할지 모르죠. 진심으로 이 세상과 미래가 걱정된다면 그래서는 안 됩니다.

차이 두 분은 글쓰기 외에도 다른 많은 영역에서 재능을 발휘하고 계신데요, 자신의 삶을 충실히 살기 위해서는 무엇이 가장 필요하다고 생각하시나요?

가오   무엇보다도 하고 싶은 일을 하는 것이죠. 하고 싶은 일을 하기 위해서는 치열한 고민과 모색이 필요합니다.

황   글이든 그림이든 무엇이든 무언가에 마음이 끌린다면, 그것이 당신에게 의미 있는 일이라는 뜻입니다. 그 성과물은 사회에도 유익이 될 것입니다. 어떤 일에 착수해서 매진하는 노력은 그 자체로 사람을 성장시킵니다. 그 과정에서 누리는 희열과 만족감은 그 사람이 받게 되는 선물이지요.

차이   좋은 말씀 감사합니다.

『자유시보·부간』 2001년 10월 4일, 5일자 게재

토지, 인민, 유랑
예스타오와의 문학 대담

시간	2001년 10월 7일 오전 10~12시
장소	국립 대만문학관
진행	펑루이진彭瑞金, 정종밍鄭烱明
강연	예스타오葉石濤, 가오싱젠
기록·정리	쉬비샤徐碧霞

펑루이진(이하 펑)   행정원 문화건설회에서 주관하고 대만기금회에서 주최하는 오늘 강연에 오신 여러분, 환영합니다. 먼저 대만기금회 정종밍 부사장님의 인사 말씀이 있겠습니다.

정종밍(이하 정)   먼저 이렇게 대만의 남부에서 문학좌담회가 열려 기쁘게 생각합니다. 오늘 오신 두 분 가운데 한 분은 노벨문학상 수상자인 가오싱젠 선생님이고, 다른 한 분은 대만 문학을 대표하는 예스타오 선생님입니다. 종자오정鍾肇政(『로빙화』魯氷花의 원작자) 선생님은 예스타오 선생에 대해 '대만 문학에 소금과 같은 존재'라고도 하셨지요. 예 선생님은 지난 50~60년간 대만 문학의 발전에 크게 기여하셨습니다. 가오싱젠 선생님에게도 오늘은 대만 북부의 목소리와는 다른 남부의 목소리를 들을 수 있는 좋은 기회가 되리라고 생각합니다.

펑   토지와 인민은 예스타오 선생님의 문학뿐 아니라 세계의 많은 작가들도 중요하게 다루는 주제입니다. 또한 가오싱젠 선생님뿐 아니라 세계의 많은 작가들이 창작의 자유 등을 위해 망명이나 유랑을 선택하고 있고요. 예스타오 선생님도 백색공포 시대에 옥고를 치르신 경험이 있습니다.

가오싱젠 선생님은 우리가 잘 아는 대로 전제권력과 문화대혁명으로 고난을 겪으신 분입니다. 작가에게 가장 중요한 것은 자신의 목소리를 내는 것이다, 작가가 오랫동안 목소리를 억압당한다면 그것은 자살과 마찬가지라는 말씀도 그런 경험에서 비롯되었을 것입니다.

두 분은 서로 다른 시대에, 각자 다른 공간에서 살아오셨지만 공통점이 적지 않습니다. 정치적 부자유와 맞닥뜨리면 어떤 이들은 굴종이나 침묵을 택하고, 어떤 이들은 도망을 택합니다. 물론 저항을 택하는 이들도 있고요. 도망과 저항은 전혀 다른 선택 같지만, 작가에게는 두 선택이 본질적으로 다르지 않을 수도 있습니다. 예스타오 선생님은 "땅이 없으면 문학도 없다"며 이 땅을 적극적으로 끌어안는 선택을 하셨습니다. 옥고를 치르기도 하셨고 목숨을 위협당하는 일도 있었지만, 끝까지 이 땅에 대한 애정을 버리지 않으셨습니다. 예 선생님의 문학은 바로 이 땅에 대한 애정과 떼어놓고 생각할 수 없습니다.

각자 다른 자리에서 활동해오신 두 분을 오늘처럼 이렇게 한자리에서 만날 수 있다는 것도 흔한 기회는 아닙니다. 문학은 세계 공통의 언어입니다. 오늘 두 분의 말씀도 전혀 다른 얘기는 아닐 거라고 생각합니다.

| 문학의 근본

가오　　　오늘 이렇게 자리를 마련하고 또 찾아와주신 여러분들께 진심으로 감사드립니다. 아쉽게도 저는 예스타오 선생님의 작품을 직접

접할 기회가 없었습니다. 예 선생님의 작품세계를 이해하고 싶어서 오늘 오는 길에 『예스타오 평전』을 받아 읽어보았습니다. 이 책을 보면서 대만 문학을 이해하기 위해 필요한 것이 무엇인지 알 수 있었습니다. 그동안 제가 대만 문학이라고 알고 있었던 것은 무척이나 일천한 수준이었더군요. 이 책을 읽으면서 대만의 작가와 작품들뿐 아니라 대만의 정치환경에 대해서도 새롭게 알게 된 것이 많습니다. 직접적으로 예 선생님의 작품을 접하지는 못했지만, 선생님에 대한 소개를 듣고 보니 저와 공통점도 많은 것 같습니다. 서로 살아온 과정은 다르지만, 창작의 제재와 세상을 보는 관점은 많은 부분 통하는 것 같아요. 서로 오랫동안 다른 환경에 있었는데도 이토록 비슷한 점이 많을 수 있다니 놀라울 따름입니다. 예 선생님은 예술가 혹은 작가는 마땅히 관찰자여야 한다고 하셨는데, 저 또한 작가는 '냉정하게 관찰하는 사람'이어야 한다고 밝혀왔습니다. 다른 말로 하면, '증언'하는 자라고도 할 수 있겠죠.

최근 노벨문학상 제정 100주년 기념회에 초청을 받아 '문학의 증언'이라는 제목으로 강연을 한 적이 있습니다. 아직 원고로 정리하지는 않았는데, 돌아가면 곧 글로 정리할 생각입니다. 문학의 경향성은 일종의 저항이기도 하지만 특정 정치의식과 결부되기도 합니다. 저는 예 선생님과 마찬가지로 작가라는 존재는 시대와 국경과 정치를 뛰어넘어 차가운 눈으로 세상을 관조할 수 있어야 한다고 생각합니다. 작가의 눈은 최대한 차가워야만 합니다. 자기를 내던지고 관찰자인 '그'가 되어 이 세상과 사람의 마음을 볼 수 있어야 합니다. 무엇으로도 가리지 말고 진실을 그대로 기록할 수 있어야 합니다. 르포를 써야 한다는 뜻이 아닙니다. '보고문학'도 일종의 문학이고 증언이긴 합니다만, 보고문학에는 특정 정치적 관점이 내재되어 있다는 점에서 한계가 있습니다. 때로는 특정 정치적 주장이 앞서 있기도 하지요. 주장이 앞선 보고문학은 문학이 아니라 논설문이라고 해야 합니다. 저는 문학이 정치보다 크다고 생각합니다. 문학이 담아내는 것은 특정 관점이나 주장이 아니라 백태만상의 인간 삶 그 자체, 인간 내면의 복잡하고 어두운 면들입니다. 그러므로 문학이 세상에 남기는 것은 결국 시대와 국경과 언어를 초월한, 심지어 민족도 인종도 초월한, 인간 삶에 관한 증언입니다. 저는 그것이 문학의 근본이라고 생각합니다.

평 좌담회가 시작되기 전에 한 기자분께서 저에게, 예 선생님은 가오 선생님의 작품을 읽어보신 적이 있는지 물어보셨습니다. 저는 '있다'고 대답했습니다. 예 선생님이 모든 장서를 저에게 넘겨주셔서 제가 대신 정리를 하고 있는데, 서가에 『영혼의 산』과 『나 혼자만의 성경』이 있었거든요. 그러자 기자분이 다시 저에게, 그럼 가오 선생님은 예 선생님의 작품을 읽어보셨는지도 질문하시더군요. 전 '아마 아닐 것'이라고 대답했습니다. 그런데 오늘 말씀을 들어보니 한 권 읽으셨네요. 한 권 읽으셨지만 예스타오 선생님 작품의 문학적 특징을 예리하게 파악하고 계신 것 같습니다. 그럼 이어서 예 선생님의 말씀을 들어보겠습니다.

▎ 상을 받는 것은 작가에게 재앙이기도

예 저는 가오싱젠 선생님이 안쓰럽기도 합니다. 작가란 본디 집에 틀어박혀 온종일 글을 쓰는 존재입니다. 그런데 노벨문학상을 받으신 뒤로 전 세계 언론에 둘러싸이고 대만에서도 남으로 북으로 자리를 옮기기 바쁘시니 지난 1년간의 삶이 말이 아니었을 것 같습니다. 저도 이만큼 살고 보니 집에서 편히 밥 먹고 잘 자는 것 이상의 행복이 없구나 싶어요. 여기저기 참석해야 할 자리가 많은 것만큼 고단한 일도 없지요. 가오 선생은 이런 다망함 속에서도 건강은 잘 챙기고 계신 것 같아 다행입니다.

가오 선생의 작품은 서점을 거닐다가 그 자리에서 몇 권을 한꺼번에 사들고 왔습니다. 내일도 한 무더기의 책이 집에 도착할 거예요. 가장 마지막에 산 책은 『나 혼자만의 성경』입니다. 『영혼의 산』은 아직 제대로 읽지 못했지만, 『나 혼자만의 성경』은 인상적으로 읽었습니다.

『나 혼자만의 성경』에서 특히 인상적이었던 것은 문화대혁명에 대해 쓴 부분이었습니다. 문혁 10년은 중국인의 인성에 이루 말할 수 없는 고통이 가해진 시간이었습니다. 가오 선생도 그 고통 끝에 망명을 택하신 거고요. 대만에는 문혁과 같은 사건은 없었지만, 40년에 이르는 '백색공포'의 시기가 있었습니다. 대만 사람들로서는 제대로 살아갈 수 없을 만큼 고통스러운 시간이었죠. 작가들은 무려 40여 년 동안이나 정부의 탄압을 받았고, 언론의 자유는 근본적으로 말살당했습니다.

저도 예전에 어떤 글 마지막에 '삼민주의三民主義* 만세'라고 썼다가 그대로 끌려가 옥고를 치르기도 했어요. 저는 그전에도 한 번 감옥에 있어보았기 때문에 감옥살이가 어떤 건지 너무나 잘 알고 있었습니다. 그래서 그때부터는 아예 작정을 하고 '반공대륙은 가능하다'고 썼습니다. 지금 생각하면 얼굴도 들 수 없는 행동입니다만, 당시에는 그렇게 해야만 살아남을 수 있는 시대였지요.

가오 선생은 프랑스어를 하시니 그래도 저보다 나은 처지인 것 같습니다. 도망이라도 갈 수 있었으니까요. 물론 프랑스로 떠나기까지의 과정도 순탄하지는 않았겠지만요. 일전에 러시아 출신의 프랑스 작가를 만난 적이 있습니다. 러시아를 떠나 프랑스로 망명하기까지, 프랑스에서 다시 프랑스 국적을 얻기까지 많이 힘들었다고 하더군요. 가오 선생

---

* 쑨원孫文(1866~1925)이 제창한 중국 근대혁명과 건국의 이념으로 민족주의, 민권주의, 민생주의를 가리킨다.

은 어땠는지 모르겠습니다.『나 혼자만의 성경』을 읽으면서, 가오싱젠 선생이 추구하는 것도 저와 마찬가지로 자유와 인도주의인 것 같다는 생각이 들었습니다.『나 혼자만의 성경』에서 주인공은 문혁을 겪고 마지막으로 남은 것은 '자유'라고 말하고 있습니다. 가오싱젠 선생 같은 위대한 예술가에게 창작의 자유가 없다는 것은 살아도 살아 있지 못한 삶이었을 것입니다. 그래서 가오 선생은 글쓰기의 자유만이 아니라 사람으로서 응당 누려야 할 인도주의를 중시합니다.

저는 이 소설에서 프랑스 작가들에게 받은 영향도 느껴졌습니다. 플롯도 서사도 없고, 시공간이 분절되면서 맥락이 툭툭 끊겼다가 다시 이어지는 구조를 보면서는 프루스트의『잃어버린 시간을 찾아서』가 떠오르기도 했습니다.

일관된 시공간적 흐름 속에서 삶이 전개되는 서사를 역행하는 시도랄까요, 대만 작가들의 작품에서는 흔히 볼 수 없는 반소설antiroman의 면모도 발견할 수 있었습니다. 가오 선생의 작품을 '위대한' 소설이라고 하지는 않겠습니다. 하지만 '좋은' 소설이라고 생각합니다. 우리가 흔히 위대한 소설이라고 할 때는 프루스트나 투르게네프, 에밀 졸라, 모파상 같은 작가를 떠올리지 않습니까? 하지만 그들은 죽었고, 우리는 아직 살아 있잖아요? 가오 선생은 앞으로도 써야 할 작품이 많으니 '위대한'이라는 말은 잠시 접어두고 '좋은 소설가'라고 하겠습니다.

평   오늘 대담은 예스타오, 가오싱젠 두 작가의 대담일 뿐 아니라 대만 문학과 세계 문학의 대화이기도 한 것 같네요. 잠시 후 질문을 받겠습니다. 질문하실 분들은 준비해주시기 바랍니다.

1958년에 보리스 파스테르나크Boris Pasternak(1890~1960)는 노벨문학상 수상자로 결정되었지만 소련 정부의 탄압이 두려워 수상을 거절했던 것으로 기억합니다. 한편 솔제니친Aleksandr Solzhenitsyn(1918~2008)은 탄압의 위험을 무릅쓰고 1970년에 노벨문학상을 받았지만, 결국 우려했던 대로 작가동맹에서 제명을 당했고요. 이렇게 두 작가는 같은 일을 두고도 다른 선택을 했는데요. 예스타오 선생님은 작가로서의 목소리를 잃는 한이 있더라도 자국에 남기로 결정하실 듯하지만, 가오싱젠 선생님은 작가가 표현의 자유를 잃는다는 것은 자살과 마찬가지라고 하셨습니다. 결국 자살과도 같은 억압을 벗어나기 위해 망명을 택하셨고요. 가오싱젠 선생님은 6·4 톈안먼 사건 이후 프랑스로 떠나 우리에게도 잘 알려진 대표작들을 왕성하게 발표하셨습니다. 즉, 살아온 곳을 떠나 낯선 세계에 도착한 후에야 (예스타오 선생님의 표현에 따르면) '좋은 소설'들을 쏟아내고, 노벨문학상도 수상하셨습니다. 이유가 무엇일까요?

다시 태어나게 된 계기

가오   저의 대표작이라고 할 만한 작품들은 모두 프랑스에서 살면서 쓴 것들입니다. 다른 망명작가들의 경우와는 다르죠. 망명작가들은 보통 자국에 있을 때 주요 작품을 완성하고, 망명 후에는 언어 등의 이유로 창작에 어려움을 겪습니다. 새로운 환경에 적응하기 어려운 문제도 있고요. 원래의 생활과 갑자기 단절되면 새로운 창작의 원천을 찾기 어려워집니다. 그래서 과거의 경험을 회고하는 성격의 글을 쓰게 되지요. 저는 그 반대였어요. 예외적으로 『영혼의 산』은 중국에 있을 때 쓰기 시작해서 7년 후 프랑스에서 완성했지만, 다른 작품들은 프랑스에 머물면서 자유롭게 썼습니다.

게다가 엄밀히 말하면 저는 망명을 간 게 아니었습니다. 독일의 문화재단과 프랑스 측의 방문 초청을 받아 해외로 가는 형식이었어요. 그렇게 떠난 뒤에 톈안먼 사건이 일어났고, 저는 중국으로 다시 돌아가지 않기로 한 겁니다. 장차 도망자 신세로 살겠구나 하고 의식은 했던 것 같습니다. 톈안먼에서의 시위 진압 소식은 프랑스에 있으면서 라디오로 들었습니다. 거의 15분 간격으로 새로운 뉴스가 쏟아졌습니다. 당시 저는 라디오를 들으면서『영혼의 산』을 쓰고 있었는데, 중국에서『영혼의 산』을 쓰면서도 이 소설을 살아생전에 발표할 날이 있을 거라고 기대하지는 않았어요. 나중에 프랑스에 오고 나서야 이 소설을 완성해야겠다고 마음먹었지요. 하지만 완성하기까지 시간이 얼마나 걸릴지는 예상할 수 없었습니다. 소설에 담길 자료가 워낙 방대해서요. 당시 저는 라디오를 들으면서 이제 다시 중국으로 돌아갈 일은 없을 테니 이 소설을 반드시 매듭지어야겠다고 마음먹었습니다. 장차 도망자 생활이 시작되면 다시는 제가 쓰고 싶은 글을 쓸 수 없을 것만 같았거든요.

저 스스로 만족스럽게 생각하는 작품은 대개 중국을 떠난 이후에 쓴 것들입니다.『나 혼자만의 성경』도 그렇고, 10여 편쯤 되는 희곡도 대부분 프랑스에서 썼습니다. 그림도 그리면서 전시회도 10여 차례 열었고, 세계 각지에서 제 희곡이 연극으로 공연되기도 했습니다. 그중에는 제가 직접 연출한 공연도 있었고요.

가끔 "망명이 당신의 창작에 어떤 영향을 미쳤습니까"라고 물어오는 사람들이 있습니다. 그러면 저는 "저 자신이 다시 태어나는 계기였다"고 대답합니다. 지난 10여 년간 해외를 떠돌며 한 일은 중국에 계속 있었다면 평생 완성하지 못할 수도 있었을 일입니다. 중국에서는 연극 한 편을 공연하려 해도 몇 년을 기다려야 할지 알 수 없습니다. 공연 자체를 금지당하기도 하고요. 그러나 저는 중국을 떠난 후 지난 10여 년간 정말 바쁘게 활동했습니다. 특히 노벨문학상을 받은 이후로는 글을 쓸 시간조차 없을 만큼 바빠졌어요. 예스타오 선생님 말씀대로 상을 받는다는 게 꼭 행복한 일만은 아니에요. 상을 받는다는 것은 분명 영예로운 일이고 저도 무척 기쁩니다만, 상을 받기 전의 평온했던 생활로 돌아가고 싶은 마음도 큽니다. 전에도 바쁘긴 했지만, 제가 제 시간을 대부분 통제할 수 있었기 때문에 할 수 있는 일이 많았거든요.

저는 이제 중국에서의 삶과는 완전히 단절되었습니다. 다시는 예전으로 돌아가고 싶지 않습니다. 중국에서의 생활이 제 글쓰기의 소재가 되는 일도 없을 것입니다. 『나 혼자만의 성경』은 중국에서의 삶을 소재로 한 것 같지만, 사실 유럽에서의 생활이 더 참고가 되었던 소설입니다. 도망쳐 나온 작가가 예전 추억이나 향수에만 잠겨 사는 것은 만성 자살과 같습니다. 이런 상태에서 깨어나려면, 새로운 땅을 창작의 기반으로 삼아 새로운 감각을 흡수해야 합니다. 그럴 수 없다면 도망쳐 나온 의미가 없습니다. 살던 곳에서 떨어져 나온다는 것은 분명 고통입니다. 외국의 좁은 생활 반경에서 살아가는 것만큼 영혼이 피폐해지는 고독도 없습니다. 어떤 러시아 작가는 망명 후 끝내 자살을 택하기도 했습니다. 충분히 있을 수 있는 일이라고 생각합니다.

저는 글을 쓸 때면 어떤 상황이든 잘 버티는 편입니다. 무언가를 가만히 기다리고 있을 때가 가장 편안합니다. 이런 고독감은 창작을 하는 사람에게 반드시 필요합니다. 저는 소설 외에 희곡도 쓰고 그림도 그리고 있는데, 유럽에서의 자유로운 생활은 이런 다방면의 창작에 많은 도움이 됩니다. 제가 중국에서 썼던 것과는 전혀 다른 스타일의 희곡을 쓸 수 있었던 것도 그 덕분입니다. 유럽에서 쓴 희곡들은 중국에서의 삶과는 거의 관련이 없습니다. 그래서 저는 창작에는 국경이 없다고 주장하고 싶습니다. 제 작품에 중국이라는 표식을 붙이는 데도 반대합니다. 창작을 하는 동안에도 중국이라는 자장에서는 벗어나려고 노력합니다.

작가는 자기 고유의 이야기를 쓰는 사람입니다. 특수한 상황에 처한 작가일수록 작가 고유의 창작력이 발휘될 가능성도 큽니다. 그러나 그런 이야기가 반드시 사람들의 '동조'를 얻으리라는 보장은 없습니다. 동조란 결국 그 시대에 유행하는 어떤 관념에 대한 추종에 지나지 않기 때문입니다. 동조는 저에게 별 의미가 없습니다. 저에게 의미 있는 것은 무엇이 진정으로 나만의 이야기인가 하는 것입니다. 그래서 저는 개인의 목소리, 그 사람만의 독특한 목소리를 중요하게 생각합니다.

망명생활이 저에게 미친 영향은 새로운 자극, 새로운 충동입니다. 지금 저에게는 이제 또 어떤 새로운 창작의 단계에 들어서게 될까 하는 설렘이 있습니다. 국가도 언어도 민족도 저에게는 큰 의미가 없습니다. 저에게 의미 있는 것은 인성의 문제입니다.

| **문학과 예술에는 국경이 없다**

예　　　아까 제가 가오싱젠 선생에 대해 '좋은 소설가'라고 했는데, 가오 선생이 극작가이자 화가이기도 하다는 사실을 깜빡했네요. 이번에 대만에서 선생의 희곡인 『팔월에 내리는 눈』을 공연한다고 하는데, 가오슝高雄(대만 남부의 도시)에서도 볼 수 있을지 모르겠습니다.

문학과 예술에는 국경이 없다는 가오 선생의 말에 저도 동의합니다. 문학은 국가나 민족을 위해 존재하지 않습니다. 그러나 가오 선생이 중국인 신분을 버릴 수는 있어도 친부모를 버릴 수는 없을 것입니다. 부모님을 인정한다면 중국 사람들도 인정할 수밖에 없습니다. 자유를 잃고 핍박받는 그 사람들은 가오 선생의 동포입니다. 선생이 자신의 중국인 신분을 좋아하지 않는 심정도 이해합니다. 저도 중국인이라는 신분은 좋아하지 않습니다. 저는 대만인이고 싶습니다. 저는 대만이 삼민주의가 구현된 중화민국으로 거듭나기를 바랍니다. 가오 선생이 중국에 살고 싶어하지 않는다는 것은 잘 알지만, 중국이라는 땅과 그 땅 위에서 살아가는 사람들만은 긍정하기를 바랍니다. 중국의 땅이 오염되고 사람들이 고통받고 있는 것은 중국 인민의 잘못이 아니라 중국 정부의 잘못입니다. 중국 정부는 대만까지도 자신들의 지배영역으로 집어넣으려 하고 있습니다.

잠시 정치적인 이야기를 했네요. 이 자리에 계신 여러분께 가오싱젠 선생의 소설을 꼭 읽어보라고 권하고 싶습니다. 전에 없는 새로운 독서 체험이 될 거라고 생각합니다. 특히 섹스 장면이 그렇습니다. 소설에서 섹스를 묘사하지 않는다면 뭘 써야 할까요? 예전에 제가 열여덟 살 때 장원환張文環이라는 선배 작가를 찾아가 "일생의 꿈이 무엇입니까?" 하고 여쭈어본 적이 있습니다. 저는 "필생의 역작을 쓰고 싶다"는 대답이 나올 줄 알았는데, 뜻밖에도 장 선생님은 "매일 밤 다른 여자와 자고 싶다"고 하시더군요. 장 선생님 뒷담화를 하는 게 아닙니다. 소설에서도 인생에서도 섹스가 그만큼 중요하다는 뜻입니다.

평   두 분의 대담이 끝나면 내빈 여러분의 질문을 받겠습니다. 어떤 질문이든 하셔도 좋지만, 되도록 정치보다는 문학 이야기를 해주셨으면 좋겠습니다. 질문 내용은 1분 30초 안에 발표를 끝낼 수 있도록 정리해주시기 바랍니다.

예 선생님은 쉰 즈음에 앞으로 자전적 성격의 소설은 쓰지 않겠다고 인터뷰하신 적이 있습니다. 그런데 20년 후에는 계엄이 해제되었기 때문일까요. 백색공포 시절의 이야기를 쓰지 않고서는, 특히 감옥에서 도망도 못 가고 죽어간 사람들의 이야기를 쓰지 않고서는 남은 평생 편히 잠들 수 없을 거라고 하셨습니다. 그 후 1980년대 후반부터 1990년대 초반까지 『붉은 신발』紅鞋子을 비롯해서 백색공포 시절의 경험을 다룬 작품들을 연작으로 발표하셨지요.

가오싱젠 선생님은 문학은 어디까지나 한 개인의 목소리일 뿐이라고 강조하셨는데요. 그동안 서방세계에서 살아오신 방식으로, 즉 냉정한 관찰자의 시선으로 톈안먼 사건이라든가 문화대혁명을 배경으로 다시 작품을 쓰실 생각은 없으신지 궁금합니다.

| 문학은 인간 삶에 대한 증언

가오　　제 작품 가운데 정치와 관련된 작품이 두 편 있는데, 그중 하나가 『도망』이라는 희곡입니다. 톈안먼 사건이 있었던 1989년 8월 초에 미국의 한 희곡 아카데미에서 저에게 톈안먼 사건에 관한 희곡을 한 편 써달라고 의뢰해왔어요. 중국의 민주화운동에 관심이 많은 사람들이었는데, 아무도 정치적인 글은 쓰려고 하지 않으니 찾다 찾다 저에게까지 오게 됐던 것 같아요. 저는 쓰겠다고 약속하고, 한 달여에 걸쳐 『도망』을 완성했습니다. 작가는 신문기자가 아니므로 사건 자체를 정확하게 재구성할 필요는 없다고 보고, 민주화운동 진압이라는 사건을 소재로 하되 초시공간적 배경을 설정하여 철학적인 의미를 부여하고자 했습니다. 그렇게 완성한 희곡을 아카데미 측에 전했는데, 총장님이 만족스러워하지 않더라고 하더군요. 이유가 정확히 뭔지는 잘 모르겠어요. 그쪽에서 작품 수정을 원했어요. 저는 영어를 못하고 그분은 프랑스어를 못했기 때문에 통역까지 구해서, 전화로나마 대본 수정에 대해 자세히 논의하고 작품을 수정했습니다. 당시 저는 프랑스에 있었고 작품을 의뢰한 곳은 미국의 아카데미이니 중국 당국에서 저에게 압력을 행사할 일은 없을 거라고 안심했습니다. 아카데미 측에서 공연을 하지 않기로 결정한다면 그건 어쩔 수 없는 일이고요. 혹시 모를 문제를 피하기 위해서 희곡 번

역에 드는 비용도 제가 지불했습니다.

『도망』은 나중에 스웨덴 왕립아카데미에서 초연되었습니다. 『도망』은 톈안먼 사건을 소재로 하고 있지만, 구체적인 사실을 기록한 다큐멘터리가 아닙니다. 작가는 구체적인 사실 기록을 뛰어넘는 글을 써야 합니다. 그래야 『도망』을 아프리카에서 공연해도 그곳 사람들이 자신들만의 이야기를 그 속에서 발견할 수 있습니다.

『도망』은 폴란드와 프랑스에서도 공연되었습니다. 프랑스 공연 당시 남슬라브 지역에 분쟁이 있었는데, 프랑스의 한 평론가는 『도망』이 남슬라브 지역의 비극을 다룬 작품이라고 소개하더군요. 나치즘과 관련이 있는 독일의 뉘른베르크에서 『도망』이 공연될 때는 무대 위에 나치 시대를 상징하는 사진이 걸리기도 했습니다. 문학작품은 이렇게 그것이 배치되는 시간과 장소에 따라 다양하게 해석될 수 있습니다.

『나 혼자만의 성경』은 문혁 자체가 아니라 그 사건에 대한 느낌을 다시 떠올리면서 쓴 소설입니다.

문학은 다른 무엇보다도 인간 삶의 곤경을 기록하는 일종의 증언입니다. 제가 문학에 대해 쓰는 것도 제가 경험한 시대를 증언하기 위해서입니다. 그러나 저의 증언은 정치적 증언이 아니라 그 시대를 살았던 사람들과 그 삶에 관한 증언입니다. 온 국민이 광기에 휩싸였던 시대, 수난당했던 사람이 가해자가 되고 또다시 수난당하던 시대에 관한 기록입니다. 인간 본성의 나약함을 절감할 수밖에 없었던 그런 시기에 대해서는 예스타오 선생님도 잘 알고 계실 것입니다. 예 선생님은 당신의 작품에 영웅이 등장하지 않는다고 하셨는데, 같은 이유로 제 소설에도 영웅은 나오지 않습니다.

예 선생님은 '신'도 믿지 않는다고 하셨지요. 신이 정말 존재하는지 저로서는 알 수 없지만, 사람이 신이 되려 하는 것만큼 위험한 것도 없다고 생각합니다. 자신의 약함을 직시하지 못하고 마치 조물주처럼 군림하려고 하는 사람은 필연적으로 폭군이 될 수밖에 없습니다. 이런 폭군이 신을 자임하면서 사람들을 지배하는 '신세계'는 공포의 세계일 뿐입니다. 저는 20세기의 정치 재난을 겪으면서 소위 '영웅'이니 '신'이니 하는 부류에 공포를 느끼게 되었습니다. 우리는 약한 존재인 개인으로 돌아가야 합니다. 앞으로도 문학과 정치의 관계에 대해 글을 쓸 생각은 없습니다. 저는 지금의 생활이 좋습니다. 중국에 대한 감정은 이제 저에게 지나간 한 페이지일 뿐입니다.

평 가오싱젠 선생님은 "문학은 국가를 위한 송가頌歌가 아니며, 민족의 기치도 아니고, 정당의 혀도 아니다. 특정 계급이나 집단을 대변하기 위한 것도 아니다"라고 하셨습니다. 그런데 환경이 다르면 문학관도 달라지나 봅니다. 대만에는 자신이 직접 경험한 '2·28 사건'(국민당의 계엄령 선포의 발단이 된 외성인에 의한 본성인의 탄압 사건)과 '백색공포'에 대해 쓰지 않는다면 죽어도 눈을 감을 수 없다는 작가들이 많습니다. 가오싱젠 선생님과는 무척 다른 입장이지요.

그럼 이제부터 잠시 내빈 여러분의 질문을 받겠습니다. 1분 내외로 짧게 질문해주십시오.

예명펑葉孟峰 가오싱젠 작가님께 질문하고 싶습니다. 선생님은 '보도문학'에 이미 특정 정치적 주장이 담겨 있다고 하셨는데, 저는 조금 다르게 생각합니다. '보도문학'이 더러 주관적이거나 객관적인 입장일 수는 있어도 그것이 꼭 정치적 입장과 연결된다고 보지는 않는데요, 어떻게 생각하시는지요?

'동조'에 대해서도 작가님은 특정 관념의 추종일 뿐이라고 말씀하셨지만, 역사와 문화의 유산이라는 차원에서 본다면 창작도 결국은 그 작가가 속해 있는 '사회환경'의 영향에서 벗어나기 어렵지 않을까요? '사회적 맥락'social context이랄까요. 그런 것을 감안한다면 '동조하지 않는다'는 것은 어떤 의미가 되는지요? 정체성identity 추구인가요? 그렇다면 그런 추구도 일종의 동조는 아닌지요?

┃ 망명작가라는 신분이 이미 정치적이다

가오   제기하신 문제는 문학보다 정치에 가까운 이야기인 것 같습니다. 물론 정치는 끊임없이 문학에 영향을 미칩니다. 특히 우리가 지나온 20세기에는 그 어느 때보다도 문학과 정치가 긴밀하게 뒤엉킨 시대였습니다. 그러나 우리는 그런 역사에서 한발 떨어져서 문학의 역사를 다시 돌아볼 필요가 있습니다. 정치가 문학에 간여하지 않았던 중세기나 고대에 문학이 중시했던 문제는 어디까지나 인간 본성이었습니다.

지난 10월 5일에 국립 대만대학교에서 문학토론회가 있었습니다. 고대 그리스의 비극은 당시의 현실정치를 많이 다루었다고 합니다. 그러나 시간이 흐른 지금, 우리 눈에 고대 그리스의 정치 현실이 보이나요? 지금 우리 눈에 보이는 것은 그리스 비극 작품에 담긴 복잡한 인간 본성의 문제입니다. 저는 정치를 무조건 반대하지 않습니다. 문제는 그것이 어떤 정치여야 하는가, 라는 거죠. 적어도 문학은 '동조'의 영역이 아닙니다. '동조'의 문제는 정치에서 다루면 됩니다. 문학은 문학 자신의 문제, 예를 들면 언어를 대하는 태도 같은 문제를 중요하게 다루어야 합니다. 작가의 인식이라든가 서술방식 같은 것도 문학에서 중요한 문제일 수 있지요.

물론 문학도 정치에서 완전히 벗어날 수는 없습니다. 정치와 문학을 완벽히 분리한다는 것도 일종의 정치적 태도입니다. 문학에 대한 정치적 간섭에 반대하는 것도 일종의 정치적 태도지요. 사람들은 저에게 "당신이 망명작가라는 것 자체가 정치적 선택 아니냐"고 말합니다. 맞습니다. 저에게도 물론 저만의 정치적 관점이 존재합니다. 그러나 저의 개인적인 경험과 감정을 작품으로 끌고 가는 것은 창작에 도움이 되지 않습니다. 아니, 오히려 손해가 되지요. 감정이 과하면 냉정한 관찰의 시선을 유지하기 어려우니까요. 작가에게 가장 좋은 역할은 세상에서 한발 떨어져 관찰자의 눈으로 증언하는 것입니다.

장밍수江明樹　　가오싱젠 작가님은 다른 책에서 프랑스의 소설가이자 극작가인 장 주네Jean Genet(1910~1986)를 좋아한다고 하셨는데, 구체적으로 창작 면에서 어떤 영향을 받으셨는지 궁금합니다.

베케트의 『고도를 기다리며』는 최근 대만에서도 공연이 이루어지고 있는데, 주네의 희곡은 큰 인기가 없습니다. 대만에는 노벨문학상 수상자이기도 한 클로드 시몽Claude-Eugene-Henri Simon(1913~2005)의 책이 한 권 정도 출간되어 있습니다. 프랑스에서는 시몽의 영향력이 어느 정도인지도 궁금합니다.

가오　　장 주네는 제가 좋아하는 두 명의 프랑스 극작가 가운데 한 사람입니다. 주네의 작품은 아직 한 번도 대만에서 공연된 적이 없습니다만, 명실상부한 현대 작가입니다. 그러고 보니 주네가 세상을 떠난 지도 벌써 20년이군요. 사실 주네가 저의 희곡창작에 영향을 미친 작가는 아닙니다. 다만 현대의 극작가들 가운데 제가 가장 좋아하지요.

제가 창작 면에서 영향을 받은 작가는 브레히트와 아르토입니다. 전통희곡과는 다른 새로운 표현형식을 시도한 작가들이기 때문입니다. 바로 그 새로운 형식에 대한 탐색이 저에게 큰 영향을 주었습니다.

브레히트와 아르토는 모두 동양의 극예술에 관심이 많았습니다. 아르토는 티베트의 전통극을 좋아했다고 하는데 직접 보지는 못했고, 티베트 지역을 여행한 선교사들의 글을 통해 티베트의 전통극을 알게 되었다고 합니다. 브레히트는 러시아 모스크바에서 메이란팡의 경극을 보고 서사극에 대한 영감을 얻었다고 해요.

그들이 동양의 극예술에서 영감을 받았다면, 저는 제가 동양 사람 아닙니까? 티베트의 극은 물론 중국의 경극, 지방극도 모두 직접 보았습니다. 동양의 극예술에 대해서라면 그들보다 보고 들은 바가 많지요. 제 관심사는 동양의 전통극에서 우리가 그동안 주목하지 않았던 요소를 끄집어내어 전면화하는 것입니다. 희곡의 새로운 표현형식과 다양한 종류의 연기가 가능한 배우를 통해 극예술의 모든 요소를 작품에 담아내고 싶습니다. 브레히트와 아르토는 저에게 희곡의 새로운 가능성을 탐색케 한 작가들입니다.

제가 주네를 좋아하는 이유는 조금 다릅니다. 현대의 연극은 갈수록 감독의 예술이 되어가고 있지요. 작가도 대본도 그다지 중요하게 여겨지지 않고 있습니다. 극작가들도 이젠 공연을 위한 대본으로서의 희곡을 쓰지 않고 있습니다. 희곡은 이제 하나의 텍스트에 가까워졌습니다. 극작가는 극장이라는 장소와 희곡의 연극성을 중요하게 생각해야 합니다. 주네가 그랬습니다. 그의 작품은 연극성으로 충만합니다. 저는 반희곡을 추구하지 않습니다. 제가 주네를 좋아하는 이유는 연극성과 극장성을 중요하게 생각하기 때문입니다.

시몽의 작품은 많습니다. 대만에 시몽의 작품이 별로 소개되어 있지 않은 건 아마도 번역의 어려움 때문일 것입니다. 시몽의 소설은 언어가 난삽해서 프랑스어로도 읽기 어렵습니다. 게다가 소설의 구조도 포스트모던의 포스트모던이 아닐까 싶을 만큼 파편적이어서 더더욱 읽기 어렵습니다. 시몽은 지독하리만치 형식에 관심을 기울인 작가였습니다.

천더웨이陳德偉(국립 대만대학 중문연구소 박사과정 학생)   가오싱젠 작가님의 소설과 희곡에서는, 특히 서술과 언어 방면에서 서구적인 요소를 많이 발견할 수 있습니다. 희곡에서는 서양 고전음악의 구조도 엿볼 수 있고요. 대만과 대륙에서는 그런 작품을 찾아보기 어려운데, 혹 서구에서 생활하시면서 받은 영향이라고도 볼 수 있을까요?

가오싱젠 선생님은 망명작가 신분으로 프랑스로 가셨지요. 또 다른 망명작가인 밀란 쿤데라도 독재권력에서 벗어나 개인의 목소리를 되찾기 위해 프랑스로 간 것으로 알고 있습니다. 쿤데라는 망명 후 자신의 '조국'을 줄곧 비판했는데요. 이런 형태의 표현에 대해서는 어떻게 생각하시는지, 그리고 앞으로 작가님이 작품을 통해 하고 싶은 표현은 어떤 것인지도 궁금합니다.

I 중국은 어디에 있는가?

가오   지금 저의 국적은 프랑스입니다. 저로서도 기쁜 결정이었습니다. 하지만 처음에는 국적 없이 그냥 망명작가 신분이었습니다. 저는 그 망명자 신분도 기쁘게 받아들였습니다. 저에게는 자랑스러운 신분이었으니까요. 망명자들 중에는 아무런 신분도 갖지 않으려는 이들도 있었습니다. 사람들은 그런 상태를 '정치난민'이라고 부르더군요. 그렇다면 저도 정치난민이라고 공개적으로 인정하기도 했습니다. 저에게 중요한 것은 국가가 아니라 창작의 자유였습니다. 프랑스에서 그런 자유를 주었기 때문에 저는 프랑스 국적을 택했습니다. 저는 이 자유를 기쁘게 만끽하려고 합니다.

저는 중국인의 일에 대해서뿐 아니라 저 자신의 경험과 기억, 그러니까 소위 '조국'에서 있었던 일에 대해서도 쓰지만, 저는 저 자신이 세계유민遊民이라고 생각합니다. 저에게 "당신은 프랑스인인가, 아닌가?"라고 묻는 사람도 있습니다. 굳이 답을 하자면, 저는 프랑스어로도 글을 쓰므로 프랑스 작가라고도 할 수 있고, 중국 출신이므로 중국 작가라고도 할 수 있습니다. 중국의 풍부한 문화유산이 제 안에 흐르고 있으므로 결코 부정할 수 없는 사실이죠.

누군가 저에게 "중국은 어디에 있는가?"라고 묻는다면, 폴란드 출신의 망명작가였던 비톨트 곰브로비치 Witold Gombrowicz(1904~1969)의 말을 빌려 대답하고 싶습니다. 곰브로비치는 "폴란드는 어디에 있는가?"라는 사람들의 질문에 "폴란드는 나에게 있다. 내가 바로 폴란드다"라고 대답했습니다. 망명을 떠나는 바로 그 순간에도 그의 몸에는 폴란드의 피가 흐르고 있었습니다. 그러나 그는 라틴 아메리카에서 30여 년을 살다가 프랑스에서 세상을 떠나기까지 단 한 번도 폴란드로 돌아가지 않았습니다. 누군가 저에게 "중국은 어디에 있는가?"라고 묻는다면, 저 또한 "중국은 나에게 있다"라고 대답하고 싶습니다. 중국의 문화가 제 안에 있고 그런 의미에서 저는 중국인입니다. 현재 저는 프랑스 국적을 갖고 있고 그런 의미에서는 프랑스인이라고 생각합니다만, 그에 앞서 저는 어디까지나 세계를 떠도는 사람일 뿐입니다.

정춘훙鄭春鴻　　어떤 사람이 영국의 역사학자인 토인비에게 "자신이 태어날 시대와 나라를 택할 수 있다면, 당신은 어떤 선택을 하고 싶습니까?" 하고 물었더니, 토인비는 "중국, 당대唐代"라고 대답했다지요. 가오싱젠 선생님은 어떤 선택을 하고 싶습니까?

▎ 열린 시대에 살고 싶다

가오　　아, 저도 그 선택에 전적으로 동의합니다. 저도 중국의 성당盛

唐시대*에 태어나고 싶군요. 성당시대의 위대한 사상가였던 혜능은 황제 조배朝拜를 거절할 만큼 독립적 인격을 중시한 선사였습니다. 성당시대는 이런 사상가도 용인할 만큼 열린 시대였지요. 저도 그런 시대에 살고 싶습니다.

장더번張德本(작가)　　인류의 역사를 돌아보면 국가와 종교가 재앙의 원인이었던 적이 많습니다. 문학도 늘 정치의 간섭을 받아왔고, 심지어 국가에 의해 문학이 자리매김되는 일도 많았고요. 그래서일까요. 대만 문학을 연구하는 학자들은 진정한 의미의 '대만 문학'이 있다고 할 수 있는가 하는 의문을 품고 있습니다.

'국가 문학'이라는 분류 외에 다른 관점으로 문학을 볼 수는 없을까요? 예를 들어 팔레스타인 문학이라든가 이누이트 문학, 멜라네시아 Melanesia(오스트레일리아 북동쪽 남태평양에 있는 섬들) 문학 같은 건 있을 수 없는 걸까요? 두 작가님의 견해를 듣고 싶습니다.

| 정치 무대에 서면 작가는 냉정한 관찰의 힘을 잃어버린다

예　　　홍미로운 문제입니다. 우리 작가들은 정치를 싫어합니다. 우리가 창작하는 내용도 정치와는 아무런 상관이 없습니다. 하지만 우리 귀에는 매일 천 아무개(대만의 전 총통이자 민주진보당 당원인 천수이벤陳水扁을 의미), 리 아무개(대만의 전 총통이자 국민당 당원인 리덩후이李登輝를 의미)의 말이 들려옵니다. 들을 수밖에 없지요. 이런 환경에서는 누구도 정치의 영향을 받지 않을 수 없습니다. 예술가의 생활도 실상은 이런 정치적 요소

---

* 중국의 당대를 초당初唐, 성당盛唐, 중당中唐, 만당晩唐 네 시기로 분류하는데, 그중 두 번째 시기를 가리킨다. 정치적으로 가장 안정되고 경제적·문화적으로 가장 번성했던 시기다.

로 가득 차 있지요.

　이렇게 작가, 예술가도 정치의 영향을 받지 않을 수 없지만, 작가 스스로 정치에 개입하는 것은 또 다른 문제입니다. 정당·정파는 물론이고, 그 어떤 정치적 운동도 마찬가지입니다. 밖에서야 천 아무개, 리 아무개가 뭐라 뭐라 하더라 하면서 하하 웃는 건 괜찮습니다. 정치도 생활의 일부니까요. 그러나 공식적인 활동에 개입한다는 것은 또 다른 문제입니다. 작가가 정치 무대에 발을 들이면 냉정한 관찰의 힘을 잃어버릴 수밖에 없습니다.

가오　저도 예 선생님의 생각에 동의합니다. 작가도 정치적 입장을 가질 수는 있습니다. 아무런 정치적 입장이 없는 것이야말로 불가능한 일이지요. 문제는 어떤 정치를 선택할 것인가입니다. 사람들이 받아들일 수 있는, 비판의 권리를 인정하는 정치환경이라면 성당시대에 가깝다고 할 수 있을 것입니다.

　그러나 무엇보다도 작가는 독립적인 사고와 관용 의지를 갖추고 있어야 합니다. 사람들은 작가, 예술가라는 존재를 통해 현실의 이해관계를 뛰어넘는 심미적 감동을 얻고 싶어합니다. 문학은 결국 심미입니다. 문학비판은 결코 윤리나 도덕, 정치에 관한 비판이 아닙니다. 문학작품이 최종적으로 드러내는 것은 심미적 가치여야 합니다. 문학은 사람의 감정에 호소하여 비애와 연민 혹은 이 모든 것을 뛰어넘는 감동을 자아냅니다. 현실정치와 연관되어 있는 문학작품도 물론 존재하고, 그런 작품에 반대하는 것도 아닙니다. 어떤 문학을 선택할 것인가 하는 것도 엄연히 작가의 권리입니다. 문학에도 다원성은 필요하니까요.

양진한楊金翰　가오싱젠 작가님은 중국에 있을 때 폐암 진단을 받았다가 나중에 알 수 없는 이유로 암이 없어졌다고 하셨지요. 그 사건이 작가님의 인생과 창작에 미친 영향이 있다면 어떤 것이 있을까요?

❙ 중국을 떠난 후로 악몽을 꾸지 않는다

가오　어릴 적 친구를 커서 다시 만난 적이 있습니다. 중의학과 서양의학은 물론 일본어에도 능통한 의사가 되어 있더군요. 암이 어떻게 그렇게 없어질 수 있는지 저도 궁금했습니다. 그 친구가 본 어떤 일본어 자료에 따르면, 아주 최근에 발견된 폐렴 가운데 검은 점처럼 보였다가 치료를 받으면 그 점이 없어질 수도 있는 병이 있다고 해요.

　　생명이란 참 오묘합니다. 사람은 모든 일이 설명되기를 바라고, 자기 자신도 설명 가능한 존재라고 믿습니다만, 살면 살수록 이 세상에는 설명할 수 없는 일이 더 많다는 생각이 듭니다.

　　저에게는 정치적 탄압을 포함해서 여러 번 삶의 위기가 있었습니다. 중국에서의 삶은 수시로 공포스러웠습니다. 제가 감시를 당하고 있다고 넌지시 일러주는 사람도 있었습니다. 집에 전화를 설치하기도 두려웠지요. 친구가 전화해서 헛소리를 해도 다 저의 죄가 되어버릴 것만 같았거든요. 차라리 전화할 일이 있을 때마다 공중전화로 달려가는 편이 낫겠다 싶어 전화도 설치하지 않았습니다. 중국을 떠난 이후로도 어떻게든 저를 찾아내어 잡아갈 것만 같은 악몽을 자주 꾸었습니다. 최근 몇 년 사이에는 그런 악몽을 꾸지 않고 있습니다만.

왕번후汪笨湖　이건 제 문제이기도 한데, 작가로서의 긴 무명 시기는 어떻게 보내야 하나요? 두 작가님의 얘기를 듣고 싶습니다.

예　제가 그 시기를 어떻게 지나왔는지 물으시는 거죠? 저는 대만 북부에서 도망쳤지만 외국으로는 떠날 방법이 없었습니다. 그래서 백색공포 시기에 학교를 여덟 군데 옮겨 다니며 46년간 아이들을 가르쳤습니다. 공작정치가 저희 집안을 휘저어놓으면, 저는 곧바로 다른 현으로 전근신청을 해야 했습니다. 마지막으로 도착한 곳이 지금 살고 있는 이란 현입니다. 이곳에서 몇 년간 아이들을 가르치다 보니 대만 원주민의 삶에 대해서도 잘 이해할 수 있게 되었어요.

예전에는 굶어죽을 위기에 처해도 누구 하나 저를 도와주는 사람이 없었습니다. 이제 일흔일곱입니다. 갈 나이가 됐죠. 그런데 이 나이가 되니까 정부 지원을 많이도 받게 되는군요. 대만 정부는 정말 너무해요! 상금이 60만 위안인데 9만 위안을 미리 공제하고 지급하다니요. 9만 위안씩이나 공제할 거면 상금을 받는 의미가 없잖아요. 이제까지 살 만큼 살았지만 아직도 여한이 있습니다. 삼민주의가 구현된, 진정한 민주와 자유를 누릴 수 있는 중화민국의 모습을 보고 싶어요. 이런 마음은 가오싱젠 선생이 일생에 걸쳐 추구해온 목표하고도 같군요.

작가가 만족하는 작품을 쓴다는 것

가오 작가가 상을 바라고 글을 쓰면 일찌감치 굶어죽거나 병에 걸릴 뿐입니다. 작가로서 이름을 알린다는 것은 길고도 어려운 일입니다. 다만 자신이 쓴 작품에 만족할 수 있다면 좋은 작가일 것입니다. 그것이 작가에게는 가장 큰 기쁨이기도 하고요. 글을 써서 그런 보람을 누릴 수 없다면 글을 쓴다는 것은 시간낭비일 뿐이죠.

평 앞서 들었다시피, 예스타오 선생님은 일생을 어린 친구들을 가르치면서 살아오셨습니다. 문학으로 생계를 도모해야겠다는 생각은 하지 않으신 거지요. 예 선생님은 근래에 큰 상을 두 개나 받으셨지만, 그간의 문학 역정을 생각하면 다소 늦은 감이 있습니다. 경제적인 측면에서는 더더욱 그렇고요. 문학이라도 보탬이 되는 게 절실했던 시절에는 아무런 영예도 없다가, 이렇게 아무것도 필요하지 않은 시점에 뜻밖에 상을 받게 되었으니까요.

　　가오싱젠 선생님도 생계는 주로 그림 그리는 것으로 해결하셨고, 글쓰기는 생활에 큰 도움이 안 되었다고 합니다. 훗날 문학으로 큰 상을 받게 되었지만, 아무런 기대도 없는 상황에서 그렇게 되었고요. 두 분 경험이 많이 비슷한 것 같습니다.

타이난臺南(제2중학교 학생)　　글에는 반드시 중요한 메시지가 담겨야 한다고 생각하는 사람도 있고, 형식의 아름다움을 추구하는 작가도 있는데요. 두 분은 창작을 하실 때 내용과 형식 사이의 균형을 어떻게 유지하시는지 궁금합니다.

| 작품의 배후에 있는 것은 결국 사람

가오　　글을 쓰는 과정에 관해서는 딱히 할 말이 없습니다. 저는 모든 글에 거창한 메시지가 있어야 한다고는 생각하지 않습니다. 그렇다고 유미주의자도 아니고, 저는 그냥 마음 가는 대로 속에 있는 이야기를 다 꺼내기 위해 글을 씁니다. 제가 강조하는 '심미'는 독자가 아니라 일차적으로 작가 자신을 위한 말이었습니다. 기쁨과 전율, 카타르시스에 이르기까지 창작을 통해 누릴 수 있는 심미는 다양합니다. 다른 말로 하면 만족, 정신적 만족이라고도 할 수 있겠지요.

　　저는 사람과 사람 사이의 차이가 그리 크다고 생각하지 않습니다. 독자는 작품을 읽으면서 작가가 창작을 할 때 경험한 것과 비슷한 심리를 경험하게 됩니다. 혹은 작가가 작품을 완성하고 나서 얻은 것과 비슷한 만족을 느낄 수도 있고요. 예술작품을 통해 사람과 사람 사이에 감정의 교류가 생기는 것입니다. 사실 사람과 사람 사이에 마음이 통하기란 대단히 어려운 일입니다. 그런데 문학을 통해서는 그런 소통이 가능할 수 있습니다. 그리스의 비극이라든가 셰익스피어, 굴원, 『홍루몽』은 각기 창작된 시대도 다르고 국가도 다르지만, 우리는 독서를 통해 그 시대 사람들과의 소통을 경험합니다. 이렇듯 심미체험은 정치와 윤리의 가치를 뛰어넘고 민족문화의 특징도 초월합니다. 그래서 소통이 가능한 것입니다. 사람과 사람 사이의 소통은 어려운 일이지만, 인간 삶의 문제는 어느 시대에나, 누구에게나 존재합니다. 문학의 가치는 이렇게 개인의 차이, 시대의 차이를 뛰어넘어 존재합니다. 우리에게 필요한 것도 바로 그런 문학입니다. 저는 문학이 모종의 유익한 내용을 담고 있어야 한다고 생각하지 않고, 형식적 아름다움만을 추구해야 한다고도 생각하지 않습니다. 아마 예스타오 선생님도 같은 생각일 것입니다. 통속적으로 말하자면, 모든 작품의 배후에는 결국 사람, 인성, 그리고 인생 경험이 있을 뿐입니다.

장바오차이金寶釵(국립 중정대학 중문과 교수)　　가오싱젠 선생님은 그저 마음 가는 대로 속에 있는 이야기를 쓰신다고 하셨습니다. 소설에는 이것저것 많은 내용이 담기기 마련인데, 소설의 첫 문장은 어떻게 선택하시는지, 두 작가님께 모두 여쭤보고 싶습니다.

저는 그동안 가오싱젠 선생님의 글과 강연에서 '탈중국화' 경향을 강하게 느낄 수 있었는데, 오늘은 또 '중국은 나에게 있다'고 말씀하시네요. 그런 마인드도 일종의 '포스트모던'한 현상인가요?

예　　장 교수님이 사람은 왜 소설을 쓰는가라고 물으셨다면, 가오싱젠 선생은 무언가를 쓰지 않을 수 없어 쓴다, 쓴 다음에는 누구에게 보여주는가, 나 자신에게 보여준다, 그렇게 얘기하신 것 같습니다. 그렇다면 저는 왜 소설을 쓰는 것일까요? 저도 수없이 그런 질문을 해보았습니다. 그런데 매번 같은 대답이 나오더군요. '하늘이 내린 벌'인 것 같다고요. 소설을 쓰면 인세가 엄청나지 않냐고 묻는 사람도 있습니다. 제가 이제까지 쓴 소설이 80여 권인데, 제가 부자가 된 것 같나요? 정말이지 저는 하늘에서 벌을 받느라 소설을 쓰고 있는 것 같습니다.

가오 저도 비슷한 마음입니다. 글을 쓴다는 것은 일종의 병을 앓는다는 뜻입니다. 쓰지 않으면 견딜 수 없게 만드는 병이요. 괜히 글 쓰는 데 붙들려 시간을 낭비하는 것 같을 때도 많습니다. 사는 게 아무리 바빠도 글을 쓰려면 반드시 혼자 있는 시간을 마련해야만 합니다. 그 시간 속에 머물다 보면 마음의 균형을 되찾고 정신적 만족을 얻지요. 사람은 이렇게 모순된 존재인 것 같습니다.

평 대담 초반에 예스타오 선생님은 "작가가 상을 받는다는 것은 재앙의 시작일 수도 있다"고 말씀하셨는데요. 하지만 아무런 인정도 받지 못한 채 긴긴 세월 글을 쓰는 건 작가에게 너무 가혹한 일이 아닐까요? 스스로 작품을 태우고, 출간을 금지당하고, 창작의 자유마저 잃고, 심지어 생명의 위협마저 받는 상황에서도 작가는 여전히 글을 씁니다. 왜일까요? 예스타오 선생님은 자신이 살아온 "땅을 끌어안기 위해서"라고 하셨고, 가오싱젠 선생님은 "작가는 현실에서 물욕 너머의 정신적 만족을 추구하는 삶을 산다"고 하셨습니다. 그래서인지 두 분이 걸어오신 길은 다르지만, 작가로서 추구하는 목적은 같아 보입니다. 작품을 통한 정신적 고양, 그것이 문학이 사회에 기여하는 모습이기도 하겠지요. 이 자리에 참석해주신 모든 분께 감사드립니다. 오늘의 대담은 이것으로 마치겠습니다.

『가오싱젠 대만 문화 여행』(2001년, 행정원문건회출판)에 수록

대만 문화에 대하여

천위슈와의 대담

시간	2001년 10월 4일 오후 1시 30분~3시
장소	공공전시대公共電視臺 촬영국
대담자	가오싱젠, 천위슈陳郁秀
기록·정리	리궈잉李國英

예이쥔葉怡君　　지난해 가오싱젠 작가님이 대만을 방문하셨을 때도 대만에는 가오싱젠 열풍이 불었는데, 최근 다시 2주 일정의 대만 문화 기행에도 초대되셨습니다. 지난번처럼 소란스러운 방문은 아니지만, 이번에는 더 많은 곳에서 많은 사람들과 만나는 시간이 될 듯합니다. "새는 땅에 내려앉을 때가 아니라 하늘을 날 때 가장 자유롭다"는 말로 창작의 자유를 강조해오신 가오싱젠 작가님은 대만에 대해서도 제2의 고향 같다며 친근함을 표시하신 바 있는데요. 오늘은 문건회文健會(문화건설위원회, 우리나라의 문화부와 비슷한 행정기관)의 천위슈 주임위원과 대만 문화에 대한 이야기를 함께 나누겠습니다.

천위슈(이하 천)　　오늘 이 자리에 참석해주신 여러분, 반갑습니다. 오늘 이렇게 가오싱젠 선생님과 함께 대담을 나누는 자리가 마련되어 영광입니다. 가오싱젠 선생님은 작년에 대만에 오셨을 때도 "고향에 온 것처럼 친근하다"고 하셨지요. 올해에는 문건회의 초대로 〈팔월에 내리는 눈〉

의 공연 캐스팅과 역사박물관 회화전시를 위해 대만을 방문하셨습니다. 대만에 오신 가오싱젠 선생님, 환영합니다.

가오싱젠(이하 가오) 　네, 반갑습니다.

I 대만에 대한 이미지

천　　지난 며칠간 타이중에서 이란 현까지 대만을 남북으로 오가시느라 많이 바쁘셨을 텐데, 대만 문화를 둘러보신 소감은 어떠신지요?

가오　　작년에는 주로 대만 북부에 머물렀는데, 이번에는 천 위원님의 배려로 대만 곳곳을 방문할 수 있었습니다. 오늘 대담 이후에는 타이난과 가오슝에 가기로 되어 있습니다. 작년과는 달리 대만의 새로운 면모를 발견할 수 있는 시간이 될 것 같습니다.

천　　대만 문화의 특징은 다원적이라는 것입니다. 우리가 지난번에 간 먀오리苗栗(대만의 서북부 현)에도 원주민 문화와 객가客家* 문화가 공존하고 있습니다. 타이중에서는 25개 현과 시의 문화를 두루 구경할 수 있었는데, 먀오리의 풍경은 가오싱젠 선생님 눈에도 특히 익숙하다고요?

가오　　문혁 때 산골에 내려가 5년간 생활한 적이 있습니다. 먀오리 현은 그곳 풍경과 상당히 비슷했습니다. 정말 아름다운 곳이었어요. 정치환경과 생활조건은 서로 많이 다르지만요.

---

* '다른 지역에서 온 사람'이라는 뜻으로 '학가' Hakka라고도 한다. 본래 황하 유역에 거주하는 한족 일파였으나, 서진西晉 말년부터 원대元代까지 점차 남방, 산간 지역으로 이주했다. 현재 대만은 물론 대륙의 광둥廣東, 광시廣西, 푸젠福建, 장시江西, 후난湖南, 쓰촨四川, 하이난海南 등지에 폭넓게 분포하고 있다. 뜨거운 교육열과 정치·경제 영역에서의 눈부신 성취로 '중국의 유대인'으로도 불린다. 쑨원, 덩샤오핑, 리콴유李光耀(전 싱가포르 총리), 리카싱李嘉誠, 탁신(전 태국총리), 코라손Corazon Aquino(전 필리핀 대통령), 리덩후이(전 대만 총통), 마잉주(현 대만 총통) 등이 모두 객가 출신으로 알려져 있다.

천　　중간중간 안경도 쓰시면서 자세히 보고 싶어하시는 것 같더군요. 산 풍경을 보시면서는 그림으로 그리고 싶다고도 하셨지요. 언젠가 선생님의 그림에서 대만의 산 풍경도 볼 수 있을까요?

가오　　물론입니다. 짙은 녹림이 무척 인상적이었습니다. 마침 저희가 갔을 때는 태풍이 갓 지나간 시점이었습니다. 저는 태풍 피해를 직접 본 적이 없습니다만, 여기저기 흩어진 모래 때문에 태풍이 왔다 갔다는 것을 짐작할 수 있었어요. 대만의 자연은 정말 역동적인 것 같습니다.

천　　대만은 생명력이 강한 땅입니다. 저희와 함께 간 박람회에서 본 원주민 중에는 나이가 아흔인데 아직도 직물을 직접 짜는 노인이 있었지요. 현지에서는 그 직물을 직접 선물로 받기도 하셨고요. 대륙에도 소수민족이 있지요?

가오　　네, 대륙의 소수민족도 직접 만나본 적이 있습니다. 장강 유역을 여행하던 때는 지금과 여건이 많이 달랐습니다. 올해 같은 대접은 대만에 오기 전까지만 해도 상상할 수 없었고, 대륙에 있었다면 더더욱 경험하기 힘들었을 겁니다. 저를 직접 맞이해주신 타이중 현장님도 문화를 중시하는 분이라는 인상을 받았습니다. 문건회의 정책도 문화중심 시정과 관련이 있는 것 같았습니다. 대만의 기층문화는 특히 놀라웠습니다. 우리가 함께 간 이란 현에서는 거기 사시는 철학자가 현장을 맡고 계시더라고요. 여러 가지로 문화의 도시다운 면모를 볼 수 있었습니다. 현지 주민들의 역동적인 참여도도 놀라웠고요.

천　　이란 현에는 가족박물관을 비롯해서 저마다 고유한 특색을 지닌 박물관이 다양하게 존재하고 있습니다. 지역 주민들이 멀리 가지 않고도 다양한 문화체험을 할 수 있도록 특별히 정책을 추진한 결과입니다. 아까 중국 남부를 떠돈 적이 있다고 하셨지요? 작가를 비롯해서 모든 창작을 하는 사람들에게는 홀로 있으면서 독자적으로 생각할 공간이 꼭 필요한 것 같습니다. 장강 유역을 여행하시던 때 이야기를 좀 해주세요.

▎ 장강 유역을 떠돌던 경험

가오　　당시 제 처지는 지금과 많이 달랐습니다. 지금은 이렇게 손님으로 와서 융숭한 대접도 받지만, 그때는 그냥 무작정 떠도는 여행이었어요. 그때의 체험은 지금까지도 저의 창작에 큰 영향을 미치고 있습니다. 천 위원님도 유학생 시절에 돈 없이 여행한 경험이 있다고 하셨지요? 학생에게도 그렇겠지만 예술가에게도 가난하게 세상을 떠돈 경험은 두고두고 자산이 됩니다. 가난하게 떠도는 생활 자체가 사람과 삶에 대해 새롭게 인식하는 계기가 되니까요.

천　　제가 여행한 때가 열여섯 살이었는데, 저에게도 당시 경험이 지금까지 인생의 자양분이 되고 있습니다. 장강 여행을 하실 때는 돌도 많이 주우셨다고요?

가오　　네, 그랬습니다. 『영혼의 산』을 쓰기 위해 떠난 여행이었습니다. 산을 보면 산을 봐서 좋고, 물을 보면 물을 봐서 좋은 시간이었지요. 그 외에 또 다른 즐거움이 바로 돌을 줍는 것이었습니다. 모두 베이징에 두고 와서 지금은 하나도 없습니다만.

천　　지류마다 돌 모양도 다르지요?

가오　　다 다르지요. 돌만 봐도 이건 어디서 주워온 거구나 알 수 있어요. 잘 돌아다니면 정말 예쁜 돌들을 많이 발견할 수 있답니다. 어떤 돌은 생김새가 예쁘고, 어떤 돌은 재질에 따라 표면을 갈면 반투명색으로 변하기도 합니다. 보기 좋은 돌이 참 많았어요.

천　　현지 주민들과도 잘 지내셨습니까?

가오　　그럼요. 가는 데마다 주민들과 직접 어울리며 지냈습니다. 지금은 제가 갈 수 없는 곳이 많아졌는데, 다시 간다 해도 그때처럼 깊이 소통할 수는 없을 것 같아요. 당시 녹음기와 사진기를 배낭에 넣고 다니면서 법사와 도사들이 경을 낭송하는 소리를 녹음하고, 사진도 많이 찍었습니다. 그 자료들이 『영혼의 산』을 쓸 때 큰 도움이 되었죠.

천　　창작의 영감이라는 것도 결국은 꾸준한 노력이 쌓여야 얻어지지요. 녹음하신 민가 중에서는 어떤 노래가 특히 좋던가요?

가오　　예술적 가공을 거치지 않은 민가들을 많이 수집하고 싶었습니다. 묘족苗族자치구에서 남녀가 구혼을 하면서 부르는 노래가 특히 흥미로웠어요. 제가 그곳에 있던 당시에는 묘족 아가씨가 이 노래를 불렀는데, 제가 들고 있는 녹음기가 신기했는지 묘족 여인들이 저를 에워싸고 녹음기를 흥미롭게 구경하더군요. 서로 언어는 통하지 않았지만, 제가 녹음한 소리를 들려주니 모두 귀 기울여 듣더군요.

천　　버스 정류장에서 주무시기도 하셨다고요?

가오　　베이징에 살 때 저는 비판받는 작가였기 때문에 제가 어딜 가는지 항시 당국에 보고하는 사람이 있었습니다. 그래서 아예 문화계를 떠나 일반 사람들의 삶 속으로 들어가보자 마음먹었습니다. 민가에 하룻밤 숙박을 청하곤 했는데 집주인이 받아들여주지 않으면 그냥 처마 아래 서서 기다리다가 배낭을 베고 그대로 자기도 했습니다. 여관이 있는 곳도 있었지만, 농촌 지역은 여관도 위생상태가 썩 좋진 않았습니다. 숙박료는 무척 쌌습니다만. 대만의 예술가들도 대만 곳곳을 돌아다녀보면 얻는 게 많을 거예요.

천　　창작은 긴 세월의 경험을 모두 녹여내는 일이지요. 이제 글을 써야지 한다고 해서 바로 영감이 오는 것도 아니고요.

가오 　제가 대학 시절에 쓴 글은 모두 불태워야 했습니다만, 태우지 않았다 한들 책만 읽은 학생이 사람과 세상에 대해 뭘 알았겠습니까? 문학이 꼭 사회를 반영할 필요는 없지만, 작가에게는 사회생활의 경험이 꼭 필요하다고 생각합니다. 장강 유역을 떠돌면서 만난 각양각색의 사람들도 저에게는 좋은 경험이었고, 문혁 시기에 농촌으로 하방되어 5년간 살았던 일도 창작에 많은 도움이 되고 있습니다.

천 　그 후로는 죽 프랑스에서 살고 계시는데요. 프랑스에서의 삶은 그전까지의 삶과 어떻게 다른가요?

가오 　프랑스에 사는 중국인들은 주로 장사를 하기 때문에 제 생활 반경과 잘 겹치지 않습니다. 프랑스에서는 주로 문화예술계 사람들을 만납니다. 작업을 할 때도 유럽의 예술가들과 함께하는 경우가 많고요. 이런 생활도 저의 경험을 풍요롭게 합니다. 이번에 공연하는 〈팔월에 내리는 눈〉도 프랑스의 조명 아티스트와 협업하게 될 것 같습니다. 서양 사람들은 색채에 민감하고, 색에 대한 취향도 정교한 것 같습니다.

천 　그들은 색에 대한 구분도 섬세하지만, 음악의 음색에도 까다로운 것 같아요. 중국의 산수화에서는 흑백의 구분이 섬세하지요. 선생님이 수묵에서 먹을 운용하는 방식도 서양화에서의 색채 운용과 비슷하지 않나요?

| 회화의 출구

가오 　제가 원래 그렸던 것은 수묵이 아니라 유화와 소묘였습니다. 서양 회화에서는 색이 무척 중요하지요. 프랑스에는 1978년에 바진 선생의 통역으로 처음 갔는데, 루브르 박물관에서 서양의 명화를 원작으

로 처음 보게 되었습니다. 이후 다시 이탈리아의 여러 박물관에서 명화 원작을 보게 되었는데, 중국에서 보던 조잡한 복제화가 아니라 원화로 자세히 보니 색이 분간하기 어려울 만큼 미묘하더군요. 유럽에서 돌아온 후 저는 다시 전처럼 그림을 그릴 수 없게 되었습니다. 그 위기를 돌파할 만한 출구가 필요하던 차, 피카소가 프랑스에서 중국의 먹으로 그린 그림을 보게 되었습니다. 중국의 수묵에도 풍부한 의미가 담겨 있지만 서양 사람들은 이해하기 어렵지요. 저도 서양 유화에 대해 마찬가지였던 거예요. 그 후 저는 서양 회화에서 색을 운용하듯 먹을 운용하여 다양한 효과를 내는 수묵을 그려보자고 마음먹었습니다. 서양 회화에서는 색이 굉장히 세밀하고 다채로운 데 반해 수묵에서는 색을 오색 정도로 구분하고 있지요. 오색만으로는 불충분해요.

천   저도 선생님의 수묵을 본 적이 있는데 정말로 색을 다양하게 쓰시더군요. 흑과 백만 있는 그림조차도 그렇게 느껴졌어요. 저는 산과 물 사이에 서린 공기의 느낌이 특히 감동적이었습니다. 좋은 그림은 산이며 구름이며 나무 같은 것들이 거리감과 공간감을 유지한 채 한 폭에 어우러져 있지요. 선생님은 좋은 그림에 대해 어떻게 생각하시나요?

가오   그런 면에 대해서는 음악이 좋은 영감을 줍니다. 중국의 전통음악에는 화성의 구조 없이 선율만 존재하지요. 하지만 서양 음악에는 성부의 층차가 존재할 뿐 아니라 서양 회화와 마찬가지로 음조와 음색도 다양합니다. 중국의 음악가들도 이런 부분을 잘 연구하면 창작에 큰 도움을 받을 수 있을 겁니다. 동서양 문화는 얼마든 융합 가능합니다. 창의적인 예술가라면 동양과 서양을 너무 칼같이 구분해서 생각하지 말고, 창작에 유용한 것이 있으면 자유롭게 도입해보라고 하고 싶습니다.

천   맞습니다. 선생님의 창작에는 동서양 예술의 요소가 융합되어 있는 것 같습니다. 그림만 보아도 알 수 있어요. 현재 프랑스에 오래

거주하고 계신데, 프랑스는 선생님의 창작에 어떤 영향을 주고 있나요?

가오   제가 프랑스에서 얻은 것은 창작의 자유입니다. 프랑스 정부는 예술가의 창작을 다방면으로 적극 지원합니다. 프랑스 문화의회에서 저에게 강연을 요청한 적이 있는데, 저는 예술가에게 창작의 여건을 지켜주는 것이 가장 좋은 문화정책이라고 말했습니다. 예술가의 창작활동을 지지하고, 예술가가 정치에 간여하지 않을 자유를 허락하는 것 말이지요. 대만 문건회의 문화정책도 프랑스와 많은 부분 비슷한 것 같습니다.

❙ 〈팔월에 내리는 눈〉

천   이번에 대만의 문화예술계 인사를 총동원해서 〈팔월에 내리는 눈〉 공연을 준비하고 있습니다. 선생님이 공연 준비와 연출을 총괄하시는 과정은 그 자체로 젊은 예술학도들에게도 좋은 교재가 될 것 같은데, 어떻게 생각하시나요?

가오   제가 지도·감독을 한다기보다는 다 함께 창작에 참여하는 과정이라고 말하고 싶습니다. 〈팔월에 내리는 눈〉에는 연기, 노래, 춤 등의 요소가 모두 들어 있기 때문에 이런 모든 연기가 가능한 경극배우를 연기자로 캐스팅했습니다. 그러나 극에 경극 연기는 없습니다. 이번 공연에 쓰이는 음악은 따로 작곡을 해서 연기자들이 함께 모여 연습합니다. 이 음악들은 경극의 창법과 다르고, 그렇다고 오페라의 창법도 아닙니다. 배우들이 함께 연습해야 할 군무도 있습니다만, 보는 사람이 따로 공부를 해야 할 만큼 난해한 현대무용은 아닙니다. 경극도 아니고, 오페라도 아니고, 무용도 아니고, 일반 연극도 아니지만, 이 모든 요소가 녹아 있는 종합 공연 작품입니다. 네 가지 요소가 모두 들어 있지만 넷 중

무엇도 아니라는 의미에서 '사불상'四不像이라고도 할 수 있지 않을까요? 저는 이 공연에서 감독과 각색을 맡았습니다만, 모든 사람과 함께하는 작업이라고 생각합니다. 본격적인 공연 준비에 들어가기 전에 제가 해야 할 일은 최고의 작품이 완성될 수 있도록 단원들의 열정과 의욕을 북돋우는 것이겠지요.

천   제가 아까 드린 말씀은 이런 집단 창작과정을 영상으로 기록해두면 향후 학습자료로 활용될 수도 있고, 그 자체로도 의미 있는 창작물이 되지 않을까 하는 것이었습니다. 〈팔월에 내리는 눈〉은 대만에서 공연한 후 프랑스 마르세유에서도 공연하기로 되어 있죠? 마르세유 시에서는 2003년을 '가오싱젠의 해'로 제정하기로 했다고 들었습니다. 그 이야기도 좀 해주시지요.

가오   올해 제가 해야 할 가장 중요한 일은 대만에서 이번 공연을 잘 마치는 것이고, 2003년 초에는 프랑스에서 가장 권위 있는 희극원에서 공연될 작품에도 참여할 예정입니다. 영광스럽게도 2003년에 마르세유 시에서 주관하는 대규모 문화 프로젝트에 참여하게 되었습니다. 주최 측에서도 행사의 규모가 규모이니만큼 공연, 문학, 회화 등 여러 장르를 총괄할 만한 예술가를 찾고 있었다고 해요. 이 기간 동안 오페라로 각색된 〈팔월에 내리는 눈〉도 마르세유 교향악단과 오페라하우스의 합창단 협연으로 공연될 예정입니다. 대만판 공연과는 다른 색다른 무대가 될 것 같아요.

천   향후 대만에서도 창작 단계에서의 국제 협업이 활발하게 이루어졌으면 좋겠네요. 가오싱젠 선생님은 예전에 몇 가지 바람을 말씀하신 적이 있습니다. 그중 하나가 노벨문학상 수상이었는데 이미 이루어졌고, 다른 하나는 성당에서 회화전시를 하는 것, 또 다른 하나는 〈팔월에 내리는 눈〉을 공연하는 것이었는데요. 성당에서 회화전시를 하고 싶다는 마음은 어떻게 품게 되셨나요?

가오   오래전에 프랑스 남부의 한 성당에서 피카소가 그린 벽화와 샤갈의 그림을 보게 된 것이 계기였습니다. 저는 이렇다 할 종교는 없습니다만, 성당이나 사당을 보면 친근한 느낌이 듭니다. 제가 창작하는 작품에도 종교적 정서가 배어 있고요. 저에게 성당은 엄숙한 종교적 상징물이라기보다 창작의 충동을 불러일으키는 특별한 공간입니다. 그래서 꼭 성당 안에서 창작을 해보고 싶습니다. 마르세유 시에도 유서 깊은 성당이 있는데 지금은 박물관으로 활용되고 있다고 하더군요. 하긴 바로크 건물 자체가 역사 문물이기도 하지요. 시 정부에서도 제가 원하기만 하면 성당 안에서 작업하는 것을 허가해주겠다고 했습니다.

천   내년에 그렇게 할 일이 많으신 데다 노벨문학상 수상 이후에는 더욱 시간이 줄어서 창작에 전념하기 어려우시겠어요. 가오싱젠 선생님은 내년에도 5월에 한 주, 6월에는 두 주에 걸쳐 대만을 방문하실 예정입니다. 그 후 9월에서 12월까지 네 달 동안 다시 대만에 머물면서 대만의 문화예술계 인사들과 협동작업을 하실 예정이고요. 마르세유 성당에서는 언제쯤 작업을 할 수 있을까요?

가오   우선은 계획된 일들을 해야겠고, 마르세유 시에서는 언제든 성당을 작업실로 빌려주겠다고 했으니 제가 원할 때 가서 신청을 하면 되겠지요. 조만간 영화 연출도 하기로 예정되어 있는데, 영화작업도 창작이니 성당에서 할 수 있지 않을까 합니다.

천   글쓰기 계획은요?

가오   글도 써야죠. 참, 문학전시 계획도 있습니다. 전시를 일종의 공연처럼 연출하려고 생각 중입니다. 따로 작곡을 의뢰해서, 제가 쓴 프랑스어 시에 입혀 전시할 계획입니다. 이런 전시는 뭐라고 이름을 붙여야 할지 모르겠네요. 같은 공간에 음악도 있고, 그림도 있고, 시도 있는 그런 전시를 구상 중입니다.

I **독서 습관**

천　　어린 시절부터 책 읽는 습관을 길러오신 걸로 알고 있습니다. 대학 시절의 독서 경험은 정말 감동적이었고요. 선생님의 독서 습관에 대해 듣고 싶습니다.

가오　　예술가는 학교에서 길러지지 않아요. 예술가가 되기 위해서는 본인이 스스로 원하고 추구하는 마음이 가장 중요합니다. 어떤 예술가도 다른 예술가를 가르치거나 양성할 수 없습니다. 기본적인 기교야 가르칠 수 있을지 모르지만, 단순히 연장자의 기교를 반복한다고 해서 창작을 할 수 있는 건 아닙니다. 창작력은 어디까지나 스스로 배우고 발전시켜나가야 합니다.

　　대학 시절에는 학교 공부에 관심이 없었습니다. 강의교재나 슥 보고 말았죠. 그래도 강의실에는 꼬박꼬박 들어갔습니다. 출석 체크는 해야 했거든요. 제 이름이 불리고 나면 강의실을 빠져나와 오전 내내 도서관에 있었습니다. 책이야 완독을 하는 것도 방법이고, 슥 읽고 넘어가는 것도 한 방법이지요. 제가 정독한 것은 좋아하는 작가의 희곡이었습니다. 여러 번 읽은 작품도 많아요. 저는 시기를 정해놓고 그 시기에 특정 작품을 집중적으로 독파하는 방법으로 책을 읽었습니다. 그렇게 하면 스승에게 직접 사사하는 느낌이 들지요. 저는 독일어를 모르지만, 독일 문학을 이해하고 싶으면 번역본이며 관련 연구자료를 한꺼번에 집중적으로 읽는 식이었습니다. 러시아 문학도 빠뜨린 작가가 없을 만큼 다 챙겨 읽었습니다. 이런 식으로 러시아 문학, 영국 문학, 독일 문학, 프랑스 문학, 이탈리아 문학, 스페인 문학은 물론 고대 그리스의 경전에 이르기까지, 특정 시기에 집중적으로 찾아 읽었죠. 철학서는 문학보다 읽기 딱딱하긴 하지만 관심 있는 주제가 생기면 그 주제에 관한 모든 저작을 찾아 읽었습니다. 심지어 작곡법이라든가 대위법 같은 음악이론서도 그런 방법으로 독파했는데, 나중에 글을 쓸 때 많은 도움이 되었습니다.

천　　글을 쓸 때 녹음기를 이용하신다고요?

가오　　네, 시간이 많이 절약되거든요. 언어적인 측면에서는 소리로 된 말이 좀더 살아 있는 감수성을 전달하는 데 도움이 되기도 하고요. 배우도 어떻게 보면 문자에 소리와 색을 입혀 표현하는 존재라고 할 수 있지요. 저에게 언어는 말이 먼저입니다. 문자보다는 말로 전달하는 감정을 중시하게 된 건 희곡을 썼던 경험과 관련이 있습니다. 대학 시절에 극단을 만들어 활동하던 중 어떤 작품을 올릴까 구상하다가 제가 직접 작품을 써보기로 마음먹었습니다. 희곡에서는 연기로 표현된 언어의 소리, 음색, 어감이 중요하지요. 이왕이면 음악처럼 들릴 수 있게, 또 듣는 사람의 주의를 집중시킬 수 있게 쓰려고 노력하다 보니 그런 습관이 이렇게 이어졌습니다.

천　　창작자로서 걸어오신 길이 다른 작가들과는 많이 다르시네요. 예술은 장르마다 표현형식이 다르지만 그 정신은 공통적인 것 같습니다. 오늘 이렇게 가오싱젠 선생님을 모시고 창작 경험에 대한 이야기를 들을 수 있어 기뻤습니다. 마지막으로 한 가지 드리고 싶은 질문이 있습니다. 가오싱젠 선생님은 그림을 그릴 때와 글을 쓸 때 혹은 공연을 연출하실 때 각각 어떻게 느낌이 다른가요?

가오　　창작은 공통적으로 정신집중을 필요로 하는 일입니다. 그런데 그림은 시각예술이기 때문에 음악을 들으면서 그림을 그릴 때 가사가 있는 음악은 좋지 않죠. 생각이 가사의 내용을 따라가게 되어 그림에도 영향을 미치거든요. 한편 프랑스어로 글을 쓸 때는 휴식을 취하면서 프랑스어 라디오를 듣습니다. 프랑스어라는 언어 고유의 느낌에 빠져들기 위해서죠.

천　　　오늘 말씀 감사합니다.
가오　　감사합니다.

『가오싱젠 대만 문화 여행』(2001년, 행정원문건회출판)에 수록

문학예술 좌담회

시간	2001년 10월 8일 오전 10시
진행	대만 중산대학中山大學 문화원 원장 쑤치캉蘇其康
주 강연	대만 중산대학 교수 위광중余光中, 대만대학 교수 후야오헝胡耀恒, 작가 가오싱젠, 국립역사박물관 관장 황광난黃光南, 학술교류기금회 집행장 우징지吳靜吉
기록·정리	리궈잉

10월 8일 오전 10시, 가오싱젠은 대만 남부의 시즈완西子灣에 있는 국립 중산대학에서 명예박사 학위를 받았다. 그의 생애 첫 박사학위였다.
학위 수여 후 중산대학 교수인 위광중과 대만대학 교수 후야오헝, 국립역사박물관 관장인 황광난, 학술교류기금회 집행장 우징지와 함께 문학과 회화에 대한 이야기를 나누었다. 아래의 글은 가오싱젠의 발언 부분이다.

I 회화는 일종의 언어

그림에 대해 말하기란 어려운 일입니다. 그림은 눈으로 보는 것이지 문자로 표현하는 것이 아니기 때문입니다. 저에게 그림은 언어로 해설할 수 있는 무엇이 아닙니다. 그림은 각자 자신의 눈으로 직접 보아야 합니다. 사람의 주의를 끌어 오랫동안 그림 앞에 머물게 하는 것이 회화의 힘입니다.

화가는 언제나 새로운 길을 모색해야 합니다. 예를 들어 이전에 누군가가 그린 그림을 내가 또 그릴 필요는 없습니다. 남들이 이미 널리 사용하고 있는 방법 역시 나까지 되풀이할 필요가 없습니다. 그렇게 생각해야 새로운 방향을 모색해야겠다는 강한 충동이 일어납니다. 지금 제가 시도하고 있는 것은 '마음의 풍경'처럼 그리기 어려운 것을 '흑과 백' 같은 단순한 기법으로 표현하는 수묵입니다.

자아로부터의 해탈

작가에게 한 쌍의 눈이 있다면, 하나의 눈으로는 세계를 관찰하고 다른 하나의 눈으로는 자기 자신을 관찰함으로써 자기연민에서 벗어나야만 합니다. 20세기는 나르시시즘의 시대였습니다. 니체 이후 등장한 다양한 형태의 구세주들이 늘 누군가에 대한 타도를 외쳤고, 타도대상이 되는 앞 세대는 거듭 죽음을 맞이해야만 했습니다. 이런 극단적인 자기애는 예술혁명가들에게도 영향을 미쳤습니다. 저는 이것이 현대예술의 가장 큰 병폐라고 생각합니다. 이런 문제를 해결하기 위해서는 마음을 닦아 참된 본성을 자각한다는 혜능 선사의 가르침 같은 동방 사상이 한 줄기 대안이 될 수 있습니다. 하나의 눈으로 세상을 관찰하는 동시에 다른 하나의 눈으로 자기 자신을 대면할 수 있다면, '아집' 역시 또 하나의 지옥이라는 사실을 발견하게 될 것입니다. 사람의 자아는 인식의 폭을 넓히지 않으면 곧바로 지옥으로 떨어지기 마련입니다.

저는 선종 사상에 가장 큰 영향을 받았습니다. 제3의 혜안을 얻은 것 같았죠. 우리가 무엇을 깨달아야 하는지 안다면 삶도 허망하지 않을 것입니다. 우리는 할 수 있는 것과 할 수 없는 것을 받아들이고, 마지막까지 자유를 지키며, 할 수 있는 일을 하고자 하는 노력을 저버리지 않을 수 있습니다.

I 종교적 정서도 일종의 해탈

우리가 사는 현실은 여러 가지 어려움으로 점철되어 있습니다. 제가 노벨문학상을 받았다고 해서 이제부터 행복한 삶이 펼쳐질까요? 이제까지와는 다른 새로운 어려움에 직면하게 될지도 모릅니다. 이제부터 글은 쓸 수 없고 하루 종일 밖으로 돌아다녀야 한다든가, 집에 오면 끊임없이 전화벨이 울린다거나, 전화를 끊자마자 또 다른 전화가 온다거나, 혹은 팩스가 무더기로 쏟아져 다 처리하지 못한 채 쌓일 수도 있고요. 그런 게 삶이라고 할 수는 없습니다. 창작을 할 수도 없고요. 작가가 글을 쓸 수 없다면 그건 재앙이나 다를 바 없죠.

삶은 그것이 순경이든 역경이든, 아니 순경에 처해 있다 하더라도, 우리는 바로 그 순경에 내재된 역경을 만나게 될 수 있습니다. 어떤 상황이든 번뇌와 어려움이 없을 수 없습니다. 이럴 때 우리가 도움을 받을 수 있는 지혜는 대체로 동방에 있다고 생각합니다. 불경도 그런 지혜 가운데 하나고요. 그래서 저는 종교를 반대하지 않습니다. 저는 특정 종교를 믿는 신자는 아니지만, 나이를 먹을수록 종교와 더 가까워지는 느낌입니다. 물론 종교가 정치화되는 것은 무서운 일입니다.

그러나 종교가 일종의 정서로 작용한다면, 특히 우리가 삶에서 어려움을 맞닥뜨릴 때 비탄이나 경외심과 같은 종교적 정서는 반드시 필요하다고 생각합니다. 완전한 무신론 세상을 만든다고 해서 종교문제에 관한 해결책이 될 순 없어요. 새로운 세기가 도래해도 그 세기가 결코 새롭지만은 않으리라는 것은 우리 모두 예상할 수 있습니다. 새로운 세기에도 우리는 전쟁과 테러를 겪으며 공포에 떨 것입니다. 진정으로 새로운 세상이 오려면, 우리는 과거의 삶에서 뭔가 교훈을 얻어야만 합니다. 과거의 교훈까지는 아니더라도 최소한 지금의 삶을 통해 무언가 배우는 바가 있어야 합니다. 우리가 지금 이 순간에 겪고 있는 어려움들은 대개 과거에도 있었던 어려움입니다. 그런 어려움에 처했을 때, 종교적 정서를 간직하는 것만으로도 우리는 일종의 해탈을 경험할 수 있습니다. 그러므로 특정 종교에 귀의하라는 뜻이 아닙니다. 종교를 갖지 않아도 됩니다. 다만 예술창작을 할 때 종교적 정서를 간직하는 것만으로도 일종의 해탈이 된다고 말하고 싶은 것뿐입니다. 작가에게만 해당되는 얘기도 아니고, 예술가에게만 해당되는 얘기도 아닙니다. 모든 사람은 종교적 심성을 간직함으로써 정신적 해탈을 경험할 수 있습니다. 그리스 비극이 사람의 심성을 정화하는 것처럼 말이지요. 옛날 사람들만 그렇게 살아야 했던 것이 아닙니다.

▎ 차오위와의 망년지교

차오위曹禺(1910~1996: 『뇌우』雷雨 등을 쓴 희곡작가) 선생은 제가 존경하는 선배 작가이자 베이징 인민예술극원의 원장이었습니다. 개인적으로 그분 밑에서 일을 한 적도 있는데, 차오 선생님은 평상시 아무런 간섭도 하지 않으시다가 제가 극단활동을 하면서 어려움을 겪으면 발 벗고 나서서 도와주셨습니다.

한번은 제가 연극 리허설을 하고 있을 때 차오 선생님이 지팡이를 짚은 채 따님과 함께 공연장에 오시기도 했습니다. 선생님은 오랫동안 병원 신세를 지고 계셨는데, 제가 〈버스 정류장〉 공연을 앞두고 있다는 소식을 듣고 직접 공연장을 찾아오신 거였지요. 당시 객석에는 공연 심의를 하기 위한 심의위원도 앉아 있었는데, 공연이 끝나고 객석이 조용하자 차오 선생님이 "세계적인 주제를 가진 좋은 작품인데 왜 공연을 허용하지 않느냐"고 한마디 하셨습니다. 그러자 현장에서 심의를 하던 사람들이 하나둘 박수를 치기 시작하더군요. 차오 선생님은 저에게 나이를 뛰어넘은 벗이었습니다! 황용위黃永玉(화가) 선생은 1949년 이후의 차오위 선생의 작품이 전작들만 못하다고 비판하셨지만, 어느 작가가 정치적 압박을 받는 상황에서 100퍼센트 역량을 발휘할 수 있겠습니까? 그런데도 차오위 선생은 당신에 대한 쓴소리가 담긴 황 선생의 서신을 저에게 직접 보여주시기까지 하셨습니다. 그만큼 저를 신뢰하고 지지하신다는 의미였죠.

중국 같은 정치환경에서는 누구나 자기 마음에 위배되는 말을 해야 할 때도 있는데, 저에게만은 언제나 100퍼센트 진심이었습니다. 그 모습이 저에게는 정말 감동적이었지요. 차오위 선생님도 중국의 현대희곡 작가입니다만, 그 이전에 샤옌이라든가 톈한田漢(1898~1968: 극작가)이 있었고, 그전에도 어우양위첸歐陽予倩(1889~1962: 극작가)과 춘류사春柳社(1904년에 창립된 중국의 신극을 주도한 극단)가 있었습니다. 이렇게 중국에 도입된 서양의 희곡양식이 차오위 선생에 이르러 비로소 중국 대륙에 뿌리내렸고, 저 같은 후배는 그 열매를 누렸다고 할 수 있지요. 새로운 실험과 모색도 바로 이런 조건 위에서 가능합니다.

『가오싱젠 대만 문화 여행』(2001년, 행정원문건회출판)에 수록

한계를 두지 않는 다독

가오싱젠의 독서 경험

| 시간 | 2001년 9월 30일 오후 7~9시
| 장소 | 사범대 대강당
| 진행 | 천위슈

┃ 서향 가득했던 유년기

저는 항일전쟁기라는 혼란스러운 시기에 태어났지만 집에는 언제나 책이 가득했습니다. 운이 좋았다고 할 수 있죠. 아버지는 낮에 은행에서 일하셨지만 집에서는 먹을 갈아 시를 쓰고 그림을 그리셨습니다. 그 덕에 집에 고전과 고서가 많이 있었죠. 아버지 친구분들은 아버지가 은행에서 지급받은 차와 경호원을 이용해서 자신들의 책을 저희 집에 옮겨 놓길 좋아했습니다. 그 덕에 집안 여기저기 책 상자 없는 곳이 없을 지경이었습니다. 피난이나 이사라도 갈라치면 그 많은 책 상자를 옮기는 게 가장 큰 일이었지만, 저로서는 손만 뻗으면 책이 있는 행복한 유년기를 보낼 수 있었죠.

개방적인 교육

제가 다닌 난징대학 부속중학교는 중국에서는 거의 최초로 설립된, 그것도 미국 선교회에서 세운 중학교였습니다. 100여 년의 역사를 자랑하는 데다 장서량이 풍부한 도서관도 있는 곳이었죠. 제가 중학교를 다녔던 1950년대 초는 당국의 문화통제가 심하지 않을 때였습니다. 중학교 1학년 때는 도서관 사서와 친해져서 자유롭게 서가를 돌아다닐 수 있었죠. 저는 내용과 형식을 불문하고 관심이 가는 책이면 다 집어 들었습니다. 그러다 보니 고등학교를 졸업할 무렵에는 중국 현대문학을 거의 대부분 읽었다고 할 수 있습니다.

중학교 때 책을 많이 읽긴 했지만 제가 정말 좋아했던 건 바이올린 연주와 축구였습니다. 그런데 축구를 하다 보니 '축구로 국가대표가 될 수는 없겠구나' 하는 생각이 들었습니다. 다른 친구들이 워낙 빨라서 저는 공을 빼앗을 틈이 없더라고요. 교내 대표 축구팀에 들어가는 데는 실패했지만, 축구는 계속 좋아했습니다. 축구가 제 삶을 얼마나 단련시키는지는 잘 알고 있었으니까요.

연극도 좋아했습니다. 어머니가 극단 연기자 출신이었던 덕에 저도 어릴 적부터 자연스럽게 연극에 관심을 갖게 되었죠. 다섯 살 때 처음 무대에도 올랐던 기억이 납니다. 아역 연기자가 필요해서 어머니와 함께 무대에 오르게 됐는데, 무대가 조금도 두렵지 않았어요. 음악도 좋아했습니다. 그런데 바이올린을 배우기 시작한 지 얼마 안 돼서 베토벤 전기를 보게 되었습니다. 베토벤은 다섯 살에 이미 피아노 신동이었다고 하더군요. 그 부분을 보면서 '나는 음악가가 되기에는 너무 늦었구나'라고 느꼈습니다. 그 후로 지금까지 저는 그냥 음악애호가로 살고 있습니다. 그림도 좋아해서 중학교 때부터는 유화를 그리기 시작했고요.

| 한계를 두지 않는 다독

독서의 범위도 점점 넓어졌습니다. 과학잡지만 해도 처음엔 보급판을 보다가 나중엔 전문적인 잡지도 볼 수 있게 되었죠. 아버지 친구분 가운데 꽤 전문적인 과학잡지를 한 무더기 소장하고 계신 분이 있었습니다. 다른 어디서도 볼 수 없는 신기한 내용이 많이 담긴 잡지였습니다. 어떤 책은 천체물리에 대해, 어떤 책은 백색왜성에 대해, 어떤 책은 천문학의 기본 개념을 다루고 있는데, 어린 나이에 그런 글을 보면 여러 가지 상상이 들곤 했어요. 나중에 물리학자가 될까도 생각했습니다.

수학도 좋아하고, 또 잘하는 편이었습니다. 중학교 때 수학 선생님은 소위 '우수 학생'들에게 일부러 수학 난제를 내기도 하셨습니다. 저희를 자극해서 수학에 대한 관심을 끌어올리려는 목적이었죠. 당시 선생님은 중학교 수학 교사들을 위한 『수학통보』數學通報라는 잡지를 저희에게도 보여주시곤 했습니다. 이런 독서는 어떤 목적 때문이 아니라 그냥 청소년기의 지적 소양을 계발하는 데 도움이 되었던 것 같습니다.

고등학교에 들어가서는, 교과서를 받으면 1주일 안에 그 학기 교과서를 모두 읽고 이해할 수 있었습니다. 학교에 가면 다 아는 얘기라 수업이 지루할 만큼요. 그래서 수업시간에 몰래 소설을 읽었습니다. 학교 분위기는 자유롭고 개방적인 편이었습니다. 선생님들도 대부분 영미식 교육을 받은 분들이어서, 수업시간에도 학생들의 자유로운 의견 발표를 독려하셨고요. 시대적으로도 나중처럼 정치적 통제가 강하지 않던 시절이었습니다.

I 정치적 통제가 시작된 대학 시절

그런데 대학에 들어가고 나서부터는 상황이 달라졌습니다. 마르스크주의며 마오쩌둥 사상 같은 정치교육이 시작되었고, 중공 당국에서 학생들의 사상까지 통제하기 시작했습니다. 학교에서 가르치는 것들마저 경직된 사상들뿐이다 보니, 저는 학교 공부에 완전히 흥미를 잃었습니다. 원하는 공부는 제가 알아서 따로 해야겠다고 마음먹었습니다.

그런데 도서관에서 책을 빌려보다가 한 가지 재미있는 현상을 발견하게 되었습니다. 저는 1학년 때 주로 문학을 읽었는데요. 『파우스트』 같은 유명한 책은 도서관에 많지 않았고, 저 같은 1학년생에게는 책을 빌릴 기회가 더더욱 돌아오지 않았습니다. 저는 나중에 도서관 사서와 친해진 뒤 "어떤 분이 여기서 잠시만 기다려달래요"라는 말로 사서를 제자리에 붙들어두고, 혼자 서가로 가서 『파우스트』를 열람하기도 했습니다. 하도 손을 많이 타서 책은 너덜너덜해져 있었어요. 일단 1권을 끝까지 읽긴 했지만, 도대체 어딜 봐서 위대한 문학이라는 건지 이해할 수가 없더군요. 저에게는 별 감흥도, 감동도 없었어요. 그래도 1권을 봤으니 2권도 보자, 해서 찾아봤는데, 2권부터는 웬일인지 책이 깨끗하더군요. 책 뒤에 있는 대출카드를 보니 빌려간 기록이 거의 없어요. 밑줄 친 흔적이라든가 낙서도 전혀 없고요. 그런 2권을 읽으려니 뭔가 모르게 착잡한 마음이 들더군요. 2권도 다 읽고 3권을 꺼내보는데, 3권은 더 새 책이에요. 빌린 기록? 전혀 없어요, 전혀! 이 학교에 학생들과 교수가 이렇게 많은데 『파우스트』를 끝까지 읽은 사람이 아무도 없구나 하는 사실을 처음 알게 됐지요.

그렇게 마지막 권까지 읽은 뒤에야, 괴테가 왜 위대한 작가인지 이해할 수 있었습니다. 『파우스트』는 거대하고 완전한 세계예요. 그 안에는 괴테의 철학과 이 세계에 대한 인식이 모두 녹아 있지요. 이렇게 완벽한 형식에 이토록 심오한 사상을 담은 작품이라야 위대한 문학이라고 할 수 있구나, 깨달았습니다. 그 후 단테의 『신곡』과 셰익스피어의 작품들을 읽기 시작했습니다.

일관되고 체계적인 독서 계획

어떤 작가의 작품이 와 닿으면, 그때부터는 그 작가의 모든 작품을 통독했습니다. 이렇게 하다 보면 그 작가의 작품세계가 어떻게 형성되어갔는지 알 수 있어요. 그다음에는 그 작가나 작품에 대한 연구서와 문학사를 읽었습니다.

대학교 1학년 2학기 때는 북유럽 문학에 흥미가 생겼습니다. 북유럽 작가 가운데 마틴 안데르센 넥쇠Martin Andersen Nexø(1869~1954)가 쓴 다섯 권짜리 장편소설이 있습니다. 이 책도 빌려간 기록이 하나도 없더군요. 그 소설은 제가 어릴 때 본 안데르센 동화 속의 북유럽과는 전혀 다른 세계, 기묘하고도 우울한 사회현실을 그리고 있었어요. 소설에 나오는 북유럽 노동자들은 노동운동을 하면서도 폭력은 쓰지 않았습니다. 그들의 사회주의는 무장혁명을 숭배하는 우리식 공산주의와 달랐어요. 그들의 사회주의는 웃고 이야기하면서 평화롭게 거리시위를 하는 것이었지요. 소설을 통해 '아, 이런 삶도 있을 수 있구나. 이렇게 평화로운 나라도 있구나. 이들의 인간관계는 우리랑은 많이 다르구나' 하고 느낄 수 있었습니다.

저는 이렇게 책을 통해 이 세계를 이해할 수 있었습니다. 특히 문학은 다양한 지식과 새로운 인식을 생동감 있게 전달하는 좋은 자료이기도 했습니다. 당시 저는 세상 경험이 많지 않은 상태였지만, 문학을 통해 어느 정도 인간의 복잡성을 이해할 수 있었다고 생각합니다.

| 창작의 길

예전에는 이론서를 많이 읽었습니다. 그런데 문학이론서를 읽을수록 글쓰기는 더 어려워지더군요. 헤겔 미학이며 칸트 철학, 아리스토텔레스의 시학에 이르기까지 정말 많은 이론서들을 읽었습니다. 그렇게 한창 이론서며 철학서들을 읽던 중 문득 '철학으로 과연 인생을 해석할 수 있는가' 하는 의문이 들었습니다. 철학으로 해석되는 인생이라면 참으로 무미건조하지 않겠는가 싶었죠. 만약 어떤 예술가가 철학이나 이론이 제시하는 방법으로 창작을 한다면 그 작품은 특유의 생기와 매력을 잃고 말 것입니다.

한동안 이론과 철학에 빠져든 뒤에는 작가들의 편지와 수필을 찾아 읽었습니다. 독특한 깨달음을 주는 글들이 참 많았습니다. 지금 가장 기억에 남는 것은 에이젠슈타인의 몽타주 이론입니다. 에이젠슈타인은 분명 영화이론의 선구자이지만, 그의 이론은 어딘가 좀 기괴한 데가 있습니다. 그는 러시아어의 어떤 글자는 야한 상상을 하게 만들고, 러시아 알파벳 A는 혁명을 떠올리게 한다고 했습니다. 저도 러시아어를 배운 적이 있습니다만, 도대체 어떤 글자가 야한 상상을 하게 하는지, A는 왜 혁명을 떠올리게 한다는 건지 이해할 수 없었습니다. 나중에 보니 객관적으로 그렇다는 게 아니라 그냥 에이젠슈타인 자신이 그렇게 연상한다는 뜻이었습니다. 그의 몽타주 기법이 그러하듯 주관적이고 직관적인 느낌이었던 것이지요. 예술에는 종종 이렇게 무논리의 전개가 나타납니다. 예술이론은 일종의 직관에서 비롯되는 천성 같기도 합니다. 예술에는 분명 이론이 필요합니다. 그러나 예술가는 그 이론을 깨야만 합니다.

깨야 할 것은 이론이나 철학만이 아닙니다. 특정 정치의식, 즉 이념도 부수어야 하는 대상입니다. 정치의식 타파는 예술에 대한 부정을 의미하지 않습니다. 오히려 그 반대입니다. 정치의식을 타파함으로써 예술가는 진정으로 의미 있는 작품을 창작할 수 있게 됩니다. 정치의식 타파는 사상의 부재를 의미하지 않습니다. 오히려 사상을 자유롭게, 활기 있게 만듭니다. 제가 바라는 것은 모든 경직된 사상, 즉 '주의'가 사라지는 것입니다.

▍폭넓은 독서, 무-주의

주의가 없다는 것은 사상이나 예술적 주장이 없다는 것을 의미하지 않습니다. 자기만의 예술형식이나 표현방식이 없다는 것을 의미하지도 않습니다. 예술가가 철학과 이론의 테두리를 뛰어넘지 못한다면, 도대체 예술의 의의는 어디서 찾을 수 있을까요? 신은 도대체 어디에 있으며, 궁극의 가치, 판단의 표준, 절대적인 판단 근거라는 것은 또 어디에 있나요? 그런 것들을 추구하기 시작하면 미치광이 신자가 될 뿐입니다.

이론의 광신자들은 자신들의 주장을 지키기 위해 자기와 다른 모든 것을 배척하고 말살합니다. 소름 끼치도록 무서운 광기가 아닐 수 없습니다. 니체 철학은 본래 풍부한 사상이지만, 니체라는 사람은 사실 편집증적 광인이었습니다. 저는 니체가 병자였다고 생각합니다. 이 병자는 마르크스의 유토피아 사상이 20세기의 정치·사회혁명을 주도했듯이 20세기의 예술혁명을 주도했습니다. 그리고 그 과정은 편집증적 광기로 점철되었습니다.

    책은 모름지기 다방면으로 넓게 읽어야 합니다. 한두 권 읽고 섣불리 판단의 칼을 휘두르려고 해서는 안 됩니다. 이것이 바로 오늘 제가 여러분과 나누고 싶은 독서 이야기입니다.

『가오싱젠 대만 문화 여행』(2001년, 행정원문건회출판)에 수록

제3의 혜안

대담자: 다니엘 베르즈Daniel Bergez

프랑스 파리에 있는 가오싱젠의 자택으로 가는 길. 순백의 담장에는 거대한 수묵화가 그려져 있다. 지나는 사람을 순식간에 꿈속 풍경에 빠져들게 하는 그림. 이 그림만 보고 있으면 그의 문학작품은 연상되지 않을 정도다. 그렇다. 노벨문학상 수상자인 가오싱젠은 사실 화가이기도 하다.

그는 이런 그림을 중국 문인들의 세 가지 회화도구인 붓과 먹, 종이를 이용해서 그린다. 거대한 먹은 밝은 듯하다가 어두워지고, 선은 명료하고도 힘이 있는 듯하다가 구불구불 제 길을 간다. 그리고 여백, 감동, 구도, 종이의 질감……. 그의 그림에는 수묵의 잠재성과 예술가 정신이 융합되어 있다. 그는 먹을 적신 붓으로 눈에 보이지 않는 마음의 풍경을 화폭에 옮긴다. 그의 그림은 파리에서 모스크바, 런던, 뉴욕, 스톡홀름, 싱가포르에 이르기까지 세계 각국의 미술관에서 소장·전시하고 있다.

그가 화가라는 사실은 전 세계가 인정하고 있지만, 그가 망명자 신분이라는 사실은 다들 망각하고 있다. 중국 간저우에서 태어나 베이징 외국어대를 졸업한 가오싱젠은 여러 번에 걸친 정치운동 과정에서 심신의 타격을 받고 중국을 떠났다. 1970년부터 1975년까지 농촌에서 일하며 생활한 경험은, 그의 유년기부터 파리에서의 생활까지가 담겨 있는 『나 혼자만의 성경』에도 반영되어 있다.

가오싱젠의 문학작품 가운데 소설 『영혼의 산』은 빼어난 걸작으로 평가받는다. 이 소설에는 이야기, 생각, 추억, 시의, 그야말로 모든 것이 뒤섞여 있다. 각 장의 이야기는 독립적으로 존재하는 듯하면서도 유기적으로 통일되어 있고, 문체는 산문을 연상케 할 만큼 소박하다. 소설은 강물처럼 유장하게 흐르는 가운데 현실세계에 대한 고민과 우려를 담고 있다. 가오싱젠은 극작가이자 연출가이기도 하다. 그가 직접 대본을 쓴 『죽음에 대하여』와 『도망』, 『밤에 떠도는 신』, 『주말 사중주』에는 많은 인물이 등장하고, 작품들은 생명의 슬픔과 비극성을 다루고 있으며, 실험적 연기를 시도하고 있다. 그는 "연극의 본질은 연기에 있다"고 말한다(가오싱젠, 『생사계』 인터뷰에서).

그가 쓴 문학이론서에서는 그의 창작 원칙과 그가 생각하는 예술가상을 엿볼 수 있다. 노벨문학상 수상소감에서 그는 "작가는 예언자가 아니며, 구세주도 아니고, 미친 나르시시스트도 아니다. 작가 역시 평범한 한 사람일 뿐"이라고 말한다. 그는 문학의 의의는 '인간 삶의 곤경'을 증언하는 데 있다고 강조한다. 『최대한 진실에 가까이』盡可能貼近眞實에서 그는 소설을 쓸 때 "인물의 신분을 확정하지 않고, 심리적 함정을 건드리고, 신비감을 자아내고, 죽음과 허무에 대한 의식을 담아 독자를 우울로 전율케 하려고 한다"고 밝히기도 했다.

그는 자신의 다른 논저인 『또 다른 미학』에서 예술형식으로서의 회화는 문학과 다르다면서 "회화는 문자가 다다르지 못하는 지점에서 시작된다"라고 말한다. 그림은 그리기만 한다고 작품이 되지 않는다. 회화는 화가의 풍부한 내적 체험을 외재화하는 일이다. "그림을 그릴 때 캔버스는 너의 마음속에 있다. 너는 너의 그 기쁜 마음을 따라가라."

베르즈   1989년에 프랑스로 와서 현재까지 프랑스에 거주하고 계시죠. 2000년에는 노벨문학상 수상을 계기로 세계적인 작가가 되셨고요. 문학과 그림은 전혀 다른 재능을 요구하는 장르인데, 어떻게 두 가지 작업을 다 하실 수 있나요?

가오싱젠(이하 가오) 제가 주로 하는 작업은 소설, 그림, 희곡, 이렇게 세 가지입니다. 세 가지 모두 저에게는 매우 소중한 작업들이지요. 열 살 때 처음으로 소설을 썼는데 당시 삽화도 제가 직접 그렸고, 다섯 살 때는 연극배우였던 어머니와 함께 연극무대에 오르기도 했는데, 아마도 그런 경험들 때문이 아닌가 싶습니다.

베르즈 문학으로 하시는 표현과 회화로 하시는 표현이 많이 달라 보입니다. 소설과 희곡에서는 비교적 사실적으로 현실을 다루는 데 반해, 회화는 추상에 가까운 수묵 같다고 느껴지는데요. 선생님에게 문학이 삶에 관한 증언이라면, 그림은 어디까지나 상상과 감정의 표현인가요?

가오 제 소설은 사실주의와 거리가 멀지만, 인간 삶의 현실을 다루고 있는 것은 맞습니다. 희곡은 소설과 다릅니다. 희곡에서 중요한 것은 문학으로서의 대본이 아니라 무대에서 실현되는 연기입니다. 희곡은 배우가 어떻게 연기할 것인지를 상상하면서 써야 합니다. 공연연출을 제가 직접 하기도 하는데, 이때도 중요한 것은 대본에 쓰여 있는 글자가 아니라 배우의 연기입니다. 한편 회화는 문자를 초월하는, 순수하게 시각적인 예술입니다. 제가 회화로 표현하려고 하는 '마음의 풍경'은 그림을 완성하기 전에 떠오르기도 하고, 그림을 그리는 과정에서 형성되기도 합니다. 그림을 그리다 보면 간혹 그림이 추상화抽象化되기도 하는데, 이런 추상화가 관념화로 이어지지 않도록 최대한 노력합니다.

베르즈 문학과 회화는 성격이 전혀 다른 예술형식이지요. 그림을 그릴 때와 글을 쓸 때는 정신적 상태도 다르고, 요구되는 작업조건도 많이 다를 것 같습니다. 왠지 『영혼의 산』은 한 문장 한 문장 천천히 완성해나가셨을 것 같고, 그림은 일필휘지로 휘몰아쳐서 그리실 것 같은데요. 수묵에서도 이런 몰입이 중요한가요?

가오   소설은 기본적으로 오랜 시간 천천히 완성해나가는 장르입니다. 반면 그림은 그림을 그리는 순간의 정신집중이 중요합니다. 글을 쓸 때는 그렇지 않습니다. 글을 쓴다는 게 엄청난 체력을 요구하는 일도 아니고요. 그러나 회화에는 고도의 집중이 필요합니다. 여러 날 밤낮으로 그림에만 몰두하다가 기진맥진해질 때도 있어요. 그림을 그릴 때는 모든 관념을 집어던지고, 그림을 그리기 전에 해두었던 메모도 잊어버리고, 오로지 음악에만 잠깁니다. 본격적인 전투를 앞두고 마음의 무장을 하는 심정이랄까요. 수묵화를 그릴 때는 화선지라는 종이의 특성상 화가가 의도하지 않았던 효과가 만들어지기도 합니다. 그림을 다 그린 뒤에는 열흘에서 한 달 가까이 그림을 그대로 내버려둡니다. 시간이 흐른 후에 새로운 눈으로 그림을 다시 보기 위해서입니다. 그때도 고치고 싶은 부분이 없으면 그 작품은 완성된 것입니다.

베르즈   "회화는 부호가 아니라 상징이다"(『또 다른 미학』), "문화적인 부호와 사상적 관념을 집어던져야 한다"(『최대한 진실에 가까이』)라고 여러 차례 말씀해오셨지요. 그런 생각들을 회화에서는 어떻게 실현시키고 계신지 궁금합니다.

가오   화가에게 회화언어는 당연히 중요합니다만, 회화는 기본적으로 조형예술입니다. 구체적인 도상에는 사람의 반응을 끌어내는 힘이 있어요. 따로 언어를 통한 커뮤니케이션이 필요하지 않습니다. 그림은 관념의 도해圖解가 아닙니다. 그림에 대한 해설이나 평론은 나중에야 생겨난 것들입니다.

베르즈   선생님의 작품을 보면 문학과 회화의 창작 원천이 상호보완적인 것 같다고 느껴집니다. 그림에서 영감을 받아 글이 시작된다거나 글에서 그림이 시작되는 식으로요. 『영혼의 산』에도 석양 아래 멀리 보이는 경치를 묘사한 부분이 있지요. 보들레르가 말한 '예술적 전환'이 이런 게 아닐까 싶을 만큼 상당히 '회화적'인 서술입니다.

가오 그림으로 그린 것을 언어로 형용하는 것도 가능합니다. 하지만 문학은 회화성에 호소하는 장르가 아닙니다. 모든 예술에는 자기만의 고유한 형식, 고유한 언어, 고유한 표현이 있고, 이것은 상호 전환되기 어렵습니다. '예술적 전환'이라는 것은 평론가의 말일 뿐 예술가의 창작방식이 될 수 없습니다. 그림이 문학에서의 묘사를 대신할 수는 없습니다. 『영혼의 산』에 나오는 그 묘사가 하나의 장면이긴 하지만, 그 장면이 한 폭의 그림으로 대체될 수도 없고요. 글을 쓸 때 작가가 가장 먼저 염두에 두는 것은 색이나 선이 아니라 '어조'입니다. 과연 문자로 도상을 묘사할 수 있을까요? 언어로 세밀하게 무언가를 묘사하려 할수록 도리어 무엇을 말하려고 하는지 불분명해집니다. 그러나 회화로는 정확하고도 세밀한 묘사가 가능하지요.

베르즈 "시간이 화폭 위를 흐르면서 그림에 모종의 질감을 부여한다. 시간의 흐름과 그림의 질감은 얼마나 오묘한 감각인가!"라고 하면서 창작의 희열을 표현하신 적이 있습니다(『또 다른 미학』). 그런 희열은 회화에서만 가능한가요, 문학에서도 얻을 수 있는 건가요?

가오 글을 쓸 때의 희열도 분명히 있습니다. 저는 글을 쓸 때 되도록이면 발자크식의 장황한 묘사는 하지 않으려고 합니다. 그런 글은 읽는 사람의 기분을 가라앉게 만들기 쉬우니까요. 화가가 그림으로 묘사하듯 사람이나 경물을 글로 세세하게 묘사하면, 사물이 정태적으로 변해서 생동감을 잃게 됩니다. 서술은 읽기에 생생해야 하고, 시간의 흐름 속에서 유동한다는 느낌이 들어야 합니다. 『영혼의 산』에 추억이라든가 꿈속의 풍경을 묘사하는 부분이 나오는데, 그런 장면들 역시 시간 속에서 움직이는 것처럼 느낄 수 있게 써야 합니다.

베르즈   서양의 전통회화에서는 어떤 영감을 받으시나요? 서양 회화가 구상적이고 문학성이 강하다면, 선생님의 회화는 순간적인 감각을 표현하고 있다고 느껴지는데요. 이런 면모는 서양 회화의 성격과 많이 다르지 않나요?

가오   서양 회화가 문학의 영향을 받은 것은 사실입니다만, 문학만이 유일한 원천은 아닙니다. 문학이 하나의 출발점이었다고 볼 수는 있지요. 저 역시 문학에서 회화의 영감을 얻곤 합니다. 그러나 서정이라는 측면에서는 아니고, 그림이 마음에 어떤 상을 불러일으키는 내적 상태를 만들어준다는 점에서 그렇습니다.

베르즈   특별히 좋아하는 서양 화가가 있나요?

가오   다빈치, 렘브란트와 같은 16~17세기의 화가들을 가장 좋아합니다. 그 외에도 고야, 뭉크, 피카소, 샤갈, 자코메티, 달리, 1960~1970년대 작품들, 그리고 현대의 자오 우키도 좋아합니다.

베르즈   『허와 실』 같은 중국의 예술에 관한 논저에서는 중국 전통회화에서 서예가 차지하는 위치를 높게 평가하기도 하셨는데요. 화가의 눈으로 그렇게 보시는 건가요?

가오   저는 개인적으로 붓을 다루는 법을 서예를 통해 먼저 배웠지만, 나중에 유화를 그리면서 유화에 푹 빠져들기도 했습니다. 이런 경험 덕분에 조금은 다른 눈으로 회화를 볼 수 있게 되었던 것 같습니다. 이를테면 서양화의 빛이나 투시, 깊이 등의 감각은 중국화에서는 볼 수 없구나 하는 것들 말이지요.

베르즈   선생님이 그린 수묵화를 보면 경계와 방위는 없고 깊이감은 있습니다.

가오   정확히 보셨습니다. 저는 수묵화에도 서양 회화와 같은 빛과 깊이감을 도입하고 싶었습니다. 투시도 시도하고 있습니다만, 서양 회화에서와 같은 초점과 지평선은 없습니다. 이런 투시법을 저는 가투시라고 부르고 있지요.

베르즈 20세기에 서양 미술은 추상화 경향으로 나아갔습니다. 대표적인 추상화가인 칸딘스키는 이런 조류를 두고 '예술이 정신을 회복했다'고 말하기도 했는데요. 사실 추상은 다소 관념적이고 비시각적·비감각적이지 않습니까? 추상회화에 대해 어떻게 생각하시는지요?

가오 정신이 의미하는 것이 무엇이든, 저도 정신이라는 것에 반대하지 않습니다. 저도 가끔 정신이라는 말을 씁니다만, 예술에서 우선적으로 중요한 것은 정신이 아니라 감각입니다. 감각을 갖추었다면 그때부터는 정신에 대해 논해도 좋습니다. 검은색 점 하나, 검정으로 채운 캔버스 같은 단순한 도상은 제가 보기에 기하학적 도형도 아니고 감각을 표현하는 방법도 아닙니다. 정신은 감각으로 일깨워져야 비로소 원만해질 수 있습니다.

베르즈 20세기 현대예술 이후의 포스트모더니즘에 대해서는 어떻게 보십니까?

가오 현대예술을 개척한 이들은 새로운 예술언어를 찾기 위해 노력한 창조자들이었습니다. 그러나 그것만으로는 부족합니다. 예술가라면 그 후에 작품을 내놓아야만 합니다. 쇤베르크Arnold Schönberg(1874~1951)는 현대음악의 창시자이지만 위대한 작곡가는 아니었습니다. 현대음악의 한 경향인 무조음악atonal music(악곡의 중심이 되는 조성調性을 부정하는 음악)의 대가는 메시앙이었죠. 마찬가지로 마티스가 원색병렬이라는 새로운 회화언어를 제시했지만, 후기로 갈수록 그림에 장식성만 강해져서 저는 별로 좋아하지 않습니다. 현대예술에서는 자주自主를 강조합니다만, 자기에 대한 지나친 몰입은 내적 혼란으로 이어지기 쉽고, 조형은 점점 더 형식에 호소하게 됩니다. 형식이 강해질수록 작품은 공허해지고, 심미를 잃고, 예술가라는 존재도 무의미해져갑니다. 현대예술의 또 다른 특징은 나르시시즘입니다. 자아 전시에 도대체 무슨 의미가 있을 수 있을까요? 자아는 혼돈의 덩어리라는 사실을 깨달아야만 합니다. 작품에 의미를 부여한다는 생각도 지독한 나르시시즘에 지나지 않습니다만, 의미를 지워버린 포스트모더니즘 예술은 곧장 소비와 손을 잡아버렸습니다. 그런데 바로 이런 사조가 소위 현대예술의 교조가 되어버렸습니다.

베르즈 "예술에 대한 언설은 독단이거나 편견, 혹은 또 다른 빈곤일 뿐"(『또 다른 미학』)이라고 하시면서도, 다른 한편으로는 예술가들에게 일종의 지침이 될 만한 『또 다른 미학』, 『문학의 이유』 같은 논저를 쓰기도 하셨습니다. 예술가로서 취해야 할 행동에 대한 사유를 담은 건가요?

가오 예술가에게도 사고는 필요하지만 그것만으로는 충분하지 않습니다. 사고가 창작을 자극할 수도 있습니다만, 이 사고가 미학적 고민이 아닌 지적 유희가 되어버린다면, 그것은 하나의 언설로 만족하는 이론에 머물고 맙니다. 예술이론은 분명 예술가의 창작에 도움이 됩니다. 그러나 이론이 창작을 대신할 수는 없습니다. 예술가에게 창작은 이론 이상의 유장한 여정입니다.

베르즈 예술창작은 집단활동이 아니고, 참회도 아니며, 자아의 표현도 아니라고 하셨습니다. 『또 다른 미학』에서는 예술이 자아에 대한 소외이자 해탈이라고도 하셨고요. 하지만 선생님의 그림에는 동굴이라든가 골방, 은신처를 연상케 하는 적막감 등 자아의 감수성이 응축되어 있습니다. 모성이 느껴지기도 하고요. 선생님의 그림을 보고 있으면 자전적 소설인 『나 혼자만의 성경』이 떠오릅니다. 본인은 의식하지 않는다 해도 모든 작품이 어느 정도 작가 자신을 반영하고 있지 않나요?

가오   예술가는 기본적으로 자유로워야 한다고 생각하기 때문에 저는 집단예술에 찬성하지 않습니다. 자유는 개인에게서 시작되는 것이지, 시장이나 어떤 집단이 줄 수 있는 것이 아닙니다. 진정한 자유는 어디까지나 개인이 손에 쥐고 있어야 합니다. 그렇지 않으면 사람은 사회와 정치에 의해 마모되어버리고 맙니다. 저에게 가장 중요한 것은 예술창작이었습니다. 이것은 타인을 부정한다는 뜻이 아닙니다. 예술가도 사람들의 인정을 받고 싶어하고, 예술작업 자체가 일종의 사회적 교류이기도 합니다. 예술가는 자신의 모든 감정을 작품에 쏟아붓습니다. 그러나 이것은 자기도 모르는 새 창작에 몰입하게 되었을 때 나오는 결과이지 작가가 일부러 자신의 흔적을 남기기 위해 애쓴 결과가 아닙니다. 예술가는 자기도취를 가장 경계해야 합니다. 예술가의 나르시시즘은 작품을 지루하게 만들 뿐입니다. 예술가가 객관적이리만치 자아와 거리를 두면 작품은 스스로 의미를 갖게 됩니다. 창작은 자아가 정화에 이르는 과정이어야 합니다. 예술가가 창작을 통해 자아에서 벗어날 수 있을 때 작품은 승화된 가치를 얻습니다.

베르즈   선생님의 희곡에는 등장인물에 대한 심리분석이 나오기도 하고, 소설에서도 작중인물은 주인공이었다가 주인공을 연기하는 배우가 되기도 하고, 작품 밖에서 논평하는 사람이 되는 등 인칭이 자주 전환되는데요. 그림도 그렇게 여러 가지 시점을 반영해서 그리시나요?

가오   작품 안에서의 심리분석은 되도록 경계하려고 합니다. 인물의 심리를 진지하게 분석하게 되면, 극중인물의 매력이 사라지고 작품은 무거워집니다. 연극무대에서 심리분석을 하는 것도 관객을 지루하게 하는 일이죠. 배우는 작중인물에 대해 거리를 두고, 정확한 표현력으로 연기를 하면 됩니다. 그런 면에서 저는 베케트보다 장 주네를 더 좋아합니다. 주네는 연기와 극장의 중요성을 누구보다도 잘 이해하고 있는 작가였습니다. 연극에서 중요한 것은 연기를 통해 생동하는 극장성입니다. 『고도를 기다리며』는 매우 철학적인 연극입니다. 이런 극을 진지하게 연기할 바에야 그냥 희곡작품을 읽는 편이 낫습니다. 좋은 예술가는 자신의 작품과도 거리를 둘 줄 압니다. 예를 들어 프루스트의 작품은 작가 자신의 경험을 쓰고 있지만 직접적인 자아의 표현이 아닙니다. 오히려 작가의 자아는 뒤로 물러나 제3의 눈으로 작품을 바라봅니다. 한발 물러나 혼란스러운 자아를 차갑게 관조하는 시선, 그것이 바로 제3의 눈입니다. 예술가는 창작자인 동시에 관찰자여야 합니다. 창작자이면서 관찰자인 눈으로 작품에 적합한 예술형식을 탐색하고, 작품이 완성된 후에는 한발 물러나 관객 혹은 관찰자가 되어 작품을 다시 볼 수 있어야 합니다. 창작자이자 관찰자의 눈으로 창작한 작품이어야 독자와 소통할 수 있습니다. 생각하는 게 아니라 관찰을 해야 합니다.

베르즈   "예술창작은 죽음에 대한 도전이자 생명에 대한 증언"(『최대한 진실에 가까이』)이라는 말로 창작의 동인이 사실은 허무임을 밝혔고, 희곡 『죽음에 대하여』에도 "죽어서 잊히기 전에, 너는 너의 생명을 네 손에 장악해야만 한다. 너의 인생을 남김없이 살아내는 것만이 죽어도 아쉽지 않을 유일한 방법"이라는 대사가 나오지요. 삶의 희열과 죽음의 공포가 선생님 작품의 특색인가요? 그렇다면 미래를 위해 쓰는 작품은 없나요? 정말 "미래를 위해 글을 쓴다는 것은 자기기만일 뿐"(『문학의 이유』)인가요? 창작에 몰두하는 것도, 좋은 작품을 남겨 세세대로 전해지는 것도 충분히 아름다운 일 아닌가요?

가오   저도 후대에 대해서 생각은 합니다. 내가 죽은 뒤에도 내 작품이 전해질까를 생각하면서 완벽성을 추구하기도 하지요. 하지만 한편으로는 지금 이 순간의 즐거움을 위해 창작을 하는 면도 있습니다. 지금 이 순간의 즐거움이 없으면 창작이라는 노력은 한낱 무거운 짐일 뿐입니다. 지금 저에게 창작은 하나의 생활방식이지 직업이 아닙니다. 『영혼의 산』을 쓰는 데 7년이 걸렸습니다. 나중에 발표할 수 있을 거라는 확신 없이 그냥 제가 좋아서 쓴 소설입니다.

베르즈 문혁 기간에 많은 원고를 불태우셨다고 들었습니다. 지금 이렇게 글을 쓰면서 그림도 그리시는 건 그 시기에 잃어버린 것들을 되찾고 싶다는 갈망의 표현이기도 한가요?

가오 파리에서 살아온 지난 7년은 저에게 두 번째 삶과 같았습니다. 저의 청년기는 시간낭비였습니다. 파리에 살면서 비로소 창작의 자유와 시간적 여유를 얻을 수 있었습니다. 휴가도 주말도 없을 만큼 생활은 바쁘지만, 저에게는 지금의 자유가 다른 무엇과도 바꾸고 싶지 않을 만큼 소중합니다. 전시회도 60여 차례나 열었습니다. 저도 나약한 인간인지라 잃어버린 지난 시간을 되찾고 싶은 마음도 없진 않습니다. 그러나 지금 제가 직면하고 있는 가장 큰 도전은 거대한 시장경제입니다.

프랑스 문학 격월간지 『유럽』 2007년 1·2월호에 게재

파리에서
류짜이푸와의 대담

1. 혜능의 힘

류짜이푸(이하 류)   이번에 프로방스 대학에서 열린 국제학술토론회에 갔다가 개막식 전야에 마르세유 오페라극장에서 직접 연출하신 〈팔월에 내리는 눈〉을 보게 되었습니다. 프랑스의 관객들이 기립해서 환호하는 모습을 보며 저도 무척 기뻤습니다.

가오싱젠(이하 가오)   이번 공연의 주연은 대만 국립희곡전문학교에서 맡았습니다. 마르세유 오페라극장의 오케스트라와 합창단까지 합쳐 총 120여 명이 무대에 올랐으니 객석에서 보면 장관이었을 겁니다. 음악과 연출 모두 서양의 오페라와는 다른 스타일이어서 신선하기도 했을 테고요.

류   노엘 뒤트레 교수가 합창단 단원들과 배우들의 발음을 직접 교정해주었다고 들었습니다. 이번 작품은 진정한 의미에서 동서양 문화의 융합이었던 것 같습니다. 서양의 오페라하고도 다르지만 중국의 경극이나 민족가극과도 다르고, 그러면서도 이 모든 장르의 장점이 융합되어 있다고 느꼈습니다. 연출 도중에 병원 신세도 지셨다고요.

가오   대만에서 〈팔월에 내리는 눈〉을 공연하면서도 병원에 한 차례 입원한 적이 있습니다. 대만 공연이 끝나고 곧바로 프랑스에서 〈주말 사중주〉 연출을 하다 보니 몸이 버티질 못했나 봅니다. 혈압이 너무 높아져서 생사를 넘나드는 수술도 두 번이나 받게 되었고요.

류　　　몰리에르Moliére(1622~1673: 17세기의 극작가이자 배우)도 공연 도중 쓰러졌다가 그대로 세상을 떠났다고 들었습니다. 지금 살고 계시는 곳이 몰리에르가 공연했던 오페라하우스와 가까운 곳이죠? 몰리에르처럼 다시 일어나지 못할 만큼 아프지 마세요. 예술은 아름답지만 때로는 목숨까지 요구할 만큼 잔혹하기도 한 것 같습니다. 피골이 상접한 모습이 안쓰럽습니다.

가오　　작년에는 상황이 정말 좋지 않았습니다만, 지금은 푹 쉬어서 괜찮아요. 혈압도 정상으로 돌아왔고 정신건강도 좋습니다. 매일 책을 읽고 그림도 그리다가 글을 쓸 때면 잠깐 멈추고 쉽니다.

류　　　잘 드시고 잘 주무십니까?

가오　　네, 그런 편입니다. 원래 의사는 일주일에 고기를 몇 점은 먹어도 된다고 했는데, 저는 전혀 안 먹고 있습니다. 소식素食이 습관이 되니 몸도 가벼워진 것 같습니다. 저는 오히려 선생이 걱정됩니다. 앞으로 기름진 고기나 동물 내장 같은 건 먹지 말아요. 몸에 좋지 않아요. 저도 예전엔 그런 육식을 좋아했는데, 이렇게 고생을 하고 나서 반성하고 있어요. 고기보다는 채소, 과일을 많이 드세요.

류　　　작년에 수술을 두 번이나 하셨다고요? 깜짝 놀랐습니다. 저도 건강 잘 챙길 테니 걱정 마세요.

가오　　류 선생은 중국을 떠나신 뒤로 책을 정말 많이 쓰셨더군요. 외국으로 망명한 사람이야 많지만, 그 열매가 가장 많은 사람은 선생인 것 같습니다. 최근 나온 산문집도 잘 보았습니다. 문학이며 그 안에 담긴 학식이며, 중국 내에서는 견줄 사람이 없어 보입니다. 망명이라는 고달픈 상황에서도 아무도 두려워하지 않고, 자기연민에도 빠지지 않으며, 부단히 인식을 심화해나가는 모습이 무척 인상적이었습니다. 내면의 힘이 강한 분이라고 느껴졌습니다. 모든 외부의 명예를 뒤로하고, 고독 속에서 길어 올린 독립적인 정신과 인간으로서의 존엄과 참된 인성을 견지하고 있다는 것을 느낄 수 있었습니다. 선생의 '도망'은 중국의 현대문학과 사상사에도 특별한 기여를 하고 있습니다.

류　　　16년 전 선생과 파리에서 만났을 때 지금 우리가 해야 할 일은 정치의 그림자를 떨치고 새 정신을 창조하는 것이라고 말씀하셨지요. 지금 중국의 지식인들에게도 이보다 중요한 가치는 없을 것입니다. 저는 파리에서 시카고대학으로 돌아가는 길에 선생이 주신 편지를 읽었습니다. 사람들 일에 휘말리지 말고 글 쓰는 일에 더욱 매진하라는 격려가 가득 담겨 있었습니다. 진심으로 감사드립니다.

가오　　　중국에서의 정치적 악몽에서 벗어나지 못했다면 『영혼의 산』과 『나 혼자만의 성경』과 다른 희곡들도 쓰지 못했을 것입니다. 선생의 망명기인 『표류 수기』와 『고별혁명』, 『죄와 문학』도 마찬가지라고 생각합니다. 저는 일전에 대만의 한 출판사에 『죄와 문학』의 출간 가능성을 타진하면서 문학론과 역사의식이 결합된 최고의 중국 문학사라고 소개한 적이 있습니다. 중국 문학에 대한 거시적 통찰과 사상적 깊이가 담긴 대작이지요. 공들여 써주신 『가오싱젠론』도 감사합니다. 우리가 서로 막역한 사이이긴 하지만 감사할 일엔 마땅히 감사해야지요. 15년 전, 선생이 아직 중국의 문학계에 속해 있던 당시에도 중국의 현대문학에 대한 이론작업은 충분히 이루어져 있었지만, 지금은 그보다 더욱 정교하고 심화된 것 같습니다.

류　　　선생에 비하면 제가 갈 길이 멉니다만, 어쨌거나 우리 둘은 운이 좋은 편입니다. 국경을 벗어나면서 영혼의 자유를 누릴 수 있었으니까요. 우리의 망명은 정치적 반대를 위한 것이 아니라 우리 자신의 정신적 구원을 위한 도망이었습니다. 도망을 가고 난 뒤에야 모든 생각을 거침없이 쏟아낼 수 있었지요.

가오   정치적 압살에서 벗어나 창작의 자유를 얻기 위한 도망이었습니다. 지난 100여 년간은 정치적·사회적·역사적 곤경 때문에 자주적이고 독립적으로 사고하기 어려웠어요. 그러나 지금은 이렇게 외부의 간섭 없이 자유롭게 생각하고 쓸 수 있게 되었습니다. 너무나 소중한 기회죠.

류   선생의 그림이 예술의 도시 파리를 비롯해서 서양 예술계에 널리 알려졌습니다. 정말 기적 같은 일이에요.

가오   작년에도 프랑스 국제현대박람회에 그림 25점을 출품해서 각국의 소장가들에게 전부 팔렸습니다. 중국을 떠나온 뒤로 유럽과 아시아 각국에서 50여 차례 전시회도 열었고요.

류   선생의 수묵화는 보면 볼수록 더욱 깊이 음미하게 됩니다. 물상物相이 아닌 심상心相, 색色이 아닌 공空을 그렸다고 할까요. 그림 속에 문학이 있고, 형상에서 내면을 발견하게 됩니다. 선禪에 가까워 보입니다.

가오   선은 종교라기보다 일종의 태도이자 심미라고 할 수 있지요.

류   3년여 전 선생의 문학에 대해 쓴 글에서도 '선은 현실적 이익이나 관념에서 벗어난 심미'라고 한 적이 있습니다. 도연명은 달마가 중국으로 오기 전에 살았던 시인이므로 선과 관련이 없지만, 그의 시는 선적입니다. "고을 안에 초가를 짓고 살지만…… 마음만은 멀리 외딴 집 같네"〔結廬在人境…… 心遠地自偏〕, "이 가운데 참뜻이 있으니…… 말하고자 하나 이미 할 말을 잊었네"〔此中有眞意…… 欲辨已忘言〕, "커다란 조화의 물결을 따라…… 기뻐하지도 두려워하지도 말기를"〔縱浪大化中…… 不喜亦不懼〕 같은 시구는 선의 심성론과도 상통합니다. 송대에 살았던 시평가詩評家

갈립방葛立方(?~1164)도 도연명의 시에서 선적인 요소를 발견하고, 『운어양추』韻語陽秋를 통해 그가 '첫 번째 달마'였다고 평합니다. 선생은 이번에 〈팔월에 내리는 눈〉을 통해 혜능 선사의 이미지를 서양의 공연무대에 주로 올리셨지요. 이런 작품을 계기로 서양에서도 선에 대한 관심이 더욱 높아지지 않을까요?

가오   스즈키 다이세츠鈴木大拙가 미국의 콜롬비아 대학은 물론 영국의 여러 대학에서 선불교 강연을 한 이후로 서양에서도 선에 대한 연구가 많이 이루어져왔습니다. 대개가 학문적 차원의 연구에 치우쳐 있지만요. 선 자체는 본래 학문이 아니었습니다. 서양의 많은 학자들과 작가들이 선에 관심을 갖고 있지만, 그들은 일생을 연구해도 선의 정수를 깨닫기 어려울 것입니다. 선은 철학의 일종이 아니라 생명의 체험이자 일종의 심미입니다.

류   사변적·논리적·실증적인 철학이 어디까지나 '머리'로 하는 일이라면, 선은 생명이고 깨달음이며 직관적이지요. 서양의 철학과는 전혀 다른 종류의 세계입니다. 평유란 선생은 논리적 방식을 정正방법, 깨달음의 방식을 부負방법이라고 하셨지만요.

가오   과거 중국의 사상계에서는 혜능을 종교계의 혁신가로 간주하기도 했습니다. 그러나 그보다는 위대한 사상가, 특히 관념이나 언어에 의지하지 않는 대철인大哲人의 면모가 강합니다. '사상가'로서의 혜능에 주목할 때 우리는 혜능이 차지하는 독특한 위치와 사상사적 의의를 발견할 수 있습니다.

류   중요한 지적입니다. 혜능은 글을 모르는 사람이었습니다. 그러나 그의 사상은 타의 추종을 불허할 만큼 심오합니다. 불립문자不立文字, 명심견성明心見性(마음을 밝혀 참된 본성을 본다)의 자세로 일체의 굳은 관념과 범주의 폐단을 배척하고, 곧바로 진리의 요체를 꿰뚫었습니다. 『육

『조단경』에서는 언어와 관념이야말로 인간에게는 가장 큰 지옥이라는 것을 간파합니다. 관념이나 범주가 없는 사상도 가능합니다. 서양철학에서는 불가사의한 일일지 모르지만 혜능은 실현했습니다. 혜능은 서양의 사유방식과는 다른, 새로운 차원의 사상적 자원을 제공합니다. 이성은 유용한 도구이긴 하지만 결코 만능은 아니지요. 혜능은 이성이 아닌 오성悟性을 통해 '말할 수 없는' 진리, 사물의 본체, 이성으로는 다다르기 어려운 내면 깊은 곳에 다다릅니다.

가오 　혜능이 제시한 것은 어떻게 하면 심신의 해방으로 대자유에 이를 것인가 하는 생존의 방식이었습니다. 그는 동방의 그리스도였다고도 할 수 있지만, 성경에 나오는 그리스도와는 달랐지요. 혜능은 구원을 선포하지 않았고, 구세주의 역할을 자임하지도 않았습니다. 그는 다만 자기구원의 가능성을 일깨웠습니다.

류 　혜능은 선을 철저히 심화心化시켰습니다. 혜능이 제시한 자기구제의 원리는 심오하고도 철저했습니다. 외부세계에서 구세주를 찾지 않고, 자기 내면의 오성을 일깨우고자 했습니다. 부처는 산속 절에 있는 것이 아니라 자기 안에 있다고 가르쳤습니다. 모든 사람이 부처가 될 수 있는 경지를 깨달을 때 우리가 가진 생명의 힘을 일깨울 수 있다고 역설했지요.

가오 　마치 우리 둘처럼요. 우리도 다른 외부의 집단에 의지하지 않고, 아무런 주의主義 없이, 오로지 우리 자신의 내면의 힘에 의지하여 독립정신을 견지하고 있지 않습니까? 얼마 전 류 선생이 『연합보』에 쓴 〈팔월에 내리는 눈〉 해설도 잘 읽었습니다. 혜능은 바로 이렇게 대자유를 추구하는 독립적 사상가였습니다. 그는 선종의 지도자였지만 우상숭배를 거부하고, 신앙을 고취하지도 않았고, 일체의 미신적 믿음을 배척했습니다. 명성 높은 고승이었지만, 궁으로 들어가 왕사王師가 되는 것도 거부했습니다. 궁으로 들어가봤자 황제의 인형이 될 뿐이라는 사실을 알고 있었던 거지요. 이런 용기가 어디서 나왔을까요? 오로지 그 자신의 대성대오에서 비롯된 것이었습니다.

류　　그도 궁으로 들어가면 황제에게 '공손히 떠받들어'지리라는 것을 알고는 있었을 거예요. 그러나 그 대가로 자신의 사상적 자유를 잃게 되리라는 것도요. 혜능은 권력에 복무하기를 거부한 사상가의 전범을 보여줍니다. 혜능은 당대의 중종과 무측천 시대에 살았습니다. 풍요롭고도 개방적인 성당 시기에 해당하지요. 당시 불교는 외래문화였지만 황제도 불교를 신봉할 만큼 불교의 세가 두터운 시대였습니다. 이런 시대였기에 혜능 같은 자주적 사상가는 물론 다양한 종교 유파가 모두 용인될 수 있었지요. 그러나 이런 성세에도 혜능은 휘황찬란한 권력에 복무하지 않고 사상적 독립성을 견지합니다. 그는 권력의 테두리 안으로 들어가기를 거부함으로써 종교·사상이 황권의 도구로 전락하지 않는 자주독립적 기풍을 확립합니다. 왕조와 신분이 존재했던 시대에 정말 대단한 일이지요.

가오　　또한 그것은 솔직한 인간 본성과 개인의 존엄을 긍정하는 기풍이기도 했습니다. 이런 태도는 당연히 권력에 대한 도전일 뿐 아니라 사회습속과 윤리에 대해서도 도전이 됩니다. 그러나 이런 도전은 파괴적인 반역도, 폭력적인 혁명도 아니었습니다. 냉소적인 인간의 삐딱한 제스처도 아니었고요. 그것은 다만 자신이 생각한 대로 행동함으로써 개인의 존엄을 증명하는 하나의 방식이었을 뿐입니다.

류　　사람은 나약한 존재이기 때문에 권력이나 재물, 명예의 유혹을 받기 쉽고, 스스로 만든 우상이나 허명에 사로잡혀 파멸하기도 합니다. 인간 본연의 가치는 시시각각 위협을 받습니다. 그럼에도 이런 위협을 거부하고 인간 본연의 가치를 지킬 수 있다는 것을 보여주었다는 데 혜능의 의의가 있다고 생각합니다.

가오　지금처럼 사람도 정치화·상품화되는 시대에 개인이라는 존재는 더욱 취약해져가고 있습니다. 이런 시대에 혜능은 다른 삶의 가능성, 다른 삶의 태도가 있다는 것을 우리에게 보여줍니다.

류　혜능의 사상은 그의 설법에도 드러나지만, 평소의 언행에 반영된 그의 사상도 중요합니다. 그는 우상숭배를 거부하고, 황제의 입조 요구도 거절했습니다. 마지막에는 교문敎門 권력의 상징인 의발衣鉢(승복과 바리때)마저 타파했지요. 여기에는 대단히 중요한 의미가 담겨 있습니다. 〈팔월에 내리는 눈〉 공연에서도 혜능이 의발을 타파하는 이야기에 관객들이 특히 감동하던 모습을 볼 수 있었습니다. 혜능은 자신이 속한 교문의 전통에 대해서까지 의문을 품기를 주저하지 않았어요. 이권다툼이 만연한 현 종교계를 보아도 혜능의 이런 행동이 얼마나 충격적이었을지 알 수 있습니다.

가오　불교는 대자대비를 가르치지만, 불교 종단은 끝내 의발 전수의 법통을 지키기 위해 혜능을 죽입니다. 불문佛門 안의 세계도 이럴진대 그 바깥에 있는 이익·권력의 세계는 어떻겠습니까? 의발은 권력의 상징입니다. 의발이 있는 곳에 권력이 있고 권력투쟁이 있습니다. 혜능은 바로 이것을 꿰뚫어본 것이지요. 그래서 권력을 받아들이지 않기로 하고, 권력의 세계인 궁 안으로도 들어가지 않기로 한 것입니다.

류　정말 그렇습니다. 평화를 가장 강조하는 불교조차 이렇게 다툼으로 얼룩져 있는데, 그 바깥에 있는 세계는 어떻겠습니까? 작은 권력은 사람에게 작은 욕망을 품게 하지만, 큰 권력은 큰 욕망을 품게 합니다. 궁이라는 폐쇄적인 세계 안에는 거대 권력이 있습니다. 그러니 얼마나 거대한 욕망이 그 안에서 소용돌이치고 있었겠습니까? 육신은 권세를 떨쳐도 마음까지 권력욕을 모두 떨치기는 어렵습니다. 인성에 내재된 악은 이토록 강고하고 뿌리 깊게 존재합니다.

가오 　　선종의 의발은 혜능 이후로 더는 전수되지 않았습니다. 이것은 역사적인 사실이기도 하지요. 혜능은 의발을 아예 부수어버렸습니다. 이것은 종교 역사상 전례가 없는 파격이었습니다.

류 　　혜능은 아무런 망념이 없었기 때문에 그 무엇도 다 내려놓을 수 있었습니다. 그는 중종과 무측천 때 두 번 입조를 요구받지만, 둘 다 거절합니다. 결코 보통의 용기로는 할 수 없는 선택이지요. 역대에 사원이 그렇게 많았지만, 황제가 부르면 감격하며 달려가지 않은 곳이 한 곳도 없었습니다. 그런데 혜능만이 그런 요구에 일절 개의치 않고, 오히려 모든 마음을 철저히 내려놓았습니다. 그는 공문空門에 다다르되 궁문宮門 안으로는 들어가지 않았습니다. 모든 공명심을 철저히 내려놓았다는 뜻입니다.

가오 　　선은 평상심입니다. 그러나 언제 어디서나 평상심을 유지하고 또 관철하기란 쉽지 않습니다. 거대 권력의 압박이나 재물의 유혹에 직면해서도 평상심을 유지할 수만 있다면 어떤 망념도 생겨나지 않지요. 평상심을 지켜 외부의 압박과 유혹을 다스리는 것 역시 혜능이 강조했던 것입니다. 후대에 생겨난 "부처를 만나면 부처를 죽이고, 조사를 만나면 조사를 죽여라" 하는 일갈이야말로 차라리 망념에 의한 제스처에 불과한 면이 있습니다.

류 　　〈팔월에 내리는 눈〉의 마지막에 표현되는 광기는 바로 이런 망념에 대한 비판입니다. 인성과 불성 사이의 거리를 좁히고자 했던 혜능은 청정한 자성自性을 불성으로, 평상심과 자연지심을 보살지심으로 보고, 탈속의 종교를 인문종교로 개혁합니다. 그러나 마조馬祖(709~788: 이름은 도일道一. 훗날 남종선의 시조가 된 당대의 선승)의 제자들은 "불법佛法이라면 한 자字도 듣고 싶지 않다"고 날뛰며 선을 난장판으로 만들어버리고, 이들에 의해 어지럽혀진 법당은 불길에 휩싸여 재가 되어버립니다. 이것은 선의 비극일 뿐 아니라 세상의 비극, 인생의 비극이기도 합니다. 혜능은 이렇게 끊임없이 부침하는 세상, 변천하는 인생사를 통찰하고 있었습니다. 그 자신은 대평정을 구하고자 했으나 세상의 소란을 막아내지는 못했지요. 그러나 세상은 본래 이러합니다. 옛날이나 지금이나 마찬가지입니다. 그러므로 나는 세상의 소란에 마음 쓸 것 없이 지금 이 순간의 일을 생각하면서 오늘 하루의 삶을 충실히 살면 됩니다. 혜능이 우리에게 보여준 것은 존재 자체의 존엄과 자유, 그리고 이런 자유를 통한 세계인식입니다.

가오 1,000년 전의 혜능은 우리에게 지금 이 순간을 충실히 살아가는 법을 일깨웁니다. 지금 이 순간 내 앞에 펼쳐진 이 세계는 영속적으로 존재하고, 그 영속성은 지금 여기의 무궁한 순간 속에 존재합니다. 지금 이 순간에 생생하게 깨어 있는 의식은 심화되어 선에 다다릅니다. 소위 명심견성이란 지금 이 순간에 깨어 있는 의식, 살아 있는 이 순간에 대한 장악을 의미합니다.

류 존재의 의의는 생멸 자체에 대해 깨어 있는 의식이라고도 할 수 있습니다. 더 간단하게 말하면 의의는 곧 의식입니다. 가오 선생의 희곡에는 공통적으로 '세상을 개조하기는 어렵다, 사람의 내면은 거대한 혼돈일 뿐이다, 모두가 망념 속에서 살아가지만 스스로 깨닫지 못한다' 라는 메시지가 담겨 있습니다. 최근 출간된 리쩌허우의 『역사본체론』(황희경 역, 들녘, 2004)에서는 선생의 희곡인 『밤에 떠도는 신』을 인용하면서 이렇게 말합니다. "가오싱젠의 작품에 빈번하게 출몰하는 성애 묘사는 삶에는 아무런 목적이 없다는 인식을 드러낸다. 삶에는 목적이 없고 세상은 무의미하다." 이런 견해에 동의하시나요?

가오 류 선생도 저의 또 다른 희곡인 『죽음에 대하여』의 발문跋文

에서 "세계에는 본래 지知가 없다, 이 녀석만이 이 사실을 깨닫고 있다"는 극중인물의 대사를 인용하신 적이 있지요. 『역사본체론』은 저도 읽어 보았습니다. 리쩌허우 선생은 "이 세계에 본래 지가 없다면 '의의'라는 것은 도대체 어디에 있는가"라는 물음을 제기하고 있지요. 20세기에는 세계개조라든가 유토피아에 대한 신화가 많았습니다. 과학기술이라는 면에서 세상은 진보했을지 모르지만, 인성이라는 측면에서 인류는 과연 얼마나 진보했습니까? 인류는 수없이 많은 치료약을 개발했지만 인성적 약점에는 치료약이 없습니다. 오늘날 사람들은 과거보다 더 나약해지고 있습니다. 저는 세계를 개조할 수 있다는 신화를 믿지 않습니다. 유토피아에 대한 기다림도 없습니다. 의의가 존재하는가 존재하지 않는가는 그 사람이 그것을 자각할 수 있는가 없는가에 달려 있습니다. 여기서 '자각'이란 깨어 있는 눈으로 자기 자신과 주변 세계를 인식하는 것을 가리킵니다.

류 깨어 있는 눈, 깨어 있는 의식은 그 자체로 의의일 뿐 아니라 커다란 행복이기도 합니다. 혜능의 사상은 이런 '자각'을 특히 강조하지요. 혜능은 불교의 세 가지 보물인 불佛·법法·승僧을 내면의 세 가지 보물인 자각(覺), 올바름(正), 정화(淨)로 바꾸어 제시했습니다. 바깥에서 구원을 바라기보다 내면의 자각, 깨어 있는 의식이 중요하다고 한 것입니다. 의의라는 것도 바로 이렇게 깨어 있는 의식을 통해 발견할 수 있는 것입니다. 세상을 바꿔야 한다고 외치기보다 자기 자신을 수련하는 편이 본인에게도 또 세상을 위해서도 훨씬 이롭습니다. 하지만 저는 그렇게까지 철저히 지금 이 순간만을 중시하는 입장은 아닙니다. 인간에게는 '내일'에 대한 희망도 필요하다고 생각합니다. 유토피아식의 이상 사회를 기대하지는 않지만, 사회적 이상이라든가 개인적 이상을 그려보는 것은 필요하다고 생각합니다. 사람에게는 꿈도 필요하지요. 꿈이 곧 현실은 아니라는 것을 알더라도 꿈을 꿀 필요는 있습니다.

가오   문학이든 그림이든 창작에 종사하는 사람은 창작을 하는 과정 자체의 즐거움에 몰두하려는 마음이 있습니다. 글을 쓴다면, 무엇이든 자유롭게 쓰는 그 과정 자체가 이루 말할 수 없는 만족을 주지요. 미래에 누군가의 인정을 받겠다는 목적의식이 있으면 이런 만족은 거의 느낄 수 없습니다. 지금 쓰는 작품이 미래에 사람들의 인정을 받게 된다 해도, 그 가치는 지금 이 순간의 창작을 통해 얻어진 것입니다. 만약 작가가 창작 자체가 아닌 다른 무언가에 정신이 팔려 있다면, 그 작품에 어떤 가치가 담길 것이라고 장담하기 어렵습니다.

류   오늘은 선생의 건강이 좋지 않은 관계로 여기서 이야기를 마치겠습니다.

2. '동조'의 함정

류   어제는 혜능의 사상과 삶의 태도에 관한 이야기를 나누었습니다. 우리 두 사람에게는 정신적·인격적 좌표가 되는 모습이기도 하지요. 혜능이라는 존재가 의미하는 핵심적 가치가 있다면 그것은 독립적 사상일 것입니다.

가오   혜능은 1,000년 전 사람입니다만 중국은 근대에 오면서 이 정신을 잃었습니다. 개인의 존엄, 개인의 자유로운 표현은 모두 개인의 독립적인 목소리에서 나옵니다. 그러나 시장의 압력과 정치의 압력이 동시에 존재하는 지금과 같은 시대에는 작가들이 독립적인 목소리를 내기가 더욱 어려워지고 있습니다.

류   작가라면 외부의 목소리에 흔들리지 않는 독립적인 정신을 지녀야 합니다. 타인의 인정을 받기 위해 혹은 시장, 권력, 대중의 인기를 얻기 위해 글을 써서는 안 됩니다. 평론가의 평론을 비롯하여 대중의 평가, 권력자의 평가 등 외부의 평가는 중요하지 않습니다. 중요한 것은 자기 안에 있는 자유롭고 진실한 목소리, 독립적이며 가치 있는 사상입니다. 작가는 특히 '못 알아듣겠다'는 등의 평론에는 절대로 흔들릴 필요가 없습니다. 소크라테스에서 플라톤, 칸트에 이르기까지 이들의 사상을 이해한 사람은 언제나 소수였습니다. 오늘날의 카프카, 조이스, 포크너도 마찬가지입니다. 세상에는 이들의 문학세계를 평생 모른 채로 살아가는 사람도 많습니다.

가오   타인의 인정을 구하지 않을 때 글쓰기가 자유로워질 수 있습니다. 동조도 마찬가지입니다. 작가와 사상가가 갖추어야 할 기본 품격은 '동조'가 아닙니다. 오히려 동조하지 않을 수 있는 자세가 필요합니다. 저는 줄곧 '동조'라는 말을 정치언어로 여겨왔습니다. 작가 혹은 사상가라면 문학언어, 사상언어를 써야지 정치언어를 쓰려고 해서는 안 됩니다.

류   정치언어와 문학언어의 구분은 대단히 중요합니다. 정치는 언제나 동조를 요구하고 또 동조를 필요로 합니다. 나에게 동조하지 않으면 너를 제거하겠다, 이것이 바로 모든 독재, 전제정치의 기본 원칙입니다. 이런 동조의 배후에는 정치적 이익이 있을 뿐 문학적·사상적 진실은 찾아볼 수 없습니다.

가오   정치가 '동조'를 요구한다 해도 이에 휘말려 응하는 사람이 없으면 정치권력은 힘을 발휘하지 못합니다. 동조를 요구하는 분위기의 배후에는 언제나 이익과 권력을 조작하려는 목적이 존재합니다. 정치권력만이 동조를 요구하는 것은 아닙니다. 시장도 작가에게 대중의 기호에 맞는 글쓰기를 요구합니다. 군중에게는 무조건적으로 우상을 따르려는 맹목성이 존재합니다. 작가가 이런 동조의 흐름에 발을 맞추어버리면 진정한 의미의 문학도 사상도 기대할 수 없습니다.

류　　선생의 희곡 『피안』에도 '대중의 뒤를 따르는 꼬리가 되려 하지 말고, 대중을 이끄는 지도자가 되려고 하지도 말라'는 메시지가 담겨 있지요. 꼬리들도 동조하고 영합하지만 지도자도 동조와 영합을 요구받기는 마찬가지입니다. 대중이 평균을 따르는 다수라고 한다면 사상가는 대개 소수입니다. 이 소수도 지도자가 되면 평균을 따르는 다수를 거스르기 어려워지고 독립적인 사상을 견지할 수 없게 되지요.

가오　　그러므로 지도자가 되려고 하지 말아야 합니다. 『피안』의 주인공도 지도자가 되기를 거부합니다. 대중은 언제나 우두머리가 될 사람을 찾습니다만, 『피안』의 주인공은 끝까지 우두머리가 되기를 거부합니다. 우두머리가 된다는 것은 권력투쟁의 세계로 들어간다는 뜻입니다. 끊임없이 계속되는 권력투쟁과 이익다툼은 심신을 초췌하게 하기 마련이지요. 정치권력은 기본적으로 독립적인 사고를 용인하지 않고, 나와 다른 것을 배척하는 속성을 가지고 있습니다. 우리가 알고 지낸 지도 20년쯤 되었지요. 지난 20여 년간 류 선생을 보아오건대, 선생도 지도자가 되기를 자처하는 타입은 아닌 것 같습니다. 20년 전쯤 문학연구소 소장으로 선임되었을 때도 학술자유의 기치를 내걸었다가 좌절되자 소장직을 놓아버리고 떠나시지 않았습니까?

류　　독립적인 사상을 유지하려면 확실히 권력의 중심에서 멀어져야 합니다. 스스로 변두리로 물러날 수 있어야 해요. 조직의 수장도 되고 사상적 독립성도 지키겠다? 망념이에요. 사상의 자유, 표현의 자유는 다른 모든 가치의 위에 있는 최상위의 가치입니다. 특히 우리 같은 사람들에게는 없어서는 안 될 기반이기도 하지요. 이 기반을 지키기 위해서라면 수장이든 무엇이든 내려놓을 수 있을 만큼 중요합니다.

가오   사람은 내면의 독립성을 간직하고 있으면 어디서든 글을 쓸 수 있고, 어디서도 살아남을 수 있습니다. 하고 싶은 말을 했다면 된 겁니다. 외부의 동조까지 필요로 해서는 안 됩니다.

류   그렇습니다. 영합이라든가 동조를 거부해야만 고독 속에 머무를 수가 있습니다. 제가 중국을 떠난 지도 10여 년입니다. 고독이라면 절절히 맛보고도 남음이 있지요. 고독이 두려운 단계부터 고독을 즐길 수 있는 단계까지 두루 경험해보았습니다. 고독은 자유의 필요조건입니다. 고독 속에서 자기 자신과, 혹은 신과, 위대한 영혼과 대화하는 데는 타인의 허락이 필요치 않습니다. 무엇이 시류고 유행인지 살필 필요도 없습니다.

가오   그런 고독은 숙명과도 같지요. 사람에게 고독은 늘 있는 일이니 나쁘게 여길 일도 아닙니다. 오히려 고독은 자유로운 사상에 필요한 전제입니다. 고독을 일상적인 일로, 필요조건으로 받아들이는 태도야말로 의식의 각성입니다.

류   '동조'는 정치언어지 문학언어가 아니라고 하셨는데요. 문학창작을 하는 사람은 대개 기존의 평범함을 벗어난 독창성을 추구하기 마련이어서 무언가를 추종하거나 모방하지도 않으려고 합니다. 그러나 작가로서 자신의 민족언어, 민족종교, 민족문화를 인정하는 것은 동조와는 또 다른 문제 아닌가요?

가오   그렇습니다. 프랑스인은 프랑스어로 말하고, 중국 사람은 중국어를 씁니다. 이런 각자의 언어에는 심원한 문화전통이 담겨 있습니다. 자연스러운 일이지요. 그러나 문화 동조가 문화정책이나 이념, 정치적 취향의 문제가 되어버리면 위험합니다. 사실 오늘날 고등교육을 받은 사람들이 받아들이고 있는 문화는 단순히 일국의 민족문화가 아닙니다. 지금은 국가 간 문화교류가 활발하고 문화정보도 범람한 덕에 서양 문화의 영향을 받지 않은 동양 작가가 없고, 마찬가지로 동양의 문화를 전혀 모르는 서양 작가도 찾기 힘듭니다. 고등교육을 받은 사람이라면, 그가 어느 나라 출신이건 간에 순수한 민족문화 이상의 소양을 대개 갖추고 있습니다. 그렇다면 이런 상황에서 민족문화를 강조한다는 것은 문학창작에 어떤 의미가 있을까요? 정치적 의미만이 있을 뿐입니다. 그래서 민족문화에 대한 동조는 필연적으로 정치적 민족주의로 흐를 가능성이 높다고 한 것입니다.

류   민족주의에 대해서는 몇 년 전 리쩌허우 선생과도 대화를 나눈 적이 있습니다. 방금 전, 요즘의 지식인들은 순수하게 민족문화 소양만 갖추고 있지는 않다고 말씀하셨는데, 분명 그렇습니다. 그러므로 우리가 문화전통에 대해 이야기할 때는 이런 문화전통을 창조한 민족 주체를 존중해야 하지만, 다른 한편으로 일단 창조된 문화는 인류 공동의 정신적 자산이라는 점도 인정해야 합니다. 즉, 그것은 특정 민족의 문화이기 이전에 보편적 가치를 지닌 세계문화이기도 하다는 것이죠. 20세기에 과학기술이 발달하면서 문화 전파 수단도 다양해져서, 다른 민족이 이룩한 문화의 열매를 교류하기도 쉬워졌습니다. 이제는 문학에서도 국경은 큰 의미가 없습니다. '미문美文은 번역하기 어렵다'고 말하는 사람도 있는데, 번역 불가능한 문학이란 존재하지 않습니다. 언어와 문화의 차이에도 불구하고 사람의 마음은 크게 다르지 않기 때문입니다. 그런 의미에서 가오 선생이 강조하는 보편적 글쓰기가 가능하려면, 한 가지 전제가 필요합니다. 인류 공동의 심층문화에 대한 인식, 지구상에 존재하는 모든 사람의 인성은 깊은 차원에서 서로 통한다는 진실이 바로 그것입니다. 문학이 민족이라는 관점에만 머물러 있으면 인류 보편의 문제를 깨닫기도 어려워지고, 문학세계 역시 편협하고 빈곤해집니다. 이것은 개인 차원의 정신적 자유와도 관련이 있습니다.

가오　　그렇습니다. 현실 속의 개인은 대체로 부자유하지만, 정신적 영역에서만은 절대자유를 누릴 수 있지요. 바꾸어 말하면, 정신적 영역에서의 자유만은 무한하다고 할 수 있어요. 작가도 문학창작이라는 영역에서만은 정치사회적 한계는 물론이고 현실적 시공간의 한계도 뛰어넘을 수 있습니다. 정신적 자유라고 해서 자의적 배설을 해도 된다거나 무한 자아팽창을 의미하는 게 아니에요. 오히려 그 반대입니다. 현실적 차원의 곤경에서 벗어난 상태를 가리킵니다.

류　　그래야만 남들이 그어놓은 바둑판 위의 바둑돌이 되지 않을 수 있지요. 독립적인 개인의 가치를 강조한다고 해서 개인의 역량을 무한히 긍정한다는 뜻이 아닙니다. 선생도 거듭 강조해왔지만, 모든 개인은 니체가 말한 '초인'이 아니라 나약한 한 인간일 뿐이니까요. 누구도 남 위에 군림할 수 없고 또한 남을 구제하는 구원자가 될 수도 없습니다. 자신의 자유를 극대화하기 위해 타인의 자유를 유린할 수도 없고요. 니체식의 '초인'은 결국 현실에서 폭군이 된다기보다 미치광이가 되고 맙니다.

가오　　'동조'의 함정에서 벗어난다는 것은 개인의 진실한 목소리를 지켜야 한다는 뜻이지, 뭐든 할 수 있다고 믿는 초인이 되어야 한다거나 정치적으로 다른 견해를 무조건 고집해야 한다는 뜻이 아닙니다.

류　　일전에 저도 『가오싱젠론』에서 선생에 대해 '국가와 민족의 테두리, 정치의 테두리, 언어의 테두리를 벗어난 작가'라고 쓴 적이 있습니다. 정치적으로 다른 견해를 고집한다는 것은 일견 권력에 대한 반발 같지만, 한편으로는 바로 그 '다른 견해'에 대한 동조를 사람들에게 요구하는 또 다른 정치언어로 기능할 가능성이 있습니다.

가오　　작가에게도 물론 자신만의 정치적 견해는 있지요. 무엇에 찬성하고 무엇에 반대하는지 밝힐 자유가 있고, 공개적으로 권력자를 비판할 수도 있습니다. 저 역시 여러 차례 저의 비타협적인 정치관을 표명한 바 있습니다. 그러나 최소한 제가 창작하는 작품을 저의 정치적 목소리를 싣는 수단으로 활용한 적은 없습니다. 작품에 정치적 메시지를 담으려는 순간 문학으로서의 품격은 떨어질 수밖에 없어요. 문학이 정치적 이익을 포함한 모든 종류의 현실적 이익에 복무하는 수단이 되어서는 안 됩니다.

류　　『도망』과 『나 혼자만의 성경』도 '정치적으로 다른 견해'라는 테두리에서 벗어난 작품들입니다. 도망을 철학의 차원으로 끌어올려 인간 삶의 보편적 곤경을 드러내는 동시에 인성의 문제까지 파고들고 있다는 점에서, 『도망』은 그리스의 비극과도 비슷해 보입니다. 그래서일까요. 『도망』은 유럽과 미국은 물론 아프리카에서까지 공연되었죠.

가오　　『나 혼자만의 성경』은 단순히 문화대혁명을 비판하는 소설이 아닙니다. 문혁뿐 아니라 독일의 파시즘처럼 동서양 어디에나 있었던 정치적 재난에 맞서는 나약한 개인의 내면을 그린 작품입니다. 어느 민족이나 성경에 해당하는 책은 하나씩 있습니다. 현대를 사는 개인에게도 그런 책이 필요합니다. 제가 고전을 소재로 한 작품을 써온 것도 그런 이유입니다. 『산해경전』은 중국의 고대 신화집인 『산해경』을 소재로 한 것이고, 『팔월에 내리는 눈』은 혜능 선사와 『육조단경』을 소재로 하고 있습니다. 『야인』은 민족서사시인 「흑암전」黑暗傳의 소실에 관한 이야기입니다. 『밤에 떠도는 신』은 니체식 현대 그리스도의 불가능성을, 『죽음에 대하여』는 현대 서구사회에 대한 비판을 담고 있습니다. 모두 '정치적으로 다른 견해'라고 하는 좁은 의미의 틀로 재단할 수 없는 주제들이지요.

류　　여기에 덧보태고 싶은 이야기가 있습니다. 선생은 민족문화에 대한 동조가 정치언어로 변질될 수도 있다고 하셨는데, 지금 전 세계를 뒤덮고 있는 시장화의 조류에 대해서도 그런 문제의식을 갖고 계시나요?

가오 　　'전 지구화'는 말 그대로 전 세계의 보편적인 경제법칙이 되어가고 있습니다. 속도와 방법을 조금씩 조율할 수 있을 뿐 근본적으로 피할 수도 없고 돌이킬 수도 없는 흐름으로 보입니다. 이런 흐름 속에서 개인이 무력한 것이야 말할 것도 없고, 정부조차도 행정이나 입법 수단으로 이 흐름을 막아낼 능력이 없어 보입니다. 이렇게 끝도 없이 커져만 가는, 시비판단도 예언도 하기 어려운 이 괴물이 도대체 어떤 결과를 만들어낼지 무섭기만 합니다.

류 　　저는 사회적 측면에서 시장화 조류에 전적으로 반대하는 입장은 아닙니다. 20세기 말에 시작된 전 지구화는 기술발전에 따른 것으로, 인류 사회가 발전하면서 생기는 자연스러운 결과라고 봅니다. 16~19세기에 총과 대포를 앞세우며 진행된 식민화와는 그 성격이 다르지요. 과거 총과 대포를 앞세우며 진행된 것이 침략적인 식민화라면, 지금 기술발전을 통해 이루어지고 있는 것은 전 지구적 경제 일체화입니다. 사회적 차원에서는 이런 흐름이 이해되는 측면이 있습니다만, 문화적 차원에서는 이런 흐름이 위험하게 느껴지기도 합니다. 일체화라는 것은 결국 획일화의 다른 말일 테니까요. 문학·예술에서 가장 경계하는 것이 바로 이렇게 개성이 소멸되는 일률화 아닙니까? 전 지구화라는 광풍 앞에서는 민족성도 개성도 사라져버리고 맙니다. '동조'의 함정 가운데 가장 근본적인 차원에서 경계해야 하는 것이 바로 '일률화', '일통화', '일반화'의 함정입니다.

가오 　　문학은 상품이 아닐뿐더러 상품으로 동화되어서도 안 됩니다. 그러나 세계화의 조류는 문학을 대중문화의 소비품으로 바꾸어버리고 있습니다. 작가가 이런 조류에 휩쓸리지 않고 자신의 목소리를 지키려면 스스로 고독해지기를 마다하지 않아야 합니다. 결국 문제는 작가가 고독해질 수 있는가 여부입니다. 그러나 한편으로, 세상은 늘 위기였으나 문학은 사라진 적이 없다는 것 또한 사실입니다.

3. 오래된 역할에서 벗어나기

새로운 세기를 맞이했으니, 오늘은 그에 걸맞은 새로운 주제에 대해 이야기 나누겠습니다. 선생의 『무-주의』와 리쩌허우 선생의 『고별혁명』 모두 기존 가치와의 결별을 선언하고 있습니다. 두 분은 각각 문학창작과 인문과학이라는 다른 영역에 계시지만, 무엇을 극복해야 하는지에 대해서는 인식을 같이하고 계십니다. 과거의 이념을 떨치고 지금의 현실을 직면하는 과정에서 나온 견해라는 점도 공통적이고요.

가오   오래된 주제를 탈피했다면 오래된 역할에서도 벗어날 필요가 있습니다. 이제는 작가가 자신의 위치를 재조정해야 합니다. 전사, 투사, 열사, 영웅 또는 수난자의 역할을 맡을 필요가 없어요. 이제 그런 역할과는 작별을 고해야 합니다.

류   저는 다원론적 입장에서, 작가 자신이 원하기만 한다면 자유롭게 역할 선택을 할 수도 있다고 봅니다. 루쉰과 같은 개혁지사의 역할, 택해도 됩니다. 혹자는 자기만의 세계에 머물며 차와 독서를 즐기는 은일지사隱逸之士의 역할을 택할 수도 있겠죠. 우리가 살아온 시대에는 투사형 혁명작가라는 역할밖에 맡을 수가 없었어요. 아무런 자유가 없었지요.

가오   루쉰이라면 은일지사라는 역할 자체를 허락지 않을 것 같군요. 루쉰은 은일 전통을 비판했던 사람이니까요.

류　　『영혼의 산』에는 은일문화, 자연문화, 선종문화 등 여러 문화 전통이 두루 담겨 있습니다. 소설에서 화자 혹은 주인공인 인물은 순수하게 정신적인 역할, 정신적 방랑을 하는 존재입니다. 세속에는 없는 듯한 인물인데요. 저는 이 소설을 보면서 이 세상에서 작가라는 존재는 무엇일까, 반드시 세속사회에서 맡는 세속적 역할이 있어야 할까, 그런 의구심이 들었습니다. 자기만의 세속적인 역할을 찾지 못할수록 더 부자유를 느끼는 작가들도 있지요. 세속적인 역할을 맡을 때 얻게 되는 세속적 이익이 있기 때문일까요.

가오　　마치 작가가 이 세상을 떠받치는 존재라도 되는 것처럼 사회의 양심이니, 정의의 화신이니 하는 거창한 역할을 떠맡는 게 20세기의 유행이었지요. 저는 그런 역할에 대해 늘 의문이 들었어요. 특히 구세의식에 가득 차서 사회를 비판하다가 급기야 폭력을 부추기는 작가들을 보면서 더더욱 고개를 갸웃거릴 수밖에 없었습니다. 타인이 곧 지옥이며 나라는 존재만이 홀로 존귀하다면, 그런 존재는 신에 가깝지 사람일 수 없지 않은가? 자아의식이 이런 지경으로까지 팽창하면, 그의 삶이 곧 지옥이 되어버리지 않겠는가? 이렇게 생각했습니다.

류　　타인이 자아의 지옥이라는 생각은 반사회적 인격 형성으로 이어지지 않겠습니까? 1968년에 프랑스 지식인들은 중국의 홍위병을 보면서 열렬히 지지했지요. 20년 전까지만 해도 저 역시 정의의 화신, 사회의 양심이라는 역할에 열중하기도 했는데요. 시간이 흐르고 나서 보니 그냥 다 환상이었습니다. 중요한 것은 그런 역할들이 아니라 자신의 나약함, 내면의 어둠, 곤경, 자기구원이라는 것을 깨닫게 되었습니다. 스스로를 구하지 않고서는 의식이 깨어날 수 없습니다.

가오　　과거 공산당원들은 유토피아를 구현하기라도 할 것처럼 외쳐 댔지만, 지금 와서 보세요. 그냥 다 환상이었습니다. 중국의 지식인들도 지난 100여 년간 유토피아를 부르짖었습니다. 그러나 실현되었나요? 이런 허망한 환상은 이제 종식되어야 합니다.

류　　작가 중에는 사회에 불만이 있어도 사회를 등지고 살 수는 없기 때문에 사회비판을 포기할 수도 있습니다. 선생께서는 작가와 사회가 어떤 관계여야 한다고 생각하십니까?

가오　　작가는 사회의 증인, 역사의 증인, 인성의 증인일 뿐입니다. 작가는 정치적 한계라든가 시비·윤리의 판단을 뛰어넘어 이 세계의 곤경을 드러낼 수 있어야 합니다. 자신이 본 것을 심미적으로 드러내는 일, 그것이 작가가 해야 할 일이라고 생각합니다.

류　　선생께서는 혁명가나 전복자가 되려 하지도 않고, 유토피아를 고취하지도 않으며, 사회를 심판하거나 비판하지도 않으며, 어디까지나 이 세상을 증언하는 것을 작가의 역할로 택한 것이군요. '차가운 문학'도 그런 입장을 창작으로 실천하는 방법이고요. 2000년 노벨문학상 수상소감에서도 같은 입장을 밝힌 바 있지요. 일전에 저와 『금병매』에 대해 이야기할 때도 인성과 사회에 관한 증언에 대해서만 언급할 뿐 이 작품에 대한 도덕적 가치판단은 내리지 않았던 것으로 기억합니다.

가오　　그랬지요. 『금병매』는 성애 묘사가 지나치게 많이 나온다는 점 외에 나머지 내용 대부분은 차가운 서술입니다. 전통사회에서 가정이 얼마나 잔혹한 곳인지 고발하고 있을 뿐 아니라 인성의 악한 측면까지도 정면으로 응시하고 있는 작품입니다. 작가 자신이 처한 시대의 사람들이 어떻게 살고 있는지를 사실적으로 드러내고 있습니다. 서양의 사실주의 문학에 비하면 100년 앞선다고도 말할 수 있지 않을까요.

류　　『홍루몽』도 그렇습니다. 『홍루몽』이 증언하는 사회의 모습은 사회학자나 역사학자가 보여줄 수 있는 것 이상입니다. 우리는 『홍루몽』 덕에 청말 사회상을 생생하게 읽을 수 있습니다. 『홍루몽』도 작품 안에서 직접적으로 도덕적·역사적 판단은 내리지 않고 있습니다. '반봉건'이라는 주제의식은 후대 사람들이 보탠 평가일 뿐입니다.

가오 　　조설근은 다만 인성과 역사에 대해 증언했을 뿐, 사회비판을 하기 위해 소설을 쓴 게 아니에요. 20세기에 이루어진 『홍루몽』 연구는 『홍루몽』을 반봉건 비판 서적으로 규정하는데, 이는 작품의 예술적 가치에 대한 이해 없이 정치의식만 앞세운 결과일 뿐입니다.

류 　　'사회비판'이 창작의 전제가 되지 않을 때 작가는 인간 본성을 더욱 깊이 탐구할 수 있게 됩니다. 작가가 사회문제에 대해 합리적으로만 사고하거나 사회개조를 자신의 사명으로 삼으면, 인성에 대한 진지한 탐구는 어려워집니다. 하지만 작가는 또한 지식인이기도 하지 않습니까? 한 사람의 지식인으로서 작가는 때로 글 쓰는 일에서 빠져나와 사회문제에 관심을 갖고, 에드워드 사이드Edward Said(1935~2003)의 말처럼 '권력자에게 진실을 말할 수도 있어야' 하지 않나요? 선생은 지식인이 아닌 전업작가만을 염두에 두고 말씀하신 건가요?

가오 　　네, 저는 작가의 위치와 신분에 관해 말한 것입니다. 지식인의 역할은 별개의 문제죠. 그러나 지식인이라 해도 꼭 '정의의 화신'이니 '사회적 양심'이니 '구세주'니 하는 역할을 맡을 필요는 없다고 생각합니다. 작가 스스로 세상의 변두리에 머물기로 택했다고 해서 사회에 무관심한 것은 아닙니다. 작가가 독립정신을 유지하면서 정치에 복무하기를 거부하는 이런 행동은 권력과 사회습속에는 도전이 되지만, 이것이 사회 자체를 부정하는 태도는 아닙니다. 오히려 작품을 통해 더욱 깨어 있는 의식을 환기하기 위한 노력입니다.

류 　　작가의 사회적 관심은 여러 가지 방법으로 표현될 수 있습니다. 사회에 대한 직접적 개입이 가장 좁은 의미의 사회적 관심에 해당된다면, 작품을 통해 깨어 있는 의식을 불러일으키는 것도 일종의 사회적 관심이지요. 선생이 강조해온 '차가운 시선'도 마찬가지입니다. 저는 카프카에서 가오싱젠에 이르기까지 20세기의 위대한 작가들은 모두 심판자가 아니라 차가운 관찰자였다고, 다른 강연에서도 여러 차례 이야기한 바 있습니다. 카프카는 물론 가오싱젠 선생도 문학성의 원천은 다름 아닌 차가운 관조입니다. 문학성의 시의는 사회비판이라는 격정이 아니라 사회와 인간 본성을 관조하는 성찰적 태도에서 나옵니다. 관조와 성찰은 선생의 작품을 이해하는 데 필요한 키워드이기도 하고요.

가오 카프카를 단순히 자본주의 사회에 대한 비판자로 이해하면 안 됩니다. 카프카는 현대사회를 살고 있는 사람들이 처한 곤경이 무엇인지를 정면으로 드러낸 작가입니다. 현실사회에서 개인은 한 마리 벌레만큼이나 가엾고 보잘것없는 데다, 수시로 이유를 알 수 없는 심판까지도 받습니다. 유토피아는 소리, 소문으로만 존재할 뿐 다다를 수 없는 성채와 같을 뿐입니다. 카프카는 20세기 현대문학의 진정한 선구자였습니다. 낭만주의 문학은 카프카에 이르러 막을 내렸고, 카프카가 등장한 후 낭만적 열정만 가진 작가는 경박하다는 평가를 받기 시작했습니다.

류 카프카는 확실히 문학의 지반을 뒤엎은 거인이었습니다. 카프카를 기점으로 부조리가 등장하면서 서구 문학은 그 이전의 괴테와 바이런의 낭만적 격정과 결별하고 완전히 새로운 길로 들어섭니다. 카프카가 있었기 때문에 이후에 베케트와 카뮈, 이오네스코가 나올 수 있었고, 또 선생의 작품도 지금과 같은 특징을 갖게 되었다고 할 수 있지요.

가오 카프카는 지나간 과거의 작가가 아닙니다. 카프카의 작품에 묘사된 세계는 지금도 그대로입니다. 오히려 현시대로 올수록 부조리는 더욱 심화되고 있고, 전 지구적인 시장화의 조류 앞에서 개인은 더욱 무력해지고 있습니다. 19세기 말에 독일어권에 등장한 중요한 작가가 니체와 카프카입니다. 니체의 낭만주의적 열정이 만들어낸 '초인' 신화는 이후 '정의의 화신'이나 '사회적 양심', '구세주'와 같은 변종 신화로 이어졌습니다만, 카프카는 이와는 완전히 반대 방향으로 갑니다. 그의 작품에는 초인이 없습니다. 위대한 주인공도 없습니다. 오히려 사람도 아닌 벌레가, 사회에서 소외된 무력한 존재가 등장할 뿐입니다.

류　　작가의 역할과 지식인의 역할 사이에 생기는 충돌에 대해 좀 더 생각해보면, 작가가 지식인의 역할을 맡게 되면 창작에도 영향을 미치는 것 같습니다. 작가로서의 역할과 지식인의 역할은 모순되면서도 상통하는 부분이 있습니다. 말씀하신 대로 작가에게도 사회에 대한 관심은 필요합니다. 지식인이든 작가든 세상에 대한 대자대비심은 필요합니다. 좋은 작가이자 지식인이기도 했던 톨스토이처럼요. 톨스토이는 세상과 인간 존재에 대해 지극한 관심을 가지고 있었지만, 이런 관심은 그의 작품에는 직접적인 영향을 미치지 않으면서도 그의 문장에 정신적 깊이를 더해주었습니다. 그렇다 해도 어쨌거나 작가의 역할과 지식인의 역할 사이에 충돌하는 부분이 있는 것만은 분명합니다. 루쉰도 두 가지 역할을 모두 수행한 작가였지요. 지식인으로서의 루쉰은 계몽가였고, 사회 하층민에 대한 그의 관심은 작품에서 비극적인 정서로 표현되기도 했습니다. 그러나 후기에 이르러서는 지식인 역할이 과도해지면서 작가로서의 역할을 압도하기에 이릅니다. 작가도 시비문제를 껴안아야 한다고 주장하면서 누구보다도 날카로운 사회비판을 수행하는 동시에 시비문제에 관한 다양한 잡문을 쓰기 시작합니다. 그러나 이 시기의 문학적 성취는 5·4 신문화운동 시기에 쓴 『외침』, 『방황』이라든가 5·4 이후의 『들풀』에 크게 미치지 못합니다.

가오　　후기의 루쉰은 지식인으로서는 이루 말할 수 없이 훌륭했습니다. 날카롭게 벼린 사상의 칼로 직언을 서슴지 않는 결기는 당대 누구와도 비교할 수 없었습니다. 그러나 투사로서의 역할이 작가로서의 역할을 압도해버린 나머지 후기의 문학적 성취가 전기보다 못한 점은 확실히 안타깝습니다.

류　　루쉰과 가오싱젠 선생은 20세기 중국 문학사에서 정신적으로나 창작 면으로나 완전히 다른 유형입니다. 루쉰이 뜨거운 문학이었다면 선생은 차가운 문학이고, 루쉰이 사회의 시비문제를 적극적으로 껴안았다면 선생은 사회와 거리를 둔 차가운 시선을 중시합니다. 다시 한번 말씀드립니다만, 저는 다원론적 입장에서 두 가지 태도 모두 그 나름의 가치가 있다고 생각합니다. 다만 오늘은 작가가 지식인의 역할을 겸할 때 문학창작에는 어떤 영향을 미치게 되는가 하는 문제까지만 이야기하도록 하겠습니다.

가오　　저는 작가가 미디어의 진행자 같은 '공공 지식인' 역할만은 맡지 않는 게 좋다고 생각합니다. 일단 이런 역할을 맡게 되면, 그 후 자연스럽게 '정의의 화신'이나 '사회적 양심'이 되어주기를 바라는 요구가 따르기 마련입니다. 그러다 보면 사실과 다른 이미지나 '가면'도 보태어지기 마련이지요. 오늘날 세계에는 동서양을 막론하고 이런 '공공 지식인'이 존재합니다. 이들은 미디어의 진행자 같은 중립적 이미지를 띠고 있지만, 사실은 강한 정치적 성향을 가진 존재입니다. 작가가 이런 역할을 맡게 되면 현실을 냉정하게 바라볼 수 있는 거리를 잃게 됩니다. 사실을 직시하기보다 보이는 쇼에 연연하게 돼요. 바로 이런 면이 작가라는 정체성과 모순을 일으키는 겁니다.

류　　그건 정말 그렇습니다. 미디어에 자주 얼굴을 내미는 지식인은 공공성만 존재할 뿐 개성이 없어요. 작가를 작가답게 하는 것은 그의 개성인데 말이죠.

4. 현대 그리스도의 곤경

류　　요 며칠간 선생과 대화를 나누면서 선생의 희곡인『밤에 떠도는 신』이 더 잘 이해되었습니다. 3년 전 류신우劉心武 작가도『밤에 떠도는 신』은 정말 완벽한 작품이라면서, 저더러 관심 있게 읽어보라고 한 적이 있습니다. 당시 저도『밤에 떠도는 신』을 몇 번이나 읽은 뒤였지만, 읽을 때마다 악몽을 꾸는 기분이어서 도저히 예술이라고는 느껴지지 않았어요. 그런데 류 작가의 말을 듣고 나서 보니『밤에 떠도는 신』은 사상 면에서나 예술 면에서『팔월에 내리는 눈』의 자매편 같다고 느껴지더군요.『팔월에 내리는 눈』이 자기구원을 위해 권력세계로 들어가기를 거부하는 이야기라면,『밤에 떠도는 신』은 권력의 세계로 들어가는 것은 곧 스스로는 빠져나올 수 없는 분쇄기 속으로 들어가는 것과 같다고 말하는 것 같았습니다. 상부의 정치권력만이 아니라 사회 기층에도 그물망처럼 존재하는 권력관계까지 포함한 권력세계 말입니다.『밤에 떠도는 신』을 이해하려면 먼저 카프카를 이해해야만 합니다. 카프카를 모른다면『밤에 떠도는 신』에서 묘사하는 현대적 삶의 부조리를 이해하기 어렵습니다.

가오　　거듭 말하지만 카프카는 지나간 과거의 작가가 아닙니다. 이 시대에 우리가 처한 곤경을 카프카만큼 심도 있게 들여다본 작가는 없습니다. 카프카는 진정한 의미의 첫 현대 작가입니다. 불과 100년 전에 그토록 치밀한 시선으로 현대적 삶의 부조리를 꿰뚫어보았다는 사실이 놀랍기만 합니다.

류　　니체가 19세기 후반기에 살다가 1900년에 세상을 떠났다면, 카프카는 진정으로 20세기를 살았던 인물입니다. 독일어를 사용한 두 사상가 모두 천재였지만, 둘의 사상은 극과 극처럼 달랐습니다. 니체가 뜨거웠다면 카프카는 차가웠습니다. 선생은 줄곧 니체를 비판하고 카프카를 옹호하시는데, 두 작가 모두의 눈으로 선생의 작품을 읽어보면 작품이 더 잘 이해될 거예요.

가오   중국의 현대문학은 니체의 영향을 너무 많이 받았습니다. 5·4 신문화운동만 해도 니체와 입센을 기치로 내걸고 추진되었죠. 그런데 희한하게도 카프카만은 줄곧 현대문학 작가들의 시야에 들어와 있지 않아요.

류   그러게 말입니다. 루쉰, 장아이링張愛玲(1920~1995), 스저춘施蟄存처럼 현대의식을 대표하는 작가들도 프로이트는 알아도 카프카에는 관심이 없었어요.

가오   카프카는 현대인이 처한 곤경에 대해 누구보다도 깊이 인식한 작가였습니다. 카프카보다 더 깨어 있는 의식으로 현대를 직시한 작가는 찾기 어려울 정도예요. 현대문학의 시작은 니체가 아니라 카프카입니다. 니체는 19세기 낭만주의 문학의 마지막일 뿐입니다. 현대문학은 카프카에서 시작되어 베케트, 카뮈로 이어졌다고 할 수 있습니다.

류   카프카가 중국의 현대문학 작가들의 시야에 들어오지 않은 건 중국 현대문학에 현대의식이 강하지 않아서일 수도 있습니다. 중국에는 루쉰의 『들풀』처럼 계몽을 뛰어넘어 실존의식 자체를 건드린 작품이 극소수였습니다. 좌익작가들의 작품이 마르크스주의의 운반차일 뿐이었듯이, 현대감각파로 불리는 스저춘과 류나어우劉吶鷗 역시 실질적으로는 프로이트의 '무의식'을 작품에 녹여 나르는 운반차였을 뿐입니다. 좌익작가들은 사회 부조리를 폭로하되 인성의 문제를 심도 있게 건드리지는 못했습니다. 카프카가 가오싱젠 선생 눈에 들어온 시점이 베케트에도 관심을 갖기 시작한 그 시점이지요? 『버스 정류장』이 연극으로 공연된 후 많은 관객들이 베케트 같다고 비판했습니다만, 당시 선생은 이미 카프카에게 매료되어 있었죠?

가오 〈버스 정류장〉은 생활소극입니다. 반면 베케트의 작품은 매우 철학적인 희곡이지요. 베케트는 카프카와도 통하는 면이 있습니다. 베케트의 작품 밑바닥에 깔려 있는 것이 심원한 비관주의라면, 카프카의 작품에는 블랙코미디적 요소가 있습니다. 비분강개하지도 않고 직접적인 고발이나 비판 대신 씁쓸한 웃음을 자아내면서 부조리한 상황을 보여줍니다.

류 저는 『밤에 떠도는 신』이 현대판 『심판』 같다고도 느꼈습니다. 문화대혁명을 겪은 이들이라면 『심판』이 무슨 내용인지 더 잘 와 닿을 것입니다. 주인공 K는 이렇다 할 문제가 없는 평범한 사람이지만, 어느 날 갑자기 고소를 당해 매주 심판을 받으러 가게 됩니다. 그러자 아버지와 동창들을 비롯해서 주위의 모든 사람이 그를 피하고, 전과는 다른 눈으로 주인공을 대하기 시작합니다. 주인공은 자기가 무슨 죄를 지었는지 알 수 없어서 더 고통스러워합니다. 지극히 평범하고 성실했던 한 사람이 갑자기 세상천지 누구에게도 받아들여지지 않는 상황에 놓이게 된 것입니다. 『밤에 떠도는 신』 주인공도 지극히 평범하고 반듯한 사람입니다. 그러나 거리의 인간관계에 말려드는 순간부터 포주와 창녀, 건달들의 인간관계 속에 갇혀 빠져나오지 못합니다. 주인공은 보통의 현대인 혹은 현대의 지식인, 심지어 현대의 그리스도일 수도 있습니다. 주인공은 하루하루 선의를 갖고 살고 있을 뿐인데 어느 날 갑자기 세상의 진흙탕에 빠져 파멸해갑니다.

가오 주인공을 현대의 그리스도로 볼 수도 있다는 말은 처음 들어봅니다. 그리스도라도 현실세계에 발을 들이고 나면 현실의 인간관계와 권력구조에 의해 파괴당하고 말 겁니다. 구세주가 된다는 것, 과연 가능한 일일까요? 구세주라도 악을 없애려 할수록 더욱 악의 관계 그물 속에 빠져들고 말 것입니다.

류　　　주인공은 본래 악에 저항하고 싶었지만, 점차 그 자신이 악에 호소하는 자가 됩니다. 또한 처음에는 폭력에 저항하려고 했지만, 마지막에는 그 자신이 폭력에 호소하는 자가 됩니다. 이 관계에서 주인공을 제외한 나머지 모든 주변 사람들은 겉으로는 번지르르한 말을 늘어놓으면서 주인공을 분쇄기와도 같은 권력의 각축장으로 밀어 넣어버립니다. 정작 그들 자신은 말려들지 않으려고 몸을 사리면서 말이지요. 한번 회전판 위로 떨어진 구슬은 자기가 아무리 애를 써도 회전판 밖으로 빠져 나오지 못합니다. 이 구슬의 운명이 곧 현대인의 곤경을 보여줍니다. 아무런 선택의 자유 없이 저마다 이익관계의 인질, 권력구조의 노예가 되어버리고 마는 것입니다.

가오　　『밤에 떠도는 신』은 현대에 관한 우화이자 한 편의 블랙코미디입니다.

류　　　묵시론적 예언 같기도 합니다. 이 세상은 구원받지 못하고 그리스도마저 무력한 존재일 뿐이다. 너무 비관적인 것 아닌가요?

가오　　『밤에 떠도는 신』의 세계인식은 크게 비관적이지도 않지만 그렇다고 낙관적이지도 않습니다. 주인공은 다만 이 세상의 진실을 대면하는 관찰자이자 증인일 뿐입니다. 세상은 누군가가 개조하려 한다고 해서 개조되지 않습니다. 세상은 원래 이렇게 투쟁이 끊이지 않는 곳이었습니다. 천상에서 그리스도를 지상에 내려 보내도 지상의 인간들은 그를 십자가에 못 박아버릴 뿐입니다. 부활한 그리스도도 전보다 더 나빠진 세상만을 목도하게 될 것입니다. 이 시대 구세주의 운명도 비슷할 겁니다.

류　　　세상을 구하는 것까지는 됐고, 그저 독립적으로 생각하면서 권력관계와 거리를 두는 것조차 어려운 일입니다. 『밤에 떠도는 신』에서 드러내는 것도 바로 이런 현대인의 곤경입니다. 고고하게 사는 것은 근본적으로 불가능하고, 세상의 때가 묻기 시작하면 그때부터 더더욱 걷잡을 수 없이 더러워지는, 모든 것을 버리고 도망가버리지 않는 한 세상의 진흙탕에 빠져 질식당할 수밖에 없는 곤경 말입니다. 현대의 그리스도가 목도하는 문제는 질병이나 기아, 자연재해만이 아닙니다. 인성 깊이 뿌리내린 이기심과 탐욕, 각종 망념에 의한 악, 권력과 이익이 투쟁하는 생존의 장, 끝을 모르는 자아팽창, 이 모든 것이 삶을 지옥으로 만듭니다. 현대의 그리스도 역시 『밤에 떠도는 신』의 주인공처럼 현실의 권력-이익관계의 그물에 진입하고 나면, 전쟁터와 같은 그 진흙탕에서 끝내 빠져나오지 못할 것입니다.

가오　　성경 속 그리스도의 수난이 신앙 때문이었다면, 현대 그리스도의 수난은 정확히 무엇 때문이라고 하기 애매합니다.

류　　이유를 알 수 없는 채로 악몽 같은 투쟁에 말려들어, 이유를 알 수 없는 수난을 당하고, 이유를 알 수 없는 유죄 판결을 받는 것 모두 신앙과는 무관한 일이지요. 그래서 『밤에 떠도는 신』을 현대판 『심판』 같다고 한 겁니다. 『심판』의 주인공 K가 『밤에 떠도는 신』의 세계로 와서 극도의 내적 혼란을 경험하는 것만 같습니다. 이 주인공은 남들에 의해 죽음으로 내몰리는 것이 아니라 그 자신이 스스로를 파괴시킵니다. 저는 이 작품을 읽으면서 자아관계가 타인관계에 투사된 것 같다고 느꼈습니다. 극에 등장하는 많은 사람들도 결국 의혹과 망념으로 가득한 K의 내면을 보여주는, 주인공의 자아의 투사이자 외화가 아닐까 싶습니다. 현대인의 내면 풍경 혹은 내면의 부조리라고도 할 수 있겠지요. 카프카에서 출발했지만 카프카에 머무르지 않고 외부에서 내면으로, 내면의 부조리로 나아가면서 이 세상과 인간관계의 부조리를 중층적으로 표현하고 있다고 보았습니다.

가오   흔히 세상을 거대한 혼란이라고 하지만 인간의 내면 역시 거대한 혼돈이기는 마찬가지입니다. 카프카가 표현한 것이 인간의 소외, 세상과의 괴리라면, 현대인의 곤경은 자아팽창과 내면의 분열이라고 해야 할 것입니다. 세상은 이해할 수 없고 내면은 불안합니다. 외부세계의 진흙탕도, 내면세계의 아득한 심연도 부조리하기는 마찬가지입니다. 지금 사람들은 카프카 시대보다도 곤혹스러운 위기에 처해 있습니다.

류   선생도 카프카도 모두 기본적으로 차가운 시선을 견지하고 있지요. 창작 주체가 자아와의 거리를 유지한다는 것은 매우 중요한 문제입니다. 자아와의 거리를 유지할 때 모든 객체를, 즉 이 세계만이 자기 자신마저 차갑게 관조할 수 있습니다. 카프카의 작품이 K(주인공)와 W(World, 세계) 사이의 소외를 다루고 있다면, 선생의 작품은 K와 W의 소외와 K와 K 사이의 소외를 그리고 있다고 할 수 있습니다.『밤에 떠도는 신』의 주인공은 인간 세상의 진흙탕에서 빠져나오지 못하자, 더는 생각을 하지 않기로 마음먹고 자기 머리를 부수어버립니다. 이건 너무 잔혹하지 않습니까? 그리스도에게는 대속의 가능성도 없고 자기구원의 가능성도 없는 것입니까?

가오   자기구원의 가능성은 영원히 존재합니다. 지혜로운 사람이라면 자기구제의 방법으로 도망을 택할 것입니다. 중심에서 변두리로 멀리, 정치와 시장에서 완전히 물러나버리는 것입니다. 16년 전에 우리는 우리 자신을 구해야 한다고, 그러므로 우리 임무는 도망이라고, 웃으면서 선생과 이야기했던 기억이 납니다. 자신만이 스스로를 구할 수 있습니다.

류   20세기는 기계로, 전쟁으로, 혁명으로, 폭력으로, 정치운동으로 사람을 죽여온 시대입니다. 시장기제 또한 인간의 존엄과 가치를 공동화空洞化(없어져서 텅 비어감)하고 있습니다. 간신히 살아남은 사람들도 제대로 살고 있다고 할 수는 없는 지경입니다. 우리는 이 세계의 폭력성에 저항해야 하지만, 저항의 방법이 '이에는 이' 식의 혁명이나 타도, 전복, 대대적인 비판 또는 숙청이어서는 안 됩니다. 이런 방식은 20세기에 이미 많은 후유증을 남겼습니다. 그보다는 자기구제, 자발적 물러남, 차가운 관찰, 깨어 있는 의식의 힘으로 자유를 얻고 진실을 드러낼 수 있어야 합니다. 선생이 그동안 작품을 통해 말해온 것도 이런 메시지지요. 이를 통해 우리는 세상의 폭력에 압살당하지 않게 될 뿐 아니라 인간의 존엄이라고 하는 중요한 가치를 확인하게 될 것입니다.

2005년 2월, 파리의 가오싱젠 자택에서
홍콩 『명보 월간』 2007년 5월호에 수록

변두리에 대하여

오에 겐자부로와의 대담

프랑스 엑상프로방스의 '도서의 날' 초청을 받아 프랑스를 방문한 일본 작가 오에 겐자부로大江健三郎는 2006년 10월 15일에 '변두리'라는 주제로 열린 대담에 참여했다. 이날 대담에는 엑상마르세유 대학의 부총장과 가오싱젠 작품의 번역가인 노엘 뒤트레 교수, 프랑스 작가 필리프 포레스트philippe Forest*도 함께했다.

뒤트레 오늘 대담의 주제는 '변두리'입니다. 가오싱젠 선생은 문혁 이전인 1962년에 대학을 졸업했으나 문혁 기간에 농촌으로 하방되어 5년간 노동생활을 했습니다. 이 기간에 외로움을 떨치기 위해 몰래 글을 썼지만, 쓴 글을 발표할 수 있을 것이라는 희망은 없었다고 합니다. 어쩔 수 없이 세상의 변두리에 처한 경험이었습니다. 1959년부터는 소설과 문학론을 쓰기 시작했는데, 첫 논저인 『현대소설 기교의 탐색』은 1980년대 초 중국 작가들 사이에 커다란 논쟁을 불러일으켰고, 1983년에 발표한 희곡 『버스 정류장』은 정신적 오염을 제거해야 한다는 명목으로 공연이 금지되었습니다. 이런 일들로 인해 1983년부터 1984년까지는 작품을 발표할 수 없어 베이징을 떠나서 장강 유역을 여행하기로 합니다. 이 여행에서 보고 들은 것들이 훗날 『영혼의 산』의 소재가 되었습니다. 1985년에 발표한 희곡 『야인』이 다시 한번 논란이 되자, 1987년에는 중

---

* 1962년에 파리에서 출생한 작가이자 문화비평가로 현재 낭트 대학 프랑스문학과 교수로 재직하고 있다. '페미나 상' 수상작인 『영원한 아이』가 국내에 출간되었다(이상해 역, 열림원, 2007).

국을 떠나 독일을 거쳐 프랑스로 망명합니다. 1989년에 톈안먼 사건이 일어난 이후 『도망』이라는 희곡을 발표하자, 중국에서는 가오싱젠의 모든 작품활동이 금지됩니다. 가오싱젠 선생은 정치적 망명자 신분으로 프랑스에 거주하던 중 1997년에 프랑스 국적을 취득합니다. 저도 『버스 정류장』은 여러 번 읽었습니다. 극중 침묵하는 사람으로 나오는 40세 남자는 정류장에서 버스를 오래 기다려온 것으로 암시되는데, 마지막에는 정류장을 떠납니다. 그의 이미지가 다시 등장할 때는 은은한 음악만이 흐릅니다. 2002년에 대만에서도 공연한 적 있는 〈팔월에 내리는 눈〉은 그로부터 3년 후 프랑스 마르세유 드라마센터에서도 공연되었습니다. 이 극에서 선종의 법통을 이어받은 주인공 혜능은 산중에서 나와 스스로 주변인이 됩니다. 1990년에 '차가운 문학'을 주장했던 가오싱젠 선생은 2000년도에 노벨문학상 수상소감에서도 이렇게 말합니다. "작가들은 보통 글쓰기만으로 생계를 이을 수 없다. 그래서 대개 다른 직업을 갖는다. 이런 상황에서 글쓰기는 더더욱 순수한 정신적 만족을 주는 사치가 될 수밖에 없다. 차가운 문학이 출판사를 통해 세상에 알려지기 위해서는 작가 자신의 노력은 물론 벗들의 노력도 있어야 한다. 차가운 문학은 일종의 도망이자, 작가 자신이 살아남기 위한 문학이다. 세상의 억압을 떨치고 정신적 자기구원을 추구하는 문학이다." 이런 생각은 『영혼의 산』과 『나 혼자만의 성경』에서도 찾아볼 수 있습니다. 노벨문학상 수상 이후에도 그는 여전히 자신의 자리에 머물며 창작을 계속해오고 있습니다. 2004년에 열린 파리도서전에는 중국 작가들이 많이 초대되었습니다. 그런데 당시 개막식에서 프랑스 문화부장관이 가오싱젠 선생의 이름을 부르지 않고 넘어간 일이 있었습니다. 이후 출판사에서 기자회견 자리를 마련해주었는데, 그는 다만 최근 수술을 받은 일이 있는데 도서전에 사람이 많아 감기에 걸리지 않을까 염려했다고만 말하더군요.

『나 혼자만의 성경』 58장에서는 사회에서 물러나는 도망의 의미를 서술한 부분이 있습니다만, 이 자리에서 다 읽지는 않겠습니다. 어제저녁에는 오에 겐자부로, 가오싱젠 두 분과 함께 오늘날 문학의 역할에 대해 이야기를 나누었습니다. 혼란으로 가득 찬 세상에서 어떻게 글을 쓰고 또 살아남을 것인지에 대해 이야기하는 과정에서 이 세계에 대한 두 분의 진지한 관심을 들을 수 있었습니다.

포레스트   오늘은 변두리의 경계에 대해 가오싱젠 선생의 이야기를 먼저 듣겠습니다.

가오싱젠(이하 가오)   저는 지금도 도망 중입니다. 도망은 저의 운명인 것 같습니다. 도망 중인 이런 상태도 변두리에 처한 것이라고 할 수 있을까요? 저는 이 상태가 좋습니다. 작가가 사회의 변두리에 처하는 것은 지극히 정상적이며 작가 자신에게도 이로운 일입니다. 저는 저의 진실한 목소리가 무엇인지 알기 위해 먼저 혼잣말을 합니다. 혼잣말은 지극히 독립적이며 온전한 개인의 목소리입니다. 아무런 반향을 기대하지 않고 하는 말이지만, 이 말을 들어주는 사람이 어딘가 한 명은 꼭 있기 마련입니다. 그 사실이 저에게는 가장 큰 위로가 됩니다.

포레스트   오에 겐자부로 선생도 그렇게 생각하십니까?

오에 겐자부로(이하 오에)   변두리라는 말은 일본어에서 '구역의 가장자리'를 가리키는데, 동음이의어로 '다리'〔橋〕를 뜻하기도 합니다. '변두리'에는 사실 이렇게 가장자리와 가교, 두 가지 의미가 담겨 있습니다. 저는 일본의 작은 섬에서 태어났습니다. 인가가 몇 채 되지 않는, 시골이라 하기도 민망한 궁벽한 마을입니다. 소외 정도가 아니라 배척까지 당하는 일도 빈번한 변두리 중의 변두리죠. 그런데 어느 날 저희 집 바로 근처에 다리 하나가 놓였습니다. 그러자 모든 주민이 어디로든 다닐 수 있게 되었습니다. 누군가가 지금 변두리에 있다면, 그곳은 또 다른 세계로 연결될 수 있는 다리일 수도 있다고 말씀드리고 싶습니다. 그런데 이런 변두리를 프로방스에서는 찾기 어려워 보입니다. 이런 변두리적 상태는 비평의 자리를 만들어내기도 합니다. 오늘 이렇게 가오싱젠 선생과 한자리에서 이야기를 나눌 수 있게 되어 무척 기쁩니다. 선생의 소설과 희곡을 보면 선생이 얼마나 비평정신이 충만한 작가인지를 알 수 있습니다. 제가 좋아하는, 비평정신이 충만한 또 다른 작가는 에드워드 사이드입니다. 에드워드 사이드는 팔레스타인에서 태어나 이집트에서 성장기를 보내고 유럽에서 유학 후 미국 콜롬비아 대학에서 30여 년간 학생들을 가르치다가 세상을 떠났습니다. 나중에는 중심에 들어섰다고 할 수 있을지 모르나, 사실상 한평생을 망명자 신분으로 변두리에서 살았습니다. 그렇게 중심과의 거리를 유지할 수 있었기에 비평적 위치를 확보할 수 있었다고 생각합니다. 저는 변두리에서 태어나긴 했지만 나중에 망명이나 도망의 삶을 산 적이 없습니다. 어제 오후에는 일본을 비판하기도 했지만 저 자신은 여전히 일본과 밀접한 관련을 유지한 채 살아가고 있습니다. 일본에 대한 비판이 그만큼 철저하지는 못하죠. 가오싱젠 선생은 중국의 변두리로 떠났다가 다시 외국으로 도망가셨습니다. 이런 이중의 도망은 선생의 작품을 그만큼 독보적으로 만드는 이유가 될 수 있다고 생각합니다.

뒤트레 가오싱젠 선생님은 양롄楊煉 시인과도 도망에 대해 이야기를 나누신 적이 있지요. 그 이야기를 듣고 싶습니다.

가오 자유로운 표현이 가로막힌 사회에서는 도망만이 유일한 탈출구입니다. 그건 예나 지금이나 마찬가지입니다. 전국시대의 굴원과 청대 소설가인 조설근은 모두 중국 문학사의 위대한 작가들이지만, 굴원은 도망을 가야 했고 조설근은 사회의 변두리로 들어가 숨어들었습니다. 조설근의 작품은 생전에 공개되지도 못했습니다. 이탈리아의 위대한 시인 단테 역시 프랑스로 망명했습니다. 최근 베니스의 '희곡의 날' 책임자가 파리로 와서, 내년이 카를로 골도니Carlo Goldoni(1707~1793)의 탄생 300주년이라며 저에게 기념 희곡을 써달라고 청해왔습니다. 나중에 저는 골도니도 베니스에서 프랑스로 망명한 작가였다는 걸 알게 되었습니다. 골도니는 30년 가까이 프랑스에서 살다가 세상을 떠났다고 합니다. 아시아든 유럽이든 작가가 도망을 가야만 했던 건 어느 시대나 마찬가지였나 봅니다.

포레스트   제임스 조이스는 작가에게 침묵과 도망, 교활함이라는 세 가지 자질이 필요하다고 한 적이 있는데요. 이 가운데 가장 중요한 것이 도망이라고 보시나요? 도망과 나머지 두 가지 자질은 어떤 관련이 있을까요?

오에   저에게는 그 세 가지 자질이 모두 없군요. 전 일단 말이 많고, 도망은 가본 적이 없습니다. 아, 교활함은 있는 것 같네요.

포레스트   가오싱젠, 오에 겐자부로 두 분 작품을 읽다 보면 한 가지 공통점이 있습니다. 우리는 대작가의 작품을 읽을 때 그들이 민족문화의 대변자일 것이라고 간주하곤 하지요. 일본 작가는 일본 정신을, 중국 작가는 중국 정신을 보여줄 것이라고 기대합니다. 그런데 두 분 작품에서 볼 수 있었던 것은 또 다른 일본 문화, 또 다른 중국 문화였습니다. 가오싱젠 선생의 『영혼의 산』과 오에 겐자부로 선생의 소설들은 각기 현지의 고유한 지리적 특성에 기반을 둔 신화 등 두 작가가 창조한 새로운 민족문화를 보여줍니다.

가오   어제도 오에 겐자부로 선생과 이야기를 나누면서, 우리 두 사람은 '한 줌'이라고 농담을 하기도 했습니다. '한 줌'은 중국어에서 환영을 못 받는 정도가 아니라 극심하게 모욕을 당한 대상을 가리킵니다. 제가 오에 겐자부로 선생의 소설을 좋아하는 이유는 집단이나 관방에 의해 오염되지 않은 개인의 목소리가 담겨 있기 때문입니다. 역사 기록은 권력이 교체될 때마다 다르게 서술되지만, 개인의 기록은 한번 발표되고 나면 수정이 없습니다. 문학이 바로 이런 개인의 목소리입니다. 거시적인 역사에 비해 개성과 인성이 담긴 기록이기도 하지요.

오에 공감합니다. 개인의 목소리는 미약하지만, 그 안에는 그 사람이 진심으로 하고자 하는 말이 담겨 있습니다. 포레스트 선생을 포함한 우리 세 작가가 쓰는 소설에도 각자 자기만의 목소리가 담겨 있어요. 가오싱젠 선생은 목소리를 지킬 뿐 아니라 삶에서도 자기만의 선택을 굳게 지켜나가고 계시지요. 저는 그 점이 정말 대단하다고 생각합니다.

가오 저야말로 오에 선생님을 진심으로 존경하고 있습니다. 비극에 처해 있지만 그것을 극복해나가는 현대의 시시포스 같다고 느껴집니다. 오에 선생은 정치적 저항의 목소리도 내고 계시지요. 정치는 끝이 없는 투쟁이고, 그 투쟁의 결과로 정의가 실현되리라는 보장도 사실은 없습니다. 그럼에도 개인의 미약한 목소리를 지켜내는 노력, 정말 대단합니다.

오에 어제는 문학의 회의성懷疑性에 대해 이야기를 나누었습니다. 제 작품에도 그런 요소가 있는 것 같고, 정의가 실현되리라고 보장할 수 없는 일에 투신하는 것도 문학만큼이나 회의적인 노력일 수 있지만, 그래도 저는 계속 그렇게 쓰고 그렇게 활동하려고 합니다. 제가 워낙 변두리에서 나고 자란 사람이어서 그런지 변두리 정서를 떨칠 수가 없네요. 정말이지 어쩔 수가 없는 것 같습니다.

가오 그런 노력은 설령 열매가 없다 해도 꼭 필요한 것입니다. 사람은 결실 여부와 무관하게 자기 목소리를 내면서 살 수 있어야 합니다.

포레스트 오에 겐자부로 선생의 작품에는 우리가 일상적으로 마주치기 힘든 인물들이 등장하고, 가오싱젠 선생의 작품에는 변두리적 상황에 처한 인물이 자주 등장합니다. 변두리에 처한다는 것, 반드시 고독을 의미하는 것일까요?

가오   제가 떠나오기 전 중국은 사람과 사람 사이의 진정한 교류가 없는 세계였습니다. 일상생활마저도 정치적 간섭으로 오염돼 있었기 때문에 저는 오로지 문학 속에서만 숨을 쉴 수 있었습니다. 문학작품 속의 불완전하고 미약한 인물의 목소리만이 저에게는 위안이 되었습니다. 사람으로서의 의식과 감정을 저는 모두 문학작품을 읽으며 비로소 일깨울 수 있었지요.

오에   문학에 대해서는 논쟁이 필요 없을 만큼 입장이 일치되는군요. 그래도 저는 우리 사이에 무엇이 다른지 찾아보려고 합니다. 변두리에 처한 사람의 목소리는 미약하기 그지없지만 충분히 강해질 수도 있습니다. 웃음소리가 그 예입니다. 웃음은 크고 강력한 힘입니다. 도쿄에 있다가 고향에 내려가면, 저희 어머니는 항상 마을에서 일어난 재미있는 일들을 이야기해주십니다. 제가 고향 마을을 떠나지 않았다면 저 역시 그런 에피소드의 주인공이 되었겠지요. 가오싱젠 선생도 대도시에서 겪은 재미있는 일을 변두리에서 다시 떠올려보면 역시나 웃음이 날 겁니다. 웃음은 이렇게 시공간의 구애를 받지 않습니다.『영혼의 산』에서 지식인 남자가 변두리 세계에서 맞닥뜨리게 되는 것도 현지인들의 생동하는 삶이었습니다. 저는 『영혼의 산』을 읽으면서 제가 바로 그 소설의 주인공 같다고 느꼈습니다. 주인공도 저처럼 고통스럽고 무의미하게 살고 있다가 현지에서 뚱뚱한 여인을 만나게 되지요. 주인공은 이 뚱뚱한 여인에게 아무런 관심이 없지만, 여인은 혼자 말을 걸면서 자신의 말을 들어주기 전까지는 주인공 남자를 보내주지 않겠다는 듯 굽니다. 저도 지금 같은 상황입니다. 제 이야기를 다 들어주지 않으시면, 저도 여러분을 보내주지 않을 겁니다. 이 지식인 남자도 변두리에 처한 존재입니다. 주인공 남자와 뚱뚱한 여인은 둘 다 주변인 신분으로 서로 마주치지만 제대로 소통하지 못합니다. 지금은 세계 도처에 특권이 존재합니다. 주변인은 특유의 비평정신을 통해 보편성에 다다를 수 있습니다. 가오싱젠 선생은 바로 이런 비평정신을 갖춘 훌륭한 소설가입니다. 그의 소설은 저 같은 일본 지식인은 물론 내만·홍콩의 독자들까지도 감동시키고 있습니다. 언젠가는 중국에도 출간되어 중국 독자들에게도 감동이 전해지는 날이 오기를 바랍니다. 작가의 작품에는 주변인이 등장할지언정 그 작품은 보편성에 다다릅니다. 웃음을 자아내는 것도 일종의 역량입니다. 제가 쓰고 싶은 것도 바로 그런 작품입니다.

포레스트 가오싱젠 선생님도 소설에 관한 오에 겐자부로 선생의 의견에 동의하십니까?

가오 네, 감동적으로 들었습니다. 사실 제 소설 속 주인공에게는 이름이 없습니다. '나, 너, 그'라고 하는 세 가지 인칭만이 존재하지요. 이런 인칭 덕분에 독자는 스스로 서술자의 위치에 서기도 하고, 작품 속 장면으로 직접 진입한 느낌도 들게 됩니다. 이런 서술방식 덕분에 독자들은 극중 주인공이 체험하는 것을 똑같이 체험하면서 각자 자신의 상상 속으로 진입할 수 있게 됩니다. 저는 언어와 민족을 뛰어넘는 보편성의 체험을 독자들과 나눌 수 있는 방법을 탐색하고 있습니다. 제가 아는 한, 세상의 모든 언어에서 '나, 너, 그'라는 세 가지 인칭이 동일인의 주어가 될 수 있습니다. 인류의 무의식이 그만큼 보편적이라는 뜻이기도 하겠지요. 이런 노력을 이해해주신 것 같아 저로서는 감사할 따름입니다.

오에 조금 더 보충하자면, 가오싱젠 선생은 소설 속의 베이징 출신 지식인과 비슷합니다. 그런데 소설 속의 뚱뚱한 여인은 남자 주인공에게 끊임없이 말을 걸기도 하고, 미래에 대한 예언도 하고, 혼자 정신이 혼미해지기도 합니다. 저는 그 여인 속에 제 모습이 있다고 느꼈습니다.

포레스트 무슨 뜻인지 알 것도 같군요. 오에 겐자부로 선생의 소설 중에 프랑스어로 『세기의 유희』라는 제목으로 번역된 작품이 있는데요. 그 소설에 나오는 뚱뚱한 일본 여인을 보면 어떤 캐릭터인지 더 잘 이해할 수 있을 겁니다.

오에 변두리적 세계에서는 종종 이렇게 자기만의 상상 속에서 살아가는 뚱뚱한 여인과 마주치게 됩니다. 제 소설의 특징 가운데 하나이기도 한데요. 가오싱젠 선생의 소설에도 그런 인물이 많이 나오지 않습니까?

가오 여인뿐 아니라 남자들 중에도 그런 사람이 많지요. 『영혼의 산』에 나오는 주인공도 바보 같은 짓을 많이 합니다. 제 소설에는 확실히 이상한 사람이 많이 나옵니다만, 그 이상함 속에는 시의라고 할 만한 면도 공존하고 있습니다. 오히려 서정 일변도로 가면 독자들은 더욱 번민하게 됩니다. 차라리 이상함에 호소하는 편이 낫지요.

포레스트 〈팔월에 내리는 눈〉에도 그런 인물이 나옵니다. 〈팔월에 내리는 눈〉은 대만 타이베이와 프랑스 마르세유에서 각각 공연되었는데요. 〈팔월에 내리는 눈〉은 마지막에 선당禪堂이 불에 타서 재가 되는데, 그 장면에서 승려들은 오히려 정신없이 웃어댑니다.

가오 어제 들으니, 오에 겐자부로 선생은 베이징에 갔다가 우연히 〈팔월에 내리는 눈〉 공연 DVD를 구하셨다고요?

오에 네, 어떤 학자분이 저에게 주셨습니다. 그분이 저에게 DVD를 건네는 동작을 어제저녁에 가오싱젠 선생께 보여드렸더니 재미있어 하시더군요. 그런데 오늘 여러분께 보여드리면, 저를 작가가 아닌 배우로 오해하실 것 같아서 하지 않겠습니다. 몸으로 하는 동작도 일종의 비평이 될 수 있습니다. 저는 공연 DVD를 여러 번 보았는데, 볼 때마다 눈물이 났습니다. 깊은 슬픔이 느껴졌어요. 〈팔월에 내리는 눈〉은 장면 장면이 유려한 작품이기도 하거니와 변두리적 다원성도 그 안에 담겨 있습니다. 동화에서도 요괴는 보통 으슥한 시골 마을에서 출몰하지 않습니까? 이유를 알 수 없는 죽음도 모두 변두리 외딴 지역에서 일어나고요. 중앙에서는 한 가지 가치만 인정하지만, 권력의 중심에서 떨어진 곳에서는 권력에 저항하거나 권력에 버림받는 세력이 다원성을 형성합니다. 작은 시골 마을도, 공산주의 국가도 마찬가지입니다.

포레스트 조소嘲笑도, 기괴함도, 색정도 모두 비평이 실현되는 한 방식이 될 수 있습니다. 이건 가오싱젠 선생과 오에 겐자부로 선생의 작품도 마찬가지입니다.『나 혼자만의 성경』에서도 사회적 곤경에 처한 개인에게는 색정이 부자유에 저항하는 방식일 수 있다고 나오는데요. 이런 묘사가 독자들에게는 충격을 줄 수도 있지 않나요?

가오 소설을 쓸 땐 독자들의 반응이 어떨지 예상하기 어렵습니다만, 프랑스 독자들의 반응은 대체로 긍정적이었습니다. 프랑스식 색정을 아름답게 창조한 것으로 받아들여졌나 봅니다.

포레스트 프랑스식이란 무엇인가요?

가오 꽤 철학적인 문제인데요. '색정이란 무엇인가'를 설명하기란 무척 어렵습니다. 저도 답을 찾고자 심리분석서와 철학서도 여러 권 보았는데, 그 과정에서 '색정은 제3의 눈에서 비롯되는 것'이라는 말을 우연히 본 적 있습니다. 저는 그게 정확한 표현이라고 생각합니다. 문학·예술작품에서는 창작자의 눈이나 등장인물의 눈이 아닌 독자의 눈이 제3의 눈입니다. 색정인가 아닌가의 여부도 최종적으로는 독자의 눈에 의해 결정되지요.

포레스트 한 가지 더 궁금한 게 있습니다. 서양에서는 개인이라는 관념이 일찍이 정립되어 있지만, 두 분은 중국과 일본이라는 아시아 국가 출신이지 않습니까? 그럼에도 서양의 작가들보다 훨씬 더 개인을 강조하고 계십니다. 두 분은 개인에 대해 어떤 생각을 하고 계시는지, 그리고 개인적 체험은 어떻게 보편성을 획득하게 되는지에 대해 듣고 싶습니다. 가오싱젠 선생님도 이런 말로 증언과 체험을 강조하신 바 있지요. "작가에게 있어 진실은 창작의 방법을 결정할 뿐 아니라 글쓰기의 태도에도 큰 영향을 미칩니다. 쓴 글이 진실하다는 것은 글을 쓰는 태도가 진실하다는 의미이기도 합니다. 여기서 말하는 진실성은, 문학의 가치를 결정하는 기준인 동시에 윤리적 의미도 내포하고 있습니다. 작품 속 진실이란 작가에게는 윤리와도 같은 것입니다. 그것은 문학의 지고무상의 윤리입니다."

뒤트레 오에 겐자부로 선생과 가오싱젠 선생은 서양 문학을 포함한 세계 문학에도 정통한 작가들입니다. 서양 문학의 영양분을 충분히 흡수한 작가들이기에 두 분의 작품 속 개인도 서양 문학의 개인과 큰 차이가 없는지도 모르겠습니다.

포레스트 이제 여기 오신 분들께 직접 질문을 받겠습니다.

청중 보편성 혹은 보편적 인생이란 무엇일까요?

가오 저는 보편성이란 결국 인성을 의미한다고 생각합니다. 보편성이 무엇인지를 명확하게 정의하는 게 더 어려운 일이지요.

오에 저도 가오싱젠 선생의 의견에 동의합니다만, 몇 가지 의견에 다른 부분이 있습니다. 인성 자체는 보편적일지 모르지만, 인성은 또한 개인을 통해 드러납니다. 그런 점에서 개인을 억압하면 결국 보편성으로서의 인성도 있을 수 없습니다. '개인이란 무엇인가'를 신체나 감정, 정신을 기준으로 도식화할 수도 없습니다. 그러므로 보편성으로서의 인성이 존재한다면, 그것은 어디까지나 개인이 존재할 때의 이야기입니다. 그 점은 문학도 마찬가지입니다. 제가 거듭 언급하고 싶은 작품은 단테의 『신곡』입니다. 가오싱젠 선생은 골도니도 망명을 했고, 단테도 플로렌스에서 프랑스로 망명했다고 하셨지요. 『신곡』의 보편성은 천국이 아니라 「지옥」편에 있습니다. 「지옥」편에는 개인들의 경험이 담겨 있기 때문입니다. 천국에 다다르면 모든 개인적인 것과 인성이 사라지고, 이 세계도 어느 정도 소실됩니다. 보편성을 담지한 개인성은 어디까지나 개인적 이야기를 서술할 때 드러납니다. 제가 쓰는 일본어는 가오싱젠 선생의 중국어와 다르지만, 우리 두 사람의 서술방식은 매우 비슷합니다. 우리 자신의 개인적 체험이 감동을 불러일으킬 때, 바로 그것이 보편성이 됩니다. 제가 가오싱젠 선생의 작품에서 읽은 것도 바로 이런 개인적 경험들이었습니다. 개인과 개인 사이의 소통, 그것이 바로 작가가 추구해야 할 일입니다.

포레스트　가오싱젠 선생님도 같은 생각이십니까?

가오　네, 이의를 제기하기 어렵네요.

오에　저는 다른 의견이 하나 더 있습니다. 아까 포레스트 선생과 가오싱젠 선생은 색정과 자유를 연관지었지만, 저 자신의 개인적인 경험은 그 반대였습니다. 자유에 대한 구속에 더 가까웠거든요.

뒤트레　긴 토론이었습니다.

포레스트　오늘 대담은 이것으로 마치겠습니다. 특히 멀리서 오신 오에 겐자부로 선생님께 진심으로 감사드립니다.

홍콩 『명보 월간』 2007년 4월호에 수록

4부

부
록

노벨문학상 수상소감

경애하는 국왕 폐하, 폐하 앞에 있는 이 사람은 여덟 살 때 일기를 써보라는 어머니 말씀에 글을 쓰기 시작하여 그대로 성년이 되었습니다.

중학교 때는 작문을 가르치시던 선생님이 칠판에 그림을 걸어놓고, 제목을 알려주지 않은 채 학생들에게 그 그림에 대해 써보라고 하셨습니다. 그 학생은 그 그림을 좋아하지 않았습니다. 그래서 장문의 비판을 썼습니다. 뜻밖에도 선생님은 화를 내지 않으셨습니다. 오히려 그 학생에게 높은 점수를 주시면서 "필력이 있다"고 평가해주셨습니다. 그 학생은 그 후로 시, 동화, 소설에 이르기까지 많은 글을 썼습니다. 그리고 문화대혁명이 일어났습니다. 그의 글은 불살라졌습니다.

그날 이후로 그는 밭을 갈며 살았습니다. 그러면서 틈틈이 글을 썼습니다. 쓴 글은 항아리에 감추고 땅속 깊이 묻어버렸습니다.

그 후에도 그가 쓴 글들은 발표를 금지당했습니다.

그는 서방세계로 나가 계속 글을 썼습니다. 출간은 염두에 두지 않았습니다. 그런데 어느 날 갑자기 이런 휘황찬란한 곳에 불려와 국왕 폐하께 고귀한 상까지 받게 되었습니다. 저는 더더욱 묻고 싶어집니다.

국왕 폐하, 이 이야기는 진실일까요, 동화일까요?

나의 스페인

> 바로 그 순간이 나를 수묵으로 이끄는 계기였다. 그로부터 22년 후 흑백 유화처럼 보이는 그의 걸작을 다시 대면하면서, 나는 다시금 내가 택한 예술의 방향에 확신을 얻었다. 색의 화려함에 호소하지 않는 수묵으로도 거대한 화폭을 장악할 수 있다는 것을 알게 되었기 때문이다.

내가 아무 때나 쉽게 갈 수 없는 나라가 두 곳 있다. 그리스와 스페인이다. 이유는 잘 모르겠지만, 아무래도 어린 시절에 각인된 이미지 때문인 것 같다. 두 나라의 신비롭고 매혹적인 이미지에는 좀처럼 잊히지 않는 특별한 매력이 있다.

그리스 신화를 어떻게 처음 접하게 되었는지는 기억나지 않지만, 스페인에 대한 인상은 뚜렷하게 기억하고 있다. 스페인에 대한 첫 번째 인상은 세르반테스의 소설 『돈키호테』에 실린 동판화 그림이었다. 당시 데생과 수채화를 배우고 있었던 나는 수채화 느낌이 나는 연필 데생으로 그 판화를 모사해보았다. 호리호리한 기사와 그의 뚱뚱한 하인, 그리고 그들을 태우고 다니던 불쌍한 당나귀. 세상을 뒤흔드는 신들, 운명과 대결하는 영웅들을 창조한 고대 그리스. 그리고 기고만장한 기사를 비웃으며 희희낙락하는 스페인 사람들. 이런 차이는 어디에서 오는 걸까.

내가 어린 시절에 읽었던 몰리에르Molière(1622~1673: 프랑스의 희극 작가)의 『돈 후앙』과 메리메Prosper Mérimée(1803~1870: 프랑스의 작가)의 『카르멘』은 각각 프랑스 작가들이 그린 스페인 남녀의 모습이다. 둘 다 도덕규범과는 거리가 멀고, 타오르는 욕망과 격정 속에서 사는 인물들이다. 그 때문일까. 스페인은 나에게 눈부신 햇빛과 경쾌한 스텝의 이미지로 각인돼 있다. 훗날 스페인어를 직접 들으면서 느꼈던 이미지도 왕성한 생기발랄함이었다. 당장 죽어도 여한이 없을 듯 온 생을 불태우며 사는 그들의 모습은 내 작품 속의 고독하고 우울한 인물들과 정반대였다. 아마도 그런 대비감 때문에 더더욱 스페인 여행에 엄두를 내지 못했던 것 같다. 나는 스페인에서 휴가를 같이 보내자는 친구들의 초대도 번번이 거절했다. 스페인의 그 뜨거운 에너지를 감당할 자신이 없었다. 다만 언젠가는 나도 그렇게 강렬한 에너지가 펄떡이는 작품을 쓸 수 있기를 고대할 뿐이었다.

그런데 뜻밖에도 음울하기 짝이 없는 내 작품이 스페인에서 출간된다는 소식을 듣게 되었다. 정말 뜻밖이었다. 그뿐 아니라 나의 수묵회화 작품을 피카소의 그림을 전시했던 소피아 왕립현대미술관에서 전시하기로 했다는 소식도 같이 듣게 되었다. 이 무슨 운명과도 같은 우연일까.

열두 살에 유화를 그리기 시작한 나는 서른여덟 살에 처음으로 중국을 떠나 파리에 갔다. 그 후 이탈리아에서 수많은 서양 명화들을 보면서, 내가 유화를 그릴 필요는 없겠다는 생각이 들었다. 피카소의 유화가 내 마음을 사로잡았기 때문이 아니다. 피카소가 중국 수묵화를 모사한 그림을 보게 되었기 때문이다. 피카소가 아무리 서양에서는 대가라 해도 중국의 수묵을 제대로 이해했을 리는 없을 것 같았다. 나 역시 전통 수묵화의 고전적인 기법들을 존중하긴 하지만, 내가 꼭 그런 것들을 되풀이할 필요는 없다고 생각했다. 화가에게 중요한 것은 자신만의 독특한 회화언어를 찾는 것이다.

피카소가 그랬다. 그가 창조한 조형예술 기법은 다른 예술가들의 관심을 환기시켰다. 지금은 어떤 회화기법도 다 활용되고 있다. 때로는 관념 자체가 회화의 수단이 되기도 한다. 그래서일까. 이제는 걸작이라고 이름 붙일 만한 작품이 거의 만들어지지 않고 있다. 피카소의 〈게르니카〉는 의심할 나위 없는 걸작이다. 내가 본 작품은 비록 복제화였지만 볼 때마다 새로운 걸작이다. 올해 초에는 드디어 처음으로 마드리드에 가서 미술관에 전시된 원본을 보았다. 거대한 화폭이 주었던 전율을 지금도 잊을 수 없다.

바로 그 순간이 나를 수묵으로 이끄는 계기였다. 그로부터 22년 후 흑백 유화처럼 보이는 그의 걸작을 다시 대면하면서, 나는 다시금 내가 택한 예술의 방향에 확신을 얻을 수 있었다. 색의 화려함에 호소하지 않는 수묵으로도 거대한 화폭을 장악할 수 있다는 것을 알게 되었기 때문이다. 내가 찾고 싶었던 답도 바로 그것이었다.

또 한 가지 말하고 싶은 것은 유화도 수묵도 완성된 예술은 아니며, 동양과 서양이라는 것이 예술가를 나누는 기준이 될 수는 없다는 사실이다. 사람의 마음을 움직일 수 있는 예술이라면 시대와 민족의 구분을 뛰어넘어 호소력을 가질 것이다.

2001년 1월 11일, 파리에서

고독의 필요성[*]

> 어떤 이념이나 사조, 유행, 열광이 밀려들 때는 고독만이 그 사람을 자유로 울 수 있게 합니다.

고독은 사람이 갖는 느낌입니다. 나무 한 그루나 새 한 마리가 외로워 보일 수 있지만, 그것은 나무와 새를 바라보는 사람이 부여한 감정이지요. 나무와 새 자신은 외로워하지 않을 수도 있습니다. 나무와 새가 있는 풍경이 고독을 간직한 사람의 마음을 건드린 것이지요. 그는 눈앞에 펼쳐진 풍경 때문에 자신의 마음을 자각하게 된 것입니다. 그렇게 바깥의 풍경과 내면의 감정이 한자리에서 만나게 됩니다. 그것은 객관적인 관찰이 아닙니다. 그의 내면에서 생겨나는 고독감은 일종의 심미가 됩니다. 바깥 풍경을 관찰하는 동시에 자신의 내면을 응시하는 자아는 점차 자기 자신의 가치를 확신할 수 있게 됩니다.

나르시시즘에 뿌리를 두고 있을 이 고독감은 자기연민을 불러일으키고 나아가 오만으로 발전하기도 합니다. 이 감정이 맹목적인 충동으로

---

[*] 미국의 국제평생공로아카데미에서 주최하는 '세계정상회의'는 매년 세계 각지에서 열리고 있다. 2002년 6월 8일 아일랜드 더블린에서 열린 제41회 회의에서는 노벨문학상 수상작가이기도 한 가오싱젠이 황금공로상을 받았다. 이 원고는 그 수상 기념연설이다. 이 자리에서 가오싱젠과 함께 황금공로상을 수상한 사람은 전 미국 대통령인 빌 클린턴, 전 미국 국무장관인 헨리 키신저, 전 아일랜드 총리인 베르티 아헌, 아프가니스탄 임시정부 대통령인 하미드 자르카이, 전 파키스탄 대통령인 베나지르 부토, 2000년 노벨물리학상 수상자인 헤르베르트 크뢰머, 노벨평화상 수상자인 대한민국 전 대통령 김대중 등이다.

흐르면, 그 사람은 외부세계에 대한 관심을 잃고 자기 내면만을 고집스럽게 파고들게 되지요. 교만과 아집이라는 병통이 바로 이런 심리상태에서 빚어집니다.

고독감이 병통으로 이어지지 않으려면 차갑게 바라보는 자세가 필요합니다. 바깥의 풍경이든 내면의 심경이든 어느 하나라도 차갑게 관조할 수 있게 되면, 자아의 한계에 갇히지 않는 제3의 혜안을 얻을 수 있습니다. 그것이 바로 지혜지요.

지혜의 안목은 거리두기에서 옵니다. 사람과 사건은 한걸음 뒤로 물러났을 때 더 뚜렷하게 볼 수 있고 더 정확하게 판단할 수 있게 됩니다.

고독감은 일종의 심미적 판단일 뿐 아니라 자기 삶에 건설적 동기가 될 수 있습니다. 그가 자기 자신에 대한 가치를 긍정하고 있다면, 그는 외따로 떨어져 있는 듯한 느낌을 떨쳐내기 위해 무언가 의미 있는 일에 매진하기로 마음먹을 수 있습니다. 그 의미 있는 일이 꼭 한 그루의 사과나무를 심는 일일 필요는 없지만요.

아이는 고독감을 느끼며 어른이 되어갑니다. 개인은 고독 속에 있을 때 비로소 성장할 수 있습니다. 이런 고독감은 개인의 독립을 위해 반드시 필요합니다. 인격의 확립까지는 말할 수 없지만, 개인의 고독감이 사회의 조건을 형성하는 데 꽤 많이 기여하는 것만은 틀림없습니다.

사람과 사람 사이에도 꼭 필요한 거리가 없으면 온종일 충돌이 일어납니다. 가정과 모임도 마찬가지입니다. 사람들이 함께 있기 위해서는 어느 정도 관용과 양해가 필요한데, 관용과 양해는 각자의 마음속에 충분한 공간이 있어야 가능하기 때문입니다.

고독은 개인의 자유에 필요한 최우선 조건입니다. 자유는 자유로운 사고에서 비롯되는데, 홀로 있을 때 비로소 자유로운 사고가 시작되기 때문입니다.

세상에는 옳음과 그름, 찬성과 반대, 혁명과 반동, 진보와 보수, 정치적 올바름과 그릇됨이라는 이분법적 틀만 존재하지 않습니다. 어떤 선택을 할 때는 독립적인 사고의 여지를 남겨두고, 천천히 선택을 해도 됩니다.

특히 어떤 이념이나 사조, 유행, 열광이 밀려들 때는 고독만이 그 사람을 자유로울 수 있게 합니다.

미디어가 모든 시간을 장악해버린 이 소란스러운 세상에서 누군가 자기 내면의 소리에 귀 기울이고자 한다면, 고독만이 그 사람을 지탱해줄 것입니다. 고독이 병통으로 흐르지만 않는다면 고독은 그 사람을 그 사람답게 하는 데 꼭 필요합니다.

이 성대한 연회에서 아마도 여러분 모두의 경험이기도 할 제 이야기에 귀 기울여주신, 이 자리에 계신 모든 분께 진심으로 감사드립니다.

민국 91년(2002년) 7월 11일, 『연합부간』聯合副刊에 게재

바진을 추모하며

새벽에 전화벨이 울리자마자 멈추는 소리를 들었다. 바진 선생의 타계 소식을 전하며 나에게 짧은 추도사를 부탁하는 팩스 소리였다. 사실 중국에서 내가 처음 발표한 글이 「파리의 바진」이었다. 1979년 문화대혁명이 끝난 지 얼마 되지 않았을 때 중국작가대표단이 처음으로 출국길에 오른 적이 있었다. 바진 선생의 대표작인 『가』家가 프랑스에서 번역·출간되었기 때문이다. 바진 선생의 딸 리샤오린李小林이 보호자로 동행했고, 나는 프랑스어 통역을 맡았다. 시인 쉬츠徐遲(1914~1996)도 우리와 동행했다. 나는 그때까지 많은 글을 썼지만 문혁 기간에 다 불살라졌다. 그 후에도 쓰고 또 썼지만, 단 한 편도 세상에 발표되지 않았다. 그런데 뜻밖에도 중국 현대문학의 거두인 바진 선생이 프랑스에서 인터뷰를 하시면서 옆에 있는 나를 "중국의 젊은 문학인의 대표이자 진정한 작가"라고 소개했다. 나는 이 말을 통역해야 할지 말아야 할지 난감했다. 출국하기 전 상하이에서 베이징으로 가는 길에 묵은 여관에서, 나는 한 문학잡지에 반려당한 나의 단편소설 원고를 바진 선생님께 보여드리며 가르침을 청한 적이 있다. 선생은 여행 중임에도 진지하게 원고를 읽어주셨다.

바진 선생과는 이렇게 알게 되었다. 우리는 파리에서 마르세유까지 다시 동행하면서 반세기 전 선생이 프랑스에서 유학하던 시절에 시작된 문학 생애를 함께 돌아보았다. 그 이야기는 베이징에서 발간되는 문학 계간지 『당대』當代에 실렸다. 얼마 후 샤오린 양이 나에게 중편소설 창작을 부탁해서 나는 한 달여 만에 중편소설 「붉은 부리 비둘기」有隻鴿子叫紅脣兒를 썼다. 이 소설은 바진 선생이 편집장으로 계시던 문학 격월간지 『수확』收穫에 실렸다. 이때 시인 쉬츠가 나에게 프랑스 현대문학에 대해 소개하는 글을 청탁해왔는데, 이 글은 그가 편집장으로 있던 『외국 문학 연구』 창간호에 실렸다. 이렇게 해서 나는 중국 땅에서 햇빛 한 번 못 보던 신세에서 한순간에 전업작가가 되었다.

그러나 이 시기에 출간된 『현대소설 기교의 탐색』에 불운이 닥쳤다. 작가협회 당조직 서기였던 펑무馮牧가 전국작가협회에서, '일개 소작가'가 '거짓말로 뒤덮인 반동 소책자'를 썼다고 나를 비판한 것이다. 그는 『현대소설 기교의 탐구』가 서양 문학의 모더니즘을 고취하는 바람에 중국의 사회주의 문예노선이 심각한 도전에 직면했다고 말했다. 나는 당시 파리에 있던 바진 선생에게 구원요청을 했다. 뜻밖에도 선생은 직접 나서주었다. 『상하이문학』上海文學에 2회에 걸쳐 실린 스위스인 기자와의 인터뷰를 통해, 선생은 젊은 작가가 외국 문학의 모더니즘에 관심이 많은 것은 전혀 문제될 일이 아니라고 했다. 그러자 평소 나에게 관심을 가져온 샤옌夏衍(1903~1995: 중국의 극작가, 시인) 선생도 나에게 전화해서 당신의 집으로 초대하셨다. 나에게서 자세한 이야기를 듣고 싶으셨던 모양이다. 이후 선생은 루쉰도 현대파였다며 나를 옹호하는 장문의 글을 『상하이문학』에 게재했다. 『현대소설 기교의 탐색』에 불어닥친 풍파는 그렇게 한 고비 지날 수 있었다.

이제는 20여 년 전 일이 되었지만, 바진 선생의 온화한 얼굴이며 구수한 쓰촨 말투는 바로 내 앞에 있는 것만 같다. 선생이 백발을 휘날리며 파리 팡테옹Pantheon 광장을 걸을 때, 뜻밖에도 선생이 유학 시절 지냈던 집이 나타났다. 선생은 첫 소설을 쓰던 그 방 창문을 바라보면서 당시 매일 들었던 성당의 종소리며 광장을 지날 때마다 자신을 굽어보는 듯했던 볼테르Voltaire(1694~1778)의 동상을 떠올렸다. 선생은 아마도 그런 문화적 상징물에 남긴 정신이 자신을 문학의 길로 이끈 것 같다고 했다. 그때 나는 『당대』에 실린 「파리의 바진」을 사진으로 찍고, 지금은 어제 일 같기만 한 바진 선생의 모습도 많이 찍었다. 사진이야 베이징에 모두 그대로 남아 있지만, 이 모든 기억은 영원히 내 마음속에만 있다.

2005년 10월 18일, 파리에서

스나이트 미술관*
가오싱젠 수묵전시회 서언

추상과 구상이라는 구분은 일종의 관념이다. 이런 단순한 구분은 조형예술창작에 아무런 도움이 되지 않는다. 구상과 추상 사이에는 개척과 발견을 기다리는 광활한 세계가 있다. 구상이 현실을 모사하는 재현에서 시작된다면, 추상은 관념 혹은 정서 자체의 표현이다. 재현과 표현은 회화의 두 가지 수단이지만, 나는 회화에서 새로운 방향을 찾고자 했다. 외부 사물을 단순 모사하거나 감정 자체를 표현하기보다 내면의 시상을 드러내고자 했다. 그림을 보는 사람 내면에 어떤 생각이 떠오를 수 있도록 말이다.

내면의 시상은 작품의 형상과 분리되지 않는다. 디테일을 정교하게 다듬지 않음으로써 상상의 여지를 남겨두면, 관객은 그림을 보며 명상에 잠길 수도 있다. 의경은 형상보다 크다. 의경은 화면과 마음의 공간을 넓혀 화폭의 2차원 평면을 뛰어넘는다. 이는 전통회화의 투시와 다르다.

현대회화는 색과 재료에 호소하며 평면을 지향하고 있지만, 나는 차라리 흑과 백에 호소하여 광선光線을 다시 불러들이고 싶다. 이렇게 하

---

* Snite Museum of Art, 미국 인디애나 주 노트르담 대학교 안에 있는 미술관.

면 오히려 정신세계의 경계를 표현할 수 있다. 내 그림에서 빛은 외부의 광원에서 오지 않는다. 모든 사람의 내면에는 어둡고 그윽한 유명幽冥의 세계가 있다. 마음을 모아 그 세계를 바라보면 빛을 발하지 않는 자리가 없다. 물(水)과 먹(墨)의 어우러짐은 바로 이 내면에서 바라본 빛이 화면에 체현된 것이다.

수묵의 유동성은 회화에 독특한 운미를 부여한다. 그림은 음악처럼 자유로워지고 마침내 무궁한 표현을 얻는다. 음악을 회화에 도입하는 것 또한 내가 회화에서 시도하고자 하는 것이다.

회화는 순수한 시각視覺이 아니다. 현대회화는 회화에서 문학성을 추방했지만, 나는 새로이 문학을 회화에 끌어들이고자 한다. 그렇다고 문학성이 회화의 주제가 되는 것은 아니다. 내 그림들은 서사도 아니고 서정도 아니다. 다만 일종의 관찰이고자 한다. 차가운 시선으로 이 세상과 나 자신을 바라보고, 그렇게 떠오른 생각을 회화에 담아내고자 한다. 만약 이 그림에 사람들로 하여금 반복적으로 응시하게 하는 힘이 있다면, 나아가 그 사람을 깊은 사색으로 이끌 수 있다면, 그 그림은 제 역할을 다한 것이다.

회화는 죽지 않는다. 영원히 완결되지도 않는다. 구상과 추상 사이에 존재하는 거대한 공간은 화가를 언제까지고 화폭 안에 머무르게 한다.

2007년 2월 15일, 파리에서

홍학의 숲에서

> 『홍루몽』은 비극의 드라마일 뿐 아니라 거대한 부조리극이기도 하다. 조설근은 작품 속에서 삶의 의미를 탐구하며 '참으로 깨달은 이에게는 발길 닿는 곳 모두 사원'이라는 깨달음으로 독자를 이끈다.

중국 고전문학 가운데 4대 장편소설인 『홍루몽』, 『서유기』, 『수호전』, 『금병매』는 4대 기서奇書라고도 한다. 이 가운데 작품세계가 가장 심원한 『홍루몽』은 중국 문학은 물론 중국 문화를 연구하는 사람이라면 반드시 읽어야 할 명작이다.

18세기 중엽에 완성된 이 작품이 중국 문학사에서 차지하는 위치는 영국 문학의 셰익스피어, 이탈리아 문학의 단테, 스페인 문학의 세르반테스와 같다. 그러나 『홍루몽』을 지은 조설근은 살아생전에 은둔생활을 했고, 죽어서야 원고 필사본이 세상에 전해졌다. 20세기 초가 되어서야 조설근의 생애와 작품 판본에 대한 연구가 활발해지면서 '홍학'紅學(홍루몽학)이 성립되기에 이른다. 홍학의 열기는 한 세기가 다하도록 사그라지지 않고 있다.

소설은 중국의 문화전통에서 줄곧 배척받는 장르였다. 소설이라는 작품도, 창작작업도 결코 명예로운 것이 아니었다. 그러다가 20세기 초 량치차오梁啓超(1873~1929: 청말~민국 초의 사상가, 문학가)가 소설계 혁명을 이끌면서 소설을 문학의 중심적인 위치로까지 끌어올렸다. 안타깝게도 그는 소설을 통해 사회개혁을 이루겠다는 정치적 목적의식이 강했기 때문에 소설이 인간과 사회에 미치는 진지한 영향에는 관심을 두지 않았다. 문학에 정치가 개입되면, 이념이 문학을 주도하게 된다. 그 결과 5·4 신문화운동 이후 정치화된 문학은 중국 현대소설의 주류가 되었다. 홍학 연구도 예외가 아니었다. 위핑보俞平伯(1900~1990: 시인, 문예비평가)를 주축으로 한 고증·색은索隱파도 대대적인 비판을 받고 나서는 정치의식에 기반을 둔 작품 연구로 방향을 선회하게 되었다. 이로써『홍루몽』이라는 대작에 담긴 풍요로운 심미적·철학적 의미도 그대로 이념의 장막 아래 덮이고 말았다. 오직 왕국유王國維(1877~1927: 청말~민국 초의 고증학자)의『홍루몽 평설』紅樓夢評說만이 국가, 정치, 역사보다 큰 작품 속의 비극세계를 열어 보이고 있다. 류짜이푸의 신작『홍루몽의 깨달음』紅樓夢悟은 왕국유 이후의 홍학 가운데 가장 뛰어난 성취라 할 만하다. 이 책은 작품 본문에 담긴 철학적 의미를 풍부하게 조명하고 있다.

 류짜이푸는 조설근의 가정환경에 주안점을 두기보다『홍루몽』이라는 작품에 담긴 정신적 의미를 탐구한다. 그는 "소설 속의 남녀 주인공은 세속의 공리 바깥에 있다. 이들은 일종의 '주변인'이기에 삶의 본질에 더 가까이 다가갈 수 있었다", "『홍루몽』은 중국 봉건사회의 삶에 대한 백과전서일 뿐 아니라 중국 인문사상의 집대성이라 할 수 있다. 이 작품은 동양철학의 최고 경지에 다다라 있다. 중국 신화에서 인간을 만든 신인 여와女媧에 의해 버려진 돌 석두石頭는 세상을 떠돌며 서글프게 살아가는 중생의 삶을 지켜본다. 타향이 곧 고향이 되어버리는 역설적인 풍경은 인간 삶의 곤경을 보여주는 실사화에 가깝다"라고 말한다. 류짜이푸는 왕국유의 홍루몽 연구에서 시작했지만 왕국유가 제시한 홍루몽의 비극론과 윤리학을 뛰어넘어,『홍루몽』이 비극의 드라마일 뿐 아니라 거대한 부조리극이기도 하다는 것을 밝혀냈다. 조설근은 작품 속에서 삶의 의미를 탐구하며 '참으로 깨달은 이에게는 발길 닿는 곳 모두 사원'이라는 깨달음으로 독자를 이끈다. 조설근이 『홍루몽』을 통해 우리에게 전하고 싶었던 정신적 메시지도 바로 그런 것 아닐까.

『홍루몽의 깨달음』은 고증이나 논증의 방식을 택하지도 않고, 특별히 새로운 이야기를 하지도 않는다. 류짜이푸는 선불교에서 '명심견성'하듯 조설근의 사상가적 면모를 밝혀냄으로써 울창한 홍학의 숲에서 자신만의 성취를 거두었다. 시대와 국경을 뛰어넘는 『홍루몽』의 정신세계로 영어권 독자들을 초대한다.

2007년 11월 11일, 파리에서
이 글은 2007년 12월 미국 뉴욕에서 출간된 류짜이푸의 저서
『홍루몽의 깨달음』의 영역본(캄브리아 프레스 출간)에 가오싱젠이 쓴 서문이다.

가오싱젠 연보*

1940년	장시 성 간저우 출생
1962년	베이징 외국어대 프랑스 어문학과 졸업, 통번역 업무에 종사
1970년	농촌으로 하방되어 노동생활을 함
1975년	베이징으로 돌아옴
1979년	중국작가대표단의 통역자 신분으로 바진 선생과 함께 프랑스 방문
1980년	중편소설 「한밤의 별들」寒夜的星辰, 논저 『현대소설 기교의 탐색』 출간 중국작가대표단의 일원으로 프랑스와 이탈리아 방문
1981년	중편소설 「붉은 부리 비둘기」, 단편소설 「친구」朋友, 단편소설 「비와 눈 그리고」雨雪與其他 발표
1982년	『현대소설 기교의 탐색』이 전국적 논쟁을 불러일으킴 희곡 『절대신호』, 단편소설 「25년 후」二十五年後, 논문 「소설관과 소설 기교」小說觀與小說技巧 발표
1983년	산문 「현대소설과 독자의 관계」談現代小說與讀者的關係, 산문 「차가운 서정과 반서정」談冷的抒情與反抒情 발표, 단편소설 「원은사」圓恩寺, 단편소설 「어머니」母親, 단편소설 「강가」江那邊, 논문 「연극관에 대하여」論戲劇觀, 산문 「다성부 연극의 실험에 대하여」談多聲部戲劇實驗, 산문 「현대 연극의 수단」談現代戲劇手段, 희곡 『버스 정류장』 발표
1904년	중편소설집 『붉은 부리 비둘기』, 창작에세이 『나의 연극관』我的戲劇觀 출간
1985년	창작 에세이 『독백』獨白, 희곡 『야인』 발표
1986년	희곡 『피안』 발표
1987년	희곡창작 에세이 「경화야담」京華夜談 발표
1988년	논문집 『현대 연극의 추구』對一種現代戲劇的追求, 단편소설집 『내 할아버지를 위한 낚싯대』 발표
1989년	톈안먼 사건 이후 프랑스 언론들과의 인터뷰에서 중국 정부의 대응을 비판, 중국 공산당으로부터 퇴출당함
1990년	희곡 『도망』, 산문 「도망과 문학」逃亡與文學 발표

* 이 연보는 류짜이푸가 정리한 것으로 옮긴이가 주요 작품을 중심으로 요약했다.

	대만에서 장편소설 『영혼의 산』 출간
1991년	단편소설 「순간」瞬間과 희곡 『생사계』 발표
1992년	홍콩 『명보 월간』에 「중국 망명문학의 곤경」中國流亡文學的困境 발표
1993년	희곡 『대화와 반문』 발표
1994년	희곡 『산해경전』 출간
1995년	대만에서 『가오싱젠 희곡 6선』 출간(1집 『피안』, 2집 『저승』, 3집 『산해경전』, 4집 『도망』, 5집 『생사계』, 6집 『대화와 반문』)
	대만 타이베이 시립미술관에서 개인 전시회 개최, 화집 『가오싱젠 수묵 작품』 출간
1996년	홍콩 예창화랑藝倡畵廊에서 회화전시
	홍콩에서 논문집 『무-주의』 출간
1997년	희곡 『팔월에 내리는 눈』 탈고
1998년	대만에서 장편소설 『나 혼자만의 성경』 출간
2000년	소설 『영혼의 산』으로 노벨문학상 수상, 수상소감으로 '문학의 이유' 강연
	노벨상 100주년 기념 초청을 받아 스웨덴 한림원에서 '문학의 증언—진실에 대한 추구' 강연
2001년	대만에서 『팔월에 내리는 눈』, 『주말 사중주』, 『무-주의』 등이 포함된 『또 다른 미학』 출간
	홍콩에서 『문학의 이유』, 『가오싱젠 희곡선』 출간
	독일에서 개인 화집 『가오싱젠 수묵 1983~1993』 출간
2002년	대만에서 『가오싱젠 대만 문화기행』, 화집 『가오싱젠』 출간
2004년	대만에서 류짜이푸의 논저 『가오싱젠론』 출간
2005년	싱가포르미술관에서 회고전 개최, 화집 『무아지경, 유아지경』無我之境, 有我之境 출간
2006년	한국에서 〈절대신호〉, 〈버스 정류장〉, 〈생사계〉 공연
	국립 대만대학에서 문학강연(1강 '작가의 위치', 2강 '소설이라는 예술', 3강 '희곡의 가능성', 4강 '예술가의 미학')
2007년	싱가포르에서 영화 〈실루엣 혹은 그림자〉 상영